ORTLERALPEN

Alpenvereinsführer

Ein Taschenbuch in Einzelbänden
für Hochalpenwanderer, Bergsteiger und Kletterer
zu den Gebirgsgruppen der

Ostalpen

Herausgegeben vom Deutschen Alpenverein,
vom Österreichischen Alpenverein
und vom Alpenverein Südtirol

Band

ORTLERALPEN

Reihe: Zentralalpen

PETER HOLL

Ortleralpen

Ein Führer für Täler, Hütten und Berge
vollständig neu bearbeitet

Mit 45 Anstiegsbildern, 3 Skizzen
und zwei
Übersichtskärtchen aus der
Freytag & Berndt-Südtirol-Wanderkarte Nr. 6
„Ortlergruppe — Martell — Val di Sole" (1:50 000)

Verfaßt nach den Richtlinien der UIAA

BERGVERLAG RUDOLF ROTHER GMBH · MÜNCHEN

Umschlagbild:
Zufallspitzen und Monte Cevedale von der Hinteren Schöntaufspitze.

Foto: Sepp Brandl

Bildnachweis (Seitenzahlen): Gatt 369; Hensel 83, 199, 249; Hartl 179; Höhne 175, 211, 323, 333, 387, 393, 407, 447; Leitner 8; Lindel 18, 75, 77, 247, 257, 289, 293, 297, 303, 343; Magerer 221; Müller-Brunke 383; Rother 166/167, 202/203, 232/233, 286/287; Rölle 73; Seebauer 79; Steinbichler 63, 89, 91; Thorbecke 217, 225, 239, 241; Vanis 207; Wagner 251; Weber 245.

Die Ausarbeitung aller in diesem Führer beschriebenen Anstiege und Routen erfolgte nach bestem Wissen und Gewissen des Autors. Die Benützung dieses Führers erfolgt auf eigenes Risiko. – Soweit gesetzlich zulässig, wird eine Haftung für etwaige Unfälle und Schäden jeder Art aus keinem Rechtsgrund übernommen.

Die Vorschriften der UIAA zur Erstellung von Kletterführern beziehen sich nur auf die Gliederung der Routenbeschreibungen und auf die Erstellung der sogenannten Beschreibungsköpfe, die die wichtigsten Angaben zu den Kletterrouten, der Routenbeschreibung vorangestellt, beinhalten.

Bergverlag Rudolf Rother GmbH, München
Alle Rechte vorbehalten
7., überarbeitete Auflage 1990
ISBN 3-7633-1313-3
Gesamtherstellung Rother Druck GmbH, München
(2262/9241)

Geleitwort für die Neuauflage des Alpenvereinsführers Ortleralpen

Der Alpenvereinsführer Ortleralpen liegt nunmehr bereits in der 7. Auflage vor. Peter Holl hat in diesen Führer die Umbrailgruppe und den Fallaschkamm neu aufgenommen und alle Routenbeschreibungen auf den aktuellen Stand gebracht. Dem Bearbeiter sei gedankt, daß dieser wichtige Führer über ein beliebtes Hochtourengebiet der zentralen Ostalpen einem zeitgemäßen Stand entspricht.

Das AV-Führerwerk ist zwischenzeitlich auf 52 Bände angewachsen. Es trägt dem immer noch steigenden Bedürfnis und der großen Nachfrage nach abgeschlossenen Führern für jede einzelne Gebirgsgruppe der Ostalpen Rechnung und wird weiter vervollständigt und ergänzt. Damit entsteht ein Werk, das einen zuverlässigen Ratgeber für alle Bergsteiger und Bergwanderer diesseits und jenseits der Grenzen darstellt.

Im Herbst 1990

Für den Verwaltungsausschuß des Für den Verwaltungsausschuß des
Österreichischen Alpenvereins Deutschen Alpenvereins

Dr. Hansjörg Jäger **Gerhard Friedl**

Für den Alpenverein Südtirol

Dr. Gert Mayer

Das UIAA-Gütezeichen

Die UIAA (Union Internationale des Associations d'Alpinisme) hat Richtlinien für Schwierigkeitsbewertung und Routenbeschreibung herausgegeben. Ist ein Kletterführer nach diesen Richtlinien verfaßt, erhalten Autor und Verlag das Recht, dies durch Abdruck des UIAA-Gütezeichens kundzutun.

Was beinhalten die Richtlinien?
- Alle besonderen Routenmerkmale wie Schwierigkeitsgrad, Zeit, Länge und/oder Höhe des Anstiegs, Art der Kletterei, besondere Gefahren usw. sind im Beschreibungskopf, der Routenbeschreibung vorangestellt, anzuführen.
- Zugang und Anstieg sind voneinander zu trennen und separat zu beschreiben.
- Der Verlauf der Route ist kurz und eindeutig (wenn möglich, in Seillängen gegliedert) abzufassen.
- Normalwege sind auch in Abstiegsrichtung zu beschreiben.
- Die Bildgestaltung muß unmißverständlich sein.
- Routenskizzen müssen die internationalen Symbole aufweisen.
- Werden Routenbeschreibungen durch Skizzen ergänzt, müssen beide miteinander übereinstimmen.
- Und weitere Forderungen.

Die Überprüfung von Text, Bildern und Skizzen gemäß UIAA-Richtlinien erfolgt durch den DAV (Sicherheitskreis), der die Belange der UIAA in der Bundesrepublik vertritt.

Die Richtlinien verlangen **keine** Überprüfung der Richtigkeit aller Angaben und Routenbeschreibungen. Dies wäre bei der Fülle der Kletterführer und bei der Vielzahl der Routenbeschreibungen jedes einzelnen Kletterführers auch gar nicht möglich. So können sich auch bei UIAA-geprüften Führern nach wie vor noch unrichtige Beschreibungsdetails einschleichen. Autor und Verlag sind angehalten, möglichst gewissenhaft zu arbeiten.

München, Herbst 1990

Pit Schubert
Sicherheitskreis im DAV

Vorwort des Verfassers zur 5. Auflage

Mit der vorliegenden Ausgabe des Alpenvereinsführers durch die Ortlergruppe beginnt eine Auflage, die sich von der bisherigen wesentlich unterscheidet. Eine deutschsprachige Gesamtpublikation über die Ortlergruppe erschien erstmals 1928 mit dem „Hochtourist in den Ostalpen, Band VI". Diese wurde 1958 vom Bergverlag Rudolf Rother mit dem „Großen Führer Ortlergruppe", von Lois Köll, fortgesetzt.

Jeder Führertext unterliegt aufgrund neu hinzugekommener Anstiege aus allen Schwierigkeitsbereichen einer Evolution, die bei diesem Werk so groß ist, daß es gerechtfertigt scheint, bei dieser Auflage von einer neuen Generation von Ortlerführern zu sprechen. Ein Vergleich möge dies verdeutlichen: Dem interessierten Bergsteiger stand bisher z. B. nur eine Anstiegsbeschreibung in der Nordostwand der Königspitze (bis zuletzt mußte die im „Hochtourist" gedruckte Wegbeschreibung verwendet werden) und eine in der Nordwand (Beschreibung der Erstbegeher) zur Verfügung; der vorliegende Führer beschreibt alleine in dieser Wandflucht insgesamt sechs Anstiegsmöglichkeiten (neben einer Wegänderung), wobei selbstverständlich die beiden „alten" Anstiege ebenfalls neu beschrieben wurden. Das gleiche gilt für die Normalwege und leichteren Anstiege.

Auf die Abfassung der Wegbeschreibungen wurde größte Sorgfalt verwendet, es ist jedoch selbstverständlich, daß der Führerbearbeiter dieser sehr großräumigen Gebirgsgruppe nicht alle Anstiege selbst begehen konnte; es mußten so (bisweilen recht spärliche) Angaben dritter Personen benützt werden. Anstiegsbeschreibungen, die aus der alpinen Literatur übernommen wurden, werden als solche ausgewiesen.

Erfahrungsgemäß erreicht jedes Führerwerk erst mit weiteren Auflagen einen allseits zufriedenstellenden Grad an Vollkommenheit, und deshalb bittet der Verfasser alle Bergsteiger, die Neufahrten durchführten, oder Veränderungen im Gelände gegenüber dem Führertext feststellen konnten, um Nachricht an Peter Holl, Schröttergasse 24/9, A-1100 Wien. Möge dieses Buch sowohl dem Wanderer als auch dem Bergsteiger schärferer Richtung nützliche Hilfe sein, Anregungen geben und Bergerleben vermitteln.

Wien, im Frühjahr 1980   Peter Holl

Vorwort zur 6. Auflage

Es ist nun wieder eine Neuauflage des AVF Ortler zu bearbeiten gewesen. Aufgrund der bergsteigerischen Beliebtheit der Ortlergruppe war die Neuauflagenbearbeitung verhältnismäßig bald notwendig. Und daß alle neuen Anstiegsmöglichkeiten sowie Stützpunkte (Biwakschachteln etc.) dabei berücksichtigt wurden, ist eine Selbstverständlichkeit.

Der Verfasser hat dem Vorwort zur 5. Auflage nur wenig hinzuzufügen; eine durch die große Beliebtheit des Gebietes berechtigte Bitte sei hier jedoch angebracht: Schützt die Natur, wo immer es möglich ist! Plastiksäcke verrotten nicht, Konservendosen verrotten nur langsam – wenn jeder der Besucher des Gebietes nur einen Plastiksack wegwirft, summiert sich das im Laufe eines Jahres auf Zehntausende!

Wir wollen die Natur so verlassen, wie wir sie betreten haben – zum eigenen Nutzen und zum Nutzen unserer Nachfolger

Wien, 1984   Peter Holl

Vorwort zur 7. Auflage

Abermals war nun eine Neuauflage des beliebten Führerwerkes notwendig geworden und abermals wurde dieses auf den neuesten Stand gebracht. Neu hinzu kam – gemäß der Abgrenzung der Gebirgsgruppe **durch den Alpenverein** – die Umbrailgruppe und der Fallaschkamm. Inwieweit dieses Gebiet zu den Ortleralpen zu zählen ist, ist mindestens umstritten. Nachdem sich der Autor an die Richtlinien des AV zu halten hat, sind nun diese beiden Gebiete mitbeschrieben – und dem Bergsteiger wurde sicher ein nützlicher Dienst erwiesen!

Dieses erhofft der Autor vom Führerwerk im Gesamten.

Wien, Herbst 1990   Peter Holl

◀ **Königsspitze von Norden (R 441—458),**
   vom Hintergrat des Ortlers aus.

Inhaltsverzeichnis

(Die Zahlen hinter den Namen sind die Randzahlen)

	Seite
Geleitwort des Herausgebers	5
Das UIAA-Gütezeichen	6
Vorwort des Verfassers	7
Verzeichnis der Bilder	15
Verzeichnis der Skizzen	16

I. Einführender Teil

1. Zur Geographie der Ortleralpen
1.1. Überblick über die Gliederung	21
1.2 Begrenzung und Einteilung	21
1.3 Verkehrsverbindungen	22

2. Zur Geologie der Ortleralpen ... 24

3. Allgemeines über die Ortleralpen
3.1 Überblick	29
3.2 Bevölkerung und Sprache	29
3.3 Beste Jahreszeit	30
3.4 Der Stilfser-Joch-Nationalpark	30
3.5 Der Schweizer Nationalpark	31
3.6 Tierwelt	31
3.7 Pflanzenwelt	31
3.8 Die Gletscher	33
3.9 Wintersport	33
3.10 Führerwesen	33
3.11 Schrifttum und Karten	34

4. Bergrettung
4.1 Das Alpine Notsignal	34
4.2 Wichtige italienische Wörter	37
4.3 Hubschrauberrettung	37

5. Zum Gebrauch des Führers
5.1 Allgemeines	39
5.2 Abkürzungen	41
5.3 Zur Schwierigkeitsbewertung	41

6. Versuch einer Rangordnung der schönsten Routen in den verschiedenen Schwierigkeitsbereichen ... 44

II. Täler und Talorte

1. Der Vinschgau und das Burggrafenamt 49
Mals (Malles Venosta) 1 – Schluderns, Glurns 2 – Spondinig (Neuspondinig) 3 – Prad (Prato allo Stelvio) 4 – Eyrs (Oris), Tschengls (Cengles) 5 – Laas (Lasa) 6 – Schlanders (Silandro) 6 – Goldrain (Coldrano) 7 – Latsch (Laces, Tarsch (Tarres) 8 – Kastelbell (Castelbello), Tschars (Ciardes 9 – Naturns (Naturno) 10 – Partschins (Parcines), Rabland (Rabla), Töll (Tel) 11 – Meran (Merano) 12 – Lana 13 – Tisens (Tesimo), Nals (Nalles) 14

2. Das Münstertal 53
Taufers 17 – Müstair 18 – Santa Maria (Sontga Maria) 19 – Valchava 20 – Fuldera 21 – Tschierv 22

3. Das Trafoier Tal und das Suldental 55
Stilfs (Stelvio) 23 – Gomagoi 24 – Trafoi 25 – Stilfser Joch 26 – Sulden (Solda) 27

4. Das Martelltal 57
Gand 28

5. Das Ultental 57
St. Pankraz (S. Pancrazio) 30 – St. Walburg (S. Valpurga) 31 – St. Nikolaus (S. Nicolo) 32 – St. Gertraud (S. Gertrude) 33

6. Das Nonstal und die angrenzenden Gebiete 58
Unsere liebe Frau im Walde (Senale) 34 – St. Felix (S. Felice) 35 – Fondo 36 – Castelfondo, Laurein (Lauregno), Proveis (Proves) 37 – Brez, Cloz 38 – Malè 39 – Rabbi 40 – Dimaro 41 – Fucine 42 – Peio 43

7. Das Val di Sole und seine Fortsetzung über den Tonalepaß hinweg (oberstes Val Camonica) .. 59
Tonalepaß 44 – Ponte di Legno 45

8. Die Südwestseite der Ortleralpen (Valle delle Messi, Gaviapaß, Val di Gavia, Valfurva, Bormio, Valle del Braulio) 61
Passo di Gavia (Gaviapaß) 46 – S. Caterina Valfurva 47 – S. Antonio, S. Nicolo 48 – Bormio 49 – Livigno 50

III. Hütten und Hüttenwege 65
Furkelhütte 51 – Alp Murauzna 54 – S. Giacomo di Fraele 55 – La Stretta 56 – Alp Mora 58 – Hotel Il

Fuorn, Wegerhaus Buffalora, Süsom Give 62 – Laaser
Hütte 63 – Rif. Monte Livrio 66b – Bivacco Carlo
Locatelli 68 – Bivacco Pelliccioli 70 – Berglhütte (Rif. A.
Borletti) 73 – Julius-Payer-Hütte 75 – Bivacco Lombardi
79 – Tabarettahütte 80 – Rifugio K 2 82 – Hintergrat-
hütte 83 – Bivacco Città di Cantu 86 – Schaubachhütte
89 – Düsseldorfer Hütte (Zaytalhütte, Rif. Serristori) 91 –
Zufallhütte 94f – Rif. G. Casati (Casatihütte) 97 –
Grünseehütte (Rif. Umberto Canziani) 101 –
Haselgruberhütte (Rif. L. Corvo) 103 – Rif. S. Dorigoni
(Rif. Saent) 106 – Viozhütte (Rif. Mantova al Vioz) 108 –
Cevedalehütte (Rif. del Cevedale, Rif. G. Larcher) 110 –
Rif. Berni al Gavia 119b – Rif. E. Pizzini (Pizzini-
hütte) 120 – Bivacco Colombo 127 – Bivacco F.
Meneghello 129 – Bivacco Seveso, Rif. Nino I. Bernasco-
ni 132 – Bivacco „Battaglione Ortles" 135 – Rif. N.
Bozzi 137 – Rif. Cesare Branca (Brancahütte) 140 – Rif.
Quinto Alpini (Alpinihütte) 142

IV. Übergänge und Höhenwege 92
Goldseeweg 147 – La Stretta 149, 150 – Cruschetta 151,
152 – Tschenglser Scharte 153 – Zayjoch 156 – Angelus-
scharte 159 – Rosimjoch 163 – Schluderscharte 164 –
Lyfijoch 166 – Schildjoch 168 – Pederjoch 171 –
Madritschjoch 172 – Ortlerpaß (Passo dell'Ortles) 177 –
Hochjoch 181 – Suldenjoch 184 – Königsjoch (Passo di
Bottiglia) 187 – Passo di Cedec 188 – Janigerscharte
(Forcella di Solda) 189 – Rabbijoch (Passo di Rabbi) 213
– Passo di Cadinel 218 – Passo Cercena 221 – Forcella di
Montozzo 225 – Passo della Sforzellina 227 – Passo
Dosegu 231 – Bärenpaß (Colle degli Orsi) 234 – Colle
Vioz 237 – Col de la Mare 241

V. Gipfel und Gipfelwege
1. Der Fallaschkamm 118
Glurnserköpfl 251 – Plaschweller 256 – Piz Chavalatsch
263 – Munwarther 271 – Piz Sielva 274 – Schafberg
(Piz Mischuns) 277 – Piz Chalderas 281 – Fallaschkopf
(Fallaschspitze) 284 – Furkelspitze (Piz Costainas) 287 –
Großer Tartscherkopf 294 – Kleiner Tartscherkopf,
Korspitz 297 – Rötlspitz 299 – Dreisprachenspitze 304 –
Piz Stabels 307 – Piz Val Gronda 311

2. Die Umbrailgruppe 127
Piz Umbrail 314 – Piz Chazfora 319 – Piz Rims 323 – Munt da Milli Ons 327 – Piz Lad 331 – Monte Braulio 347 – Piz Praveder 361 – Monte Forcola 364 – Piz Schumbraida 371 – Monte Solena 377 – Cucler da Jon dad Onsch 380 – Piz Tea Fondada (Monte Cornaccia) 385 – Piz Magliavachas 391 – Piz Murtaröl (Cima la Casina) 400 – Piz Pala Gronda 413 – Mon 'Ata, Piz Mon 'Ata 421 – Cima del Serraglio 424 – Munt Buffalora 428 – Muot Chavagl (Munt Chavagl) 434 – Munt la Schera 437 – Piz dal Döss Radond 442 – Piz Turettas 447 – Piz Dora (Piz d'Ora) 453 – Piz Daint 457

3. Der Kristallkamm (Stilfserjoch bis Ortlerpaß) 154
Cima di Reit (Pizzo Pedranzini) 463 – Cresta di Reit 470 – Monte Scorluzzo 476 – Naglerspitzen 480 – Hohe Schneide (Monte Cristallo) 481 – Geisterspitze 490 – Payerspitze 495 – Tuckettspitze 506 – Madatschspitzen 512 – Cima di Campo (Kristallspitzen) 526 – Nashornspitzen 535, 538 – Schneeglocke (Cima Campana) 541 – Trafoier Eiswand 548 – Thurwieserspitze 565 – Eiskögel (Cone di Ghiaccio) 581 – Großer Eiskogel 582

4. Der Ortlerhauptkamm (Ortlerpaß – Eisseepaß) 191
Hochleitenspitze (Punta Alta) 601 – Bärenkopf 604 – Tabarettaspitze 607 – Ortler 620 – Hintergratkopf 660 – Monte Zebrù 662 – Königspitze (Gran Zebrù) 681 – Cima della Miniera 706 – Cima Pale Rosse 714 – Kreilspitze (Punta Graglia) 728 – Schrötterhorn 736 – Suldenspitze (Cima di Solda) 744

5. Der Laas-Marteller-Kamm 261
Eisseespitze 749 – Butzenspitze 754 – Madritschspitze 759 – Schöntaufspitze 765, 772 – Innere Pederspitze 779 – Plattenspitze 785 – Schildspitze 791 – Pederspitzen 797, 804 – Lyfispitze 813 – Schluderzahn 819 – Schluderspitze 824 – Laaser Spitze (Orgelspitze) 828 – Saugberg 835 – Weißwand 838 – Jennewand (Jennwand) 841 – Vertainspitze (Cima Vertana) 848 – Große Angelusspitze 862 – Hochofenwand 876 – Kleine Angelusspitze 882 – Schafberg 888 – Tschenglser Hochwand 902 – Schöneck 916

6. Der Confinalekamm 310
Cime del Forno 921 – Cima della Manzina 931 – Monte Confinale 938

**7. Der Marteller Hauptkamm
(Fürkelescharte – Zufrittspitze – Hasenöhrl)** 317
Cima Marmotta (Köllkuppe) 951 – Cima Venezia 958 – Schranspitzen 965, 973 – Rotspitzen (Cime Rosse) 978, 984 – Gramsenspitzen 990, 994 – Sällentspitze (Cima di Saent) 999 – Nonnenspitzen (Cime di Rabbi) 1006, 1013 – Lorchenspitze (Cima Lorchen) 1016 – Eggenspitzen (Cime Sternai) 1021 – Weißbrunnerspitze 1038 – Zufrittspitze (Gioveretto) 1043 – Altplittschneide 1056 – Hasenöhrl 1070 – Hoher Dieb 1085 – Naturnser Hochwart 1098a – Lärchbühel 1098e

**8. Der Cevedale-Viozkamm (Monte Cevedale – Gaviapaß)
mit seinen Nebenästen** 353
Monte Cevedale und Zufállspitzen 1107 – Monte Pasquale 1121 – Monte Rosole 1131 – Catena Rossa 1135 – Palòn de la Mare 1141 – Monte Vioz 1153 – Dente del Vioz 1167 – Cima Vioz 1176 – Punta Taviela 1181 – Cima di Peio (Punta di Peio) 1189 – Rocca S. Caterina 1195 – Punta Cadini 1203 – Monte Giumella 1213 – Le Mandriole, I Mughi (Corni di Morto) 1221 – Punta San Matteo 1225 – Monte Mantello 1235 – Cima Dosegu 1241 – Pizzo Tresero 1250 – Cima San Giacomo 1266 – Cima Villacorna 1273 – Cima Val Ombrina und Pizzo di Val Ombrina 1278 – Punta della Sforzellia 1286 – Corno dei Tre Signori 1293 – Monte Gaviola 1306 – Cima di Caione 1310 – Punta di Ercavallo 1315 – Punta di Albiolo 1326 – Cima Casaiole 1334 – Monte Redival 1345 – Monte Palu 1353 – Cima Forzellina 1358 – Cima Boai 1362

**9. Der vom Moosferner (Vedretta di Careser)
nach Süden ziehende Kamm** 418
Cima Mezzena 1366 – Cima Campisol 1370 – Cima Lagolungo 1375 – Cima Ponte Vecchio 1379 – Cima Cavaion 1385 – Cima Verdignana 1390 – Cima Grande 1400 – Cima Cadinel 1405 – Cima Vegaia 1411 – Monte Le Pozze, Cima Bassetta 1416, 1419 – Cima Tremenesca 1422 – Cima Mezzana 1434

**10. Der das Ultental im Süden begrenzende Kamm
(Schwärzerjoch – Laugenspitze)** 430
Gleck (Collechio) 1447 – Gammerwand 1453 – Karspitze 1458 – Kachelstubspitze (Cima Trenta) 1461 – Schrummspitze (Cima Binazia) 1486 – Stübele 1497 – Seefeldspitze

1502 – Ilmenspitze 1506 – Seekopf 1515 – Samerberg
1520 – Manndlspitze, Korb 1525 – Ultener Hochwart
1530 – Schöngrubspitze, Kornigl 1541 – Laugenspitze
1547

Anhang 451

Stichwortverzeichnis 453

Kleines alpines Wörterbuch italienisch/deutsch 464

Verzeichnis der Bilder

Seite

Die Königsspitze vom Hintergrat 8
Die Vertainspitze aus dem Suldental 20
Die Zufállhütte 47
Palon dela Mare mit Skiaufstieg 62
Die Payerhütte 73
Schaubachhütte mit Ortler und Zebrù 75
Die Düsseldorfer Hütte 77
Die Casatihütte 79
Die Cevedalehütte 83
Die Brancahütte 89
Die Alpinihütte 91
Blick vom Monte Livrio nach Südosten 166
Blick vom Nordosten (Kleinboden) auf die Berge
im Kristallkamm (westliche Ortlergruppe) 175
Trafoier Eiswand vom Kleinboden, oberhalb Trafoi 179
Ortler mit Payerhütte vom Bärenkopf 199
Ortler und Tschirfeck von Nordosten (Schöneck) 202
Ortler-Nordwand 207
Ortler von Ostnordosten (Düsseldorfer Hütte) 211
Ortler-Südwestseite (Luftbild) 217
Ortler von Westen 221
Ortler von Nordwesten (Luftbild) 225
Zebrù von Osten 232
Zebrù, Königspitze und Kreilspitze von Südwesten (Luftbild) ... 239

Königspitze von Westen (Luftbild) 241
Nordwand der Königspitze 245
Zebrù und Königspitze von Nordosten 247
Königspitze von Südosten 249
Königspitze von Ostnordosten 251
Kreilspitze, Zufállspitze und Monte Cevadele
vom Normalanstieg zur Königspitze 257
Vertainspitze und Hohe Angelusspitze von Westen 286
Vertainspitze von Norden 289
Hochofenwand und Hohe Angelusspitze
von der Tschenglser Hochwand 293
Kleine Angelusspitze und Hochofenwand
von der Tschenglser Hochwand 297
Mals mit Pfarrkirche und Fröhlichsturm 303
Vordere Schranspitze von Norden 323
Eggenspitzen vom Grünsee 333
Hasenöhrl von der Blauen Schneid 343
Monte Cevedale von der Südlichen Zufállspitze 355
Östlicher Fornokessel mit Monte Vioz, Punta Taviela
und Cima di Peio 369
Berge des westlichen Fornokessels von der Westflanke
des Monte Cevedale 383
Punta San Matteo und Monte Mantello von Westen 387
Pizzo Tresero von Nordosten 393
Corno dei Tre Signori vom Gavaipaß 407
Proveiser Berge von der Alpe Gloz 445
Samerberg und Ultener Hochwart vom Kornigl 447

Verzeichnis der Skizzen

Übersichtskarte (Kammerverlaufsskizze der Ortlergruppe) 18
Zufahrtswegeskizze 23
Geologischer Aufbau der Ortlergruppe 27

Alpine Auskunft

Mündliche und schriftliche Auskunft in alpinen Angelegenheiten für Wanderer, Bergsteiger und Skitouristen

➤ Deutscher Alpenverein
Montag bis Mittwoch von 9 bis 12 Uhr
und 13 bis 16 Uhr,
Donnerstag von 9 bis 12 Uhr
und 13 bis 18 Uhr
Freitag von 9 bis 12 Uhr
D-8000 München 22, Praterinsel 5
Telefon (089) 29 49 40
[aus Österreich 06/089/29 49 40]
[aus Südtirol 00 49/89/29 49 40]

➤ Österreichischer Alpenverein
Montag bis Freitag von 10.00 bis 16.00 Uhr
Alpenvereinshaus
A-6020 Innsbruck, Wilhelm-Greil-Str. 15
Telefon (512) 5 95 47
Tirol Informationsdienst
A-6020 Innsbruck, Wilhelm-Greil-Str. 17
[aus der BR Deutschland 00 43/512/53 20 -170 oder -171]
[aus Südtirol 00 43/512/53 20 -170 oder -171]

➤ Alpenverein Südtirol Sektion Bozen
Montag bis Freitag von 9 bis 12.30 Uhr
und von 15 bis 17.30 Uhr
im Landesverkehrsamt für Südtirol –
Auskunftsbüro
I-39100 Bozen, Pfarrplatz 11
Telefon (04 71) 99 38 09
[aus der BR Deutschland 00 39/471/99 38 09]
[aus Österreich 04/04 71/99 38 09]

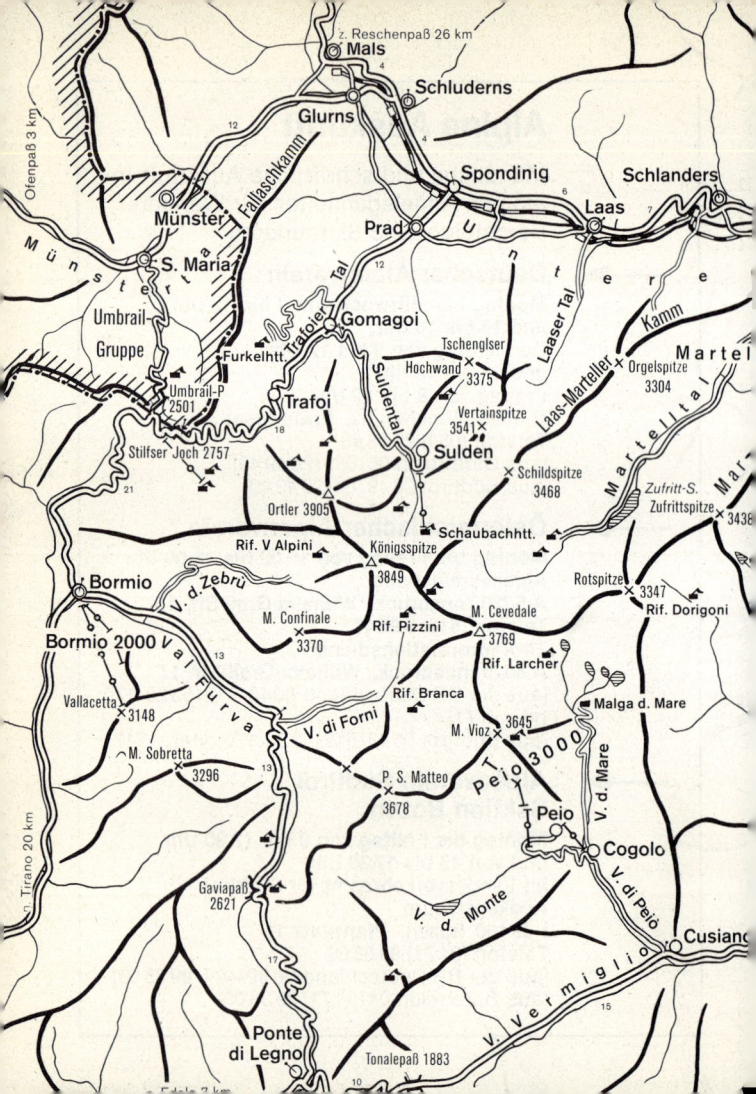

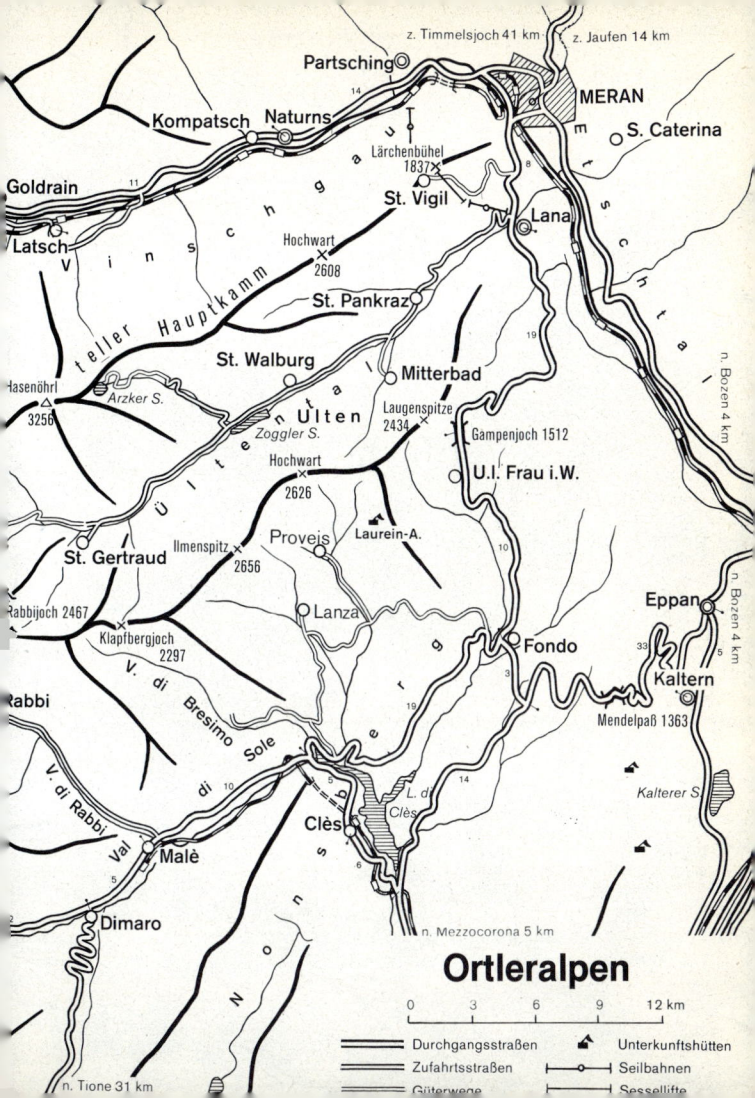

I. Einführender Teil

1. Zur Geographie der Ortleralpen

1.1 Überblick
Die Ortleralpen gehören zum zentralalpinen Anteil der Ostalpen und liegen, mit Ausnahme des Fallaschkammes und der Umbrailgruppe, zur Gänze auf italienischem Staatsgebiet. An ihr haben die Provinzen Bozen, Trient, Brescia und Sondrio Anteil, wobei der flächenmäßige Anteil der Provinz Bozen über 50% des Gesamtareals einnimmt. Was die Vergletscherung anbelangt, sind die Ortleralpen auf etwa 100 qkm mit Eis bedeckt. Die Streichrichtung des Hauptkammes (Rückgrates) der Ortleralpen verläuft im Bogen (vom Stilfser Joch bis zum Gaviapaß) von Nordwesten bis Südosten über Norden bis Süden nach Osten bis Westen. Von diesem „Rückgrat" zweigen fiederförmig die Seitenkämme ab. Diese sind in geringerem Maß vergletschert und durch tief eingeschnittene Täler voneinander getrennt (Suldental, Martell, Ultental).

1.2 Begrenzung und Einteilung
Die Ortleralpen werden im Norden vom Vinschgau (Tal der Etsch) zwischen Spondinig und Nals (südlich Meran) begrenzt. Die Linie Münstertal – Ofenpaß – Spöltal – Valle del Gallo – Valle di Frade begrenzt die Ortleralpen im Westen bzw. Nordwesten. Das Stilfser Joch verbindet den Vinschgau mit dem Veltlin (Addatal, Bormio); letzteres begrenzt die Ortleralpen im Westen. Bei Nals (südlich Meran) verläßt die Grenzlinie der Ortleralpen den Boden des Etschtales. Die Grenze ist nun jene Talfurche, die zwischen dem Mendelgebirge (im Osten) und den Ortleralpen verläuft (Nonstal). Nahe Cles (Lago di Cles) wird die markante von Osten nach Westen verlaufende Furche des von der Noce durchflossenen Val di Sole erreicht. Diese Furche verbindet über den Tonalepaß hinweg das Eisacktal mit dem Addatal (Veltlin).
Die Einteilung des Führers erfolgt aus Gründen der Übersicht in Kämme.
Der Kristallkamm reicht vom Stilfser Joch (im Nordwesten) bis zum Ortlerpaß (im Südosten). Der Ortlerhauptkamm trennt (vom Ortlerpaß

◀ Die Vertainspitze (R 848) aus dem Suldental.

nach Norden) das Trafoier Tal vom Suldental und verläuft zwischen Ortlerpaß und Eisseepaß in Nordwest-Südostrichtung; hier bildet er auch die Wasserscheide zwischen Etschtal und Addatal. Der Laas-Marteller Kamm, ein ausgedehnter Seitenkamm, reicht vom Eisseepaß nach Norden bis zum Etschtal; er wird im Westen vom Trafoier Tal und Suldental, im Norden vom Vinschgau und im Osten vom Martell begrenzt. In ihn führt (vom Vinschgau her) das lange Laaser Tal hinein, womit sich eine Zweigliederung des Kammes ab der Schildspitze (nach Norden hin) ergibt. Südlich der Königspitze zweigt der verhältnismäßig kurze Confinalekamm nach Westen ab.

Über den Cevedale-Viozkamm (Monte Cevedale – Gaviapaß) führt die als Bergfahrt bekannte Umrahmung des Fornokessels. Von diesem Kamm zweigt nördlich des Monte Cevedale mit der Fürkelescharte der Marteller Hauptkamm nach Nordosten ab. Dieser Kamm trennt das Martell vom Ultental und reicht bis zum Vinschgau. Am Südrand des weiten ebenen Moosferners beginnt ein Kamm, der, in südlicher Richtung streichend, das Peiotal vom Rabbital trennt. Mit dem alten Übergang des Schwärzerjoches beginnt der das Ultental im Süden begrenzende Kamm, der ebenfalls bis zum Vinschgau reicht.

Im NW bzw. W sind den Ortleralpen der Fallaschkamm und die Umbrailgruppe vorgelagert. Diese beiden Kämme sind durch das Wormser Joch (Umbrailpaß) voneinander getrennt und liegen zum Teil auf Schweizer Staatsgebiet. Ihre Zugehörigkeit zur Ortlergruppe (im klassischen und vorwiegend gebrauchten Sinn) ist umstritten, bzw. werden beide Kämme in der Regel nicht der Ortlergruppe zugezählt. Nachdem sie aber in der „Gebirgsgruppeneinteilung der Ostalpen" des AV den „Ortleralpen" zugezählt werden, sind sie im vorliegenden Führer mit beschrieben.

1.3 Verkehrsverbindungen

Die Ortleralpen werden von der durch den Vinschgau führenden Eisenbahnlinie Bozen – Mals (Malles Venosta) berührt, bei welcher (für den Suldener und Stilfser-Joch-Bereich) besonders die EB-Station Spondinig eine Schlüsselposition innehat. Von Norden (Deutschland, Österreich) ist der Vinschgau am schnellsten über die Talwasserscheide des Reschenscheidecks (Reschenpaß) erreichbar (Autobusverbindungen und Fernbus München – Bozen); von der Schweiz ebenfalls über den Reschenpaß sowie (über Zernez – Ofenpaß/Paß Il Fuorn) durch das Münstertal. Aus dem Münstertal führt eine Straße über den Umbrailpaß (Wormser Joch) zur Stilfser-Joch-Straße (Wintersperre); ebenso zweigt von der Westrampe der Ofenpaß-Straße der Straßentunnel Punt la Drossa ab, der eine sehr gute Verbindung zur Westseite der Ortlergruppe

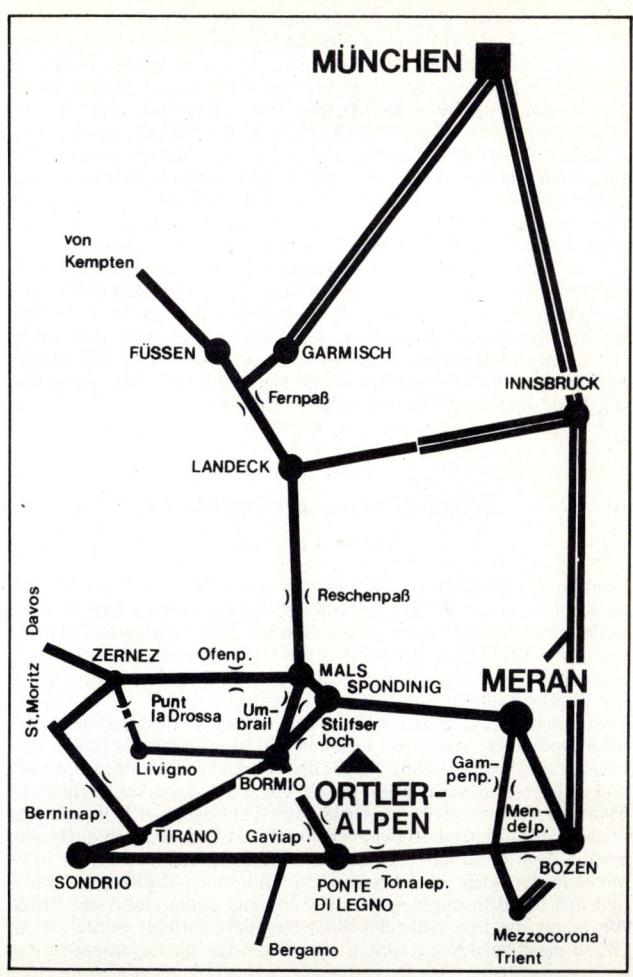

(über Livigno nach Bormio) ergibt (nur im Winter und nur von 6 bis 22 Uhr geöffnet). Die kurvenreiche Stilfser-Joch-Straße begrenzt das Kernstück im Westen und Nordwesten und verbindet den Vinschgau mit dem Veltlin (Addatal, Bormio). Aus dem Etschtal (Vinschgau) führen die langen Furchen des Martell- und Ultentales weit in die Ortleralpen hinein. Beide Täler sind durch Autobuslinien erschlossen. An der Südseite der Ortleralpen erfolgt bis zum Tonalepaß die Zufahrt vorteilhaft von Bozen über den Mendelpaß (Autobusverkehr) bzw. von Meran über das Gampenjoch; eine Eisenbahnlinie führt von Mezzocorona bis Malè. Für den Bereich westlich des Tonalepasses wird man, wenn man nicht auf der eben genannten Möglichkeit zufährt, über das Stilfser Joch und den Gaviapaß zufahren (beide Pässe Wintersperre). Aus der Schweiz (Engadin) kann man über den Berninapaß und Tirano sowie über Zernez – Ofenpaß – Umbrailpaß – Bormio (Wintersperre) zufahren; vorteilhaft erfolgt die winterliche Zufahrt durch den bereits erwähnten Straßentunnel Punt la Drossa. Aus dem Val di Sole führen nach Norden die Täler von Rabbi und Peio weit in die Ortleralpen hinein; beide sind durch Autobuslinien erschlossen.

2. Zur Geologie der Ortleralpen

Von Dr. Ernst Ott

Wenn in den Ostalpen ein Gebirgsstock vergletschert ist, dann handelt es sich fast immer um ein Kristallingebirge der Zentralalpen. Bei der Ortlergruppe ist dies anders, zumindest bei ihren Hauptgipfeln Ortler, Zebrù und Königspitze. Sie bestehen aus Dolomit- und Kalkgestein, welches hier in einem etwa 1000 m dicken Sedimentstapel noch dem Veltliner Basiskristallin aufruht.
Geologisch betrachtet ist der Ortler der südöstliche Auslieger der Engadiner Dolomiten. Auch dort liegt auf dem Münstertaler Kristallin eine ausgedehnte Sedimenthülle, welche den Nördlichen Kalkalpen einerseits und andererseits den Südalpen jenseits der Tonale-Linie vergleichbar ist. Man könnte nun einfach den Ortler samt den Engadiner Dolomiten als vermittelndes Bindeglied zwischen Nord- und Südkalkalpen auffassen; etwa in dem Sinne, daß einst auf einem alten Kristallinsockel die Sedimente in der noch heute bestehenden Anordnung abgelagert wurden, und daß lediglich durch spätere Hebung und damit einherschreitende Abtragung die jetzt fehlenden Zwischenstücke entfernt worden seien. Gegen diese Vorstellung spricht aber folgendes: Im Gegensatz zu den

noch „frischen" Sedimenten der Nord- und Südalpen sind die Sedimente im Ortler „leicht angebraten". Der Geologe sagt hierzu, sie haben eine Metamorphose erlitten, eine über die normale Verfestigung hinausgehende Veränderung. Und zwar läßt sich anhand von Mineral-Neubildungen in diesen Sedimenten schließen, daß sie auf fast 400 Grad erwärmt worden sind und dies vor etwa 90 Mio. Jahren. So etwas geschieht aber nicht großflächig an der Erdoberfläche, sondern nur bei entsprechender Überlagerung durch andere Gesteine. Daher nehmen einige – keineswegs aber alle – Alpengeologen an, daß die Nördlichen Kalkalpen einst südlich des Ortlers beheimatet waren und eben damals als Decke über den Ortler und die Engadiner Dolomiten hinweg nach Norden bewegt wurden. – Soweit zur Stellung des Ortlers im Gesamtbild der Alpen, doch nun speziell zu dieser Gruppe:

Das Basiskristallin entspricht dem Ötztal- und Silvretta-Kristallin. Es hat nicht nur die eingangs erwähnte Metamorphose seiner Sedimentbedeckung mitgemacht, sondern schon frühere und kräftigere im Zuge der kaledonischen Gebirgsbildung vor 500 Mio. Jahren und der vorletzten, variszischen Gebirgsbildung vor circa 300 Mio. Jahren. Dabei sind ehemalige sandig-tonige Sedimente zu Glimmerschiefern, Quarzphylliten und Phyllitgneisen umgeprägt worden; Sandsteine zu Quarziten; Kalksteine zu Marmoren; Grüngesteine zu Amphiboliten. Auch Granite, die im Laufe dieser Gebirgsbildungs-Phasen als Schmelzen aufgedrungen und erstarrt sind, wurden zu Orthogneisen umgewandelt.

Gneise letzterer Art liegen in der Ortlergruppe bei Gomagoi und besonders im Kern der Angelusgruppe. Sie bilden dort einen 1000 m dicken Körper, der nach den Seiten rasch mit vielen Zungen in die umgebenden Quarzphyllite auskeilt. Auf vom Eise rundgeschliffenen Gneishöckern liegt die Düsseldorfer Hütte. Nach Osten hin kommen unter diesen Gneisen und Quarzphylliten die Gesteine der Laaser Serie zutage. Es sind Phyllitgneise mit Einschaltungen von Amphiboliten und vor allem Marmorzügen, welche den berühmten Laaser Marmor liefern, der in mehreren Brüchen abgebaut wird. Die im Laaser Tale flachliegende Marmorserie bäumt sich an der Jennewand in eindrucksvollen Faltenbildern auf. Das Dach der Laaser Serie bilden die schon erwähnten Quarzphyllite, welche nach Westen hin zum Cevedale und Confinalekamm ausschließlich den Kristallinsockel aufbauen. Diese auch Casanna-Schiefer genannten Gesteine bilden überall die Basis der Ortler-Sedimente.

Mit den Sedimenten sind wir bei der alpidischen Geschichte des Ortlers angelangt. Sie beginnt im Perm mit der Ablagerung des Alpinen Verrucano. Das sind Konglomerate und Sandsteine, die sowohl in der Endphase der variszischen Gebirgsbildung als festländischer Abtragungsschutt entstanden als auch noch später in der Untertrias, als wieder das Meer auf das schon weitgehend eingeebnete Gebiet übergriff. Im Ortler selbst sind nur 5–10 m feinsandige Schiefer vorhanden, die zu dieser Formation des Verrucano gestellt werden. Gipslager in der Untertrias zeugen von wiederholten Vorstößen und Rückzügen mit verbundener Eindampfung des Meeres. Dieses Niveau der Untertrias hat bei der späteren Tektonik als Abscherungshorizont gewirkt. Somit ist die Untertrias in den Basis-Schuppen tektonisch reduziert worden auf nur ein paar Meter Mächtigkeit. Was im Ortler die Wände ausmacht, ist durchwegs in der Obertrias entstanden, und zwar nicht in einem tiefen Meer, sondern auf einer extrem flachen Karbonatplattform, die zwischendurch immer wieder trockenfiel. Natürlich mußte ein stetiges Absinken dieser Plattform stattfinden, wenn es zu einem Sedimentstapel von 1000 m Dicke kam, doch die Karbonatproduktion hat mit dieser Absenkung Schritt halten können und blieb immer mehr oder weniger auf dem Niveau des Meeresspiegels. Erst in der Jura-Zeit erfolgte eine raschere Eintiefung und Überdeckung mit Tiefwassersedimenten. Solche Jura-Schichten sind im Ortler selbst nicht mehr erhalten, nur gegen Westen hin nach Livigno. Mit dem Zerbrechen der Karbonatplattform im Jura müssen bereits die ersten alpidischen Gebirgsbildungsphasen eingeleitet worden sein, denn schon in der darauffolgenden Unterkreide-Zeit müßte die Deckenstapelung erfolgt sein, wenn das eingangs erwähnte 90-Mio.-Alter der Metamorphose der Ortler-Sedimente durch eine Deckenüberschiebung erklärt werden soll.

Infolge dieser Metamorphose sind auch Fossilien so in Mitleidenschaft gezogen worden, daß sie nicht mehr erkennbar oder zumindest nicht mehr bestimmbar sind. Deshalb ist auch noch umstritten, ob der Sedimentstapel des Ortler durch drei- bis vierfache Verschuppung ein und derselben relativ dünnen Sedimentplatte zustandekam, oder ob die Ortler-Obertrias von Haus aus so dick war, wie sie heute daliegt. Das erstere nahm KAPPELER in seiner Doktorarbeit über die Ortlergruppe (1938) an; neuerdings sprechen Beobachtungen, die erst durch den inzwischen erfolgten Gletscherrückgang möglich waren, eher für eine ungestörte Dolomitfolge mit normal eingeschalteten Kalkschieferhorizonten, wie dies auch in der Quatervalsgruppe der Engadiner Dolomiten der Fall ist. In den alpidischen Zyklus gehören nicht nur Sedimentgesteine, sondern auch noch vulkanische Ganggesteine. Es sind Dioritgänge, welche beim Eindringen das Nebengestein an den Berührungszonen verändert haben. Die Dolomite sind dort ausgebleicht, Fundstellen von Kalksilikat-Mineralen und stellenweise Sulfiderzlagerstätten (Val Zebrù, Cima di Miniera) sind an solche Kontakte gebunden. Der dunkle Felszahn des Königsmandl im Königsjoch ist ein solcher Dioritstock. Gerade an der

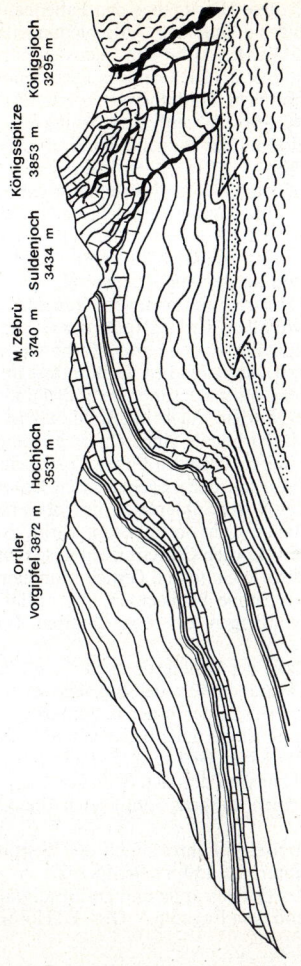

Geologisches Profil durch die Ortleralpen (nach Kappeler 1938).
Rechts unten das Basiskristallin (Wellenlinien), darauf ein dünner Streifen aus Verrucano und Untertrias (punktiert), darüber die Dolomite und Kalkschiefer der Obertrias. An der Königsspitze durchschlagen Dioritgänge (schwarz) tertiären Alters den Faltenbau.

Königspitze sieht man auch, daß diese Dioritgänge den Faltenbau der Sedimente durchschlagen und daß sie längs der Aufschiebungsfläche aufgedrungen sind, mit der das Basis-Kristallin von Südosten her auf die Ortlertrias aufgefahren ist. (Abb. S. 27) Die Gänge müssen demnach noch jünger sein als die tektonischen Hauptbewegungen. Es sind Ausläufer der im Tertiär (vor 40 Mio. Jahren) aufgedrungenen Gesteinsschmelzen, die den Adamello und das Bergeller Granitmassiv gebildet haben. Wie man auf der Abb. S. 27 erkennen kann, setzen sich die Gänge nach unten nicht ins Kristallin fort, das sie natürlich ebenfalls durchschlagen haben müssen. Sie wurden demnach noch in einer späteren Nachbewegung von ihrer Wurzel abgeschnitten, und zwar im verschliffenen Horizont der Untertrias. Im Kristallin selbst findet man solche Gänge am Suldenferner und an der Madritschspitze.

Morphologie: Das Landschaftsbild wird wesentlich vom Gesteinsuntergrund bestimmt. Im Ortler ist es vor allem der Gegensatz der verhältnismäßig leicht verwitternden Quarzphyllite zu den harten Karbonatgesteinen, der hier zum Ausdruck kommt. Auffallend ist der Kontrast im Val Zebrù, mit den sanften Formen der Confinalegruppe im Süden und den senkrechten Dolomitfluchten im Norden. Auch im Brauliotal ist der Unterlauf schluchtartig in die Triaskarbonate eingeschnitten, während der Oberlauf im Kristallin einen weiten Talboden bildet. Oder nehmen wir den wilden Talschluß von Trafoi mit den eisgepanzerten Dolomitwänden im Gegensatz zum Talschluß des Suldentales, der, obwohl genau so hoch und vergletschert, lange nicht so imposant wirkt. Allerdings ist nicht alles im Kristallin mit sanften Gipfelformen ausgestattet: Die harten Gneise bilden auch schroffe Grate und Gipfel. Man kann es an den Gneisgipfeln der Angelusgruppe beobachten, die auffallend kontrastieren zu den Quarzphyllitbergen der benachbarten Pederspitzen.

Der unterschiedliche Gesteinsbestand der Ortlergruppe macht sich auch in der Farbgebung der nackten Moränenwälle der Lokalgletscher bemerkbar. Die rechtsufrige Moräne am Suldenferner ist dunkel gefärbt vom Kristallinschutt, die linksufrige ist ein ganz heller Dolomitschuttwall. Auch die Moränenkränze der kleinen Gletscher an der Ostseite des Ortler heben sich als helle Girlanden vom dunklen Schieferuntergrund ab. Die erwähnten Moränen stammen übrigens vom letzten Gletscher-Hochstand um das Jahr 1850.

Literatur: HAMMER, W.: Geologischer Führer durch die Westtiroler Zentralalpen. – Samml. geol. Führer, 22, 150 S., Berlin 1922.

KAPPELER, U.: Zur Geologie der Ortlergruppe und zur Stratigraphie der Ortlerzone zwischen Sulden und dem Engadin. – Diss. ETH Zürich, 124 S., 1938.

3. Allgemeines über die Ortleralpen

3.1 Überblick

Die Berge der Ortleralpen sind in ihrem Aufbau sehr vielfältig. Einerseits treten Schiefer und Gneise (kristalline Gesteine) sowie Kalke zutage, andererseits findet man sehr ausgedehnte Gletscher sowie eindrucksvolle Eisflanken. Dementsprechend ist auch der Gesamteindruck dieser Gebirgsgruppe: In den zum Vinschgau ziehenden Seitenkämmen findet man Berge mit verhältnismäßig geringer, zum Teil auch gar keiner Vergletscherung; im Hauptkamm – vom Stilfser Joch beginnend über das Dreigestirn Ortler–Zebrù– Königspitze hinweg und fortsetzend im vom Monte Cevedale zum Gaviapaß streichenden Kamm – befindet man sich in einer fast ausschließlich von Gletschern beherrschten Welt.

Übergänge von Hütte zu Hütte werden, sofern diese das Zeitausmaß von wenigen Stunden überschreiten, in den Ortleralpen selten begangen und sind dann auch unter die durchaus ernsten Bergfahrten einzureihen. Hier, wie überhaupt im vergletscherten Bereich, ist die Orientierung (Kompaß oder Bussole!) sowie Spaltengefahr (Seil!) das Hauptproblem. Für den Bergsteiger der gemäßigten Richtung werden sich, besonders in den Seitenkämmen, lohnende Ziele ergeben, der hochalpine Bergsteiger wird seine Befriedigung in der Ersteigung des Ortlers (Normalweg über Payerhütte und Hintergrat), des Monte Cevedale, der Vertainspitze, des Monte Vioz und ähnlicher Berge finden. Dem Bergsteiger schärferer Richtung werden wiederum andere Anstiege Freude bereiten, die beim (besonders im Frühsommer schönen) Marltgrat des Ortlers beginnen und bei den schwierigsten Anstiegen aufhören. Es sei hier darauf hingewiesen, daß sich in den schwierigen Anstiegen fast grundsätzlich (aufgrund der Geländestruktur) keine Mauerhaken im Anstieg befinden und auf Anstiegen der oberen Schwierigkeit der Seilzweite so „gut" wie der Seilerste sein sollte. Eine Wertung und Reihung der Anstiege erfolgt beim entsprechenden Abschnitt.

3.2 Bevölkerung und Sprache

Ein sehr bedeutender Anteil der Ortleralpen war bis nach 1918 in so überwiegendem Maß deutschsprachig, daß man ohne Übertreibung von einem rein deutschsprachigen Gebiet reden konnte. Dieses Gebiet umfaßte den Vinschgau, das Trafoier und das Suldental, das Martell, das Ultental, sowie vier Gemeinden (Unsere Liebe Frau im Walde, St. Felix, Laurein und Proveis) des Nonstales. Das Val di Sole war auch bereits damals in überwiegendem Maße italienisch besiedelt, und der Autor findet deshalb die deutsche Bezeichnung „Sulzbergtal" ungerechtfertigt. Er möchte hier auf die Anlage der Siedlungen, Bauweise der Häuser, Kirchen und Paläste hinweisen. Das Val Camonica, Valfurva und Addatal können ebenfalls als bereits jahrhundertelang italienisch besiedeltes Gebiet gelten.

Die mit 1918 einsetzende Italianisierung der Teile der alten österr.- ungar. Monarchie hatte nun zur Folge, daß die oben getroffene Einteilung in Sprachgebiete verwischt wurde. Es wird z.B. in Ortschaften wie Mals, Prad und ähnlichen die Kenntnis der italienischen Sprache durchaus nützlich sein, das Gleiche gilt unbedingt für den Bereich des Stilfser Joches. Im übrigen kann man den Vinschgau, das Trafoier und Suldental nach wie vor als derart stark deutschsprachig bezeichnen, daß man mit der deutschen Sprache überall sein Auslangen findet. Das gleiche gilt für Martell und Ultental; beide Täler konnten ihren deutschen Charakter, genauso wie die vier genannten Gemeinden des Nonstales, bewahren. Im übrigen Nonstal, Val di Sole, Valle di Peio, Val di Rabbi, Valfurva und im Addatal ist die italienische Sprache die Regel. Es ist hier jedoch in den größeren Betrieben des Fremdenverkehrs (Gastgewerbe; nicht aber bei Einkäufen und an Stellen des öffentlichen Dienstes) eine zumindest rudimentäre Kenntnis der deutschen Sprache anzunehmen. Im Schweizer Anteil der Ortleralpen wird rhätoromanisch und deutsch gesprochen.

3.3 Beste Jahreszeit

Die günstigste Jahreszeit für Bergfahrten in den Ortleralpen (ohne Ski) ist der Sommer und je nach Wetter- und Hanglage sowie Tourenwahl der Herbst; Routen, die man vorteilhaft im Frühling begeht (z. B. Ortler Minnigeroderinne) werden immer die Ausnahme bleiben. Für den Hochwinter und beginnenden Frühling sei auf den Abschnitt Wintersport verwiesen; zahlreiche Skibergfahrten werden in den Monaten Mai und Juni durchgeführt, wobei hier besonders auf die Berge des hinteren Martelltales sowie auf die Umrahmung des Fornokessels (Kamm Cevedale – Palòn de la Mare – Punta San Matteo – Pizzo Tresero) hingewiesen werden soll (Achtung auf die Wintersperre der Gaviapaß-Straße!). Bei Touren im Herbst sollte man grundsätzlich eventuell auftretendes Blankeis bedenken; ansonsten weisen viele Anstiege (mit Ausnahme der schwierigen) auch in vorgerückter Jahreszeit selten Blankeis auf (Ausnahme: der Normalweg auf den Monte Cevedale).

3.4 Der Stilfser-Joch-Nationalpark

Der Stilfser-Joch-Nationalpark (gegründet 1935) umfaßt nahezu das gesamte Gebiet der Ortleralpen mit Ausnahme des Ultentales von St. Gertraud auswärts, ferner den dieses Tal vom Martell trennenden Kamm vom Hasenöhrl nach Nordosten und den das Ultental im Süden begrenzenden Kamm vom Rabbi-Joch nach Nordosten.

3.5 Der Schweizer Nationalpark im Bereich der Ortleralpen
Der westliche Teil der Umbrailgruppe (Munt La Schera, Munt Chavagl) gehört dem Schweizer Nationalpark an. Dieser darf nur auf den bezeichneten Wegen (im Führergebiet: Punt La Drossa bzw. Il Fuorn – Alp La Schera – Munt La Schera – Buffalora) begangen werden. Die Mitnahme von Hunden, Biwakieren, das Wegwerfen oder Liegenlassen von Proviantpapieren, Konservenbüchsen usw., sowie Aneignen oder Beschädigung der Tier- und Pflanzenwelt sind verboten (gekürzter Auszug aus der Nationalparkordnung).

3.6 Tierwelt
Aufgrund der Schutz- und Hegemaßnahmen im Nationalpark kann man, vor allem im Martell und Suldental, insgesamt etwa 600 Hirsche feststellen. Steinböcke wurden ausgesetzt, sind jedoch fast nie zu sehen. Das Reh ist zahlreich vertreten, die Gemse findet man (besonders an Südhängen) im Valle di Peio und Val di Rabbi. Murmeltiere findet man verhältnismäßig häufig an den Südhängen des Confinalekammes und im Rabbi-Tal, im übrigen ist die Population verhältnismäßig gering. Der Feldhase ist bis in die Höhenlagen der Almen anzutreffen und weiter oben wird er vom (verhältnismäßig seltenen) Schneehasen abgelöst. Die bisweilen zu sehende Schneemaus ist wahrscheinlich das einzige Säugetier, das bis zum Gletscherrand verbreitet ist und keinen (!) Winterschlaf hält. An Raubtieren findet man (selten) in den tieferen Lagen den Fuchs und bis weit hinauf den scheue Wiesel.
An seltenen Vögeln wäre der Steinadler, der Uhu, das Auerhuhn und der Kolkrabe zu nennen. Geringfügig häufiger folgen das Steinhuhn und das Haselhuhn, wogegen das Schneehuhn etwas zahlreicher vertreten ist. Bisweilen sieht man den immer in größerer Zahl auftretenden Alpensegler und am Rand der Bäche die Wasseramsel. Diese und die Gebirgsform der Bachstelze sowie Schneefink und Alpenbraunelle findet man in unterschiedlicher und scheinbar von Jahr zu Jahr wechselnder Häufigkeit. An wirbellosen Tieren wäre der ungiftige Deutsche Skorpion, der bis auf etwa 2500 m Höhe vorkommt, zu erwähnen. Der Gletscherfloh kommt, wie auch in den anderen vergletscherten Gebirgsgruppen, auf den Gletschern der Ortleralpen vor.

3.7 Pflanzenwelt
Die Pflanzenwelt der Ortleralpen ist sehr vielfältig ausgeprägt und reicht von Flaumeichen – Blumeneschen – Buschwald (Eingang des

Martells) bis zur Nivalstufe im Bereich der höchsten Gipfel. Diesen Gegensatz empfindet man im Frühling, wenn in Meran die Pfirsichbäume blühen und die den Vinschgau einfassenden Berge noch tief verschneit sind, besonders. Ebenso kann man im Sommer dann eine „Wanderung durch die Jahreszeiten" erleben, wenn man beim Aufstieg zuerst die Erdbeeren ißt, 1000 m höher die Erdbeeren blühen sieht und schließlich in die Region des ewigen Schnees gelangt. An den nach Norden gerichteten bis hoch hinauf bewaldeten Hängen findet man Fichten, Lärchen und Kiefern, sowie auch Tannen. In den vom Vinschgau in die Ortleralpen hineinführenden Seitentälern sind auch die Südhänge bis hoch hinauf bewaldet und es liegt z.B. im Martell die obere Baumgrenze (Tannen, Zirben) knapp über 2000 Meter. Die Hänge des Val di Sole und seiner Seitentäler sowie des Addatales sind etwas spärlicher bewaldet, weisen jedoch nicht jene inneralpine Trockenvegetation auf, die für die nach Süden gerichteten Vinschgauer Leitenhänge charakteristisch ist.

Neben den allgemein zu findenden Blumen, wie auf den Wiesen Trollblumen, Kleearten, verschiedene Korbblütler, findet man im Frühling (besonders im Martell) den Krokus überreichlich. In der höher gelegenen subalpinen Stufe findet man zwischen den Nadelbäumen vorwiegend die Alpenrose und die Heidel- sowie Preiselbeere. Moosbeeren und ähnliche sind selten, ebenso die in der gleichen Vergesellschaftung vorkommende Feuerlilie und der Türkenbund.

An den Hängen mit kristallinem Untergrund wächst die oft buschartige Grünerle sehr dicht und ersetzt dort bis zur Baumgrenze oft die Legföhre. Letztere kommt zwar in den Ortleralpen vor, ist aber keineswegs dominant. Ebenfalls wächst der Eisenhut (mehrere Arten) auf in der Regel kristallinem Untergrund und oft vergesellschaftet mit den Grünerlenbeständen.

Ab der Baumgrenze (alpine Stufe) dominieren die Alpenrose und der Enzian, ebenfalls auffällig sind die Schwefelanemone, der Gletscherhahnenfuß und die rote Primel. Das Edelweiß ist verhältnismäßig selten.

Im Moorbereich (Hochmoore, verlandete Seen) ist Scheuchzers Wollgras reichlich vertreten.

In der nivalen Stufe dominieren zwar Moose und Flechten, man kann hier jedoch immer wieder Mannsschild- und Steinbrecharten, Gletscherhahnenfuß und Enzianarten finden.

Aus verständlichen Gründen konnte hier vom Autor nur ein grober Überblick über die Pflanzenwelt gegeben werden; der interessierte Pflanzenfreund wird jedoch mit: A. Kosch/H. Sachße „Was find ich in den Alpen?", Kosmos, Franckh'sche Verlagsbuchhandlung, Stuttgart, 1976, sein Auslangen finden.

3.8 Die Gletscher der Ortleralpen
Die Ortleralpen gehören neben der Berninagruppe sowie den vergletscherten Gebirgsgruppen der österreichischen Zentralalpen, die im Osten (in bezug auf Vergletscherungen) in der Hafnergruppe ihr Ende finden, mit zu dieser Gebirgsform. Wenn man ihr Herzstück betrachtet, das sich vom Stilfser Joch bis zum Gaviapaß erstreckt, muß man von einem fast völlig vergletscherten Gebiet sprechen. Aus diesem ragen bis zum Langenfernerjoch (von Westen nach Osten) die Gipfel zum Teil mit beachtlichen Eiswänden heraus; vom Langenfernerjoch (Casatihütte) nach Osten reicht die Vergletscherung fast durchwegs bis zu den Gipfeln. Der höchste Berg der Gebirgsgruppe, der Ortler, ist ebenfalls bis zum Gipfel hinauf (von Nordwesten) vergletschert.

Eine Aufzählung der Gletscher scheint nicht sinnvoll, da man allein im Bereich des hintersten Martelltales etwa 20 Gletscher sehen kann. Von diesen verdienen einige allerdings die Bezeichnung „Gletscher" nicht mehr; man müßte sie eher als Firnfelder bezeichnen, und nur allenfalls auftretendes Toteis erinnert an den ehemaligen Gletscher. Der größte Gletscher der Ortleralpen (und der Ostalpen) ist der Fornogletscher (etwa 20 km^2), von den begehbaren Gletschern ist der zerrissenste der Untere Ortlerferner. Der steilste begangene Hängegletscher ist jener der Ortler-Nordwand. Noch unbegangen sind der untere Königswandferner (ab Suldenferner) und der vom Suldenjoch zum Suldenferner herabreichende Hängegletscher in der unteren Hälfte.

3.9 Wintersport
Sulden, Trafoi, der Bereich von Peio und Bormio sind Wintersportgebiete ersten Ranges und von Liftanlagen und Seilbahnen bestens erschlossen. Als Frühjahrs- und Sommerskigebiete sind das Stilfser Joch (Gondelbahnen, Lifte), das Martelltal, der Bereich um die Casatihütte sowie oberhalb Sulden Langer Stein (Schlepplifte) zu nennen. Darüber hinaus werden in diesem Führer zahlreiche Frühjahrsskibergfahrten (ohne Liftbenützung) angeboten.

Der bessere Ratgeber für Skihochtouren ist der beim Bergverlag R. Rother erschienene „Kleine Führer Ortlergruppe". Bei allen Fahrten abseits der Piste bedenke man eventuell auftretende Lawinengefahr; Skiabfahrten über Eiswände oder durch Eisrinnen wurden an der geeigneten Stelle vermerkt, sind aber selbstverständlich nur einem sehr kleinen Kreis vorbehalten.

3.10 Führerwesen
Nur die behördlich autorisierten Bergführer (bzw. Skiführer) bieten Gewähr für gute Führung; sie tragen das Bergführerabzeichen und besitzen ein Führerbuch.

3.11 Schrifttum und Karten
P. Holl: „Kleiner Führer Ortlergruppe", Bergverlag R. Rother GmbH, München, 1982
Höhne: „Ortler – Gipfel, Täler, Menschen", Athesia, Bozen.
Concini: „Kleiner Führer durch den oberen Vinschgau", Bergverlag R. Rother GmbH, München, 1976
Schnelle „Südtirol 1", Bergverlag R. Rother, 1989
R. Messner: „Klettersteige Ostalpen 2", Athesia, Bozen, 1976
Menara/Rampold: „Südtiroler Bergtouren", Athesia, Bozen, 1976
Freytag & Berndt Touristenkarte 1:100000, Blatt 46 und WKS 6 (1:50000)
Kompaß-Wanderkarte 1:50000, Blatt 52, 53, 71, 72, 73, 94, 96
Carta d'Italia 1:25000, insgesamt 42 Blätter
Landeskarte der Schweiz 1:25000, Blatt 1218 (Zernez), 1219 bis (Glorenza), 1238 (P. Quattervals), 1239 (Sta. Maria), 1239 bis (Müstair)

4. Bergrettung

Die Berge sind kein Sportplatz; dies wird in keiner Lage so deutlich, als wenn der Berg seine Opfer fordert. Das Wissen um mögliche Gefahren ist der erste Schritt zur Verhütung. Der Rat des Erfahrenen, wohlüberlegtes Handeln, eine tadellose Ausrüstung – dies alles kann helfen, Unfälle zu verhindern. Die Eintragung ins Hüttenbuch mit der Angabe der geplanten Bergfahrt oder das Zurücklassen einer Nachricht erweisen sich oft als ungemein wertvoll bei Unfällen, denn die Suchaktion kann sonst so viel Zeit in Anspruch nehmen, daß es für die Rettung zu spät geworden ist. Einmal in Bergnot ist das Alpine Notsignal der erste Schritt zur Bergung.

4.1 Das „Alpine Notsignal"
Ist nach einem Unfall die Selbstrettung durch Kameradenhilfe nicht möglich, die Rettung aus Bergnot nur über einen organisierten Rettungseinsatz ausführbar, so müssen die Helfer erst einmal alarmiert werden. Durch **hörbare** (akustische) oder **sichtbare** (optische) Zeichen (Rufen, Trillerpfeife, Blinkzeichen mit Taschenlampe) macht man andere Bergsteiger auf sich aufmerksam. Diese sind verpflichtet, bei der nächsten Unfallmeldestelle die Bergrettung zu verständigen. Als Unfallmeldestellen sind alle bewirtschafteten Schutzhütten und die meisten Alpengasthäuser eingerichtet.

INTERNATIONALE ALARMSIGNALE IM GEBIRGE
SEGNALI INTERNAZIONALI D'ALLARME IN MONTAGNA
SIGNAUX INTERNATIONAUX D'ALARME EN MONTAGNE
SENALES INTERNACIONALES DE ALARMA EN MONTANA

JA
OUI
SI

WIR BITTEN UM HILFE
OCCORRE SOCCORSO
NOUS DEMANDONS DE L'AIDE
PEDIMOS AYUDA

Rote Rakete oder Feuer
Razzo rosso o luce rossa
Fusée ou feu rouge
Cohete de luz roja

Rotes quadratisches Tuch
Quadrato di tessuto rosso
Carré de tissu rouge
Cuadro de tejido rojo

NEIN
NON
NO

WIR BRAUCHEN NICHTS
NON ABBIAMO BISOGNO DI NIENTE
NOUS N'AVONS BESOIN DE RIEN
NO NECESITAMOS NADA

Diese Zeichen dienen der Verständigung mit der Hubschrauberbesatzung. Sie ersetzen nicht das Alpine Notsignal.

Notsignal

- in regelmäßigen Abständen sechsmal in der Minute – also alle 10 Sekunden ein Zeichen.

- Danach eine Minute Pause, worauf das Notsignal wiederholt wird.

Dieses Notsignal darf aber nur in äußersten Notfällen gegeben werden. Es wird solange wiederholt, bis eine Antwort festzustellen ist.

Die Rettungsmannschaft antwortet mit dem

Antwortsignal

- in regelmäßigen Abständen dreimal in der Minute – also alle 20 Sekunden ein Zeichen.

- Danach eine Minute Pause, worauf das Signal wiederholt wird.

Vernehmen die, die in Notlage sind, das Antwortsignal, so stellen sie das Notsignal nicht ein, sondern wiederholen es in regelmäßigen Abständen. Die Retter wissen dann, daß Hilfe immer noch erforderlich ist und verlieren den Standort der Verunfallten nicht aus dem Auge.
Zusätzliche Zeichen, wie das permanente Auslegen von leuchtfarbenen Ausrüstungsgegenständen sind ebenfalls gut geeignete Signale, besonders für die in den letzten Jahren immer häufiger durchgeführte Rettung aus der Luft.
Bereits bei der Meldung an der Unfallmeldestelle kann die abgegebene Information für den Erfolg eines Rettungseinsatzes bestimmend sein. Ein schneller Rettungseinsatz verlangt kurze und klare Angaben. Man sollte sich das Schema mit den fünf „W" einprägen:

- **Was** ist geschehen? (Art und Zahl der Verletzten)

- **Wann** ist es passiert? (Zeit des Unglücks)

- **Wo** ist der Verletzte? (genaue Ortsangabe, Karte, Führer)

- **Wer** meldet? (Personalien)

- **Wetter** im Unfallgebiet? (Sichtweite, Wolkendecke, Windstärke)

Bergsteiger, die in den Teilen der Ortlergruppe unterwegs sind, in denen überwiegend italienisch gesprochen wird, sollten sich einige wichtige Wörter einprägen.

4.2 Wichtige italienische Wörter

Hilfe! = aiuto!
Bergrettung = soccorso alpino
Verletzter = ferito
Arzt = medico
Hubschrauber = elicòttero
wie lange = quante ore?
heute = oggi
morgen = domani
kommen = venire
gut = bene
schlecht = male
ich verstehe = capisco
ich verstehe nicht = non capisco

Siehe auch „Kleines italienisch/deutsches Wörterbuch" auf Seite 464.

4.3 Hubschrauberrettung

Die schnellste und für den Verletzten schonendste Möglichkeit der Rettung aus Bergnot ist die Hubschrauberbergung. Allerdings muß das Wetter den Rettungseinsatz aus der Luft ermöglichen.
Bei Sichtverbindung zu einem sich nähernden Hubschrauber sind Armzeichen bzw. farbige Leuchtzeichen festgelegt:

Beide Arme schräg hoch
oder
grünes Lichtzeichen

JA auf Fragen
= Hier landen oder
Wir brauchen
Hilfe

Linker Arm schräg hoch,
rechter Arm schräg abwärts
oder
rotes Lichtzeichen

NEIN auf Fragen
= Nicht landen oder
Wir brauchen
keine Hilfe

Vorbereitung von Landeplätzen:

- Horizontaler Platz von etwa 20 x 20 m, keine Querneigung, nicht in Mulden!

- Ausrüstungsgegenstände vor Rotorwind sichern, Gefahr für Hubschrauber!

- Hindernisse im An- und Abflugsektor in 100 m Distanz vom Landeplatz nur maximal 15 m hoch! Achtung auf Stahlseile von Material-Seilbahnen und Stromkabel!

- Weichen, pulvrigen Schnee festtreten, auf 20 x 20 m Fläche!

- Windrichtung anzeigen! Rücken gegen Wind, Arme seitwärts, vor dem Landeplatz stehen bleiben, bis Hubschrauber-Rotor stillsteht!

- Sich dem Hubschrauber nur von vorne und von unten herauf nähern!

- Abwarten bis der Rotor stillsteht oder der Pilot Zeichen zur Annäherung gibt!

Aus der Lehrschriftenreihe des Österreichischen Alpenvereins

Dr. E. Jenny

Retter im Gebirge
Alpinmedizinisches Handbuch

Bau und Lebensvorgänge des menschlichen Körpers – Lebensrettende Sofortmaßnahmen – Allgemeine Unfallhilfe – Besondere Notfälle im Gebirge – Gesundheitsschäden und Leistungsbergsteigen – Verbandlehre – Flugmedizinische Grundbegriffe.
256 Seiten. Zahlreiche Fotos und Zeichnungen.

Bergverlag Rudolf Rother GmbH · München

Zum Gebrauch des Führers

5.1 Allgemeines zu den Routenbeschreibungen
Der vorliegende Führer ist aufgebaut nach den „Grundsätzen und Richtlinien für Alpenvereinsführer", aufgestellt und herausgegeben gemeinsam vom DAV, OeAV und AVS.
In einheitlicher Form sind alle Bergtouren der Ortleralpen, soweit sie für den Bergwanderer und Bergsteiger von Interesse sind, beschrieben. (Ausgenommen bzw. verkürzt dargestellt sind nur solche Anstiege, die allgemein als unbedeutend und nicht lohnend eingestuft werden, z.B. R 850 Südflanke auf die Vertainspitze).

Randzahlen
Jedes wichtige Stichwort ist mit einer Randzahl versehen (Talorte, Hütten, Übergänge, Joch, Anstiege, Abstiege), beispielsweise

- **177 Ortlerpaß**
- **620 Ortler**

Auf eine Randzahl wird im Text durch ein großes „R" hingewiesen; Querverweise im Text beziehen sich immer auf die Randzahl, nie auf die Seitenzahl. Frei gebliebene Randzahlen dienen für spätere Ergänzungen. Ein ausführliches Randzahlenverzeichnis befindet sich auf Seite 453.

Beschreibungen
Diese bilden den Hauptteil dieses Führers. Bei **Bergbeschreibungen** ist der Name des Gipfels immer in die Mitte gesetzt, am linken Rand die dazugehörige Randzahl. Sofern die Erstbesteiger bekannt sind, sind diese aufgeführt. Es folgt eine kurze Charakterisierung des Berges. Schöne Aussichtsberge sind als solche erwähnt, auf eine ausführliche Beschreibung wurde aber verzichtet.
Mit eigener Randzahl folgen, beginnend mit dem Normalanstieg und dem Normalabstieg, die übrigen Anstiege. Die Anstiegsbeschreibungen sind nach den UIAA-Richtlinien abgefaßt. Dies besagt, daß eine einheitliche systematische Gliederung vorliegt:
Hinter der Randzahl folgt die Bezeichnung des Anstieges. Die Führen tragen in der Regel geographische Bezeichnungen, beispielsweise „● **676 Nordostpfeiler**" am Südostgipfel des Monte Zebrù. Darunter folgt eingerückt der **Beschreibungskopf.** Dieser enthält in knapper Form die wichtigsten charakteristischen Angaben wie Erstbegeher mit

Begehungsdatum (auf die Aufzählung der nächsten Wiederholer wurde verzichtet), Schwierigkeitsgrad (im Fels entsprechend UIAA-Skala, im Eis erfolgt die Angabe der Neigung in Grad); besondere Gefahren, beispielsweise brüchig, eisschlaggefährdet u.a.; Höhendifferenz vom Einstieg, Begehungshäufigkeit, und die Anstiegszeit.

Nach dem Beschreibungskopf folgt bei längeren, unübersichtlichen und schwierigen Führen eine kurzgefaßte **Übersicht** über den Routenverlauf. Daran anschließend wird der **Zugang** beschrieben. Dann folgt die eigentliche Routenbeschreibung, beginnend beim Einstieg (E) unter **Führe.**

Eine Einteilung der Anstiege in Seillängen entfiel in der Regel, da es sich einerseits um Eis- und kombinierte Anstiege und anderseits um Anstiege handelt, die den III. Schwierigkeitsgrad selten überschreiten; zusätzlich fehlen Standhaken (und auch Sicherungshaken) in den Kletteranstiegen fast zur Gänze bzw. können aufgrund einer unter Umständen etwas beliebigen Routenführung (bei welcher eine Abweichung von einigen Metern – oft auch von größerer Distanz –, die durch die Verhältnisse verlangt wird) von Nachbegehern kaum gefunden werden. Dort, wo Mauerhaken in der Regel zwingend erreicht werden, wird dies in der Routenbeschreibung angeführt.

Bei allen Bergen bzw. bei Kämmen, wo in der Regel nur Überschreitungen begangen werden, wurden Ausgangspunkte, günstige Zu- und Abstiege im Vorhinein beschrieben; wo dies notwendig und vernünftig erschien, geschah dies auch bei einzelnen Anstiegen.

Gehzeiten
Es wurde versucht, die annähernde Zeit eines Durchschnittsbergsteigers der den technischen Anforderungen eines Anstieges gewachsen ist, bei in der Regel üblichen Wegverhältnissen (Anstiegsverhältnissen) anzugeben; daß diese unter- und überboten werden kann, ist selbstverständlich.

Die Beschreibung der Abstiege
Die Abstiege der häufig besuchten Gipfel werden in Abstiegsrichtung gesondert beschrieben. Gewöhnlich ist der Normalaufstieg auch der Abstieg. Die Abstiegsbeschreibung erhält eine eigene Randzahl und zusätzlich ein „A". Diese folgt meistens der Beschreibung des Normalweges, beispielsweise

- 620   **Ortler**
- 621   **Normalweg von der Payerhütte („Tabarettakamm")**
- 621 A   **Abstieg über den Normalweg zur Payerhütte**

Richtungsangaben
Angaben wie „rechts" und „links" sind immer im Sinne der Gehrichtung zu verstehen, dies gilt auch für Abstiegsbeschreibungen.

5.2 Abkürzungen

Abzw.	=	Abzweigung
Alp.	=	„Alpinismus" Verlag Heering, München
AV	=	Alpenverein
AVS	=	Alpenverein Südtirol
B	=	Betten
bew.	=	bewirtschaftet
bez.	=	bezeichnet, markiert
Bhf.	=	Bahnhof
CAI	=	Club Alpino Italiano
DAV	=	Deutscher Alpenverein
DÖAV	=	Deutsch-Österreichischer Alpenverein (bis 1945)
E	=	Einstieg
EB	=	Eisenbahn
ganzj.	=	ganzjährig
Ghf.	=	Gasthof
km	=	Kilometer
M	=	Matratzenlager
m	=	Meter
Min	=	Minute(n)
N, O, S, W	=	Norden, Osten, Süden, Westen
NAV	=	Nachricht an den Verfasser
Nr.	=	Nummer
OeAV	=	Österreichischer Alpenverein
orogr.	=	orographisch
P.	=	Punkt, Höhenzahl der Landkarte
priv.	=	privat
R	=	Randzahl
RM	=	Rivista Mensile CAI
Std.	=	Stunde(n)
ZDÖAV	=	Zeitschrift des Deutschen und Österr. Alpenvereins

5.3 Die Bewertung der Schwierigkeiten im Fels und im Eis
Es wurde die Schwierigkeitsskala in der von der UIAA vorgeschlagenen Art verwendet. Ein Minuszeichen (–) oder Pluszeichen (+) neben dem Schwierigkeitsgrad bedeutet, daß der Anstieg an der unteren oder oberen Grenze des betreffenden Schwierigkeitsgrades liegt.

a) Die Schwierigkeitsgrade im Fels:
Die Bewertung erfolgte aufgrund durchschnittlicher Verhältnisse, d. h. daß man bei Vereisung oder in einer kombinierten Tour unter Umständen mit einem höheren Schwierigkeitsgrad rechnen muß.
Auf derartige Erschwernisse wird in den Anstiegsbeschreibungen grundsätzlich hingewiesen, sofern es sich nicht um Extremverhältnisse handelt (Begehung bei absolut winterlichen Verhältnissen). Kombinierte Anstiege im III. und IV. Schwierigkeitsgrad zählen in der Ortlergruppe üblicherweise bereits zu den ganz großen Anstiegen!

Die Schwierigkeitsgrade im Einzelnen:
- **I:** Geringe Schwierigkeiten. Einfachste Form der Felsklettern (kein leichtes Gehgelände!). Die Hände sind zur Unterstützung des Gleichgewichtes nötig. Anfänger müssen am Seil gesichert werden. Schwindelfreiheit bereits erforderlich.
- **II:** Mäßige Schwierigkeiten. Hier beginnt die Kletterei, die Drei-Punkte-Haltung erforderlich macht.
- **III:** Mittlere Schwierigkeiten. Zwischensicherung an exponierten Stellen empfehlenswert. Senkrechte Stellen oder gutgriffige Überhänge verlangen bereits Kraftaufwand. Geübte und erfahrene Kletterer können Passagen dieser Schwierigkeit noch ohne Seilsicherung erklettern.
- **IV:** Große Schwierigkeiten. Hier beginnt die Kletterei schärferer Richtung. Erhebliche Klettererfahrung notwendig. Längere Kletterstellen bedürfen meist mehrerer Zwischensicherungen. Auch geübte und erfahrene Kletterer bewältigen Passagen dieser Schwierigkeit gewöhnlich nicht mehr ohne Seilsicherung.
- **V:** Sehr große Schwierigkeiten. Zunehmende Anzahl der Zwischensicherungen ist die Regel. Erhöhte Anforderung an körperliche Voraussetzungen, Klettertechnik und Erfahrungen.
- **VI:** Überaus große Schwierigkeiten. Die Kletterei erfordert weit überdurchschnittliches Können und hervorragenden Trainingsstand. Große Ausgesetztheit, oft verbunden mit kleinen Standplätzen. Passagen dieser Schwierigkeit können in der Regel nur bei guten Bedingungen bezwungen werden (häufig kombiniert mit künstlicher Kletterei: A0 bis A4).
- **VII:** Außergewöhnliche Schwierigkeiten. Ein durch gesteigertes Training und verbesserte Ausrüstung erreichter Schwierigkeitsgrad. Auch die besten Kletterer benötigen ein an die Gesteinsart angepaßtes Training, um Passagen dieser Schwierigkeit nahe der Sturzgrenze zu meistern. Neben akrobatischem Klettervermögen ist das Beherrschen ausgefeilter Sicherungstechnik unerläßlich.

Routen-Vergleichstabelle für die Schwierigkeitsgrade I–VII
(freie Kletterei)

	Ortleralpen	Karwendel
I	Tuckettspitze Ostgrat (R 508), Lyfihorn-Nordwestgrat (R 812)	Speckkarspitze, Normalweg
II	Hohe-Schneide-Südwand (R 483), Trafoier Eiswand, Westgrat (R 549), Hochofenwand-Südgrat (R 880)	Risser Falk, Normalweg
III	Trafoier Eiswand Vorgipfel, Nordgrat (R 550), Ortler-Marltgrat (R 633)	Lamsenspitze-Südwand, Barth-Kamin
IV–	Monte-Zebrù-SO-Gipfel, NO-Pfeiler, schwierigste Felsstellen (R 676)	Kleiner Solstein-Nordostwand
IV	Ortler-Rothböckgrat, schwierigste Felsstellen (R 632)	Nördliche Großkarspitze-Nordwestwand
IV+	Thurwieserspitze-Ostwand, Schlüsselstellen (R 568)	Lamsenspitze-Nordostkante
V–	Ortler-Nordwand, Holl-Witt-Weg; schwierigste Felsstellen (R 624)	Lamsenspitze, gerade Nordwand-Führe (A 0)
V	Ortler-Südwestwand, Soldàweg; schwierigste Felsstellen – fraglich, da noch nicht wiederholt (R 648)	Laliderer-Nordwand, Dibona-Führe (A 0)
V+	Ortler Südwestpfeiler (R 649)	Grubenkarspitze-Nordpfeiler, Rebitsch-Führe (A 0)
VI–	Dente del Vioz direkte Südwand, 2 Stellen (R 1170)	Laliderspitze-Nordwand, Auckenthaler-Führe (A 0)
VI	Dente del Vioz Südwestwand (R 1169)	Laliderspitze Nordverschneidung
VI	keine Routenbeispiele vorhanden.	
VII–	Tschirfeck Ostpfeiler, 1 SL (R 619)	
VIII–	Jennwand Nordwestwand, „Concord" (R 847)	

Anmerkung: Die Ortlervergleichstouren sind mit Ausnahme Dente del Vioz aus Kalk. Auf Grund der Felsstruktur wurden Vergleichstouren nur aus dem Karwendel gewählt.

Hakentechnische Schwierigkeiten
A0 bis **A4** bedeutet die steigende Schwierigkeit im künstlichen Klettern (mit Trittschlingen). A0 heißt, daß Haken **notwendig** (als Griff- oder Trittersatz) zur Fortbewegung gebraucht werden, die Schwierigkeit A1–A4 bezieht sich in der Regel auf die Haltbarkeit der Haken und nicht auf den Hakenabstand.

b) Die Schwierigkeiten im Eis:
Diese erfolgen unter Angabe des errechneten Neigungswinkels, da die Verhältnisse immer wechseln. Eine 55 Grad steile Eiswand kann unter optimalen Verhältnissen ein „gemütlicher Weg" sein und bei Blankeis ein Vielfaches an Schwierigkeit und Zeitaufwand bieten. Bei senkrechten Stellen (Königspitze Schaumrolle, Ortler-Nordwand, Messneranstieg und Hollanstieg) wurde auf diese ohne A-Bewertung hingewiesen; diese Anstiege können Trittschlingen notwendig machen, müssen es jedoch nicht.

Bei Gletscherbegehungen wird die Wahrscheinlichkeit der Spaltengefahr angegeben, wobei der Autor hier eher die ungünstigeren Verhältnisse annimmt (es kann z.B. der Weg von der Casatihütte zum Eisseepaß durchaus harmlos sein, anderseits ist der Hüttenwirt der Casatihütte dort selbst bereits in eine Gletscherspalte gefallen).

6. Versuch einer Rangordnung der schönsten Routen in den verschiedenen Schwierigkeitsbereichen.

Die Ortleralpen besitzen eine große Zahl von Gipfeln und Anstiegen, die den II. Schwierigkeitsgrad nicht übersteigen, ja oft (Blockgrate, Firnschneiden) kaum als Kletterei anzusprechen sind. Die folgenden Zeilen sind nicht dafür gedacht, diese Gipfel und Wege aufzuzählen; der Führerbenützer wird sie unschwer herausfinden, und ihre Besteigung wird ihm Freude bereiten. Trotz der geringen Schwierigkeit halte man sich aber vor Augen, daß man sich in der Regel in etwa 3000 m Höhe und darüber befindet.

a) Teilweise versicherte Anstiege und Anstiege, die im wesentlichen über Gletscher führen

(Besonderer Hinweis: Übung im Steigeisengehen ist hier Voraussetzung.)

Ortler von der Payerhütte, sowie der etwas schwierigere Hintergrat auf den gleichen Berg (nur im letzten Drittel einige Versicherungen, trotzdem sehr oft begangen), Monte Cristallo, Geisterspitze; Monte Zebrù vom Hochjoch mit Aufstieg von der V° Alpini-Hütte (zuletzt unter Umständen Wächtengrat), sowie Hoher Angelus und Tschenglser Hochwand (womit der Bereich um die Düsseldorfer Hütte für den Bergsteiger dieser Richtung zum idealen Gebiet wird), Monte Cevedale, Palòn de la Mare, Monte Vioz, Pizzo Tresero (wie überhaupt die ganze oder teilweise Gratüberschreitung vom Monte Cevedale zum Pizzo Tresero zu den eindrucksvollsten technisch wenig schwierigen Fahrten in der Gletscherwelt der Ortlergruppe gehört). Weitere Möglichkeiten wird man in diesem Führer ebenfalls finden.

Der Normalanstieg auf Königspitze und Thurwieserspitze (von der V° Alpini-Hütte) wurden in dieser Aufzählung absichtlich nicht erwähnt, da in beiden Fällen die Gipfelhänge für den Bergsteiger, der in diesem Schwierigkeitsbereich geht, die obere Leistungsgrenze darstellen können.

b) Anstiege mittlerer Schwierigkeit im Fels und Eis

Monte-Cristallo-Nordwand, Punta-Cadini-Nordwand und andere gleichgeartete Wände sind geeignete Objekte für den „Eiswandanfänger" (vorteilhaft unter kundiger Führung), bei der Trafoier Eiswand-Nordwand (Danglweg) kann der Zustieg die Schlüsselstelle bilden, der Gratübergang Trafoier Eiswand-Nordwand-Thurwieserspitze (Bäckmanngrat) kann nach Neuschneefällen eine sehr unangenehme Schlüsselstelle haben. Die Nordwand der Thurwieserspitze ist über die Nordwand der Trafoier Eiswand zu stellen und soll auf keinen Fall vom „Fast-Anfänger" begangen werden. Der Marltgrat des Ortlers bietet oft wenig schwierige Kletterstellen, weist aber im Bereich der „Türme" Stellen des III. Grades auf, die je nach Vereisung mehr oder weniger unangenehm sein können. Die Firnschneiden übersteigen kaum 50 Grad Neigung. Über den Marltgrat ist die (wesentlich kürzere) Begehung des Ortler-Hochjochgrates zu stellen; letzterer wird auch mit überraschend wenig Zeitaufwand (2 Std.!) im Abstieg begangen, kann aber trotzdem bei Vereisung des Felsteiles bzw. Neuschnee auch dem Geübten volle Aufmerksamkeit abverlangen. Die Überschreitung des Monte Zebrù ergibt sich in der Regel leichter als erwartet, wogegen der Suldengrat der Königspitze wesentlich schwieriger ist (hervorragende Bergfahrt mit Ausgangspunkt Hinterrathütte, gute Kondition erforderlich). Punta-San-Matteo-Nordwand und Pizzo-Tresero-Nordwand sind Eiswände, bei welchen üblicherweise der Zustieg (Spalten) das Hauptproblem bildet; bei der Punta-San-Matteo-Nordwand sollte man vorher die Gipfelwächte studieren (diese läßt sich manchmal sehr einfach übersteigen, kann aber auch den Schlüssel des Anstieges bilden).

Es folgen nun einige Anstiege, die aufgrund der möglichen objektiven Gefahren sehr selten begangen werden, jedoch keine übergroßen technischen Schwierigkeiten bieten. Bei den „Hinteren Wandlen" der Ortler-Südwestseite ist der Zustieg die Hauptschwierigkeit; dieser sollte am Vortag erkundet werden, auf keinen Fall bei Neuschneelage und nur zeitig am Morgen begangen werden; der Anstieg selbst ist (bei zeitigem Einstieg) unproblematisch. Die Schückrinne der Ortler-Ostseite ist die klassische Lawinenrinne, bei der man jedoch nie die tief eingeschnittene Lawinenbahn benützen muß (wenn man knapp oberhalb des Bergschrundes – was unter Umständen nötig ist – sofort in die Begrenzungsfelsen der dort vorhandenen Rinnenengstelle ausweicht, kann man die Rinne objektiv völlig sicher begehen). Das gleiche gilt für die Minnigeroderinne der Ortler-Südostwand; diese ist an der (im Sinne des Aufstieges) äußersten rechten Seite objektiv fast völlig sicher, soll aber möglichst nur zeitig im Jahr begangen werden (der Autor beging sie im August – um die objektiven Gefahren auszuschalten bei Nacht). Die zum Hochjochgrat ziehende Harpprechtrinne ist objektiv weit weniger gefährlich.

Des weiteren sind erwähnenswert die Nordostwand der Königspitze (Minnigerode), bei welcher der Zugang zum Königswandferner schwieriger als der Anstieg sein kann, und der Ostnordostgrat der Königspitze. Dieser Grat kann bis Mitte Juni herrliches Bergerleben vermitteln, wird aber mit zunehmender Ausaperung unschöner (objektive Gefahren nur im Einstiegsbereich und bei mutwilliger Herausforderung derselben).

c) Anstiege des oberen Schwierigkeitsbereiches

Verhältnismäßig leicht sind die Nordanstiege auf den Zebrù (Zustieg bei Nacht!), wogegen die Zebrù-Hauptgipfel-Nordwestwand volles Beherrschen der Schwierigkeit sowohl von Seiten des Seilersten als auch des Seilzweiten verlangt. Bei allen Nordanstiegen des Zebrù gilt, daß in den oberen zwei Wanddritteln keine natürlichen Rastplätze und Standplätze vorhanden sind; entweder schafft man diese im Eis – was im kombinierten Gelände oft problematisch ist – oder man nimmt mit dem vorlieb, was man findet (abwärts geschichtetes Gestein). Der Ertlweg in der Königspitze-Nordwand wird oft begangen (mehrere Winterbegehungen) und sieht in der Regel schwieriger aus, als er ist (Felsabbruch zum Königwandferner); er ist eine der extremen Standardtouren der Ortlergruppe. Das gleiche gilt für den Ertlweg der Ortler-Nordwand, der lange Zeit als die schwierigste Eisfahrt der Ostalpen galt, jetzt aber regelmäßig Begehungen aufweist. Die objektiven Gefahren halten sich hier bei zeitigem Einstieg in Grenzen, ein sehr seltenes Kalben der Seracs ist natürlich nicht berechenbar. In der Regel wird beim Ertlweg die leichtere Wegführung (ab dem 1. Eisabbruch nach links hinaus) begangen, der Weg der Erstbegeher hat kaum mehr als 10 Wiederholungen. Ortler-Nordwand, Holl-Witt-Weg und Ortler-Südwestpfeiler (Messner) sowie Ortler-Südwestwand (Soldà), Tschierfeck Ostpfeiler und Becco d'Aquila Südpfeiler dürften die technisch schwierigsten Anstiege des Gebietes sein. Beim Hollanstieg der Ortler-Nordwand liegt die Hauptschwierigkeit im bis zu 90 Grad steilen kombinierten Gelände, bei der Messner- und Soldàroute auf der SW-Seite des Berges dürften die Hauptschwierigkeiten immer im Fels liegen. Die Soldàroute war zur Zeit der Erstbegehung den objektiven Gefahren sehr ausgesetzt.

Die Zufallhütte.

TRENTINO

Mit Zugang vom Süden zur Ortler-Cevedale-Gruppe

**Trekking-Beispiel im Stilfser-Joch-Nationalpark
das man mit Bergführer oder allein machen kann**

Gestartet wird im Val di Rabbi und die Ankunft ist im Val di Pejo. Route durchschnittlicher Schwierigkeit.

1. Tag: Start von Rabbi – Fontanino-Hütte –; ab hier erreicht man auf einem bequemen Wanderweg und Durchgang an den Cascate di Saent (Wasserfälle) die Lago-Corvo-Hütte.

2. Tag: Start an der Lago-Corvo-Hütte, am gleichnamigen See entlang zum Giogo-Nero-Paß: großer Panoramapunkt; ab hier erreicht man die Dorigoni-Hütte – nach Wahl Aufstieg zu den kleinen Sternaiseen –.

3. Tag: Von der Dorigoni-Hütte erreicht man die Vedretta del Careser, die einen wunderschönen Anblick auf die Ortler-Cevedale-Gruppe verleiht. Mit der Überquerung des Gletschers des Caresers kommt man zur Larcher al Cevedale-Hütte.

4. Tag: Abstieg von der Larcherhütte auf einem bequemen Wanderweg zur Malga Mare; durch einen typischen Fichtenwald und an Fauna bedeutende Umgebung erreicht man Malga Saline und die Doss dei Cembri-Hütte.

5. Tag: Von der Doss dei Cembri-Hütte steigt man auf einem langen und gewundenen Weg bis Mantova al Vioz-Hütte auf und, nach Wahl, Aufstieg zum Monte-Vioz-Gipfel. Ab hier kehrt man nach Pejo Fonti zurück.

Auskünfte:
KURVERWALTUNG VAL DI SOLE – I-38027 MALÈ (TN)
Telefon 04 63/90 12 80 · Telefax 04 63/90 15 63 · Telex 400810

Val di Sole
ITALIEN

II. Täler und Talorte, Wanderungen im Talbereich

1. Der Vinschgau und das Burggrafenamt

Der Vinschgau mit dem Burggrafenamt (Etschtal flußabwärts bis Bozen) ist neben dem Eisacktal und dem in dieses einmündenden Pustertal die wichtigste Verkehrsader Südtirols. Im Norden findet er über die Talwasserscheide des Reschenpasses (Reschen-Scheideck) seine Verbindung zum schweizerischen Engadin und zum österreichischen Oberinntal. Nächste EB-Station in Österreich ist Landeck (Schnellzugstation), von dort Autobusverbindung nach Mals; ebenfalls Autobusverbindung von München über Landeck sowie von Bozen. EB-Linie Bozen – Meran – Mals.
Bei Glurns, knapp südlich Mals, zweigt die Straße durch das Münstertal ab (Verbindung über den Ofenpaß/Paß Il Fuorn in das Engadin), bei Spondinig (Neuspondinig) zweigt die Straße über das Stilfser Joch ab. Diese bringt in das Herzstück der Ortlergruppe (Abzweigung nach Sulden in Gomagoi). Bei Goldrain zweigt die Straße in das Martelltal, bei Lana (nahe Meran) die Straße in das Ultental ab. Sämtliche Täler sind durch Autobusverbindungen erschlossen.

● 1   **Mals (Malles Venosta),** 1099 m

Südlich der Malser Heide gelegener Hauptort des Oberen Vinschgaues. Autobusverbindung nach Landeck, 1 km südlich des Ortskernes Bhf. (Kopfstation) der Bahnlinie Bozen – Meran – Mals. Erste urkundliche Erwähnung des Ortes 1094. Sehenswürdigkeiten: Kirche St. Benedikt (karolingische Fresken und aus dem 9. Jh. stammende Porträts der beiden Stifter), Pfarrkirche (Altarbild des Tiroler Barockmalers Martin Knoller), Kirche St. Martin (12. Jh.) mit benachbartem Pfarrhaus, Fröhlichsturm (12. – 13. Jh.). Siehe Abb. Seite 303.

● 2   **Schluderns,** 919 m – **Glurns,** 907 m

Diese beiden Ortschaften bilden mit Mals ein unregelmäßiges Dreieck im breiten Tal. Straßenabzweigung ins Münstertal in Schluderns (EB-Station). Schluderns wird von der im 13. Jh. vom Bischof von Chur errichteten, mächtigen Churburg beherrscht (sehenswerte Burgkapelle, Arkadenhof, Rüstkammer mit einer der größten Sammlungen Europas); im Ort spätgotische Pfarrkirche mit den Totenschildern der Grafen Trapp, Grab des „Pseyrer Josele" Josef Pichler, des Ersersteigers des Ortlers (1804), der Jäger auf der Churburg war. Die kaum 1000 Einwohner zählende Ortschaft Glurns besitzt seit 1304 das Stadtrecht, das heutige Stadtbild (Lauben, Ringmauer mit 3 Stadttoren) geht auf das 16. Jh. zurück. Sehenswerte spätgotische Pfarrkirche, Fuggerhaus am Hauptplatz (die Augsburger Kaufmannsfamilie verwaltete von hier aus die Bergwerke im Engadin). Wanderungen auf der Seite des Fallaschkammes, Besteigung des Glurnser Köpfls (2401 m).

● 3   **Spondinig (Neuspondinig)**, 885 m

Wichtiger Verkehrsknotenpunkt. EB-Station, Autobusstation, Abzweigung der Straße über das Stilfser Joch und nach Sulden.
Entfernungen: Meran 48 km, Nauders 36 km, Landeck 78 km, Bormio 50 km, Sulden 21 km.
3 km entfernt, an der Straße zum Stilfser Joch und nahe den Abhängen der Ortlergruppe liegt inmitten von Feldern und Obstgärten die Ortschaft

● 4   **Prad (Prato allo Stelvio)**, 918 m

Autobushaltestelle. Romanische Kirche St. Johann mit Fresken aus dem beginnenden 15. Jh. Wanderungen auf bez. Wegen nach Sulden und Tschengls sowie zur Oberen Tschenglser Alm, Ersteigungsmöglichkeit der Tschenglser Hochwand.

● 5   **Eyrs (Oris)**, 903 m – **Tschengls (Cengles)**, 950 m

Einander auf den beiden Talseiten gegenüberliegende kleine Ortschaften zwischen Prad und Laas. Beide Siedlungen werden von Burgen überhöht (Ruine Tschenglsberg, 12. Jh. und Eyrsburg, 17. Jh.). Wanderung zur Oberen Tschenglser Alm.

● 6   **Laas (Lasa)**, 870 m – **Schlanders (Silandro)**, 721 m

Etwa 5 km an der Staatsstraße voneinander entfernte Ortschaften mit gleichen Bergzielen. Schlanders (1077 erstmals erwähnt) ist Hauptort des Vinschgaues. Laas ist seit dem 8. Jh. für seinen schneeweißen feinkörnigen Marmor bekannt. Sehenswert der Laaser und der Göflaner Steinbruch (im Berg große Hallen und lange Gänge!); vorgeschichtliche Funde wurden am westlichen Ortsausgang (Sisiniushügel) und am Eingang des nach S in die Ortlergruppe ziehenden Laaser Tales (Martinsbühel) gemacht. Zahlreiche bez. Wanderwege an beiden Seiten des Etschtales, Wanderung ins hinterste Laaser Tal. Gipfelbesteigungen: Laaser

Spitze (Orgelspitze), Schluderspitze, Schluderzahn, Lyfispitze, Pederspitzen, Schildspitze, Vertainspitze, Hoher Angelus, Schafberg, Laaser Wand.

● 7   **Goldrain (Coldrano)**, 690 m

EB-Station, Abzweigung der Straße ins Martelltal (Autobusverbindung) an dessen Ausgang, gegenüber von Goldrain die Ortschaft **Morter** liegt. Rot bez. Wanderwege an beiden Seiten des Etschtales. Sehenswürdigkeiten: Schloß Goldrain mit Kapelle und Loggienhof aus dem 16. Jh., Schloß Annaberg (13. Jh.) mit gotischer Kapelle (Chorgestühl und Altar heute im Landesmuseum Innsbruck), Wasserfälle von Tiss (110 m), Hof Schanzen (alte Landsknechtskaserne) mit „Malstätte" und „Landsprachmarkt" (Gerichtsort des Gaugrafen). Über dem Ort Morter erheben sich die Burgruinen Ober- und Untermontani. Obermontani ist Fundort der heute in Berlin befindlichen Niederschrift des Nibelungenliedes und wurde 1228 von Graf Albert von Tirol erbaut.

● 8   **Latsch (Laces)**, 639 m – **Tarsch (Tarres)**, 854 m

Die Ortschaft Latsch gilt neben Schlanders als Mittelpunkt des Vinschgauer Obstanbaues. EB-Station, Autobusverbindung, auf der Seite der Ötztaler Alpen Kabinenseilbahn St. Martin am Vorberg, Sessellift auf die Tarscher Alm (bedeutendes Skigebiet). Sehenswerte Spitalskirche zum Hl. Geist (eine der wertvollsten kunsthistorischen Kirchenbauten Tirols mit Schnitzaltar, Fresken und Marmorportal), Pfarrkirche aus dem 13. Jh. (gotisches Portal), Turm der Burg Latsch mit Standbild des Minnesängers „Hans der Sager". Mehrere rot bez. Wanderungen auf den Hängen des Latscher Waldes und Gumpfreiwaldes (Latscher Alm, Tarscher Alm), Gipfelfahrten im Bereich des Hasenöhrls.

● 9   **Kastelbell (Castelbello)**, 600 m –
                             Tschars (Ciardes), 627 m

Anmutige Ortschaften zwischen rebenbewachsenen Hängen, am Westausgang die Burg Kastelbell. EB-Station, Autobushaltestellen, Waldwanderungen auf bez. Wegen, Bergfahrten auf Muteggrub und Rontscher Berg.

● 10   **Naturns (Naturno)**, 554 m

Einer der bedeutendsten Fremdenverkehrsorte des Vinschgaues, mit dem nach Osten das Burggrafenamt beginnt, von mehreren Burgen umrahmt und zwischen reiche Obstkulturen eingebettet. St. Prokulus-Kirche mit den ältesten bekannten Fresken des deutschen Sprachraumes

(8.–9. Jh.), gotische Pfarrkirche St. Zeno (1474/75). Rot bez. Wanderungen in Ortsnähe, Gipfelfahrten im vom Hochwart in Richtung Meran ziehenden Kamm.

● 11 Partschins (Parcines), 637 m –
Rabland (Rabla), 525 m – Töll (Tel), 508 m

Zu einer Gemeinde zusammengefaßte verträumte Orte am Fuß der Texelgruppe, in der Nähe lag (1. Hälfte des 3. Jh.) eine römische Zollstation (Grenze der römischen Provinz Rätien). In Rabland wurde der einzige römische Meilenstein der Via Claudia Augusta gefunden. Die Wasserfälle des Zielbaches oberhalb des Ortes sind die größten Wasserfälle Südtirols. Gotische Pfarrkirche in Töll, in Partschins Ansitz Stachelburg (Folterturm), Geburtshaus Peter Mitterhofers (Erfinder der Schreibmaschine), Gaudententurn (erbaut 1357).
Autobusverbindung, EB-Station Partschins – Töll (1^1/$_2$ km entfernt), von Rabland Seilbahn auf Aschbach (Skigebiet). Zahlreiche rot bez. Wanderungen, Gipfelfahrten im vom Hochwart in Richtung Meran ziehenden Kamm.

● 12 Meran (Merano), 325 m

Mittelpunkt des Burggrafenamtes, internationaler Kurort, zahlreiche Seilbahnen und Sessellifte, sowie bez. Wanderungen in Ortsnähe. Sehenswerte Stadtpfarrkirche (gotisch, 1302–67) und Hl.-Geist-Kirche (1483), landesfürstliche Burg, Schloß Tirol (einstiger Sitz der Grafen von Tirol), Zenoburg (ehemalige römische Befestigungsanlage), Schloß Winkel (Renaissance), Schloß Rubein (13. Jh.) und mehrere andere Schlösser.
EB-Station und Autobusverbindungen, Wanderungen und Bergfahrten im vom Hochwart in Richtung Meran ziehenden Kamm.

● 13 Lana, 289 m

Aus vier Siedlungen bestehende Ortschaft südlich von Meran und an der Einmündung des Ultentales in das Etschtal gelegen. Ebenso endet hier die aus dem Nonstal über den Gampenpaß führende Straße. Zentrum des Südtiroler Obstbaues. Sitz des Deutschen Ritterordens seit 1215. Seilbahn auf das Vigiljoch (Talstation Ober-Lana) und weiter Sessellift zum Lärchbühel. EB-Station Lana-Burgstall (2^1/$_2$ km entfernt), Autobusverbindungen nach Meran, Bozen und ins Ultental.
Wanderungen und Bergfahrten im vom Hochwart in Richtung Meran ziehenden Kamm, die durch die Vigiljoch-Seilbahn wesentlich erleichtert werden.

- **14**   **Tisens (Tesimo), 631 m – Nals (Nalles), 331 m**

Am Westhang des Etschtales gelegene Ortschaften, Waldwanderungen, kommen für Bergfahrten in der Ortlergruppe kaum als Ausgangspunkt in Betracht.

- **15–16**   frei für Ergänzungen

2. Das Val Müstair/Münstertal

Das Münstertal begrenzt die Ortleralpen im N und NW gegen die Sesvennagruppe hin und befindet sich vorwiegend auf Schweizer Territorium. Es findet über den Ofenpaß (Paß Il Fuorn) seine Verbindung nach Zernez im Engadin, ebenso wird es über das Wormser Joch (Umbrailpaß) mit der Stilfser Joch-Straße verbunden (Wintersperre). Im Tal und über die Pässe Autobusverbindung; Abzweigung der Straße ins Münstertal in Schluderns. Die Straße verläuft zuerst in westl. Richtung, um nach Glurns (R 2) allmählich nach S umzubiegen und erreicht hinter Taufers die Staatsgrenze. Die zuerst weite und liebliche Tallandschaft verengt sich allmählich (in Sta Maria Abzweigung der Straße über das Wormser Joch), um schließlich den Ofenpaß zu erreichen. Man befindet sich in einer eindrucksvollen weiträumigen Berglandschaft, die zum Teil dem Schweizer Nationalpark angehört (Nationalparkordnung genauestens beachten!); die östlich der Straße und des Tals befindliche Umbrailgruppe wird auch, wegen ihrer Weitläufigkeit, das „Tibet Europas" genannt. Verfolgt man die Straße vom Ofenpaß gegen Zernez, nimmt das Tal allmählich schluchtartigen Charakter an; von Osten Einmündung der eindrucksvollen Spöl-Schlucht und der durch den Straßentunnel Punt La Drossa (nur im Winter und nur zwischen 6 und 22 Uhr freigegeben) nach Livigno führenden Straße.

- **17**   **Taufers (Tubre), 1232 m**

8 km von Mals und 1 km von der Schweizer Grenz entfernter beliebter Ferienort mit schönen alten Häusern in rhätoromanischer Bauweise, Sehenswerte, an das einstige Hospiz angeschlossene Kirche St. Johann (Christophorusdarstellung an der Außenwand, romanische Fresken im Inneren). Die über dem Ort aufragenden Burgruinen Reichenberg und Rotund stammen aus dem 12. Jh. und wurden von den Churer Bischöfen zur Sicherung des Weges vom Engadin in den Vinschgau errichtet. Lohnende Talwanderung Taufers – St. Rochus/Puntweil – Rifair – Taufers (1½ – 2 Std.). Skigebiet.

● 18　　　　　　　　　**Müstair (Münster),** 1247 m

Auf Schweizer Gebiet etwa 1 km von der Grenze entfernt liegender lang gestreckter Ort mit sehenswerter Klosterkirche des Benediktinerpriorates. Die Kirche wurde in karolingischer Zeit erbaut und besitzt den größten erhaltenen frühmittelalterlichen Bilderzyklus (1947 – 1952 freigelegt). Die Ortschaft ist als Ausgangspunkt für Bergfahrten von geringer Bedeutung.

● 19　　　　**Santa Maria im Münstertal (Sontga Maria),** 1375 m

An der Einmündung des Val Muraunza (Verbindungsstraße über das Wormser Joch zur Stilfser-Joch-Straße) ins Münstertal gelegene Ortschaft. Ausgangspunkt für Bergfahrten im Fallaschkamm sowie der Umbrailgruppe; Übergang Sta. Maria – Val Vau – Val Mora – Jufplaun – Ofenpaß (bzw. Val Mora – Cruschetta – Lago di S. Giocomo di Fraele).

● 20　　　　　　　　　　**Valchava,** 1412 m

Kleine weitgestreute Ortschaft an der Ofenpaßstraße und etwa 2 km westlich von Sta. Maria. Ausgangspunkt für Bergfahrten in der Umbrailgruppe, Übergang ins Val Mora und weiter zum Ofenpaß bzw. Lago di S. Giacomo di Fraele.
Taleinwärts folgt die kleine Ortschaft

● 21　　　　　　　　　　**Fuldera,** 1638 m
und danach die Häusergruppe von

● 22　　　　　　　　　　**Tschierv,** 1660 m

Die Straße verläßt nun den Boden des Münstertales und steigt zum Ofenpaß an. Sowohl Fuldera und Tschierv als auch die Beherbergungsstätten im Bereich des Ofenpasses (Süsom Give; jenseits der Paßhöhe Wegerhaus Buffalora und Hotel Fuorn) eignen sich vorzüglich als Ausgangspunkt für Bergfahrten in der Umbrailgruppe und für hochalpine Frühjahrsskibergfahrten. Zwischen Zernez und der Höhe des Ofenpasses zweigt nach Livigno bei Punt la Drossa ein Straßentunnel ab. Dieser bildet im Winter die einzige Verbindung vom Engadin nach Livigno.

3. Das Trafoier Tal und das Suldental

Herzstück und Mittelpunkte der Ortleralpen von außergewöhnlicher landschaftlicher Schönheit, Fremdenverkehrsgebiete ersten Ranges. Im Trafoier Tal beginnt die Straße über das Stilfser Joch, die zu den eindrucksvollsten und höchsten Paßstraßen der Ostalpen zählt und ins Addatal (Veltlin) hinüberführt, welches sie bei Bormio erreicht. Der unmittelbare Bereich des Stilfser Joches ist beliebtes Sommerskigebiet und Ausgangspunkt für wenig schwierige Gletscherbergfahrten.
Bei Gomagoi zweigt die Straße in das Suldental vom Haupttal ab. Sulden ist Skigebiet ersten Ranges (auch Frühjahrsskigebiet) und Ausgangspunkt für die Besteigung aller wichtigen Gipfel der Ortleralpen (Ortler, Zebrù, Königspitze, Vertainspitze und andere).

● **23**   **Stilfs (Stelvio),** 1311 m

Bergbauernsiedlung am W-Hang des Trafoier Tales (das hier bereits vom Suldenbach durchflossen wird), hoch über dem Talgrund gelegen. Die Straße nach Stilfs zweigt in Gomagoi ab (2½ km). Die Ortschaft ist als Ausgangspunkt für Bergfahrten in der Ortlergruppe kaum von Bedeutung, jedoch geschichtlich sehr interessant (der prähistorische Weg über das Stilfser Joch führte durch Stilfs, ebenso wurde hier bis ins 17. Jh. Feldspat und Blende geschürft, während in Gomagoi Eisen und Kupfer gewonnen wurde).

● **24**   **Gomagoi,** 1273 m

liegt an der Gabelung des Tales in den zum Stilfser Joch führenden Trafoier Talast einerseits und das Suldental andererseits. Autobushaltestelle. Am talauswärtigen Ortsende der Festungsbau aus der Österreichisch-Ungarischen Monarchie.

● **25**   **Trafoi,** 1543 m

An der Auffahrt zum Stilfser Joch gelegen. Sommerfrische von großer Bedeutung, Wintersportort und Ausgangspunkt für den Sommerskilauf am Stilfser Joch. Landschaftlich hervorragend schöne Lage am W-Fuß des Ortlers, großartiges Panorama zum Talhintergrund (Trafoier Eiswand). Seilbahn zur Furkelhütte (gegenüber dem Ortler gelegen), Autobusverbindung von Spondinig.
Wanderungen und Bergfahrten: von der Furkelhütte zum Stilfser Joch, von Trafoi zum Stilfser Joch (abseits der Straße, schöne lange Rundwanderung!), Aufstieg zur Payerhütte und Berglhütte, Übergang zur

Hintergrathütte (über Payerhütte), Besteigung des Ortlers, Thurwieserspitze, Trafoier Eiswand, Madatschspitzen, Tuckettspitze, Geisterspitze, Monte Cristallo.

● **26**   **Stilfser Joch,** 2757 m

Zählt zu den höchten Paßübergängen Europas und verbindet den Vinschgau mit dem Veltlin. Gesamtstrecke der Straße von Spondinig bis Bormio 50 km, der Bau der ersten Stilfser Joch-Straße wurde 1820 (!) von Bormio aus begonnen. Die Straße ist im Winter gesperrt.

Das Stilfser Joch ist, wie auch die Überfahrt bis Bormio, von großer landschaftlicher Schönheit, verlangt aber gebirgssichere Autofahrer (an der Südtiroler Seite 48 Kehren). An der W-Seite des Passes (Bormio-Seite) zweigt 3 km unterhalb der Paßhöhe nach N (in die Schweiz) die Straße über das Wormser Joch (Umbrailpaß) ab. Lohnende Rundfahrt: Vinschgau – Stilfser Joch – Wormser Joch – Münstertal – Vinschgau (zweimaliger Grenzübertritt). An der Südtiroler Auffahrtsseite die Ausflugsgaststätten Weißer Knott und Franzenshöhe, auf der Paßhöhe und in unmittelbarer Umgebung derselben mehrere Hotels und Ghfe. Im Bereich des Passes Schlepplifte, Sessellift, Gondelbahn. Sehr bedeutendes Sommerskigebiet. Eine große Zahl wenig schwieriger Bergfahrten, die sich jedoch durchwegs oberhalb der Schneegrenze befinden. Schutzhütten in der Nähe des Passes (in der Regel von Mai bis Oktober bew., meist voll belegt): Rif. Nagler (Rif. Pirovano, 2 Häuser, Gondellift), Rif. Monte Livrio (Gondelbahn), Tibet-Hütte.

Bergfahrten und Wanderungen: Nach Trafoi, Dreisprachenspitze, Monte Scorluzzo, Naglerspitzen, Hohe Schneide (Monte Cristallo), Geisterspitze, Payerspitze, Kristallspitzen, Tuckettspitze, Madatschspitzen, Trafoier Eiswand; Übergang zur Alpini-Hütte und weiter über die Casatihütte und Schaubachhütte nach Sulden (lang, hochalpine Erfahrung!).

● **27**   **Sulden (Soldà),** 1500 m bis 1907 m

Fremdenverkehrsort und Mittelpunkt der Ortleralpen, zahlreiche Hotels und Ghfe, zahlreiche Skilifte, besonders zu erwähnen der Kanzel- und der Langer Stein-Sessellift sowie die Seilbahn zur Schaubachhütte (Rif. Città di Milano). Autobusverbindung von Spondinig (21 km), Abzweigung der Straße nach Sulden von der über das Stilfser Joch führenden Straße in Gomagoi.

Bergfahrten: Ortler, Königspitze, Zebrù, Gipfel in der Umgebung der Düsseldorfer Hütte; **Schutzhütten:** Payerhütte, Tabarettahütte, Hintergrathütte, Schaubachhütte, Düsseldorfer Hütte; Übergang zur Casatihütte (mit Ersteigung des Monte Cevedale).

4. Das Martelltal

Bei Goldrain in den Vinschgau einmündendes Seitental. Führt in das Herzstück der Ortlergruppe, 26 km lange Straße, Frühjahrsskigebiet. 6 km nach Beginn der Straße in Goldrain die Häuser von **Bad Salt.**

● **28** **Gand,** 1267 m

Diese kleine Ortschaft liegt 10 km nach Beginn der Straße. Die Straße führt in der Folge zum **Zufritt-See** (12 km von Gand); bald danach Straßenende (zahlreiche Schutzhütten und Beherbergungsbetriebe; landschaftlich hervorragend schöner Talschluß mit etwa zwanzig Gletschern). Autobusverbindung bis zum Straßenende. Zahlreiche Möglichkeiten zu (vorwiegend weniger schwierigen) **Bergfahrten,** unter anderem Hasenöhrl, Laaser Spitze (Orgelspitze), Plattenspitze, Pederspitzen, Lyfispitze, Hintere Schöntaufspitze, Monte Cevedale, Cima Venezia; Übergang nach Sulden.

● **29** frei für Ergänzungen

5. Das Ultental

Nach Südwesten und parallel zum weiter im Norden eingeschnittenen Martelltal in die Ortleralpen hineinführendes Tal, das bei Lana südlich Meran in das Etschtal einmündet. Autobusverbindung bis St. Gertraud im hintersten Tal.

● **30** **St. Pankraz (S. Pancrazio),** 736 m

9 km taleinwärts von Lana gelegen, Autobushaltestelle. Sehenswerte Pfarrkirche (um das Jahr 1000 errichtet, 1338 umgebaut; am Turm Steingesimse, interessantes Zifferblatt, Wappen des Grafen Trapp), zweistöckige Pestkapelle St. Sebastian (14. Jh.), Burgruine Eschenlohe (ehemaliger Gerichtssitz, Stammsitz des gleichnamigen Grafengeschlechtes). Mehrere rot bez. Wege im Waldbereich; **Bergfahrten:** Moarkuck, Naturnser Hochwart, Naturnser Hochjoch, Laugenspitze.

● **31** **St. Walburg (S. Valpurga),** 1192 m

Hauptort des Ultentales und Sitz der Gemeinde Ulten, auf einer Talstufe gelegen. Freier Ausblick auf den Zoggler Stausee und bis zu den

Gletschern und Schneefeldern im Talhintergrund. Autobushaltestelle, Skilifte, Arzt im Ort. Vom Stausee taleinwärts folgt die kleine Ortschaft

● 32   **St. Nikolaus (S. Nicolo),** 1256 m

Bergziele im Bereich St. Walburg und St. Nikolaus: Peilstein, Rontscher Berg, Muteggrub, Hasenöhrl, Ultener Hochwart, Ilmenspitz.

● 33   **St. Gertraud (S. Gertrude),** 1519 m

Letzte Ortschaft, im Hintergrund des Tales an seiner Gabelung gelegen, Autobusverbindung nach Lana im Etschtal (33 km). Auf das 14. Jh. zurückgehende Pfarrkirche, an der S-Seite des Tales, etwas außerhalb des Ortes, 2000 Jahre alte Lärchen (maximaler Stammumfang 8,20 m). Fahrstraße (6 km) zum Weißbrunner Stausee (Ghf.). Aufstieg zur Grünseehütte und zur Haselgruberhütte; **Bergfahrten:** Karspitze, Cima Tuatti, Gleck, Eggenspitzen, Lorchenspitze.

6. Das Nonstal und die angrenzenden Gebiete

Die südöstliche Begrenzung der Ortleralpen, trennt das Mendelgebirge mit einer weitläufigen bis nicht ganz 2000 m Höhe reichenden stark bewaldeten Berg- und Hügellandschaft von den Ortleralpen (zahlreiche Waldwanderungen). Die Straße (kürzeste Verbindung vom Etschtal talauswärts bis Meran in die südliche Ortlergruppe) beginnt in Meran und führt über Lana (Ausgang des Ultentales) zu dem zum verhältnismäßig kurzen Prissianer Tal absinkenden Hang. Auf ihm wird die Höhe des **Gampenjoches** (1518 m) gewonnen. Hier beginnt das Nonstal, das beim Lago di Cles (Lago di S. Giustina) in das Val di Sole einmündet, womit die zum Tonalepaß führende Talfurche erreicht ist.
Entfernungen: Meran – Gampenjoch 23 km, Gampenjoch – Val di Sole 33 km. Autobusverbindung im Haupttal.

● 34   **Unsere Liebe Frau im Walde (Senale),** 1351 m

Südlich des Gampenjoches gelegene Ortschaft im obersten Nonstal und eine der letzten deutschen Sprachinseln jenseits des Passes. Beliebter Wallfahrtsort (seit 1640), die Geschichte des Dorfes läßt sich bis 1184 zurückverfolgen. Sehenswerte Pfarrkirche Maria Himmelfahrt, älteste Wallfahrtskirche Südtirols mit romanischem Turm (Gotteshaus aus dem 15. Jh.). Anstieg auf die Laugenspitze.

● 35 St. Felix (S. Felice), 1225 m

Etwa 4 km südlich des Gampenjoches gelegenes kleines Dorf, eine der vier in das italienische Sprachgebiet vorgeschobenen deutschen Sprachinseln. Autobushaltestelle. Mehrere rot bez. Wanderwege auf der Seite des Mendelgebirges.

● 36 Fondo, 988 m

Marktgemeinde und Hauptort des Nonstales, wichtiger Straßenknotenpunkt, Autobushaltestelle (Linienverkehr nach Meran, Bozen, Trient). Aufgrund seiner hochplateauartigen Lage vom Ort Aussicht auf die Brentagruppe, den das Ultental im S begrenzenden Kamm und das Mendelgebirge. Im Ort die überbaute Schlucht des Rio di Fondo (300 m lang, 60 m tief, Funde aus der Vorgeschichte und der Römerzeit). Waldwanderungen vorwiegend auf der Seite des Mendelgebirges.

● 37 Castelfondo, 925 m, Laurein (Lauregno), 1148 m,
Proveis (Proves), 1420 m

Kleine Siedlungen zwischen dem Nonstal und dem südöstlichsten Kamm der Ortlergruppe. Laurein und Proveis sind in das italienische Sprachgebiet vorgeschobene deutsche Sprachinseln, deren Ansiedlung im 12. Jh. erfolgte. Sehenswürdigkeiten: Schloß Castelfondo, in Laurein Pfarrkirche aus dem 16. Jh. (Glocke aus dem 15. Jh.).
Bergfahrten: Mandelspitze, Ultener Hochwart, Kornigl.

● 38 Brez, 792 m – Cloz, 791 m

Bergsteigerisch bedeutungslose Ortschaften im unteren Nonstal, Autobushaltestellen.

7. Das Val di Sole und seine Fortsetzung über den Tonalepaß hinweg (oberstes Val Camonica)

Die südliche Begrenzung der Ortleralpen. Die über den Tonalepaß hinwegführende geologisch bedingte Talfurche trennt die Ortlerberge von der Brenta- und Presanellagruppe. Eisenbahnverbindung von Mezzocorona bis Malè, sowohl im Haupttal als auch in die nach Norden abzweigenden Seitentäler Autobusverbindungen.
Bergfahrten: Cima Boai, Monte Vioz, Monte Cevedale, Cima Venezia.

● 39 **Malè,** 738 m

Hauptort des Val di Sole, Einmündung des Valle di Rabbi, Endstelle der von Mezzocorona herführenden EB-Linie, Autobusknotenpunkt. Sehenswürdigkeiten: Im Nachbarort Croviana die Kirche S. Giorgio (1362 erwähnt, freskenverzierte Kapelle der Familie Pezzen, 17. Jh., holzgeschnitzter Altar), Castello dei Pezzen (17. Jh., Barockportal), in Caldes gotische Friedhofskirche S. Rocco (Renaissanceportal, 1550), Burg Caldes (1230 erbaut) und Burg Samoclevo (vor 1000 erbaut).
Bergfahrten: Cima Lainert, Le Mandrie, Camucina.

● 40 **Rabbi,** 1000 – 1200 m

Kurort (radioaktives Heilbad seit etwa dem 17. Jh.) im sich verästelnden Abschluß des Valle di Rabbi, das bei Malè vom Val di Sole abzweigt, 12 km von Malè, Autobusverbindung, Sommerfrische, zahlreiche Wanderungen in wild- und blumenreicher Umgebung.
Bergfahrten: Camucina, Cima Valetta, Cima Mezzana, Cima Venezia, Gleck.

● 41 **Dimaro,** 767 m

Ortschaft im Val di Sole, an der Einmündung des Meledrio-Tales in das erste gelegen. Skigebiet (mehrere Lifte, Gondelbahn Folgarida), Abzweigung der Straße nach Madonna di Campiglio (Brentagruppe), zahlreiche Wanderungen in Ortsnähe, beliebte Sommerfrische, für die Ortleralpen bergsteigerisch bedeutungslos. Sehenswürdigkeiten: Kirche S. Lorenzo (Renaissanceportal, um 1516 neu erbaut, Fresken im Inneren), Kirche S. Vigilio (erbaut 1279, Fresken im Chor) in Monclassico (1 km von Dimaro).

● 42 **Fucine,** 987 m

Bergsteigerisch bedeutungslose Ortschaft an der Auffahrt zum Tonalepaß. Das Val di Sole teilt sich hier. Der nördliche Ast (Valle di Peio, vom Noce Bianco durchflossen) führt nach Peio, der südlichere fast nach W führende Talast (vom Torrente Vermigliana durchflossen) führt zum Tonalepaß.

● 43 **Peio,** 1100 – 1500 m

Ortschaft und Heilbad (Mineralwasserquellen) an der Teilung des Valle di Peio in das Val de la Mare und das Valle del Monte. Sehr beliebter Urlaubsort zu allen Jahreszeiten, bedeutendes Skigebiet (Gondelbahn, Lifte). Autobusverbindung von Fucine. Gipfelfahrten im Cevedale-Vioz-Kamm.

● **44** **Tonalepaß,** 1883 m

Die das Val di Sole vom Val Camonica trennende Wasserscheide, Autobusverbindung, erstrangiges Skigebiet, Gondelbahn, zahlreiche Lifte. Wanderwege auf beiden Seiten des Passes.

● **45** **Ponte di Legno,** 1257 m

Ortschaft im obersten Val Camonica, Autobusverbindung, Abzweigung der Straße über den Gaviapaß (nach Bormio) von der Hauptverkehrsader.

8. Die Südwestseite der Ortleralpen
(Valle delle Messi, Gaviapaß, Val di Gavia, Valfurva, Bormio, Valle del Braulio)

Hervorragendes Gebiet für Gletscherbergfahrten und sehr beliebtes Frühjahrsskigebiet. Die Straße über den Gaviapaß (Wintersperre) verbindet das Val Camonica mit dem nördlichsten Veltlin (Addatal), das man bei Bormio erreicht. Hier zweigt, durch das Valle del Braulio führend, die Stilfser-Joch-Straße ab, über die man den Vinschgau erreicht.
Verkehrsverbindungen: Autobusverbindungen; EB-Verbindung aus Graubünden über Berninapaß bis Tirano, dann ebenfalls Autobus. Autozufahrt: von Südtirol entweder über Stilfser Joch oder Tonalepaß; vom Engadin her durch den Straßentunnel Punt la Drossa (nur im Winter!), sonst über Ofenpaß und Umbrailpaß (Wormser Joch; Wintersperre).
Wegstrecken: Ponte di Legno – Gaviapaß 17 km, Ponte di Legno – Bormio 42 km, Bormio – Stilfser Joch 22 km.

● **46** **Passo di Gavia (Gaviapaß),** 2621 m
Wasserscheide zwischen dem zum Val Camonica entwässernden Valle delle Messi und der nach Bormio führenden Talfurche, die im Oberlauf Val di Gavia und ab S. Caterina Valfurva genannt wird. Auf der Paßhöhe das Rif. Bonetta (im Sommer bew., privat), etwa 2 km nördlich der Paßhöhe liegt an der Straße das Rif. Berni al Gavia (2545 m, CAI, im Sommer bew.).
Bergfahrten: Monte Gaviola, Corno dei Tre Signori, Punta San Matteo, Pizzo Tresero.

● **47**   **S. Caterina Valfurva,** 1734 m

Am Zusammentreffen des Valle di Gavia mit dem Val di Forno gelegene Streusiedlung (das Tal führt nun als Valfurva nach Bormio hinaus). Skilifte, Seilbahn auf der Seite dem Monte Sobretta. Lohnende, aussichtsreiche Wandermöglichkeiten an beiden Talhängen. Autobushaltestelle; 12 km von Bormio und 13 km vom Gaviapaß entfernt. Die Umrahmung des Val di Forno bildet die als Frühjahrsskifahrt berühmte Umrahmung des Fornokessels. Autozufahrt bis ins hintere Val di Forno (Albergo Forno, im Sommer bew., Parkplatz), von dort Aufstieg zur Pizzinihütte, Casatihütte und Brancahütte. **Gipfelfahrten:** Monte Cevedale, Monte Pasquale, Palòn de la Mare, Punta San Matteo, Pizzo Tresero.

● **48**   **S. Antonio,** 1339 m, **S. Nicolo,** 1319 m

Kleine Ortschaften, 2.5 km (S. Nicolo) und 5 km (S. Antonio) von Bormio entfernt und im vorderen Valfurva gelegen; Autobusverbindung. Bei S. Antonio zweigt das lange Val Zebrù in die Ortleralpen ab (Zugang zur Và Alpini-Hütte; nach 2 km im Tal Parkplatz, Weiterfahrt nur mit Genehmigung der Direktion des Stilfser-Joch-Nationalparks bzw. mit regelmäßig verkehrendem Jeep-Zubringerdienst ab Bormio).
Bergfahrten: Monte Zebrù, Thurwieserspitze, Trafoier Eiswand.

● **49**   **Bormio,** 1217 m

Das alte Worms, Hauptort des oberen Veltlin (Addatales), Heilbad, Skigebiet ersten Ranges (Gondelbahnen, Lifte), Autobusverbindungen. Wichtiger Straßenknoten:
a) die nach S (Tirano) führende und im Addatal verlaufende Straße;
b) über Gaviapaß (Wintersperre) ins Val Camonica (Ponte di Legno);
c) über den Passo di Foscagno und Passo Eira nach Livigno (39 km, erstklassiges, von zahlreichen Liften erschlossenes Skigebiet, von dort **nur im Winter** befahrbarer Straßentunnel zur Ofenpaß-Straße, womit das Engadin bei Zernez erreicht wird);

▶

Der **Palon della Mare** ist einer der hohen Dreitausender, die den Fornogletscher umrahmen (R 1141). Zur Frühlingszeit bietet dieser Berg auf der eingezeichneten Route eine rassige Skitour, deren Merkmal die stete Abwechslung ist. Das Bild wurde von Westen, vom Aufstieg zur Punta San Matteo aufgenommen.

Palon della Mare

Monte Cevedale

Fornogletscher

zur Branca H.

d) Stilfser Joch-Straße bis zur III. Cantoniera (19 km), dann nach N über den Umbrailpaß (Wormser Joch, Wintersperre) nach St. Maria (16 km); von dort mit 16 km nach Mals im Vinschgau oder mit 56 km über den Ofenpaß (Paß Il Fuorn) nach Zernez;

e) Über das Stilfser Joch (Wintersperre) nach Spondinig im Vinschgau (50 km; im Bereich der Paßhöhe hervorragendes Sommerskigebiet – Gondelbahnen, Lifte –, bei Gomagoi Abzweigung der Straße nach Sulden). Bergfahrten in den Ortleralpen mit Ausgangspunkt Stilfser Joch, Val Zebrù und Val di Forno (Autozufahrt!).

● **50** **Livigno,** 1805 m

Ortschaft südlich des Livigno-Stausees; von Bormio über den Passo di Foscagno und Passo d'Eira, aus dem Engadin (nur im Winter!) durch den Strassentunnel Punt La Drossa (abzweigend von der Ofenpaßstraße) erreichbar. Zollfreizone. Großartiges und stark besuchtes Skigebiet mit einer großen Zahl mechanischer Aufstiegshilfen. Besteigungsmöglichkeiten des Monte della Neve (Sessellift bis knapp unter den Gipfel), lohnende Wanderungen im Valle di Fraele mit den beiden Stauseen Lago di S. Giacomo und Lago di Cancano – Autozufahrt dorthin von Livigno durch das Valle Alpisella (Straße nur bedingt befahrbar), eine zweite Straße zweigt zwischen Bormio und Valdidentro nach N ab und führt längs des Lago di Cancano zum Lago di S. Giacomo di Fraele. Vom nordwestl. Ende des zuletztgenannten Sees, in welchen der Quellbach der Adda (vom Passo di Val Alpisella kommend) einmündet, lohnende Kurzwanderung zum Passo Val Mora (Cruschetta) an der Schweizer Grenze. Parkplätze an beiden Seen, dort auch Ghfe; Ausgangspunkte für Gipfelfahrten in der Umbrailgruppe von der italienischen Seite aus.

III. Hütten und Schutzwege

1. Schutzhütten im Fallaschkamm

● **51** **Furkelhütte,** 2153 m

Privat; Nächtigung in Betten. Auf dem Kleinboden neben der Bergstation des von Trafoi heraufführenden Korbliftes gelegen. Hervorragendes und stark besuchtes Skigebiet mit Abfahrt nach Trafoi. Erstbesteigungsmöglichkeit der Gipfel des Fallaschkammes, sehr lohnender Übergang zum Stilfser Joch.

● **52** **Vom Trafoi ohne Benützung des Korbliftes**
Rot bez. (Weg Nr. 17), 2 Std. im Aufstieg, 1–1½ Std. im Abstieg. Besonders als Abstiegswanderung nach einer Auffahrt mit dem Korblift empfehlenswert. Zwei Wege im unteren Teil, die sich vereinigen.

Von Trafoi auf bez. Wegen nach NW in den Wald. Beide Wege ersteigen die erst bewaldeten Hänge mit einigen Kehren. Nach ihrer Vereinigung in der gleichen Weise weiter zur Baumgrenze und zur Hütte.

● **53** **Von Trafoi über die Tartscher Alm**
Rot bez., 3 – 3½ Std., umständl. als R 52 aber landschaftlich schön, mit R 52 als Rundwanderung zu empfehlen.

Man folgt von Trafoi der Straße auf das Stilfser Joch ein kurzes Stück, um dann nach rechts (W) abzuzweigen. In Kehren aufwärts zur Baumgrenze und oberhalb in der gleichen Richtung weiter. Bei der Oberen Tartscher Alm benützt man den rechten Weg (Nr. 16) und erreicht bald darauf den kesselartigen Talschluß. Nun in langer Hangquerung nach N bis zum Weg von der Furkelhütte zum Stilfser Joch. In der bisherigen Richtung weiterqueren und nach Überschreiten des Furkelbaches zur Furkelhütte.

2. Beherbergungsbetriebe in der Umbrailgruppe

● **54** **Alp Muraunza,** 2163 m

Priv. Ghf., im Sommer bew., an der Nordrampe der Straße auf das Wormser Joch (Paß Umbrail). Gipfel: Piz Umbrail, Piz Chazfora, Piz Rims, Piz Lad, Piz Val Gronda, Piz Stabels, Rötlspitz.

● 55   San Giacomo di Fraele, 1947 m

Priv., einfacher Ghf. am gleichnamigen Stausee. Autozufahrt von Bormio (Abzweigung der Straße zwischen Bormio und Valdidentro) über den Lago di Canzano sowie (nicht immer möglich) von Livigno durch das Valle Alpisella.
Gipfel: Piz Murtaröl. Übergang (Grenzübertritt) über Cruschetta und Jufplaun zum Ofenpaß. Lohnende kurze Wanderungen im Bereich der beiden Stauseen.

● 56   La Stretta, 2184 m

Priv., unbew., wegen Schlüssel und Nächtigung in Müstair fragen.
Gipfel: Piz Schumbraida, Piz Tea Fondada, Piz Turettas.

● 56a   Von Sta. Maria
           3–4 Std.

Von Sta. Maria der Almstraße nach SW ins Val Vau folgen. In ihm, meist im Talboden, aufwärts auf die Wasserscheide (Döss Radond). Jenseits über flache Weidenböden abwärts zur gegenüber des Ausgangs des Val Schumbraida gelegenen Hütte.

● 57   Von Alp Mora
           1–1½ Std.

Man folgt immer der im Boden des Val Mora verlaufenden Almstraße.

● 58   Alp Mora, 2084 m

Im westlichen Val Mora gelegene Alm mit einfacher Nächtigungsmöglichkeit, im Sommer bew. Gipfel: Cima del Serraglio, Piz Dora, Piz Daint, Piz Mon Ata, Piz Murtaröl, Piz Pala Gronda, Piz Magliavachas, Piz Tea Fondada.

● 59   Vom Wegerhaus Buffalora an der Ofenpaßstraße
           Guter Weg, bzw. Almstraße, 2 Std.

Vom Wegerhaus Buffalora auf der Almstraße erst nach S, dann nach W zur Alp Buffalora. Weiter auf nicht zu verfehlendem Weg nach S steiler auf einen Rücken hinauf. Diesen, bereits oberhalb der Baumgrenze, bald nach S verlassen und in Hangquerung zum Bach hin. Nach seiner Überquerung erst über ebene Böden, dann einen Hang aufwärts zum Zollhäuschen am Jufplaun. Jenseits längs des Baches hinab ins Val Mora. Bei einer Wegteilung wird der linke (bessere) Weg benützt; dieser führt zur nördlich abseits des Talbaches (Aua da Val Mora) befindlichen Alp Mora.

● **60** **Von der Höhe des Ofenpasses**
Guter Weg, z. T. Almstraße, 2 Std.

Von der Paßhöhe nach S in das kleine Tal zwischen Piz Gialet und Piz Daint. Dieses aufwärts zur nahen Wasserscheide. Nun die Hänge des Piz Daint ziemlich waagrecht querend im Bogen nach S begehen und aufwärts zu einer Wasserscheide. Jenseits oberhalb und neben dem Bach (gemeinsam mit dem Weg von Buffalora) hinab ins Val Mora. Bei einer Wegteilung wird der linke (bessere) Weg benützt; dieser führt zur nördlich abseits des Talbaches befindlichen Alp Mora.

● **61** **Von S. Giacomo di Fraele**
2 Std., die Brücke über den Bach (Aua da Val Mora) kann fehlen. Grenzübertritt!

Von S. Giacomo auf der Straße nach NW zum nahen Passo di Fraele. Nun der rechten Straße östlich ober dem Talboden folgen zum Taleinschnitt der Cruschetta (Staatsgrenze), wo man das Val Mora betritt. Dieses führt hier, vom Hauptal abzweigend, nach Norden, und man folgt dem Weg in seinem Grund. Zuletzt an der orogr. rechten Seite des Baches im allmählich nach O drehenden und breiter werdenden Tal bis auf die Höhe der Alp Mora. Über Wiesenböden dorthin.

● **62** **Die Beherbergungsbetriebe an der Ofenpaßstraße**

Hotel Il Fuorn, 1797 m, ganzj. bew. **Wegerhaus Buffalora,** ca. 1970 m, zeitweise bew.
Beide Häuser liegen an der Westauffahrt zum Ofenpaß zwischen der Abzweigung des Straßentunnels Punt La Drossa und der Paßhöhe.
Süsom Give, 2155 m, ganzj. bew., auf der Paßhöhe gelegen.
Alle drei Häuser sind Postautohaltestellen, Ausgangspunkt für Wanderungen im Schweizer Nationalpark und Skifahrten (besonders im Spätwinter) im Nahbereich des Ofenpasses. **Bei Begehungen im Schweizer Nationalpark muß die Parkordnung beachtet werden!**
Gipfel: Munt La Schera, Munt Buffalora, Piz Daint, Piz Dora. Übergang ins Val More.

3. Schutzhütten im Laaser Tal

● **63** **Laaser Hütte,** 2047 m

AVS, unbew. (Schlüssel in Laas), 40 M, BRD-Meldestelle; am Hang des hintersten Laaser Tales gelegen. Übergänge nach Sulden (Angelusschar-

te oder Rosimjoch) sowie ins hintere Martelltal. (Lyfijoch oder Schluderscharte). **Gipfel:** Laaser Wand, Schafberg, Kleiner Angelus, Hochofenwand, Hoher Angelus, Vertainspitze, Schildspitze, Pederspitzen, Lyfispitze, Schluderzahn, Schluderspitz, Laaser Spitze (Orgelspitze).
Im hintersten Laaser Tal befinden sich noch einige andere Hütten, die in der Regel unbew. und versperrt sind (**Wasserfallhütte, Fernerhütte**, 2094 m, **Laaser Biwakschachtel**, 2180 m).

● **64   Von Laas**
Mehrere rot bezeichnete Wege. 3–4 Std.

Von Laas zum Ausgang des Laaser Tales (Martinshügel). Am rechten Talhang weiter zu einer Wegteilung. Folgt man dem rechten Weg (bei Wegteilungen immer den linken Weg nehmen), gelangt man am oberen rechten Talhang, immer etwas ansteigend, zur Oberen Laaser Alm mit der Hütte des AVS. **Oder:** im Talgrund bleiben (Weg Nr. 6 führt schließlich zur Oberen Laaser Alm) bis zur Unteren Laaser Alm, von der man ebenfalls zur Oberen Laaser Alm (rot bez.) ansteigen kann. Mehrere rot bez. Wege führen zu der unter dem Gletscher gelegenen Laaser Biwakschachtel.

4. Beherbergungsbetriebe im Bereich des Lärchbühels oberhalb Merans

● **65a**   **Oberhauser,** 1362 m
Priv., ganzj. bew., in Aschbach/Rio di Lagundo; Seilbahn von Rabland bis in Nähe des Hauses.

● **65b**   **Hotel Vigiljoch,** 1486 m
Priv., ganzj. bew., bei der Bergstation der von Ober-Lana heraufführenden Vigiljochbahn.

● **65c**   **Waldkönigin**
Priv., ganzj. bew.

● **65d**   **Gamplhof,** 1740 m
Priv., ganzj. bew.

● **65e**   **Jocher,** 1744 m
Priv., ganzj. bew.

● **65f**   **Alpenseehof,** 1751 m
Priv., ganzj. bew.

● **65g**   **Seespitz,** 1748 m
Priv., ganzj. bew.
Alle Häuser liegen im Gipfelbereich (bzw. am Hang knapp darunter) des Lärchbühels. Von der Bergstation der Vigiljochbahn Sessellift und Straße auf den Lärchbühel (dort im Winter Schlepplifte). Sommers wie winters sehr beliebtes Ziel, zahlreiche bez. Wanderwege, die beliebig miteinander verbunden werden können und in den bewaldeten Hängen verlaufen. Vorteilhaft: Auffahrt mit Seilbahn und Sessellift, Abstieg auf einem der Wege. **Gipfel:** Naturnser Hochjoch, Hochwart.

5. Hütten im Bereich des Stilfser Joches

Neben den Hotels am Stilfser Joch liegen in nächster Nähe noch einige Hütten, die jedoch aufgrund der Beliebtheit als Sommerskigebiet in der Regel überlaufen sind.

● **66a**   **Rif. Nagler,** 2985 m – **Rif. Pirovano,** 3108 m
Priv., bew. Mai – Oktober; Gondellift vom Stilfser Joch, zu Fuß auf nicht zu verfehlendem Weg in $^1/_2$ Std. erreichbar.

● **66b**   **Rif. Monte Livrio,** 3174 m
CAI, bew. Mai – Oktober; Gondelbahn vom Stilfser Joch, zu Fuß 1 Std., Weg ist nicht zu verfehlen.

● **66c**   **Tibet-Hütte,** 2771 m
Priv., bew. Mai – Oktober; wenige Min vom Paß entfernt. Straße zur Hütte, Liftanlagen.
Übergang zur V° Alpini-Hütte, **Gipfel:** Monte Scorluzzo, Naglerspitzen, Monte Cristallo, Geisterspitze, Payerspitze, Kristallspitzen, Tuckettspitze, Madatschspitzen, Trafoier Eiswand.

● **68**   **Bivacco Carlo Locatelli,** 3354 m
                     Bivacco Ninotta, 3200 m
CAI, 2 nebeneinander befindliche Biwakschachteln am Tuckettjoch gelegen, Notunterkunft, unbew., in der Regel verwahrlost. $2^1/_2$ Std. von

der Paßhöhe des Stilfser Joches, 1½ Std. von der Livriohütte (R 66b), unter Benützung der Lifte ¾ Std. von der Livriohütte.
Gipfel: Payerspitze, Cime di Campo, Tuckettspitze, Madatschspitzen, Trafoier Eiswand.

● 69   **Von der Livriohütte**
Gletscherbegehung, Spalten.
1½ Std. von der Livriohütte, mit Benutzung der Lifte ¾ Std.

In südlicher Richtung zum Hauptkamm. An der Geisterspitze links (östlich) vorbei, dann an ihrem N-Fuß nach O und kurzer steiler Abstieg auf den Madatschferner. Auf ihm (Spalten!) zum N-Fuß der Tuckettspitze. Links (nördlich) um sie herum und hinauf in das Tuckettjoch östlich des Berges mit der Biwakschachtel.

● 70   **Bivacco Pelliccioli**, 3236 m

CAI, unbew., 9 Lager, am Fernerkogelgrat nordwestlich des Eiskogels gelegen. Zugang unter Umständen (Gletscherspalten) problematisch, günstiger Ausgangspunkt (kurzer Zustieg!) für Eiskogel, Thurwieserspitze-Normalweg und Nordwand, Trafoier Eiswand-Nordwand mit Weiterweg zur Thurwieserspitze über Bäckmanngrat, bei Unbegehbarkeit des Weges von der Berglhütte zum Ortlerpaß auch Ausgangspunkt für die SW-Anstiege des Ortlers (Zugang über Eiskogel – Ortlerpaß – Abstieg vom Ortlerpaß nach NW).

● 71   **Von der Berglhütte**
Gletscherbegehung, unter Umständen spaltenreich, 3 bis 5 Std.

Von der Hütte am deutlich sichtbaren Weg zum Unteren Ortlerferner. Auf ihn hinab und mit einem Rechtsbogen (links Spalten!) zum felsigen Ansatz des Fernerkogelgrates. Unter ihm auf der N-Seite entlang, bis man nach rechts zur Einsattelung zwischen Fernerkogel und Eiskogel emporsteigen kann. Auf den Sattel (Achtung auf Wächten) und dann nach rechts (kurzer Felsgrat) zur Biwakschachtel.

● 72   **Von der Berglhütte**
4–5 Std., umständlicher als R 71, aber oft besser begehbar.

Von der Hütte am deutlichen Weg zum Unteren Ortlerferner. Auf ihm sofort rechts (südlich) **ansteigend** (nicht zu weit links) unter die Felsen der Nashornspitze. Längs dieser am Gletscher (große, deutlich sichtbare Spalten, die in sehr schlechten Jahren unter Umständen eine Umgehung in den begrenzenden Felsen verlangen) bis in das Gletscherbecken unter der Trafoier Eiswand N-Wand. Man quert dieses nun (parallel zu den großen Spalten und nicht zu tief) nach O, um dann mit mäßig steilem Anstieg die bereits sichtbare Biwakschachtel zu erreichen.

6. Schutzhütten am Bergkörper des Ortlers

● 73 Berglhütte (Rif. A. Borletti) 2188 m

CAI-Mailand, 1886 von der Sektion Hamburg des DÖAV erbaut, Matratzenlager und Betten, meist geschlossen; unterhalb des Pleißhorngrates gelegen. Übergang zur Julius-Payer-Hütte; Gipfel: Trafoier Eiswand, Thurwieserspitze, Ortler von SW.

● 74 Von Trafoi
Rot bez. Weg (Nr. 186), 3 Std.

Auf der Stilfser-Joch-Straße ein kurzes Stück empor, bis links abwärts eine Straße abzweigt, die auch zum Campingplatz führt. Dieser folgen und dann immer im Talgrund einwärts bis zur italienischen Alpinschule. Hier zum Abhang des Ortlers und auf ihm steil (zahlreiche Kehren) erst im Wald, dann durch Krummholz und zuletzt über freie Hänge zur Berglhütte.

● 75 Julius-Payer-Hütte, 3020 m

CAI-Sektion Mailand (1875 durch die Sektion Prag des DÖAV erbaut und später mehrmals erweitert) Matratzenlager und Betten, im Sommer bew. Ausgangspunkt für eine Ortlerbesteigung am gewöhnl. Weg, lohnender Blick zum Stilfser Joch und in die Ortler Nordseite.

Siehe Abb. Seite 73.

● 76 Von Sulden über die Tabarettahütte
Rot bez. (Weg Nr. 4, bei Benützung des Langer Stein-Sesselliftes zuerst Weg Nr. 10).
3½ Std., bei Sesselliftbenützung etwas kürzer.

Der übliche Zugangsweg. Von Sulden (Kirche St. Gertraud) am bez. Weg (Nr. 4) längere Zeit schräg talauswärts ansteigen, dann in weiten Kehren aufwärts zur Baumgrenze (hierher absteigend von der Bergstation des Langer Stein-Liftes – zuletzt weite Doppelkehre). Schräg nordwestlich (Richtung Tabarettaspitze) im Kar ansteigen, an einer begrünten Insel (Ladum) links vorbei, dann den Auslauf des Marltgletschers auf- und absteigend überschreiten und in mehreren Kehren zur deutlich sichtbaren Tabarettahütte hinauf (1¹/₂–2 Std. von Sulden). Von der Hütte (guter Steig) das unter den Tabarettawänden eingelagerte Kar nördlich ansteigend solange queren, bis man steil (Kehren) zur Bärenkopfscharte (2871 m) ansteigen kann. Nun am und knapp neben dem erreichten Tabarettakamm zur bald sichtbaren Payerhütte (1¹/₂–2 Std. von der Tabarettahütte).

● 77 **Von Trafoi über die Berglhütte**
Rot bez. Weg (Nr. 186), 5 Std.

Auf R 74 zur Berglhütte. Von der Hütte nördlich des Pleißhorngrates das Schutt- und Schneekar (Steig) im Bogen ausgehen und aufwärts in die breite Einsenkung zwischen Tabarettakogel (talseitig) und Tabarettaspitze (bergseitig). Jenseits im weiten Kar eben und absteigend weiter, bis man (knapp oberhalb der verfallenen Edelweißhütte) auf die von Trafoi heraufführenden roten Wegzeichen (R 78) trifft. Nun im Kar (zuletzt einige Kehren und meist Schnee) aufwärts ins Tabarettajoch (2903 m). Von hier (guter Weg) zur nahen Payerhütte.

● 78 **Trafoi – Edelweißhütte – Payerhütte**
Rot bez. Weg (Nr. 185), 4–5 Std.

Von der Abzweigung auf der Stilfser-Joch-Straße etwas nördlich des Ortskernes von Trafoi steil am Hang (zahlreiche Kehren), erst durch Wald und schließlich Krummholz, aufwärts, dann weiter Quergang nach S auf einen Rücken mit der verfallenen Edelweißhütte.
In das Kar daneben hinein und (zuletzt einige Kehren, meist Schnee) aufwärts ins Tabarettajoch (2903 m). Von hier (guter Weg) zur nahen Payerhütte.

● 79 **Bivacco Lombardi**, 3316 m

CAI, offene Unterstandshütte, am gewöhnlichen Anstieg von der Payerhütte zum Ortlergipfel und oberhalb des Tschirfecks gelegen. Verwahrlost.

● 80 **Tabarettahütte**, 2556 m

Im Besitz der Bergführergesellschaft Sulden, von Juli bis September bew., Nächtigung in Betten und auf Matratzen. Am Weg von Sulden zur Payerhütte nördlich des Marltferners am Marltberg gelegen. Gipfel: Ortler.

Die Payerhütte. Blick von der Payerhütte nach Norden
in den Vinschgau. Links der Reschensee, in den Wolken die Kette der
Ötztaler Berge.

● 81   **Von Sulden**
        Rot bez. Weg (Nr. 4, bzw. vom Langer-Stein Lift Nr. 10)
        1½–2 Std.
Beschreibung s. R 76.

● 82   **Rifugio K 2,** 2330 m
Priv., bei der Bergstation des von Sulden heraufführenden Langer-Stein-Sesselliftes gelegen. Von Sulden auf rot bez. Weg (Nr. 3) in zahlreichen Kehren erreichbar. Die Bergstation des Sesselliftes ist als Wegverkürzung des Aufstieges zur Payerhütte und Hintergrathütte von Bedeutung.
Im Winter Schlepplifte zum End-der-Welt-Ferner.

● 83   **Hintergrathütte,** 2661 m
Im Besitz der Bergführergesellschaft Sulden, Nächtigung in Betten und Matratzenlagern; bew. 1. März – Mitte April und im Sommer. Am Fuß des Ortler OSO-Grates (Hintergrat) gelegen. Lohnende Nahsicht auf die den Suldenferner einrahmenden Berge (Königspitze, Zebrù, Ortler), in

der Nähe der stimmungsvolle Hintergratsee. Ausgangspunkt für Ortler, Hintergrat (hauptsächlich), Anstiege der Ortler-SO-Seite, Zebrù und Königspitze N-Seite.

● **84 Von Sulden**
Rot bez. Weg (Nr. 3)
$1^1/_2$ Std. von der Bergstation des Liftes.

Mit dem Langer-Stein-Sessellift zu dessen Bergstation (Rif. K 2, 2330 m, zu Fuß mit dem bei der Talstation beginnenden rot bez. Weg Nr. 3 zur Bergstation, $1^1/_4$ Std.). Nun ansteigend schräg in das vom End-der-Welt-Ferner herabziehende Tal hinein, am jenseitigen Talhang weniger steil wieder hinausqueren und auf den vom der Hintergratspitze herabziehenden Rücken hinauf. Wieder weiterqueren, durch eine Felszone auf gutem Weg hindurch, und nach längerer ansteigender Querung zur Hütte hinauf.

● **85 Von Innersulden**
Rot bez. Wege, $2-2^1/_2$ Std.

Ab Talstation der Seilbahn zur Schaubachhütte, dem guten rot bez. zur Schaubachhütte führenden Weg (Nr. 1) etwa zur Hälfte folgen (Abzweigung nach W auf rot bez. Weg Nr. 2 oberhalb einer steilen felsigen Talstufe). Oberhalb der genannten Talstufe in den Talgrund (Bach) hineinqueren; jenseits aus dem Talboden heraus und auf den sanften Begrenzungsrücken. Diesen (z.T. Kehren) aufwärts zur Hintergrathütte.

● **86 Bivacco Città di Cantù, 3535 m**

CAI. Im Hochjoch am Beginn des Ortler-Hochjochgrates befindliche offene Biwakschachtel. Ausgangspunkt für diesen sowie den gewöhnlichen Anstieg auf den Zebrù. 9 Schlafstellen mit Decken. Zugang von der Hintergrathütte bisweilen problematisch (Spalten am Suldenferner, manchmal Steinschlag beim Aufstieg ins Hochjoch, Neigung der oft Blankeis aufweisenden Flanke bis 55 Grad), Zugang von der V°Alpini-Hütte einfach. Siehe Abb. Seite 75.

● **87 Von der V°Alpini-Hütte**
Gletscherbegehung
$2^1/_2$ Std. im Aufstieg, 1 Std. im Abstieg.

In nordwestlicher Richtung den Zebrù-Gletscher hinauf; dann oberhalb der Spaltenzone erst gerade und schließlich rechts haltend (im Gesamten also nach NO) bis in die Einsattelung des Hochjoches mit der Biwakschachtel.

Schaubachhütte mit Ortler und Zebrù.
88 Zugang vom Suldenferner zum Hochjoch
o   Bivacco Città di Cantù

Ortler

635 Ostsüdostgrat (Hintergrat)
636 Unterer Hintergrat
637 Südostwandrinne (Minnigeroderinne)

638 Direkter Ausstieg zu R 637
690 Harpprechtrinne
640 Südgrat (Hochjochgrat)

Zebrù

664 Nordwestflanke zum Nordwestgipfel
675 Ostpfeiler

676 Nordostpfeiler

- **88** **Von der Hintergrathütte**
  Gletscherbegehung, sehr spaltenreich, zuletzt Firn/Eiswand bis 55 Grad, Ausstieg oft überwächtet. Als Zugang nicht empfehlenswert. 4 Std. siehe Abb. Seite 75 und 232/233.

Dem Moränensteiglein zum Hintergrat folgen. Dort, wo sich dieses in die Flanke des Hintergrates wendet zum nahen Moränenende weiter und auf den Suldenferner. Auf ihm auf seinem (im Sinne des Anstieges) rechten Teil gegen das Hochjoch weiter (zahlreiche Spalten). Man hält sich dabei nie in die unmittelbare Fallinie des Hochjoches sondern steuert die Gletscherbucht rechts (westlich) derselben an, in welcher die Minnigeroderinne der Ortler-SO-Wand beginnt.
In der Gletscherbucht schräg links gegen die knapp westl. des Hochjoches herabziehende Felsrippe (oft verschneit). Rechts (westl.) von ihr beliebig (oft Lawinenrinne) aufwärts bis fast an die vom Hochjochgrat herabreichenden Felsen. Nun linkshaltend auf den obersten Teil der Rippe (hier Firnrippe) und dann in der gleichen Richtung schräg weiter ansteigen. Über eine Firnwand (bis 55 Grad, Ausstieg oft überwächtet) ins Hochjoch.

7. Schutzhütten an der Süd- und Ostseite des Suldentales

- **89** **Schaubachhütte (Rif. Città di Milano), 2581 m**

Ganzj. bew., 1876 von einem Wiener Bergsteigerklub errichtet, später vergrößert; Nächtigung in Betten und auf Matratzenlagern. Bergstation der von Innersulden heraufführenden Seilbahn, unter der Stirnmoräne des Ebenwandferners gelegen. Im Winter Skilifte von der Hütte zum Madritschjoch. **Gipfel:** Monte Cevedale (über Casatihütte), Hintere Schöntaufspitze, Madritschspitze, Butzenspitze, Eisseespitze, Suldenspitze, Schrötterhorn, Kreilspitze, Königspitze, Monte Zebrù; **Übergang** ins Martell und Val di Forno.
Siehe Abb. Seite 75.

- **90** **Von Sulden**
  Rot bez. Weg (Nr. 1) 2 Std. Im Sommer vorteilhaft als Abstieg nach einer Auffahrt mit der Seilbahn zu verbinden, im Winter Skiabfahrt.

Von der Talstation der Seilbahn in Innersulden auf gutem Weg erst noch durch Wald, dann über frei werdende Hänge ansteigen. Etwas steiler am Talhang über eine Stufe hinauf (Kehren), dann in langem mäßig steilem Anstieg zur Hütte.

Die Düsseldorfer Hütte mit dem Ortler im Hintergrund.

● **91 Düsseldorfer Hütte (Zaytalhütte, Rif. Serristori)**, 2721 m
CAI-Mailand; 1892 von der Sektion Düsseldorf des DÖAV erbaut; bew. vom 20. Februar – 20. April und Anfang Juli bis Mitte Sept. Nächtigung in Betten und auf Matratzenlagern. Im oberen Zaytal gelegen, bedeutendes Ausflugsziel, Ausgangspunkt für zahlreiche wenig schwierige Gipfel, ein Eldorado für den gemäßigten hochalpinen Bergsteiger mit teilweise versicherten Gipfelanstiegen. Hochalpine Frühjahrsskibergfahrten. Prächtiger Anblick des Ortlers.
Siehe Abb. Seite 77.

● **92   Von Sulden**
    Rot bez. Weg; 2–2$^1/_2$ Std.
Abzweigung auf Weg Nr. 5 hinter dem Hotel Post oder Weg Nr. 15 beim Hotel Zebrù. Beide Wege vereinigen sich im Wald im unteren Zaytal. Im Talboden (Weg Nr. 5) zu einer Steilstufe, die (Kehren) am rechten Hang überwunden wird. Danach kurz im Talboden weiter und mit vielen Kehren zur Hütte hinauf.

● **93**   **Von der Bergstation des Kanzelliftes**
          Rot bez. Weg; 1–1¹/₂ Std.

Von der Bergstation waagrechte lange Hangquerung in das Zaytal, bis auf den von Sulden heraufkommenden Weg. Auf diesem in Kehren zur Hütte.

8. Die Schutzhütten im hintersten Martelltal

Lage: teils unmittelbar an der Straße im hinteren Martelltal, teils in unmittelbarer Nähe. Autobusverbindung bis zum Straßenende, Talschluß mit etwa 20 Gletschern, Frühjahrsskigebiet. Übergang zur Schaubachhütte und zur Casatihütte; **Gipfel:** Zufrittspitze, Cima Venezia, Monte Cevedale, Hintere Schöntaufspitze, Pederspitzen, Schildspitze, Lyfispitze, Laaser Spitze, Vertainspitze, Hoher Angelus.

● **94 a**   **Zufritt-Haus,** 1880 m

Ganzj. bew., am Zufritt-See und der Straße gelegen. Autobusverbindung bis zum Haus.

● **94 b**   **Ghf Zum See,** 1900 m

Ganzj. bew.; am SW-Ende des Zufritt-Sees gelegen. Straße bis zum Haus.

● **94 c**   **Enzianhütte,** 2051 m

Ganzj. bew.; 800 m vor dem Straßenende.

● **94 d**   **Ghf. Schönblick,** 2060 m

Ganzj. bew.; kurz vor dem Straßenende, Autobusendstelle.

● **94 e**   **Zufallhütte (Rif. Nino Corsi),** 2265 m

CAI Mailand. Bew. März bis Mitte September und gelegentlich auch an Weihnachten. Erkundigung über Bewirtschaftung in Morter, Hotel Adler. Materialaufzug zur Hütte. Ausflugsziel. Siehe auch Abb. Seite 47. Vom Endpunkt der Straße auf nicht zu verfehlendem rot bez. Weg in ¹/₂ Std. erreichbar.

● **95**   **Marteller Hütte,** 2610 m

AV-Südtirol, neben der Konzenlacke gelegen, bew. vom 1. 3. bis 31. 10., 10 Betten, 30 Matratzenlager, Materialseilbahn vom Ghf. Schönblick.

Die Casatihütte (Winteraufnahme).

● **96 Von der Zufállhütte (R 94 f)**
   Rot bez. Weg (Nr. 103) 1 Std.

Von der Hütte in südwestlicher Richtung und hinab zum Plimabach. Über diesen und am jenseitigen Ufer noch taleinwärts. Schließlich links hinauf zur gut sichtbaren Marteller Hütte.

● **97 Rif. G. Casati (Casatihütte),** 3254 m

CAI-Mailand, Mitte März – Mitte September bew.; 230 Betten und Lager. Winterraum offen – eigener Bau etwas oberhalb der Hütte). Am Langenfernerjoch (Passo del Cevedale) gelegen. Hervorragendes Frühjahrs- und Sommerskigebiet. Materialseilbahn (Ski- und Gepäcktransport) von nahe der Pizzinihütte, bis dorthin Jeep-Verbindung von S. Caterina.
Gipfel: Zufállspitzen, Monte Cevedale, Suldenspitze, Königspitze, Monte Zebrù, Ausgangspunkt für den Gratübergang Cevedale – Monte Vioz (Viozhütte) und weiter bis zum Pizzo Tresero.
Siehe Abb. Seite 79.

- **98** **Von der Schaubachhütte (R 89, Bergstation der von Sulden heraufführenden Seilbahn)**
  Gletscherfahrt, Spalten, bei Nebel unter Umständen schwierige Orientierung am Langenferner, in der Regel gut gespurt. 2–2½ Std. (in der Gegenrichtung 1–1½ Std.).

Von der Hütte am Steig in südlicher Richtung gegen den Bergkörper der Eisseespitze. Unter ihr rechts (westlich) über den Gletscher in den südlich der Spitze gelegenen Eisseepaß. Jenseits nach S den von der Suldenspitze abfallenden Gletscherhang schräg ansteigend bis ins Langenfernerjoch mit der Casatihütte queren.

- **99** **Von der Zufállhütte (R 94 f)**
  Gletscherbegehung, Spalten, bei Nebel schwierige Orientierung, nicht immer gespurt. 4 Std.

Von der Hütte erst nach SW dann W zum Langenferner. Diesen im ersten Drittel in westlicher Richtung empor, im zweiten Drittel nach WNW (Richtung Eisseespitze) halten, dann nach SW über den obersten Gletscherboden ins Langenfernerjoch mit der Casatihütte.

- **100** **Von S. Caterina Valfurva über die Pizzinihütte**
  Guter Weg. Gepäckbeförderung ab Lago di Cedec möglich. 3–3½ Std. (1½ Std. von der Pizzinihütte).
  Siehe Abb. Seite 239, 257.

Auf der Straße ins hintere Val di Forno (Albergo Forno, im Sommer bew., Parkplatz, 6 km von S. Caterina). Nun an der linken (orogr. rechten) Seite des hier nach N führenden Val di Cedec auf gutem Weg (rot bez.) in 1½ Std. zur Pizzinihütte. Weiter (guter Weg) zum Lago di Cedec (bis hierher mit Jeep von S. Caterina, ab hier Gepäckaufzug). Vom See auf nicht zu verfehlendem Weg den Hang empor, dann (zahlreiche Kehren, 2 Wege) über den Felsaufbau hinauf ins Langenfernerjoch mit der Casatihütte (1½–2 Std. von der Pizzinihütte).

9. Die Schutzhütten im Bereich des hintersten Ultentales

- **101** **Grünseehütte (Rif. Umberto Canziani), 2561 m**

CAI-Mailand, im Sommer bew., Nächtigung in Betten und auf Matratzenlagern. Am gleichnamigen Stausee gelegen. Übergang ins Martelltal und zur Haselgruberhütte.
Gipfel: Zufrittspitze, Weißbrunnerspitze, Lorchenspitze, Eggenspitzen.

- **102** **Von St. Gertraud im hintersten Ultental**
  Rot bez. Weg (Nr. 140), 2 Std. vom Weißbrunn-Stausee.

Auf der Straße im nördlichen Talast zum Weißbrunn-Stausee (Untere Weißbrunneralm, Hotel Enzian, Autozufahrt möglich, 5,5 km von St. Gertraud). Weiter immer im Talboden bleibend steil aufwärts und zur Grünseehütte am gleichnamigen Stausee.

- **103** **Haselgruberhütte (Rif. L. Corvo), 2425 m**

Privat, im Sommer bew., Nächtigung in Betten und auf Matratzenlager. Knapp südlich des Rabbijoches gelegen.
Gipfel: Gleck, Karspitze, Cima Tuatti; Übergang zur Grünseehütte und zum Rif. Dorigoni.

- **104** **Von St. Gertraud**
  Rot bez. Weg. (Nr. 108), 3 Std.

Im südlichen Talast (Kirchbergtal, die ersten 6 km Straße) ziemlich gleichförmig einwärts. Schließlich über eine Steilstufe und die darauf folgenden weitläufigen Hänge aufwärts ins Rabbijoch, von dem man etwas absteigend in Kürze die Hütte erreicht.

- **105** **Von Rabbi (Ortsteil Piazzola)**
  Rot bez. Weg (Nr. 108), 3–3$^1/_2$ Std.

In nördlicher Richtung im Val Corvo empor. In immer gleichmäßig steilem Anstieg (erst Wiesen, dann Wald und dann wieder Wiesen) durchwegs dem Tal bis zur Hütte folgen.

10. Die Schutzhütten
auf der Südseite der Ortleralpen

- **106** **Rif. S. Dorigoni (Rif. Saent), 2437 m**

CAI-Trient, Nächtigung in Betten und auf Matratzenlagern, Bewirtschaftung ungewiß – vorher in Rabbi erkundigen; Winterraum immer offen). Gipfel: Cima Venezia, Rotspitzen, Saentspitze, Eggenspitze, Gleck; Übergang zur Haselgruberhütte und zur Cevedalehütte.

- **107** **Von Rabbi**
  Rot bez. Weg (Nr. 106), 4 Std.

Auf der Straße nach Coller und weiter im Tal zur Malga Stablasol

(1539 m), bis hierher Autozufahrt möglich, 1 Std. Zeitersparnis. Nun immer im Tal (mehrere Steilstufen) bis zum Rif. S. Dorigoni.

● 108 **Viozhütte (Rif. Mantova al Vioz)**, 3535 m

CAI-Trento, im Sommer bew. Eine der höchstgelegenen Hütten der Ostalpen, 20–30 Min. südöstlich unter dem Gipfel des Monte Vioz gelegen; Zwischenstützpunkt bei der Kammüberschreitung vom Monte Cevedale bis zum Pizzo Tresero.

● 109 **Von Peio**
Rot bez. Weg, 6 Std. Bei Benützung der Gondelbahn und des Sesselliftes 3 Std.

Von Peio am teilweise bewaldeten Hang aufwärts zur Malga Saline, 2089 m. Nun nach links (S) zum langen vom Monte Vioz herabziehenden rückenartigen Kamm. Diesen empor (hierher von links nach Benützung der Gondelbahn und des Sesselliftes – von der Bergstation des letzteren mit langer Hangquerung). Der erste Gipfel des Kammes (Cima Vioz) wird links umgangen und dann in die Scharte dahinter angestiegen; weiter rechts (östlich) des Kammes ansteigen, unter dem Dente del Vioz durch und danach auf den Kamm. Nun auf und neben ihm (zuletzt steil, zahlreiche Kehren) zur Viozhütte hinauf.

● 110 **Cevedalehütte (Rif. del Cevedale, Rif. G. Larcher)**, 2608 m

CAI-Trento, im April und den Sommermonaten bew., 50 B und M, Winterraum. Im Talschluß des Val de la Mare gelegen; Frühjahrsskigebiet. **Gipfel:** Cima Venezia, Monte Cevedale, Palòn de la Mare.
Siehe Abb. Seite 83.

● 111 **Von Peio, Ortsteil Cogolo**
Rot bez. Weg, 4 Std. 1½ Std. von der Malga Mare (bis dorthin Autozufahrt möglich).

Auf der Straße im Val de la Mare einwärts zur Malga Mare (9 km). Dahinter über eine Talstufe rechts hinweg, dann immer am rechten Hang schräg zur Hütte hinauf.

● 112 **Rif. della Forestale**, 1830 m

Immer offene Unterstandshütte mit einfacher Nächtigungsmöglichkeit; westl. der Seefeldspitze und an der N-Seite des Val Lavaze neben den Resten der Malga Cemiglio di Dentro gelegen. Bergsteigerisch von geringer Bedeutung.

Die Cevedalehütte.

- **113**   **Von Mocenigo di Rumo**
  Rot bez. (Weg Nr. 113 A), 2 Std.
  Von Mocenigo in Richtung taleinwärts die Nordhänge des Val Lavaze in schrägem Anstieg (mehrere Kehren) queren und zur Hütte.

- **114**   **Rif. S. Barbara,** 1620 m

An der Straße im hinteren Val di Bresimo gelegene offene Unterstandshütte mit einfacher Nächtigungsmöglichkeit. Bergsteigerisch nur dann von Bedeutung, wenn man als Autofahrer nach langer Anreise im Val di Bresimo nächtigen will, um dort Bergfahrten auszuführen.

- **115**   **Bivacco Pozze,** 1989 m

SAT Sektion Bresimo, Biwakschachtel am von der Cima Lainert nach N streichenden Rücken.

- **116** **Aus dem Val di Bresimo**
  Rot bez. (Weg Nr. 115) 1½ Std.
  Abzweigung von der Straße im Val di Bresimo etwa 1¾ km talauswärts des Rif. S. Barbara (R 114). Nun im nach SW bergwärts ziehenden Tal etwa ¾ Std. aufwärts, dann nach O – teils in Kehren – zur Baumgrenze und auf den von der Cima Lainert abstreichenden bewachsenen NO-Rücken. Dort sofort zur Biwakschachtel.

- **117** **Bivacco Malga Paludei,** 2106
Biwakschachtel nordwestl. oberhalb des Lago di Pian Palu; nur für die eher sekundären Bergfahrten des Talkessels von Bedeutung.

- **118** **Aus dem Valle del Monte**
  Rot bez. (teilw. Weg Nr.–124), 1½ Std.
  Von Peio im Valle del Monte zum Lago di Pian Palu (Autozufahrt). Nun (Kehren) nach N empor zur Malga Giumella und von dort auf einer Almstraße, die knapp hinter Peio Terme beginnt (evtl. Autozufahrt möglich), mit wenig Steigung nach Westen zur Malga Paludei mit der Biwakschachtel.

11. Die Schutzhütten
auf der Westseite der Ortleralpen

- **119** **Am Gaviapaß:** Diese Schutzhütten sind alle von Ponte di Legno oder Bormio mit dem Auto zu erreichen.

- **119 a** **Rifugio Bonetta,** 2621 m
Im Sommer bew., auf der Paßhöhe an der Straße gelegen.

- **119 b** **Rifugio Berni al Gavia,** 2545 m
CAI. Im Sommer bew., 2 km nördlich der Paßhöhe an der Straße gelegen.

- **119 c** **Rifugio Gavia,** 2541 m
Verfallen, nördlich der Paßhöhe und etwas abseits der Straße gelegen.
Gipfel: Monte Gaviola, Corno dei Tre Signori, Pizzo Tresero, Punta San Matteo.

● **120** **Rif. L. E. Pizzini (Pizzinihütte)**, 2706 m

CAI-Mailand, von Mitte März bis Anfang Mai und Ende Juni bis Anfang September bew., 80 Betten und Lager; Winterraum (6 M) offen. Im hinteren Val di Cedec gelegen. Im Sommer Jeep-Verbindung von S. Caterina Valfurva bis zur Hütte. **Gipfel:** Monte Cevedale, Monte Pasquale, Königspitze, Cime del Forno, Monte Confinale; Aufstieg zur Casatihütte (R 100), **Übergang** zum Rif. V°BAlpini, sowie über die Casatihütte zur Schaubachhütte und nach Sulden.
Siehe Abb. Seite 239.

● **121** **Von S. Caterina Valfurva**
Rot bez. guter Weg, $1^1/_2$ Std. ab Albergo Forno.
Ins hintere Val di Forno (Albergo Forno, im Sommer bew., Parkplatz, 6 km von S. Caterina). Nun an der linken (orogr. rechten) Seite des hier nach N führenden Val di Cedec zur Hütte.

● **122** **Bivacco „Gianpaolo del Piero"**, 3166 m
Biwakschachtel in der Einsattelung östlich des Monte Confinale.

● **123** **Von Campec (Rif. Stella Alpina) im Val del Forno**
Zum Teil unbez. Weg, zum Teil weglos, zuletzt Gletscherbegehung. $6^1/_2$ Std.
Wie R 924 zum Lago della Manzina. Nun weglos nach Nordwesten zu einem kleinen Gletscher. An seiner Ostseite aufwärts in die Einsattelung östl. des Monte Confinale mit der Biwakschachtel.

● **124** **Von der Baita di Campo im vorderen Val Zebrù**
Zum Teil weglos, zuletzt Gletscher. 4–$4^1/_2$ Std.
Im Val Zebrù zur Baita di Campo (Straße). Nun in südlicher Richtung (Weg) aufwärts. Etwa 400 m ober dem Val Zebrù in das östlich des Weges eingeschnittene Tal hinein und dieses jenseits sofort wieder verlassen. Man umquert den im O befindlichen Rücken des Picco di Saline ansteigend und steigt hinter ihm zur Vedretta di Fora empor. Am Gletscher aufwärts in die Scharte östlich des Monte Confinale mit der Biwakschachtel.

● **125** **Bivacco Passo del Zebrù**, 3010 m
Biwakschachtel im nördlichen Passo del Zebrù, von der Pizzinihütte in 1 Std. erreichbar, von der Alpinihütte $2^1/_2$–3 Std.
Zugänge s. R. 190

● **127**   **Bivacco Colombo,** 3485 m

Biwakschachtel im vom Monte Cevedale nach S ziehenden Kamm, die beim Gratübergang vom Monte Cevedale zum Monte Vioz als Notunterkunft benützt werden kann. Lage: Am S-Rücken des Monte Rosole und nördlich des Col de la Mare. Abstiegsmöglichkeit zur Cevedalehütte (Peio); nicht unmittelbar in den Fornokessel absteigen (schnellste Abstiegsmöglichkeit in den Fornokessel über den Gipfel des Palòn de la Mare!).

● **128**   **Von der Cevedalehütte (R 110)**
             Gletscherbegehung, Spalten! 3–4 Std.

Von der Hütte ein kurzes Stück taleinwärts und sobald wie möglich in westlicher Richtung über den Bach. Am jenseitigen Moränenrücken taleinwärts solange weiter, bis dieser in den Hang überzugehen beginnt. Nun westlich über Schutt und Schnee zur Vedretta de la Mare. Diese in ihrer Mitte nach W begehen (Richtung Passo Rosole). Man gelangt so vor einen Felskopf, der unterhalb des Passo Rosole aus dem Gletscher ragt; dieser wird rechts (nördlich!) gelassen und der Gletscher nach SW bis unter den Col de la Mare begangen. In den Col hinauf, dann am nach N ansteigenden Grat des Monte Rosole zur Biwakschachtel.

● **129**   **Bivacco F. Meneghello**

Biwakschachtel knapp oberhalb des Colle degli Orsi (Bärenpaß) und am Aufstiegsweg von der Brancahütte zur Punta San Matteo gelegen. Die im deutschen und österr. Schrifttum angegebenen Höhenangaben (Biwakschachtel 3350 m, Bärenpaß 3204 m) sind eindeutig unrichtig, die italienische Vermessung (Carta d'Italia – Höhenschichtlinien und Vermessungspunkt in unmittelbarer Nähe des Bärenpasses) von 3453 m jedoch mit großer Wahrscheinlichkeit richtig.

● **130**   **Von der Brancahütte über den Fornogletscher**
             Gletscherbegehung (Spalten), 3 Std.

Von der Hütte wie beim Anstieg zum Palòn de la Mare auf der Seitenmoräne des Fornogletschers (im Winter: im von der Moräne und dem Hang gebildeten Tal, bis man waagrecht zur Moränenschneide queren kann) so weit empor, bis man nach etwa 2/3 der Moräne unschwierig zum Gletscher absteigen kann. Nun in südlicher Richtung über den Fornogletscher. Über welliges Gelände zum zweiten Eisbruch des Gletschers (der unterste Eisbruch wird vom Anstiegsweg nicht berührt!). Durch ihn im Zickzack durch und in der oberhalb befindlichen weniger steilen Gletscherzone Wegteilung. Rechts führt die Spur zur Punta San

Matteo weiter. Nicht dieser folgen, sondern in südlicher Richtung durch einen weiteren Gletscherbruch linkshaltend empor und oberhalb mit schrägem Anstieg nach rechts (W) in den Bärenpaß mit der Biwakschachtel.

● **131** **Von Peio**
   Gletscherbegehung (Spalten), 6 Std.

Von Peio auf der Straße ins Valle del Monte. Etwa $1^1/_2$ km taleinwärts von Peio Terme zweigt rechts ein guter rot bez. Weg (Nr. 122 und 124) ab. Diesem (Kehren) den Hang hinauf folgen und schließlich am Hang taleinwärts queren. Bei einer Wegteilung benützt man den oberen Weg (Nr. 122), der schließlich ins Val degli Orsi hineinführt (hierher auch etwas kürzer vom Parkplatz am Lago di Pian Palu mit Kehren und Hangquerung). Aus dem Talhintergrund steil zur Gletscherzunge der Vedretta degli Orsi hinauf. Man erreicht diese an ihrem nordöstl. Rand. Nun auf den Gletscher und über ihn (Spalten) in den Bärenpaß.

● **132** **Bivacco Seveso,** 3420 m;
   Rif. Nino I. Bernasconi, 3074 m

An der S-Seite des Pizzo Tresero bzw. der Punta Segnale gelegene Biwakschachteln. Im Bivacco Seveso 9 Lager mit Decken, das Rif. Bernasconi ist verfallen.

● **133** **Vom Rif. Berni**
   Gletscherbegehung, 4–5 Std.

Von der Hütte zum Rif. Gavia (R 119), dann oberhalb des Torrente Gavia talauswärts, wobei man sich immer mehr vom Talgrund entfernt (rot bez. Weg). Nach etwa $^1/_2$ Std. rechts abzweigen. Auf rot bez. Weg (Kehren) aufwärts zum westl. Rand des kleinen Treseroglestchers. Diesen empor und zuletzt links verlassen. Am Rif. N. I. Bernasconi vorbei in die Scharte zwischen Pizzo Tresero und Punta Segnale. Nun erst am Rücken des Pizzo Tresero aufwärts, dann nach rechts auf den Gletscher und diesen schräg in südl. bzw. südöstl. Richtung bis zum SW-Grat des Pizzo Tresero queren. Auf ihm liegt, knapp unterhalb des Gipfels, das Bivacco Seveso.

● **134** **Vom Rif. Berni**
   Gletscherbegehung, 3–4 Std.

Von der Hütte zum Rif. Gavia und am rot bez. Weg zum Doseguglescher hinauf. Auf ihm (Anstieg zur Punta San Matteo) bis zum unteren Rand des oberen Gletscherbeckens. Nun links (nördl.) abzweigen. Zu einer Stufe des vom Pizzo Tresero herabziehenden Gletschers. Diese ganz rechts überwinden und aus dem flachen Gletscherteil oberhalb zum SW-Grat des Pizzo Tresero. Auf ihm zum Bivacco Seveso. Oder: Oberhalb der Ruine des Rif. Gavia erst auf rot bez. Weg (Nr. 25) gegen den SW-Grat des Pizzo Tresero, dann auf immer schlechter werdendem Steig (teilw. rot bez., Nr. 41) vorwiegend in der O-Seite des SW-Grates zum Bivacco Seveso.

● 135　　　　Bivacco „Battaglione Ortles", etwa 3200 m

Nördl. des Passo Dosegu gelegen, 4 Lager mit Decken, Holzofen (Holz in Hüttenumgebung), Schmelzwasser.
Gipfel: Punta Sforzellina, Pizzo di Val Ombrina, Corno dei Tre Signori.

● 136　　　Vom Rif. Berni
　　　　　　Gletscherbegehung, 3 Std.

Am rot bez. Weg (zur Punta San Matteo) bis knapp vor den Doseguletscher. Nun scharf südl. abbiegen. Über Geröll und einen Gletscher zum Passo Dosegu. Am Grat nach N zur Biwakschachtel.

● 137　　　　　　Rif. N. Bozzi, 2478 m

CAI, im Sommer bew., südl. unter der Forcella di Montozzo gelegen.
Gipfel: Punta di Albiolo, Punta di Montozzo, Punta di Ercavallo.

● 138　　　Von Peio
　　　　　　Rot bez. Weg, 4 Std. von Peio, 3 Std. vom Lago Pian Palu.

Im Val del Monte zum Lago Pian Palu (Straße, 5 km). An seinem Ufer zum SW-Ende des Sees (hier beginnt das Val Montozzo). Westlich des Val Montozzo steil in kurzen Kehren aufwärts, dann in dieses hinein. Schließlich am rechten (orogr. linken) Talhang zur schüsselförmigen Erweiterung des obersten Talbodens. Diesen durchqueren und aufwärts in die Forcella di Montozzo. Jenseits hinab zur Hütte.

● 139　　　Von Pezzo (Straße Ponte di Legno – Gaviapaß etwa 3 km
　　　　　　taleinwärts von Ponte di Legno)
　　　　　　Rot bez. Weg, 2 Std. vom Parkplatz.

Rechts (östl.) auf Seitenstraße ins Valle di Viso abzweigen. In ihm bis zu den Case di Viso (3 km, bis hierher Autozufahrt). Auf rot bez. Weg taleinwärts (Richtung Corno dei Tre Signori) und zu einer Wegteilung. Am rechten Weg (rot bez.) steil (Kehren) empor und nach einer flacheren Hangstufe zum Lago di Montozzo mit der Hütte.

Die Brancahütte.

● **140   Rif. Cesare Branca (Brancahütte),** 2493 m
CAI-Mailand, Nächtigung in Betten und auf Matratzenlagern, im März und April sowie Anfang Juli bis Mitte September bew.; im hintersten Val del Forno gelegen, Frühjahrsskigebiet.
Gipfel: Palòn de la Mare, Monte Vioz, Punta San Matteo, Pizzo Tresero, Monte Pasquale, Monte Cevedale. Vgl. Abb. Seite 89.

● **141   Von S. Caterina Valfurva**
Guter Weg, ³/₄ Std. vom Parkplatz.
Ins Val di Forno und zum Albergo Forno (im Sommer bew., 6 km, Autozufahrt, Parkplatz). Vom Albergo Forno auf gutem Weg in östl. Richtung zur auf der nördl. Seitenmoräne des Fornogletschers gelegenen Hütte.

● 142   **Rif. Quinto Alpini (V°Alpini-Hütte)**, 2878 m

CAI-Mailand, von Ende Juni bis Mitte September bew. 60 L, WR 11 L. An der S-Seite des Monte Zebrù unterhalb des Zebrù-Gletschers (Vedretta di Zebrù) gelegen. Übergänge zum Stilfser Joch, zur Pizzinihütte und Casatihütte. Siehe Abb. Seite 91.
Gipfel: Königspitze, Cime del Forno, Monte Confinale, Cima della Miniera, Monte Zebrù, Ortler, Thurwieserspitze, Trafoier Eiswand.

● 143   **Von Bormio**
         Jeep-Zubringerdienst ab Bormio.
         ³/₄ Std. Aufstieg zu Fuß.

Täglich in der Früh (auf Verlangen jederzeit) mit Jeep zur Morena Zebrù. Von dort Aufstieg zur Hütte (³/₄ Std.).

● 144   **Von S. Antonio**
         Rot bez. Weg, 4 Std. ab Parkplatz.

Vom Parkplatz (2 km nach S. Antonio) das lange Val Zebrù etwa 10 km (Straße) einwärts bis zur Baita del Pastore, 2168 m, (hier teilt sich das Tal in zwei Äste). Nun links (nordöstlich) am Hang in Kehren dem Karrenweg bis zu seinem Ende folgen (Morena Zebrù, Talstation der zur Hütte führenden Materialseilbahn). Am Hang in gleichmäßigem Anstieg zur Hütte.

● 145   **Bivacco Provolino**, 3051 m

Biwakschachtel im Passo di Ables.
Zugang vom Stilfser Joch bzw. von der Livriohütte s. R 485.
Zugang direkt von Süden s. R 484.

● 145a   **Zugang von S. Nicolo Valfurva**
         I (Stellen), Firnfelder, spärlich bez., 5 Std.

Von S. Nicolo auf einer Straße mit zahlreichen Kehren die Hänge in nordöstl. Richtung empor. Man gelangt schließlich zu einer Hütte der Nationalparksverwaltung und oberhalb auf die Böden der Alpe Cristallo. Nun über Gras, Schutt und Schnee (Firn) in der gleichen Richtung weiter gegen eine westlich des Passo di Ables befindliche kleine Einschartung der Cresta di Reit. Zu ihr hinauf, dann am Grat bzw. knapp daneben nach O zur Biwakschachtel.

● 145b   **Von der Livriohütte**
         s. R 485

Die Alpinihütte.

IV. Übergänge und Höhenwege

Bei den in der Folge aufscheinenden Einschartungen und Einsenkungen handelt es sich ausschließlich um solche, die als Übergang einigermaßen von Bedeutung sind; Scharten, die ausschließlich bei Gipfelanstiegen betreten werden, sind dort beschrieben – es sei denn, sie besitzen die Größe eines Ortlerpasses, Hochjoches und Suldenjoches.

● 146   **Stilfs – Prad**
Rot bez. (Weg Nr. 11) 1 – 1½ Std.

Von Stilfs die Hänge in Richtung talauswärts queren. Zuletzt steil nach Agums bzw. Prad hinab.

● 147   **Furkelhütte (R 51) – Stilfser Joch („Goldseeweg")**
Rot bez. (Weg Nr. 20), 2½ – 3 Std.
Sehr aussichtsreiche und lohnende Wanderung, vom Goldsee rot bez. Abstiegsmöglichkeit zur Oberen Tartscher Alm und über R 53 nach Trafoi und ebenfalls rot bez. Hangquerung zur Stilfser Joch-Straße möglich.

Von der Furkelhütte über den Bach und in Richtung Stilfser Joch die Hänge ansteigend queren. Man gelangt so in einem weiten kesselartigen Talboden zu einer Wegteilung (R 53 führt am unteren Weg weiter). Am bergseitigen Weg mit einigen Kehren die Hänge empor und auf einen Rücken hinauf. Nun über Schutt- und Grashänge unter den Tartscherköpfen weiterqueren, den von der Korspitz nach O abstreichenden Rücken überschreiten und zum Goldsee.
Weiter, am oberen der bez. Wege (der untere führt zur Stilfser Joch-Straße), ansteigend gegen den von der Rötlspitze zur Dreisprechenspitze ziehenden Kamm. Meist an der Südostseite des Kammes zur ober dem Stilfser Joch befindlichen Dreisprachenspitze. In wenigen Minuten zum Stilfser Joch hinab.

● 148   **Die Übergänge bzw. Höhenwege in der Umbrailgruppe**

Aufgrund der Lage des Val Mora treffen bzw. kreuzen einander alle Übergänge von bergsteigerischem Belang im Val Mora; durch die Lage der dort befindlichen Hütten (Alp Mora, La Stretta) bedingt, sind hier alle Übergänge beim Abschnitt „Hütten und Hüttenwege" mitbeschrieben.
Im Einzelnen sind dies:

- **149** **Wegerhaus Buffalora – Jufplaun,** 2324 m **– Alp Mora – La Stretta – Döss Radond,** 2234 m **– Sta. Maria**
  6 – 7 Std.

Beschreibung s. R 59 und (in Gegenrichtung) R 56a, R 57

- **150** **Ofenpaß – Döss dal Termel,** 2351 m **– Alp Mora – La Stretta – Döss Rodond,** 2234 m **– Sta. Maria**
  6 – 7 Std.

Beschreibung s. R 60 und (in Gegenrichtung) R 56a, R 57

- **151** **Wegerhaus Buffalora – Jufplaun,** 2324 m **– Alp Mora – Cruschetta – S. Giacomo di Fraele**
  4 Std., die Brücke über den Bach zwischen Alp Mora und Cruschetta kann fehlen; Grenzübertritt!

Beschreibung s. R 59 und (in Gegenrichtung) R 61

- **152** **Ofenpaß – Döss dal Termel,** 2351 m **– Alp Mora – Cruschetta – S. Giacomo di Fraele**
  4 Std., die Brücke über den Bach zwischen Alp Mora und Cruschetta kann fehlen; Grenzübertritt!

Beschreibung s. R 60 und (in Gegenrichtung) R 61

- **153** **Tschenglser Scharte,** 2968 m

Einschartung am Beginn der Schafberg NO-Kante, vom Weg zum Zayjoch mit wenig Zeitaufwand erreichbar, als Übergang von der Düsseldorfer Hütte nach Tschengls fast nie begangen. Da die obere Tschenglser Alm sowie der Zustieg vom Zayjoch zur Scharte lohnende Ziele bilden, werden die beiden Scharteaufstiege getrennt beschrieben.

- **154** **Von der Düsseldorfer Hütte (R 91)**
  Bis zum Zayjoch teilweise Gletscherbegehung, jedoch gut gespurt und unschwierig. Jenseits teils gut gebahnter Weg, teils Steigspuren. 2 Std.

Über die weiten Moränenflächen des hintersten Zaytales auf dem rot bez. Weg bis zum Beginn des Kleinen Angelusferners. Über ihn sanft in östlicher Richtung ansteigend in das Zayjoch, 3224 m, zwischen Schafberg und Kleiner Angelusspitze, die von hier unschwierig mit wenig Zeitaufwand erstiegen werden kann. Jenseits auf dem rot bez. Weg soweit absteigen bis er sich endgültig talabwärts wendet. Nun mit wenig Zeitaufwand nach Norden in die Tschenglser Scharte hinauf.

- **155**   **Von Tschengls über die Obere Tschenglser Alm**
Bis zur Oberen Tschenglser Alm rot bez. Weg; 4 Std. von Prad und 3 Std. von Tschengls, Ausflugsziel, jedoch auf der Alm kaum Bewirtung; von der Alm bis zur Tschenglser Scharte 2 Std. (weglos!)

Von Prad entweder auf der Straße nach Tschengls oder südlich davon, nahe den bewaldeten Hängen, auf Weg Nr. 7 nach Tschengls. Vom bergseitigen Rand der Ortschaft auf dem zur Tschenglsburg führenden rot bez. Weg ein Stück dahin, dann links abzweigen und schräg ansteigend im Wald gegen den Grund des Tschenglser Tales, der nahe der Unteren Tschenglser Alm erreicht wird (1582 m). Hier Wegteilung. Der linke Weg (rot bez.) führt steil auf die Schulter des Muttersecks (1928), um dann nach langer Hangquerung nach Laas abzusteigen (3 Std.), der rechte Weg führt auf den freien Hängen nahe dem Bach aufwärts. Schließlich am Beginn des kesselartigen Talhintergrundes in westlicher Richtung aufwärts zur Oberen Tschenglser Alm (2049 m). Ab nun unbez. und bald weglos. Von der Alm in südlicher Richtung auf einem Steig bis an sein Ende. Nun genau nach S (Richtung Gipfel der Tschenglser Hochwand) über Schutt bis unter den Gipfelkörper der Tschenglser Hochwand hinauf. Hier nach O biegen und zum Rand des kleinen Tschenglser Ferners (Firnfeld). Diesen in der gleichen Richtung (unter dem Schafberg durch) schräg ersteigen und dann (Schutt) in die Tschenglser Scharte hinauf.

- **156**   **Zayjoch,** 3224 m

Zwischen Schafberg und Kleiner Angelusspitze gelegen, beliebtes Ziel (auch Skiziel) von der Düsseldorfer Hütte. Ersteigung der beiden dem Joch benachbarten Gipfel. Übergang ins Laaser Tal selten begangen.

- **157**   **Von der Düsseldorfer Hütte (R 91)**
Teilweise Gletscherbegehung, jedoch unschwierig und in der Regel gut gespurt. $1^1/_2$ Std.

Über die weiten Moränenflächen des hintersten Zaytales auf dem rot bez. Weg bis zum Beginn des Kleinen Angelusferners. Über ihn sanft in östlicher Richtung ansteigend und zuletzt über Schutt in das Joch.

- **158**   **Von der Laaser Hütte (R 63)**
2–3 Std., von Laas 3–4 Std. mehr.

Von der am weitesten im Talhintergrund gelegenen Hütte im Talschluß des Laaser Tales nach W auf rot bez. Weg die weitflächige Hangstufe empor. Oberhalb weniger steil nach NW zum Abschluß des Kessels weiter, dann in Kehren zum Bergkörper des Schafberges hinauf. Unter diesem (guter Felssteig) bei abnehmender Steilheit des Weges in das Joch.

● **159**   **Angelusscharte,** 3337 m

Einschartung zwischen Vertainspitze (im S) und Hoher Angelusspitze (im N), wird bei einer Ersteigung der letzteren betreten.
Zugang aus dem Laaser Tal (besonders bei Nebel) schwierig, dazu Gletscherspalten. Lohnende Rundtour: Sulden – Kanzellift – Düsseldorfer Hütte (R 91) – Angelusscharte – Rosimjoch (Ersteigung der Vertainspitze und der Schildspitze) – Kanzellift – Sulden.

● **160**   **Von der Düsseldorfer Hütte (R 91)**
           Gletscherbegehung, bei Nebel schwierige Orientierung. 2 Std. Siehe Abb. Seite 286/287 und 293.

Wenige Minuten taleinwärts zu den Seen. Nun rechts am rot bez. Weg gegen den Bergkörper der Vertainspitze abzweigen, aber noch vor ihm links (nördlich) auf den Zayferner. Dieser wird wegen des möglichen Eisschlages aus der Vertainspitze N-Wand so begangen, daß man möglichst tief nach links (N) bis in die Fallinie der Angelusscharte quert und dann gerade in diese ansteigt.

● **161**   **Angelusscharte – Rosimjoch – Innersulden**
           Gletscherbegehung, bei Nebel schwierige Orientierung. 3 bis 4 Std.

Sehr kurzer Abstieg auf den östlich gelegenen Laaser Ferner und diesen in südl. Richtung bis in das Rosimjoch (3288 m) queren (40 Min.). Mit kurzem Steilabstieg jenseits auf den Rosimferner hinab und nahe seinem nördlichen Rand bis an sein Ende. Von dort (rot bez. Weg Nr. 11) talabwärts auf den Rosimboden (Wegteilung, 1–1½ Std. vom Joch, in der Gegenrichtung ½ Std. mehr). Entweder am rechten Weg (rot bez., Nr. 13, zuletzt 12) zur Bergstation des Kanzelliftes (30–40 Min.) oder gerade (rot bez., Weg Nr. 11) hinab nach Innersulden (1 Std.).

● **161a**   **Innersulden – Rosimjoch**
           Gletscherbegehung, als Zugang zu R 849 von Bedeutung. 4 Std. von Innersulden, 3 Std. von der Bergstation des Kanzelliftes.

Von Innersulden zur Bergstation des Kanzelliftes oder direkt (rot bez., Weg Nr. 11) auf den Rosimboden (dorthin auch rot bez. von der Bergstation). Im erreichten Tal einwärts (rot bez.) zum Rosimferner, den man nach O ins Rosimjoch begeht.

- **162** **Laaser Hütte (R 63) – Angelusscharte**
  Schwierig (namentlich bei Nebel und im Abstieg) zu finden, Gletscherspalten. 3 Std., **von Laas** 3–4 Std. mehr.

Von der letzten der im Talschluß des Laaser Tales gelegenen Hütte am rot bez. zum Zayjoch führenden Weg (R 158) bis auf etwa 2700 m. Hier links (südlich) abzweigen und **unter** dem Ofenwandferner über P.2792 zum orogr. linken unteren Ende des Laaser Ferners. An seinem im Sinne des Aufstieges rechten Rand (orogr. links) aufwärts, bis man am felsigen SO-Ausläufer des Hohen Angelus vorbeigegangen ist. Nun aus dem oberen Gletscherbecken nach NW über den Gletscher in die Angelusscharte hinauf.

- **163** **Rosimjoch,** 3288 m

Zwischen Vertainspitze im N und Schildspitze im O gelegen. Zugang von der Angelusscharte und von Innersulden s. R 161, Zugang von der Laaser Hütte s. R 162 und aus dem obersten Gletscherbecken in $^1/_2$ Std. wenig steil ins Joch (3 Std. von der Laaser Hütte).

- **164** **Schluderscharte,** 2987 m

Einsattelung zwischen Laaser Spitze (Orgelspitze) im N und Schluderspitze im S, wird hauptsächlich bei einer Ersteigung der beiden Gipfel betreten, als Übergang selten begangen.

- **165** **Laaser Hütte – Schluderscharte – Martell**
  Rot bez. Weg. Wegzeiten: Laas – Laaser Hütte (R 63, 64) 3–4 Std., Laaser Hütte – Schluderscharte 2–3 Std., Schluderscharte – Martell $2^1/_2$–$3^1/_2$ Std. (Im Aufstieg 1 Std. mehr.)

Von der Unteren Laaser Alm (R 64) links längs des Baches im Haupttal aufwärts (man hält sich in der Folge bei Wegteilungen immer am linken Weg) zur Wasserfallhütte. Nach einigen bald folgenden Wegkehren trifft man auf den von der Laaser Hütte herführenden Weg (rot bez.). Auf ihm in zahlreichen Kehren über Gras, Schutt und Schnee aufwärts in die Schluderscharte. Jenseits hinab in das Schludertal und diesem talauswärts bis zu der ins Martelltal abfallenden Stufe folgen. Nun nach links (NO) zur nahen Schluderalm. In der gleichen Richtung den Hang schräg abwärts queren und nach den Häusern von Stallwies in Kehren ins Martell hinab. Dieses wird beim Alpengasthaus Waldfrieden (Autobushaltestelle) erreicht.

● **166**   **Lyfijoch**

(Deutsch-österr. Vermessung 3202 m, italien. Vermessung 3193 m).

Zwischen Lyfispitze und Äußerer Pederspitze gelegen, als Übergang von einiger Bedeutung, jedoch selten durchgeführt.

● **167**   **Laaser Hütte (R 63) – Lyfijoch – Martell** (Zufritthaus).
            Gletscherbegehung, unter der Schneegrenze Steigspuren. 6 Std.

Von der hintersten der Hütten im Talschluß auf rot bez. Weg nach S zur den Laaser Ferner talabwärts begrenzenden Felswand. Diese im Zickzack (Steig, Trittsicherheit unbedingt erforderlich) hinauf und auf den Laaser Ferner. Über diesen genau nach S (der in den Gletscher eingelagerte Felsrücken bleibt im Sinne des Aufstieges rechts!) in das Lyfijoch. Jenseits fast zur Gänze weglos hinab, bis man schließlich knapp oberhalb der Baumgrenze die Lyfialm erreicht.

Auf der Straße taleinwärts; verfolgt man die Straße durchwegs, gelangt man zur Enzianhütte; benützt man einen vom obersten Teil der Almstraße schräg talabwärts führenden rot bez. Weg, gelangt man unmittelbar zum Zufritthaus.

● **168**   **Schildjoch**

(Deutsch-österr. Vermessung 3394 m, italien. Vermessung 3392 m)

Zwischen Schildspitze (im Norden) und Plattenspitze (im Süden) gelegen. Das Schildjoch wird vorwiegend zur Ersteigung dieser beiden Gipfel bzw. (in weiterer Folge) bei der Überschreitung der Pederspitze betreten.

● **169**   **Von der Enzianhütte (R 94 c)**
             Unschwieriger Weg, bis zur Schneegrenze bez., dann gelegentlich gespurt. 4 Std.

Der bei der Hütte abzweigenden Almstraße noch ein kurzes Stück folgend, dann links abzweigen. Auf rot bez. Weg (Nr. 20) talauswärts zum nahen Pedertal ansteigen (hierher auch rot bez. vom Zufritthaus; länger). Nun im Tal aufwärts, bis es sich zuletzt teilt (Schildhütte, verfallen). Nun entweder rechts (östlich) aus dem Tal heraus und dann in langer ansteigender Hangquerung im Bogen nach Nordwesten bis unter den Mittleren Pederferner (Weg Nr. 20), oder hinter den Resten der Schildhütte steil in Kehren am linken Hang (Weg) aufwärts und wesentlich steiler in nordwestl. Richtung bis unter den Mittleren Pederferner. Anschließend gemeinsamer Weiterweg über den Gletscher in das breite Schildjoch.

● **170** **Düsseldorfer Hütte – Angelusscharte – Rosimjoch – Schildjoch – Martell bzw. Sulden – Rosimjoch – Schildjoch – Martell.**
Unschwierige Gletscherbegehung, selten begangen und als Übergang wenig gebräuchlich.
7 Std. (in Gegenrichtung 1 Std. mehr).

Auf R 160, 161 ins Rosimjoch. Von dort in den SW-Hang der Schildspitze (oder über diese) aufwärts queren ins Schildjoch. Abstieg ins Martell auf R 169 in Gegenrichtung.

● **171** **Pederjoch**
(Deutsch-österr. Vermessung 3151 m, italien. Vermessung 3147 m)
Zwischen Plattenspitze im N und Innerer Pederspitze im S gelegen; als Übergang ungebräuchlich, die Anstiegsbeschreibung erfolgt bei den betreffenden Gipfelwegen.

● **172** **Madritschjoch,** 3123 m
Bedeutende Einsattelung im O der Schaubachhütte, auch als Übergang von dieser ins Martelltal beliebt; von der Schaubachhütte bis zum Joch zwei Schlepplifte, am Joch Jausenstation (beides nur bei Skibetrieb), in unmittelbarer Nähe die Hintere Schöntaufspitze (auch Skiberg).

● **173** **Schaubachhütte – Madritschjoch – Martell**
Rot bez. Weg (Nr. 151), 3 Std. (in Gegenrichtung ½ Std. mehr), im Winter bei Benützung der Lifte wesentlich kürzer.

Von der Hütte auf gutem Weg aufwärts ins Madritschjoch. Jenseits steiler hinab ins Madritschtal und am Rande seines Bodens hinaus zur Zufallhütte (R 94 e).

● **174** **Stilfser Joch – Trafoi**
Rot bez. Weg, 3 Std.

Im Aufstieg von wenig Interesse, deshalb für den Abstieg beschrieben; auch als hochalpine Skiabfahrt geeignet.
Autobuszufahrt zum Stilfser Joch. Im oberen Teil Schneefelder.
Vom Stilfser Joch auf der hier abzweigenden Straße zur nahen Tibet-Hütte. Nun weglos (gelegentlich Steigspuren) in östlicher Richtung mit sehr wenig Steigung zum höchsten Punkt der Signalkuppe (2771 m, Vermessungszeichen). Von dort (beide Wege rot bez.) entweder über den unmittelbar abstreichenden Rücken oder im rechts befindlichen Tal (zuletzt steil) zum Ghf. Franzenshöhe (2188 m, Berührung mit der Stilfser-Joch-Straße). Nun nicht auf die Straße, sondern das Tal abwärts ausge-

hen, bis man die Straße einige Kehren tiefer endgültig erreicht. Auf ihr, die Kehren abkürzend, hinab zur Baumgrenze und schließlich in spitzem Winkel auf rot bez. gutem Weg von der Straße abzweigen. Zum Talboden hinab, jenseits schräg absteigend auf den Hang und hier in vielen Kehren (zuletzt neben dem Bach) hinab zur Alpinschule im Talboden (oder schon vorher rot bez. am Hang nach Trafoi hinaus). Auf der beginnenden Straße talauswärts und mit etwas Gegensteigung zur Stilfser-Joch-Straße, die nun in wenigen Minuten nach Trafoi bringt.

● 175 **Trafoi – Alpenrosehütte – Julius-Payer-Hütte – Hintergrathütte – Schaubachhütte** (oder: **Trafoi – Berglhütte – Julius-Payer-Hütte**)
Sehr lohnende Höhenwanderung, die bei dem Langer-Stein-Sessellift (ober Sulden) und der Hintergrathütte abgekürzt werden kann.
Von der Schaubachhütte Seilbahn nach Innersulden.

Die Wanderung ist eine Kombination folgender Wege: R 78 bzw. R 74 und R 77, R 76 (in Gegenrichtung bis zur Bergstation des Langer-Stein-Sesselliftes), R 84, R 85 absteigen bis zum von Sulden zur Schaubachhütte führenden Weg und auf diesem (R 90) zur Hütte.
Die fast waagrechte Querung der Moränen des Suldenferners zwischen Hintergrathütte und Schaubachhütte ist möglich, jedoch unübersichtlich und fast weglos. (1½ Std.) Der Abstieg und abermalige Anstieg auf den bez. Wegen ist unbedingt vorzuziehen.

● 176 **Stilfser Joch, 2757 m – Rif. Monte Livrio, (R 66 b) 3174 m – Tuckettjoch, 3354 m, Bivacco Carlo Locatelli bzw. Biv. Ninotta – Camoscipaß, 3201 m – Volontaripaß, 3036 m – Rif. V° Alpini, 2878 m.**
4 Std. von der Livriohütte, 5 Std. vom Stilfser Joch, in der Gegenrichtung bis zu 2 Std. mehr Zeitaufwand; Gletscherbegehung, Spalten! Auch als Skitour (im Frühjahr) durchführbar, jedoch nicht bei Lawinengefahr befahren.

Vom Stilfser Joch zum Rif. Monte Livrio (Gondelbahn, s.R 66 b). Nun in südlicher Richtung zum Hauptkamm. An der Geisterspitze links (östlich) vorbei, dann an ihrem N-Fuß nach O und kurzer steiler Abstieg auf den Madatschferner. Auf ihm (Spalten) zum N-Fuß der Tuckettspitze. Links (nördlich) um sie herum und hinauf in das Tuckettjoch östlich des Berges (1½ Std. von der Livriohütte, unter Benützung der Schlepplifte ¾ Std.). Vom Tuckettjoch (Achtung auf eine mögliche Wächte!) über den Campoferner in fast östlicher Richtung schräg hinab (besser zu hoch als zu tief halten; man geht bzw. fährt zwischen den Wänden der Schneeglocke im N und einem südl. aus dem Gletscher ragenden Felskopf – P.3159, Sasso Rotondo di Campo der Carta d'Italia – durch). Nun nicht gerade gegen die im SO sichtbaren Camoscipaß (3201 m), sondern die Spur so legen, daß man schließlich zum Camoscipaß ansteigt. Gerades Queren vom Campoferner zum Camoscipaß nur bei besten Verhältnissen möglich! Es wird die nördliche, höhere (in der Carta d'Italia fälschlich als tieferere bezeichnete) Einschartung des Camoscipasses betreten. Jenseits etwas steil hinab in das nächste Becken und weiter in östlicher Richtung (unter den S-Abstürzen von Trafoier Eiswand und Thurwieserspitze) gegen den Volontaripaß (Passo dei Volontari, 3036 m). Dieser ist eine Einschartung im vom Bergkörper der Thurwieserspitze nach S ziehenden Grat und wird über einen steilen, oft lawinengefährlichen Hang erreicht. Jenseits (in der Gegenrichtung mühsam) hinab auf den Zebrùferner und auf ihm schräg abwärts zum Rif. V° Alpini unterhalb (etwa 2^1/$_2$ Std. vom Tuckettjoch, in der Gegenrichtung etwa 4 Std.

● 177   **Ortlerpaß (Passo dell–Ortles)**, 3353 m

Mächtige Einsattelung zwischen Ortler (im N) und Eiskogel bzw. Thurwieserspitze im S. Von der Alpinihütte unschwierig erreichbar, Zugang von der Berglhütte oft problematisch, wobei man hier über das Bivacco Pellicioli und den NW-Grat des Eiskogels mit kurzem Abstieg in den Ortlerpaß ausweichen kann. Der Paß wird in erster Linie bei einer Ersteigung der Thurwieserspitze betreten.

● 178   **Von der V° Alpini-Hütte (R 135)**
         Gletscherbegehung, 2–2^1/$_2$ Std.

Nach NW den Zebrùferner hinauf. Oberhalb der Spaltenzone, die man (im Sinne des Aufstieges) links umgeht, gerade weiter; zuletzt nicht nach rechts in das Hochjoch, sondern gerade in den Ortlerpaß hinauf.

● 179   **Von der Berglhütte (R 73)**
         Unter Umständen problematisch, ja sogar unbegehbar (Ausweichmöglichkeit s.R 180). Sehr spaltenreich, nicht nach Neuschneefällen begehen, wegen des möglichen Steinschlages und der Lawinengefahr aus der Ortler SW-Seite sehr zeitiger Aufbruch (Erkundung am Vortag). Die mögliche Wegführung am Unteren Ortlerferner (d.i. der Gletscher, in welchem die Ortler SW-Wand fußt) ändert sich aufgrund der Spalten jedes Jahr und es können hier nur allgemeine Empfehlungen gegeben werden. 4–8 Std.

Von der Hütte auf gutem Steig (unter der W-Seite des Pleißhornes) zum Unteren Ortlerferner. In der Regel unproblematischer Übertritt auf diesen, dann mehr auf der (im Sinne des Aufstieges) linken Gletscherseite (Achtung auf Steinschlag von der Pleißhorn SW-Seite) bis in ein flacheres Gletscherbecken. Hier setzt im S der Fernerkogelgrat auf den Unteren Ortlerferner auf. Nun zwei Möglichkeiten. Entweder (meist vorteilhafter) am Gletscher in der Nähe des Fußes des Fernerkogelgrates und später der N-Wand des Gr. Eiskogels hinauf bis in das oberste Becken, **oder:** mehr an der (im Sinne des Aufstieges) linken Gletscherseite empor, bis Spalten von selbst in die Gletschermitte drängen. Vor dem nächsten Eisbruch **ganz nach links** zur Ortler SW-Wand und unter ihr (evtl. Steinschlag und Lawinengefahr) bis in das oberste Gletscherbecken. Aus ihm (oft Bergschrund) zum Ortlerpaß hinauf.

● 180   **Vom Bivacco Pellicioli**
  $1^1/_2$ Std.; $4^1/_2 - 5^1/_2$ Std. von der Berglhütte

Von der Berglhütte auf R 71 oder 72 zum Bivacco Pellicioli. Über den hier ansetzenden NW-Grat (Firngrat) des Gr. Eiskogels (3530 m) auf diesen (1 Std.) und über den ONO-Grat des Berges in $^1/_2$ Std. absteigen in den Ortlerpaß.

● 181   **Hochjoch,** 3527 m

Breite Einsattelung zwischen Ortler und Zebrù. In ihr beginnt der Hochjochgrat des Ortlers und der Normalanstieg des Zebrù, knapp oberhalb des tiefsten Schartenpunktes die Biwakschachtel Città di Cantù (3535 m, R 86). Als Übergang ungebräuchlich, Aufstieg vom Suldenferner selten durchgeführt.

● 182   **Von der V° Alpini-Hütte**
  Unschwieriger Gletscher, $2^1/_2$ Std., R 87

● 183   **Von der Hintergrathütte**
  Spaltenreich, Ausstieg bis 55 Grad, gelegentlich objektiv gefährlich, R 88. 4 Std.

● 184   **Suldenjoch**
  (Deutsch.-österr. Vermessung 3434 m, italien. Vermessung 3427 m)

Breite Einsattelung zwischen Zebrù (im W) und Königspitze (im O); als Übergang ungebräuchlich. Von Bedeutung bei einer Begehung des Zebrù-SO-Grates und des eigentlichen Suldengrates (ohne Mitschergrat, der mit dem Suldengrat eine Einheit bildet) mit Ausgangspunkt V° Alpini-Hütte; sowie, wenn man bei einer Begehung des Suldengrates (mit Mitschergrat) durch die Umstände bedingt ausqueren und nach S absteigen muß.

● **185**   **Von der V° Alpini-Hütte (R 142)**
           Gletscherbegehung, 2 Std.

Von der Hütte auf den Zebrùferner und auf ihm in seiner Mitte im weiten Bogen von links nach rechts (oberhalb der Spalten) bis ins östliche Becken.
Nun nach N in die Fallinie des Suldenjoches. Über einen je nach Jahreszeit mehr oder weniger firn- bzw. schneebedeckten aus Schutt und Felsstufen bestehenden Hang in das Joch hinauf.

● **186**   **Von der Hintergrathütte bzw. Schaubachhütte**
           IV (25 m), II und I (zu gleichen Teilen), Firn bis 50 Grad in der Einstiegsrinne, Blankeis nur selten und auf kurzen Strecken.
           Im ersten Teil identisch mit dem Zustieg zu den Königspitze N-Anstiegen und dem Mitschergrat/Suldengrat der Königspitze und dem schnellsten Abstieg vom Zebrù auf die N-Seite. 4 Std.

Von der Hintergrathütte oder (länger) von der Schaubachhütte zum rechten (westlichen) Teil jenes breiten Felspfeilers, der den (von der Königspitze N-Wand herabziehenden) Königswandferner von dem zerrissenen Hängegletscher trennt, der vom Suldenjoch herabzieht. Dieser Felsabbruch wird von einer Firnrinne schräg von rechts unten nach links oben (in Richtung **Mittelteil** des Königswandferners, also dem oberen Rand des eigentlichen Hängegletschers) durchzogen.
Der Einstieg befindet sich am flachen Auslauf der Rinne. In und knapp neben ihr (45 Grad, wenige Stellen 50 Grad, Fels bei Ausaperung II) bis an ihren oberen Abschluß.
Von hier einige Meter nach rechts (bei Ausaperung Platte, III+) in einen Kamin. Diesen (IV) mit 20 m empor und Linksquergang auf einen Sattel. Vom Sattel an die bergseitige Wand, dann mit einer großen Linksschleife (etwa 100 m II) solange empor, bis man unschwierig nach rechts auf den hier bereits zurückgelegten Grat gelangen kann. Auf ihm (Gehgelände) bis unter den Beginn der markanten Firnschneide des Mitschergrates. Hier rechts den Hang waagrecht (Firn) in das oberste unter dem Suldenjoch befindliche Gletscherbecken queren (bei Neuschnee am Quergang Achtung auf Lawinengefahr) und aus ihm in das Suldenjoch hinauf.

● **187**   **Königsjoch (Passo di Bottiglia)**
(Deutsch-österr. Vermessung 3295 m, ital. Vermessung 3293 m)

Zwischen Kreilspitze und Königsspitze, als Übergang ungebräuchlich, Beschreibung bei den Gipfelwegen.

● **188**   **Passo di Cedec**
(Deutsch-österr. Vermessung 3233 m, ital. Vermessung 3238 m)

Zwischen Kreilspitze und Schrötterhorn gelegen, als Übergang ungebräuchlich.

● **189**   **Janigerscharte (Forcella di Solda), 3223 m**

Zwischen Schrötterhorn und Suldenspitze, als Übergang ungebräuchlich, Beschreibung bei den Gipfelwegen.

● **190**   **Rif. V° Alpini (R 142) – Passi del Zebrù (3001 m) – Rif. L.E. Pizzini (R 120)**
Über den nördl. Passo del Zebrù rot bez., über den südl. Passo del Zebrù teilweise weglos, 4 Std. (in Gegenrichtung 3 Std.). Im nördl. Passo del Zebrù die Biwakschachtel R 125.

Von der Alpinihütte am rot bez. Weg entlang der Materialseilbahn kurz absteigen. Nun vom ins Tal führenden Weg links abzweigen und fast waagrechte lange Hangquerung bis in das hinterste Val Zebrù (von unten kommt ein an der Zufahrtstraße zur Materialseilbahn bei der Baita del Pastore beginnender rot bez. Weg herauf). Nun entweder am linken rot bez. Weg über weitläufige Hänge in den nördlichsten Passo del Zebrù oder am rechten Weg unter die Vedretta dei Castelli. Über den nördlichen Gletscherteil in den südlichsten Passo del Zebrù (3012 m italien. Vermessung, 3035 m deutsch- österr. Vermessung). Jenseits in beiden Fällen die Hänge weit hinab und schließlich gemeinsam zur Pizzinihütte.

● **191**   **Rif. V° Alpini (R 142) – Col Pale Rosse,** 3388 m deutsch-österr. Vermessung, 3379 m italien. Vermessung **– Rif. L. E. Pizzini (R 120).**
Gletscherbegehung, 3–4 Std.

Von der Alpinihütte in Richtung des Passo della Miniera, der den Bergkörper der Königspitze von der in einem Seitenkamm vorgelagerten Cima della Miniera trennt. Der Zebrùferner wird dabei eher bergseitig zu dieser erstiegen (nordseitig, besonders im zweiten Teil zur Cima della Miniera hin, Spalten) und der W-Grat der Cima della Miniera erreicht. Über ihn (kurzes unsicheres Drahtseil) zum Gipfel derselben (3408 m ital. Vermessung, 3402 m deutsch-österr. Vermessung). Steil hinab auf den Minieraferner, der in der Fallinie des Passo della Miniera erreicht wird (!). Im Bogen das kleine Gletscherbecken ausgehen und aufwärts in den breiten südlich des Bergkörpers der Königspitze eingeschnittenen Col Pale Rosse. Nun auf der Vedretta del Gran Zebrù nicht den Spuren in Richtung Casatihütte folgen, sondern rechts (südöstl.) hinab. Zuletzt über Moränen (Steig) zur Pizzinihütte.

● 192 Rif. V° Alpini (R 142) – Col Pale Rosse – Rif. G. Casati (R 97)
Gletscherfahrt, auch als Frühjahrsskifahrt geeignet. 4 Std.

Von der Alpinihütte wie bei R 191 auf den Col Pale Rosse und jenseits auf die Vedretta del Gran Zebrù. Nun nicht talauswärts zur Pizzinihütte, sondern am Gletscher unter der Königspitze entlang abwärts (nicht zu nahe halten, Steinschlag!). Beim Passieren ihres Bergkörpers erheben sich im Kamm oberhalb die Gipfel der Kreilspitze, des Schrötterhornes und der Suldenspitze, danach der breite Passo Cevedale (Langenfernerjoch) mit der Casatihütte.
Am rot bez. Weg in zahlreichen Kehren mit insgesamt etwa 300 m Steigung zur Casatihütte.

● 193 Rif. G. Casati (R 97) – Eisseepaß, 3141 m – Schaubachhütte (R 89)
Besonders mit einer Ersteigung des Monte Cevedale beliebte bis Sulden führende Skiabfahrt. Gletscherspalten!

Beschreibung s. R 98 in Gegenrichtung.

● 194 Stilfser Joch – Rif. V° Alpini – Rif. G. Casati – Schaubachhütte – Sulden
Großzügiger Höhenweg (bei guten Verhältnissen auch Frühjahrsskifahrt) von 12–15 Std. Dauer (reine Gehzeit); vorteilhaft wird in einer der Hütten dazwischen genächtigt. In Gegenrichtung um mindestens 4 Std. länger.

Es werden folgende Anstiege nacheinander begangen: R 176, R 191, R 193 (R 98), R 90.

● 195 Schaubachhütte (R 89) – Hintergrathütte (R 83)
Rot bez., 2 Std.

Von der Schaubachhütte am Weg nach Sulden etwa zur Hälfte bis oberhalb einer Hangstufe hinab (Wegteilung, ab jetzt rot bez. Weg Nr. 2). Den Boden des Tales überqueren und jenseits auf seinen sanften Begren-

zungsrücken. Diesen (zum Teil in Kehren) landschaftlich sehr schön zur Hintergrathütte aufwärts.
Eine weitere Übergangsmöglichkeit besteht mit geringem Anstieg über den flachen untersten Teil des Suldenferners und seine Moränen ($1^1/_2$ Std., kein Weg!).

● **196** **Schaubachhütte (R 89) – Eisseepaß, 3141 m – Zufállhütte (R 94e)**
Lohnend, jedoch selten begangen;
Gletscherspalten, bei Nebel sehr schwierige Orientierung am Langenferner. 4 Std., in Gegenrichtung $^1/_2$ Std. mehr.

Von der Schaubachhütte am Steig in südlicher Richtung gegen den Bergkörper der Eisseespitze. Unter ihr rechts (westlich) über den Gletscher in den südlich der Spitze gelegenen Eisseepaß. Jenseits der Spur zur Casatihütte noch ein Stück folgen, dann scharf nach links (O) abbiegen. Immer in der nördlichen Hälfte des Langenferners abwärts, bis man links auf die Moränenrücken steigen kann. (Hubschrauberlandeplatz). Auf diesem (rot bez. Weg, Nr. 150) talauswärts zur Zufállhütte. Auch als Frühjahrsskitour geeignet, jedoch selten durchgeführt.

● **197** **Rif. L. E. Pizzini – Rif. G. Casati**
$1^1/_2$–2 Std. im Aufstieg, im Abstieg 1 Std., der übliche Hüttenzustieg von der Fornoseite her.

Beschreibung s. R 100.

● **198** **Rif. G. Casati (R 97) – Colle Pasquale, 3426 m – Rif. C. Branca (R 140)**
3 Std. in der Gegenrichtung 1 Std. länger.
Vorteilhaft mit einer Ersteigung des Monte Pasquale ($^1/_4$ Std. vom Col Pasquale!) zu verbinden.

Von der Casatihütte zwei Möglichkeiten: **a)** Am Weg zur Pizzinihütte bis vor die Talstation der Materialseilbahn hinab. Nun nach O über den Gletscher (Spalten) aufwärts in den Colle Pasquale;
b) Von der Casatihütte am gewöhnlichen Anstieg zum Monte Cevedale soweit empor, bis man unter dem Gipfelaufbau des Monte Cevedale auf eine Gletscherstufe westlich unterhalb desselben queren kann. Von ihr abwärts in den Colle Pasquale.
Gemeinsamer Weiterweg: vom Colle etwa 200 m nach S über einen Steilhang hinab zur Vedretta Rosole, dann auf oder neben ihr, schließlich (orogr.) rechts des Gletscherabflusses über Schutt zur Brancahütte hinaus.

- **199** **Rif. G. Casati (R 97) – Viozhütte (R 108)**
    Unschwierige Grat- und Gletscherfahrt, jedoch bei Nebel sehr schwierige Orientierung. 6 Std.

Es werden die Gipfel des Monte Cevedale, Monte Rosole (Bivacco Colombo), Palòn de la Mare und Monte Vioz überschritten. Die Viozhütte liegt knapp südöstlich unterhalb des Monte Vioz. Beschreibung siehe Fornokessel-Umrahmung. (R 1120).

- **200** **Rif. G. Casati (R 97) – Fürkelescharte (La Forcola) 3032 m – Cevedalehütte (R 110)**
    3 Std., in Gegenrichtung 4 Std.
    Gletscherspalten, wegen der ungewissen Bewirtschaftung der Cevedalehütte sollte mit einem Mehr von 4 Std. bis Peio, Ortsteil Cogolo, gerechnet werden.

Von der Casatihütte der Spur zum Monte Cevedale so weit folgen, bis man links fast den Fuß der Zufallspitzen erreicht hat. In seine Richtung abbiegen und möglichst knapp unter dem Gipfelkörper der Zufallspitzen um diese herumqueren. Nun entweder schräg über den Gletscher abwärts in die Fürkelescharte oder (besser) möglichst bald nach S auf den von der höheren Zufallspitze (Monte Cevedale II) zur Fürkelescharte hinabziehenden Grat hinüberqueren. Hier zwei Möglichkeiten. Entweder (ohne Berühren der Fürkelescharte!) auf einem Steig steil abwärts zu den Moränen der Vedretta de la Mare und über diese zur Hütte, oder am Grat zur Fürkelescharte und von dort auf einem rot bez. Weg (Nr. 103) zur Hütte hinab.

- **201** **Zufallhütte (R 94 e) bzw. Marteller Hütte (R 95) – Fürkelescharte (La Forcola) 3032 m – Cevedalehütte (R 110)**
    Gletscherspalten. 3 Std. Aufgrund der ungewissen Bewirtschaftung der Cevedalehütte sollte mit einem Mehr von 4 Std. bis Peio, Ortsteil Cogolo, gerechnet werden.

Von der Zufallhütte ein kurzes Stück am zum Langenferner (Casatihütte!) führenden Weg taleinwärts, dann links (südlich, Weg Nr. 103, rot bez.) abzweigen. Oberhalb des Gletscherbaches taleinwärts und in Kehren aufwärts zu der auf einem Rücken liegenden Marteller Hütte (R 95). Von ihr die Hänge taleinwärts schräg ansteigend zu einer Wegteilung (Links Weg zur Cima Marmotta/Köllkuppe, rechts Weg Nr. 103 zur Fürkelescharte). Den vom Hohen Ferner herabkommenden Gletscherbach überschreiten, dann die jenseitigen Hänge **absteigend** (Steig!) hinab. Danach wieder über die Seitenmoräne des Fürkeleferners (Vedretta della Forcola) **ansteigen** (Steig!) und schließlich auf diesen. Auf dem

Gletscher erst nach SW, dann nach S in die Fürkelescharte. Von der Scharte am zusehends besser werdenden Weg (rot bez., Nr. 103) zur Cevedalehütte hinab.

- **202** **Zufállhütte (R 94 e) – Hohenfernerjoch (Passo Vedretta Alta) 3153 m – Peio, Ortsteil Cogolo**
Außerhalb der Gletscher bzw. Firnfelder teilweise rot bez. Wege, wesentlich ungünstiger als der Übergang über die Fürkelescharte (R 201) jedoch vorteilhaft mit einer Ersteigung der Cima Marmotta/Köllkuppe (etwa 1 Std.) zu verbinden. 7 Std.

Von der Zufállhütte wie bei R 201 zur Wegteilung unterhalb des Hohen Ferners. Nun am linken Weg steil zum Gletscher empor. Am Gletscher nach S bis etwa 3000 m Höhe aufwärts, dann scharf nach rechts (W) abbiegen und auf die westliche Begrenzungsrippe des Gletschers. Diese nach W überschreiten und dann über Schutt und Firn in das Hohenfernerjoch hinauf. Jenseits unter den vom Kamm abfallenden Wänden am östlichen Rand der Vedretta Marmotta abwärts (man hält sich immer nach SO!) auf die Moränen unterhalb. In der gleichen Richtung weiter abwärts zu den Laghi le Pozze. Bald danach erreicht man den rot bez. Weg Nr. 104; auf ihm entweder schräg taleinwärts zur Cevedalehütte abwärts (Umweg!) oder (wesentlich besser) bald am tal auswärts abzweigenden rot bez. Weg zum Lago Lungo. Von ihm längs des Seeabflusses weiter, dann nach W drehen und in Richtung des Haupttales hinab. Schließlich oberhalb seines Grundes hinaus zur Malga Mare und auf der Straße nach Peio.

- **203** **Zufállhütte (R 94 e) bzw. Zufritthaus (R 94 a) – Sällentjoch (Passo di Saent),** deutsch-österr. Vermessung 2984 m, italien. Vermessung 2965 m – **Rif. S. Dorigoni (R 106)**
Außerhalb der Gletscher bzw. Firnfelder rot bez. Wege. 4 Std.

Von der Zufállhütte geht es auf dem rot bez. Weg (Nr. 12) oberhalb der Baumgrenze in langer Hanquerung talauswärts, bis man sich oberhalb des W-Endes des Zufritt-Stausees befindet (man gelangt hierher vom Zufritt-Stausee, Ghf. „Zum See", indem man erst am SO-Rand des Sees talaus geht (rot bez. Weg) und dann schräg talein (rot bez., Kehren) ansteigt).
Nun auf gutem Weg in ein Kar hinauf, danach über eine Steilstufe zum kleinen Sällentferner und über ihn auf die Jochhöhe. Jenseits im gleichförmigen Tal abwärts zum Rif. S. Dorigoni.

- **204** **Zufritthaus (R 94 a) − Weißbrunnerjoch (Passo Fontana Bianca) 3168 m − Grünseehütte (R 101)**
  4–4½ Std., in Gegenrichtung 3½–4 Std.
  Eine Alternativlösung zum Übergang über das Zufrittjoch und von gleicher Bedeutung.

Vom Zufritthaus zum S-Ende des Sees und der kurzen Stichstraße zum Ghf. „Zum See" folgen. Nun über dem SO-Ufer des Sees entlang (rot bez.), dann schräg in Richtung talauswärts steil am Hang aufwärts, bis man den Grund des vom südl. Kamm herabführenden Zufrittales erreicht hat. Aus ihm auf die gegenüberliegende Seite hinaus und am Hang taleinwärts. Nachdem man zwischen dem Gelbsee und dem Kleinen Grünsee durchgegangen ist, gelangt man zum Rand des kleinen Zufrittferners (bis hierher rot bez. Weg Nr. 17). Über diesen in südöstl. Richtung in das Weißbrunnerjoch hinauf. Jenseits am kleinen Gletscher abwärts und dann auf rot bez. Weg (Nr. 140) zur Grünseehütte.

- **205** **Zufritthaus (R 94 a) − Zufrittjoch (Giogo Gioveretto,**
  deutsch-österr. Vermessung 3172 m, italien. Vermessung 3174 m) **− Grünseehütte (R 101)**
  Außerhalb der Gletscher/Firnfelder rot bez. Wege, 4 Std. In Gegenrichtung etwas kürzer.

Vom Zufritthaus wie R 204 zum unteren Rand des kleinen Zufrittferners. Nun über den nördl. Ast des Gletschers und nördl. der Weißbrunnerspitze ins Zufrittjoch. Jenseits (rot bez.) über Schutt und Schnee die Hänge steil abwärts bis in das nach S zum Grünsee führende breite Tal. In diesem auswärts zum See (knapp davor Vereinigung mit dem Weg vom Weißbrunnerjoch) und an seinem N-Ufer zur Grünseehütte.

- **206** **Mittleres Martelltal − Soyscharte (Passo di Soi, deutschösterr. Vermessung 2882 m, italien. Vermessung 2888 m) − St. Gertraud im Ultental**
  Rot bez. Weg, gletscherfrei, jedoch Firnfelder. 6–7 Std.

Abzweigung des Weges im Martelltal nahe km 15 der Straße und zwar entweder bei den Häusern von Soylahm oder (etwas weiter taleinwärts) von Unterhölderle. Auf rot bez. Weg (Nr. 4) steil die Hangstufe aufwärts, dann weniger steil zur Soyalm weiter. Nun oberhalb des Baches taleinwärts, bis man in steilem Anstieg (zahlreiche Kehren) zur Soyscharte ansteigt. Jenseits hinab in den breiten Talboden (ab der Scharte Weg Nr. 142) und diesem bis zur ins Ultental abfallenden Hangstufe folgen. Über die Pilsbergalm abwärts zur Straße, die von St. Gertraud zum Weißbrunnstausee führt. Auf ihr talaus nach St. Gertraud.

- **207 Gand im Martell – Flimjoch, 2892 m – St. Gertraud im Ultental**
    Rot bez. Wege, gletscherfrei, jedoch Firnfelder. 6 Std.

Von Gand (zwei rot bez. Wege, Nr. 2A und Nr. 2) steil am Talhang aufwärts und (nahe der Baumgrenze Vereinigung der beiden Wege) zur Flimalm. In den kesselartigen Talhintergrund und dann steil am linken Hang aufwärts ins Flimjoch. Jenseits abwärts ins Flatschbachtal (ab der Jochhöhe Weg Nr. 143), dem man bis zur vom Weißbrunnstausee nach St. Gertraud führenden Straße folgt. Auf der Straße nach St. Gertraud. Eintönig.

- **208 St. Nikolaus im Ultental – Samerjoch (Briznerjoch), 2195 m – Proveis**
    Rot bez. Wege, 6 Std.; als Übergang ungebräuchlich, das Samerjoch wird bei einer Besteigung des Ultener Hohenwartes von St. Nikolaus (über die Brizner Alm) betreten, ebenfalls lassen sich vom Samerjoch der Samerberg und die Goldlanspitze unschwierig ersteigen.

Vom SW-Ende des Zoggler Stausees in südwestlicher Richtung zum nahen Ausgang des Einertales (Schwarzbachtales). In ihm (Weg Nr. 19) bis zur oberhalb der Baumgrenze gelegenen Brizner Alm (1932 m, hierher auch unmittelbar von St. Nikolaus in teilweise steiler Querung der Hänge. Einige Steilstufen mit Wegkehren, Wegbezeichnung „S" und „HW"). Nach O auf rot bez. Weg (Wegzeichen „HW") aufwärts ins Samerjoch und jenseits (Wegzeichen „H") hinab auf die wenig steilen Böden der Samerbergalm. Nun (ohne Wegzeichen!) gerade (Steig) abwärts zur Stierbergalm und dann (zunehmend besser werdender Weg) im Tal des Gamperbaches nach Proveis hinab.

- **209 Ultental – Klapfbergjoch (Passo di Val Clapa),**
    deutsch-österr. Vermessung 2297 m, italien. Vermessung 2296 m – **Val di Bresimo**
    Langwierig, etwas eintönig, als Übergang selten begangen, vom Klapfbergjoch Ersteigungsmöglichkeit der westlich gelegenen Cima Trenta. ($^1/_2$–$^3/_4$ Std.). 2 Std. bis zum Joch, 1 Std. Abstieg ins Tal.

Von St. Gertraud oder **St. Nikolaus** im Ultental mit jeweils etwa 2 km auf der Straße zu dem zwischen den beiden Ortschaften beginnenden Klapfbergtal. Nun (rot bez. Weg Nr. 16) immer im Talboden zur Klapfbergalm (2 Std. von der Straße im Ultental). In der gleichen Richtung – immer in der Talsohle bleibend – gegen den südl. befindlichen Kamm weiter und schließlich über einen kurzen Schutt- und Grashang in das Klapfbergjoch hinauf (³/₄–1 Std.). Jenseits (rot bez.) ziemlich steil hinab in das Val di Bresimo (³/₄ Std.), und (Weg Nr. 112) auf der Straße mit etwa 1¹/₂ km talaus zum Rif. S. Barbara (R 114). Die Straße führt nun mit 12 km in das Val di Sole hinaus, das man beim Lago di Cles (Lago di S. Giustina) erreicht.

● **210**   **Haselgruberhütte (R 103) – Passo Palu**, 2412 m, – **Rif. della Forestale (R 112) „Höhenweg Aldo Bonacossa"**
Rot bez., 4 Std.

Von der Haselgruberhütte am rot bez. Weg (Nr. 135 A) in südöstl. Richtung den Hang schräg hinab zu einer nahen Wegteilung, dann am oberen Weg (der untere führt ins Tal) zuerst in schräg absteigender, dann waagrechter Hangquerung nach O in den Passo Palu. Jenseits gerade hinab zur Malga Bordolona di sopra. Nun den Talschluß nach Norden (!) in Richtung Cima Trenta mit einigem Auf und Ab ausgehen bis unter das Klapfbergjoch, dann in langer Hangquerung nach Osten, bis unter den nordwestl. des Monte Pin eingeschnittenen Passo Binazia, 2296 m, und in diesen hinauf. Jenseits im Bogen kurzer Abstieg und den Talschluß des Val Lavazze ebenfalls im Bogen – vorwiegend über Almböden – mit geringen Höhenunterschieden ausgehen und zum Rif. della Forestale.

● **211**   **Rabbi – Passo Palu**, 2412 m – **Val di Bresimo**
Rot bez. 4–6 Std. (je nach Endpunkt); als Übergang ungebräuchlich

Von Rabbi entweder im Val Pragambai oder am Waldrücken rechts daneben (beide Möglichkeiten rot bez.) in nordöstl. Richtung aufwärts zur Malga Palu, 2088 m. In der gleichen Richtung im weiten Talboden in mäßiger Steigung aufwärts (zuletzt Vereinigung mit dem von der Haselgruberhütte kommenden Weg) und in den Passo Palu. Jenseits gerade hinab zur Malga Bordolona di sopra, dann – die anderen rot bez. Wege bleiben unberücksichtigt – gerade hinab ins hinterste Val di Bresimo mit der Malga Bordolona di sotto. Auf der Straße talauswärts, am Rif. S. Barbara (R 114) vorbei nach Bevia (erste Autobushaltestelle).

● **212**   **Haselgruberhütte (R 103) – Passo Palu**, 2412 m – **Val di Bresimo**
Rot bez., 2–4 Std. (je nach Endpunkt); als Übergang ungebräuchlich.

Wie R 210 in den Passo Palu, dann R 211 ins Val di Bresimo folgen.

● **213**   **Rabbijoch (Passo di Rabbi)**, 2467 m

Im südlichen Abschluß des bei St. Gertraud beginnenden Kirchbergtales gelegene Einsattelung; als Übergang vom Ultental ins Val di Rabbi selten benutzt. Knapp südlich der Jochhöhe die Haselgruberhütte (R 103; Ausgangspunkt für eine Ersteigung des Gleck sowie die hochalpine Rundwanderung Haselgruberhütte – Gleck – Schwärzerjoch – Untere Weißbrunneralm – St. Gertraud).
Zugänge s. R 104 und R 105.

● **214   Grünseehütte (R 101) – Rabbijoch (Haselgruberhütte, R 103)**

Mit Ausnahme des Anstieges auf den Kirchbergkamm ebene und absteigende Hangquerung. Als Rundtour in Verbindung mit dem Abstieg von der Haselgruberhütte nach St. Gertraud geeignet. Rot bez., Weg Nr. 12. In der Wegmitte wird der Aufstiegsweg von St. Gertraud zum Schwärzerjoch (rot bez., Weg Nr. 107) gequert. 2¹/₂ Std.

Vom Grünsee über die Staumauer nach S, dann erst waagrechte und zuletzt absteigende Hangquerung zum S-Ende des Langsees (Kreuzung mit dem Weg zum Schwärzerjoch). In der gleichen Richtung über bald steil werdende Hänge auf den begrenzenden Kirchbergkamm hinauf und jenseits steil hinab auf eine Hangstufe (See). Nun weniger steil mit etwa 100 m Höhenunterschied hinab ins Rabbijoch und in Kürze zur südl. davon gelegenen Haselgruberhütte.

● **215   Ultental – Schwärzerjoch (Giogo Nero) 2833 m – Rif. S. Dorigoni (R 106)**

Rot bez. Weg (Nr. 107). Vorteilhaft mit einer Ersteigung des Gleck zu verbinden. 3–4 Std.

a) Von der Grünseehütte (R 101) über die Staumauer nach S, dann erst waagrechte und zuletzt absteigende Hangquerung zum S-Ende des Langsees.

b) Von St. Gertraud auf der Straße bis zum Weißbrunnerstausee (5,5 km, Autozufahrt, Hotel Enzian, Untere Weißbrunneralm). Vom SW-Ende des Stausees (2 rot bez. Wege, die sich dann vereinigen) mit etwa 100 m Höhenunterschied in südlicher Richtung aufwärts zur Mittleren Weißbrunneralm. Die sich in ihrer Nähe abermals teilenden rot bez. Wege (2 Wegführungen) treffen nach Überwinden einer steilen Hangstufe bei der Oberen Weißbrunneralm wieder zusammen. Von ihr mit wenigen Minuten taleinwärts zum Langsee; westlich um ihn herum an dessen S-Ende.

Gemeinsamer Weiterweg: Nun nicht dem links zur Haselgruberhütte führenden Weg (R 214) folgen, sondern das weite Kar wenig steil hinein zum Schwarzsee (Lago Nero). Von ihm rechts (nördlich) mit weiter Doppelkehre auf einen Karrücken hinauf und dann etwas steiler zum am Beginn des Gleck-Nordwestgrates befindlichen Schwärzerjoch. Jenseits in Kehren abwärts dann entweder ziemlich eben taleinwärts zur Rif. S. Dorigoni oder weiter hinab zu einem Weg, oberhalb des Val di Rabbi. Entweder (rot bez.) talauswärts (anfangs lange Hangquerung, dann steilerer Abstieg) nach Rabbi, oder (rot bez.) taleinwärts zur Hütte (**Bewirtschaftung des Rif. S. Dorigoni ungewiß**, s. auch R 106!).

- **216** **Rif. S. Dorigoni (R 106) – Bocca di Saent, 3202 m – Cevedalehütte (R 110)**

  Als Übergang selten begangen, von der bei der Bocca di Saent beginnenden Vedretta di Careser (Careserferner), lassen sich alle den Gletscher einrahmenden Gipfel mit wenig Zeitaufwand besteigen. Gletscherspalten. 4 Std.

Vom Rif. S. Dorigoni auf gutem Weg (rot bez., Weg Nr. 104) in westlicher Richtung aufwärts, dann das Firnfeld unterhalb der Cima Mezzena schräg rechts aufwärts queren. In der gleichen Richtung über Schutt und Firn weiter hinauf und nach links (W) mit kurzem Anstieg in die nördliche der Cima Mezzena eingeschnittene Bocca di Saent. Oder: rot bez. die SO-Seite der Cima Mezzena ansteigend queren in die etwas niedrigere, ebenfalls am Gletscherrand befindliche Südliche Bocca di Saent, 3121 m. Hier beginnt die Vedretta di Careser, die man ziemlich genau nach SW begeht. Im Sinne des Weges wird der jenseitige Gletscherrand von der Cima Lagolungo geringfügig überhöht; man steuert die Einsattelung nördlich davon an. Nun (rot bez.) abwärts zu den Laghi di Pozze. Unterhalb am Hang befinden sich mehrere rot bez. Wege; der erste (von N einmündende) führt in Richtung Hohenfernerjoch, der nach Süden führende führt ins Val Venezia (und nach Peio) bzw. (wieder abzweigend und ansteigend) zur Staumauer des Lago del Careser. Man folgt dem abwärts führenden Weg solange, bis rechts (taleinwärts) der rot bez. Weg Nr. 104 abzweigt. Diesen schräg abwärts zur Cevedalehütte.

- **217** **Rabbi – Passo Valetta** (Deutsch-österr. Vermessung 2696 m, italien. Vermessung 2694 m) – **Mezzana (Val di Sole)**

  Rot bez., Weg Nr. 121. Von Rabbi aus lohnend und mit einer Ersteigung der Cima Valetta und Cima Mezzana zu verbinden (4–5 Std. von Rabbi bis zum Paß, Gipfelersteigungen

$^1/_2$–$^3/_4$ Std. vom Paß bzw. knapp unterhalb), von Mezzana aus eintönig (5 Std. bis zum Paß).

Von Rabbi (Ortsteil S. Bernardo) das hier ins Haupttal von S einmündende Tal (Rivo di Valorz) auf rot bez. Weg (Nr. 121) zunehmend steiler werdend einwärts zu Steilstufe. Diese erst an der rechten (westl.) Seite aufwärts, dann schräg nach links (SO) in weitem Schräganstieg und zurück zur Mitte des hier bereits karartigen weiten Tales. Entlang eines Sees zur Malga Sopra Sasso alta (2207 m). In westlicher Richtung gegen den Rand des Kares aufwärts und vorher nach S umbiegen. Man überwindet in schrägem Anstieg eine Karstufe und gelangt, an einem kleineren See vorbei, zum Ufer des Lago Rotondo. Längs diesem nach S, aufwärts zum nächsten See (Lago Alto) und in der gleichen Richtung in den Passo Valetta hinauf. Jenseits die weitläufigen Hänge abwärts zur Malga Monte al Campo. Hier gerade am Rücken noch ein kurzes Stück abwärts. Bei einer Wegteilung nicht den rechten (nach W führenden) Weg verfolgen (dieser führt sehr umständlich nach Pellizzano, rot bez.!), sondern am linken Weg schräg in das östlich des Rückens befindliche Tal hinab. An seinem jenseitigen Abhang abwärts nach Mezzana.

● **218**   **Passo di Cadinel**

(Deutsch-österr. Vermessung 2865 m, italien. Vermessung 2730 m) Nordwestlich der Cima Vegaia und südöstl. der der Cima Grande vorgelagerten Cima Cadinel gelegen; Ersteigungsmöglichkeit aller drei Gipfel.

● **219**   **Von Rabbi (Ortsteil Bagni di Rabbi)**
             Rot bez. Weg.

Auf der Straße (rot bez., Weg Nr. 109) ins Val Cercena und bis zum Ende der Straße (Malga Cercena alta, 2147 m, etwa 11 km, Straße in der Regel nicht zur Gänze befahrbar). Nun (rot bez.) verhältnismäßig steil das Hochtal zu einer Wegteilung einwärts. Am linken Weg (nach S, Weg Nr. 132) in langem schrägen Anstieg um den Ostrücken der Cima Grande herum und in den Passo di Cadinel. 2 Std. von der Malga Cercena alta.

● **220**   **Von der Tonalepaß-Straße**
             Rot bez. Wege, 3–4 Std. von Celentino bzw. Celledizzo.

Auf der Tonalepaß-Straße von Fucine bis zur Autobushaltestelle Straßenabzweigung nach **Celentino** und aufwärts in den Ort. Nun (die talauswärts führenden rot bez. Wege werden nicht berücksichtigt!) schräg taleinwärts ansteigend bis in den Graben des Torrente Drignana (hierher auch von **Celledizzo,** Autobushaltestelle, auf rot bez. Weg mit talauswärts gerichtetem Schräganstieg; länger, wenn man mit dem Auto bis Celentino fährt!). Am Grabenhang aufwärts und schließlich westlich aus dem Graben sowie über Wiesen zur Malga Sassa hinauf (2042 m). Von der Alm (rot bez. Weg Nr. 132) am Rücken aufwärts, dann schräg ansteigend zum Graben zurück und in ihm steil aufwärts in das ausgedehnte Kar. Dieses nach NO aufwärts durchqueren zum Lago di Cadinel und in der gleichen Richtung weiter bis unter den Gipfelaufbau der Cima Vegaia. Hier schräg links (nördl.) schräg ansteigend in den Passo di Cadinel.

● 221   **Passo Cercena**
(Deutsch-österr. Vermessung 2622 m, italienische Vermessung 2623 m) Nördlich der Cima Grande und südl. der Cima Vallon gelegen; Ersteigungsmöglichkeit der beiden Gipfel.

● 222   **Von Rabbi**
      Rot bez. Weg. 1½ Std. von der Malga Cercena alta.

Wie R 219 zur Wegteilung oberhalb der Malga Cercena alta. Nun am rechten (nördlichen) der beiden rot bez. Wege über Schutt, Gras und Firn aufwärts in den Paß.

● 223   **Von Peio, Ortsteil Cogolo** (Autobushaltestelle, Abzweigung
      der Straße nach Peio)
      Rot bez. Weg. 3–4 Std.

Rechts (nördlich bzw. nordöstl.) aus dem Tal heraus (rot bez., Weg Nr. 109) und der Straße bis zu den Häusern von Stablo folgen. Weiter zur nahen Malga Borche. Knapp dahinter am rechten (bergseitigen) der beiden bez. Wege aufwärts zur Malga Levi, dann in Kehren die freien Hänge hinauf und schließlich in schrägem Anstieg nach N aufwärts in den Paß.

● 224   frei für Ergänzungen.

● 225   **Forcella di Montozzo**
    (Deutsch-österr. Vermessung 2612 m, ital. Vermessung 2613 m)
Zugänge: siehe R 138, 139.

● 226   **Rif. N. Bozzi (R 137) – Passo dei Contrabbandieri,** 2681 m
      – **Tonalepaß**
      Rot bez. (Weg Nr. 15), 3½ Std.; in der Gegenrichtung müh-

sam, Ersteigungsmöglichkeit der Punta di Albiolo und Cima Cassaiole.

Vom Rif. N. Bozzi nach S in schräg ansteigender Hangquerung aufwärts in den Paß (40 Min.). Jenseits die Hänge abwärts zur Malga Albiolo (Bergstation eines Sesselliftes, 1 Std.), dann auf einer Straße abwärts zur Paßhöhe ($1^1/_2$ Std.).

● **227**   **Passo della Sforzellina,** 3006 m

Zwischen Corno dei Tre Signori (im S) und Punta della Sforzellina (im N) gelegen; als Übergang kaum benutzt, jedoch Ersteigungsmöglichkeit der beiden Gipfel.

● **228**   **Vom Rif. Berni al Gavia (R 119 b)**
        Bis zum Gletscher rot bez. Weg, dann gelegentlich gespurt.
        $1^1/_2$ Std.

Nach O über den Bach zum verfallenen Rif. Gavia und ein kurzes Stück den roten zur Punta San Matteo führenden Wegzeichen folgen. Bald rechts abzweigen (ab jetzt rot bez., Weg Nr. 110) und am Hang in Kehren bei zunehmender Steilheit aufwärts. Zuletzt mit einer langen Kehre über N nach S auf die oberen, weniger steilen, Hänge und gerade zu den Resten der Vedretta della Sforzellina hinauf.

Der Gletscher wird im oberen Drittel an seinem Nordrand erreicht. Nun gerade in den nördl. des Corno dei Tre Signori eingeschnittenen Paß emporsteigen.

● **229**   **Von Peio**
        3–4 Std.

Im Val del Monte auf der Straße bis zum Lago di Pian Palu (6 km). Oberhalb und entlang des Sees auf rot bez. Weg (Nr. 110) bis zur westlich desselben gelegenen Malga Pian Palu queren. Im Tal weiter; weit oberhalb des Talbodens den Auslauf des Val Piana überschreiten und schließlich über einen nach NW emporstreichenden Rücken in das obere breite Tal. In ihm bis unter den Passo della Sforzellina und steil in diesen hinauf.

● **230**   frei für Ergänzungen.

● **231**   **Passo Dosegu,** 2999 m

Zwischen Punta della Sforzellina (im W) und Cima (Pizzo) di Val Ombrina (im N) gelegen. Nördlich von ihm steht das Bivacco „Battaglione Ortles" (R 135).

- **232   Vom Rif. Berni**
    Siehe R 136. 3 Std.

- **233   Von Peio**
    Steigspuren bis zum Gletscher, in der Regel nicht gespurt.

Am Weg zum Passo della Sforzellina (R 229) bis zu dem nach NW emporstreichenden Rücken. Diesen bis zur Hangstufe an seinem oberen Ende verfolgen (der bez. Weg zum Passo della Sforzellina wendet sich nun nach links in den oberen breiten Talboden). Gerade (Steigspuren) über eine Steilstufe (nach NW) zwischen den Wänden empor, dann etwas flacher weiter. Zuletzt über Firn zum Passo Dosegu hinauf.

- **234   Bärenpaß (Colle degli Orsi), 3453 m**

Östlich der Punta San Matteo gelegen, wird beim Aufstieg von der Brancahütte auf diese berührt; in unmittelbarer Nähe des Bivacco F. Meneghello. Allgemeine Angaben (Höhe!) s. R 129.

- **235   Von der Brancahütte (R 140)**
    Siehe R 130, 3 Std.

- **236   Von Peio**
    Siehe R 131, 6 Std.

- **237   Colle Vioz**

(Deutsch-österr. Vermessung 3337 m, italien. Vermessung 3330 m)
Als Übergang nicht benützte Einsattelung zwischen Monte Vioz im NO und Punta Taviela im SW; wird in der Regel nur bei einer Begehung des Grates Monte Vioz – Punta San Matteo betreten. Zugang von der Brancahütte (R 140) ungewöhnlich spaltenreich, Zugang von der Peio-Seite unschwierig, jedoch sehr mühsam.

- **238   Viozhütte (R 108) – Rif. G. Casati (R 97)**
    Siehe R 199, 7½ Std.

- **239   Viozhütte (R 108) – Brancahütte (R 140)**
    Gletscherspalten.
    3–4 Std.; in Gegenrichtung bis zu 2 Std. mehr.

Von der Viozhütte auf den Gipfel des Monte Vioz (¼ Std.) und dann in nördl. Richtung (bei Nebel sehr schwierige Orientierung!) bis knapp oberhalb des Passo della Vedretta Rossa. Nun in nordwestl. Richtung bis zum Fuß des SW-Grates des Palòn de la Mare. Hier fällt ein steiler

Eisbruch zum Unteren Fornoferner ab, der nicht betreten wird, sondern man hält sich, ober dem Eisbruch beginnend, knapp unter den Felsen der Nordseite des SW-Grates, bis man (gestufter Fels) auf den Unteren Fornoferner absteigen kann. Auf ihm linkshaltend abwärts, bis man schräg rechts auf einen Rücken hinausqueren kann. Am Rücken (Steinmänner, Stangen) abwärts zum Steig, der von der Brancahütte in Richtung Palòn de la Mare führt. Diesem abwärts zur Hütte folgen.

● 240   Viozhütte (R 108) – Cevedalehütte (R 110)
Selten begangen, bei Nebel schwierige Orientierung (Bussole und Höhenmesser!). 6 Std.
Von der Viozhütte in $^1/_4$ Std. auf den Gipfel des Monte Vioz. Jenseits über den Gletscher in nördl. Richtung hinab in den vor dem Palòn de la Mare eingeschnittenen Passo della Vedretta Rossa (3405 m). Von ihm am Felsgrat (SO-Grat, I) auf den Gipfel des Palòn de la Mare und jenseits am weitläufigen Gletscherrücken hinab in den Col de la Mare (Bivacco Colombo, R 127). Nun nach NO auf die Vedretta de la Mare absteigen bis unterhalb eines Felskopfes (oberhalb des Kopfes liegt der Passo Rosole!). In der Mitte des Gletschers abwärts, dann über Moränenschutt weiter, wobei man sich am besten immer (im Sinn des Abstieges!) etwas links hält. Man gelangt so zu einem Steig, der zur Cevedalehütte führt (s. auch R 128).

● 241   Col de la Mare, 3442 m
Zwischen Palòn de la Mare im S und Monte Rosole (im N) gelegen; am Grat zum Monte Rosole steht das Bivacco Colombo (R 127).

● 242   Von der Cevedalehütte (R 110)
Siehe R 128 und R 240 (Abstieg zur Cevedalehütte).

● 243–250   frei für Ergänzungen.

V. Gipfel und Gipfelwege

1. Der Fallaschkamm

Der Kamm wird auch Costainaskamm bzw. Chavalatschkamm genannt und erstreckt sich zwischen Trafoier Tal (im O) und Münstertal (im W) gegen den Vinschgau. Seine „Nahtstelle" zur zentralen Ortlergruppe ist das Stilfser Joch, zur Umbrailgruppe das Wormser Joch (Umbrailpaß/Giogio di Sta. Maria). Vom Piz Chavalatsch nach S verläuft die Schweizer Staatsgrenze längs des Kammes. Beliebt ist eine Ersteigung des Glurnser Köpfls sowie des Piz Chavalatsch und oberhalb des Stilfser Joches der Dreisprachenspitze. Übergänge von Tal zu Tal sind ungebräuchlich. Ein hervorragend erschlossenes Skigebiet bietet der Bereich um die Furkelhütte (R 51), diese ist von Trafoi mittels Korbliftes erreichbar und die einzige Schutzhütte des Kammes.
Höhenwege: Furkelhütte – Stilfser Joch (R 147), Stilfs – Prad (R 146).

● **251**   **Glurnser Köpfl**, 2401 m

Der nördlichste Gipfel des Kammes und gegen den Vinschgau vorgeschoben. Beliebtes Ziel.

● **252**   **Von Glurns**
            Unschwieriger Anstieg.
            Rot bez. (Weg Nr. 24), 4 Std.

Vom Tauferer Tor nicht der Straße ins Münstertal folgen, sondern auf einer Straße nach S bis vor den Waldrand. Nun rechts abzweigen und im bewaldeten Graben aufwärts. Schließlich am rechten Hang in mehreren weitläufigen Kehren und allmählich steiler werdend empor. Man erreicht die Glurnser Alm. Aufwärts auf die freien Hänge oberhalb und entweder gerade oder in weitem Bogen über den Osthang zum Gipfel.

● **253**   **Von Lichtenberg**
             Unschwieriger Anstieg.
            Rot bez., 4$^{1}/_{2}$ Std.

Vom Ort auf einer Straße zum Ausgang des Alpbachtales. Nun die Hänge schräg nordwestl. ansteigen zu der weit den Berg hinaufreichenden und mit Gehöften besetzten Wiesenzone. Diese (durchwegs Güterwege) bis zum oberen Waldrand begehen. Weiter durch Wald zur bei der Baumgrenze befindlichen Tschageinalm. Über freie Hänge zur Einsattelung zwischen Plaschweller (im S) und Glurnser Köpfl (im N). Längs des Kammes zum nahen Gipfel.

● 254　　**Von Stilfs**
　　　　　Unschwieriger Anstieg.
　　　　　Rot bez., 4½ Std.

Von Stilfs folgt man dem rot. bez. Weg nach Prad (Nr. 11) bis in den Grund des ersten tiefen Grabens. Nun links abzweigen und aufwärts in den Sattel der Schartalpe.
Von dort in langem schrägen Anstieg nach NW bis ober die Baumgrenze und weiter bis unter die Einsattelung zwischen Plaschweller (im S) und Glurnser Köpfl (im N). In die Einsattelung und längs des Kammes zum Gipfel.

● 255　　**Übergang zum Plaschweller**
　　　　　Unschwieriger Kamm.
　　　　　Rot bez. (Weg Nr. 14a), ½ Std.

Der Kamm wird, über die trennende Senke hinweg, durchwegs begangen.

● 256　　　　　　　　**Plaschweller,** 2534 m

Unschwieriger Gipfel zwischen Glurnser Köpfl (im N) und Piz Chavalatsch (im S).
Eine Ersteigung erfolgt vorteilhaft in Verbindung mit einer Ersteigung dieser Gipfel.

● 257　　**Von Lichtenberg**
　　　　　Unschwieriger Anstieg.
　　　　　Rot bez., 4½ Std.

Wie zum Anstieg auf das Glurnser Köpfl in die Gratsenke zwischen diesem und dem Plaschweller. Nun nach S am Kamm zum Gipfel.

● 258　　**Von Stilfs**
　　　　　Unschwieriger Anstieg.
　　　　　Rot bez., 4½ Std.

Wie zum Anstieg auf das Glurnser Köpfl (R 254) in die Gratsenke zwischen diesem und dem Plaschweller. Nun nach S am Kamm zum Gipfel.

● 259　　**Übergang vom Glurnser Köpfl**
　　　　　Unschwieriger Kamm
　　　　　Rot bez. (Weg Nr. 14a), ½ Std.

Der Kamm wird, über die trennende Senke hinweg, durchwegs begangen.

- **260** **Südkamm von Lichtenberg bzw. Stilfs**
  Unschwieriger Anstieg. 5 Std.
  Rot bez. (Weg Nr. 14 und 14a), um 20 Min. mehr Zeitaufwand als R 257, 258 und vorteilhaft mit diesen zu einer kurzen Rundtour zu verbinden.

Wie R 253, 254 bis unter die Einsattelung zwischen Glurnser Köpfl und Plaschweller. Nun nicht in diese hinauf, sondern die Hänge zum Südkamm wenig ansteigend queren (dorthin auch gerade von unten, bez.). Längs seiner Schneide zum Gipfel.

- **261** **Von Taufers**
  Unschwieriger Anstieg
  Rot bez. (Weg Nr. 10), 4 Std.

Von Taufers entweder auf der Straße nach S bis vor die Staatsgrenze und dort nach Puntweil; dann mit steilem Anstieg durch Wald zur Baumgrenze und zur Rifair-Alm – oder: Von Taufers nach Rifair und längs des Waldes nach S bis ein ebenfalls rot bez. Weg bergwärts abzweigt; auf ihm steil durch Wald zur Baumgrenze und zur Rifair-Alm. Nun über freie Hänge etwas nördlich haltend zum Südkamm und über diesen zum Gipfel.

- **262** **Gratübergang zum Piz Chavalatsch**
  Unschwieriger Grat
  Rot bez., ³/₄ Std.

Vom Gipfel des Plaschweller längs des Südkammes in die tiefste Einsenkung, dann auf nicht zu verfehlendem Weg, teil östlich des Kammes teils am Grat, zum Gipfel.

- **263** **Piz Chavalatsch,** 2764 m
Mächtiger breiter Gipfel, beliebtes Frühjahrsskiziel

- **264** **Von Taufers**
  Unschwieriger Anstieg
  Rot bez., 4 Std.

Wie R 261 über die Rifair-Alm zum Grat, der vom Plaschweller zum Piz Chavalatsch zieht. Nun teils östlich des Kammes teils am Grat selbst zum Gipfel.

- **265** **Gratübergang vom Plaschweller**
  Unschwieriger Grat
  Rot bez., ³/₄ Std. s. R 262.

- **266** **Von Stilfs**
  Unschwieriger Anstieg
  Rot bez., 4 Std.

Von Stilfs nach NW zu den Häusern von Faslar, dann einen in Richtung taleinwärts führenden Weg benützen, der zur Stilfseralm bringt. Nun über freie Hänge mit vielen Serpentinen einem Militärweg folgen. Zuletzt von S oder von NO zum Gipfel.

- **267** **Von der Furkelhütte (R 51)**
  Unschwieriger Anstieg
  Rot bez., 3½–4 Std.

Von der Hütte auf Militärweg alle Kare in nördl. Richtung ausgehend bis vor die Stilfseralm. Nun entweder in schrägem Anstieg in die Scharte südl. des Gipfels und von dort zum höchsten Punkt – oder: zur Stilfseralm hinüber und mit vielen Serpentinen (Militärweg) zum Gipfel, den man von NO oder S erreichen kann.

- **268** **Gratübergang zum Piz Sielva**
  Unschwieriger Grat. 1 Std.

Die Gratschneide wird durchwegs begangen.

- **269–270** frei für Ergänzungen.

- **271** **Munwarther,** 2621 m

Dem Piz Chavalastsch nach O vorgelagerter Gipfel; allseits unschwierig ersteigbar.

- **272** **Von Stilfs**
  Unschwieriger Anstieg
  Rot bez., 4 Std.

Man folgt von Stilfs dem Weg nach Prad (Nr. 11) bis in den ersten tiefen Graben. Nun links abzweigen und aufwärts in den Sattel der Schartalpe. Hier zweigt man (Weg Nr. 12a) in westl. Richtung ab und erreicht bald den freien Ostkamm des Berges. Längs seiner Schneide zum Gipfel aufsteigen.

- **273** **Gratübergang zum Piz Chavalatsch**
  Unschwieriger Übergang, 35–40 Min.

Längs des Kammes nach W zum Bergkörper des Piz Chavalatsch und entweder von S oder NO auf diesen.

● 274　　　　　　　　**Piz Sielva,** 2855 m

Gipfel südl. des Piz Chavalatsch, von fast allen Seiten unschwierig über weglose Hänge ersteigbar; der Gipfel ist als Einzelziel von geringer Bedeutung und wird nur anläßlich einer Gratbegehung erreicht.

● 275　　**Gratübergang vom Schafberg**
　　　　　Unschwieriger Grat, jedoch völlige Trittsicherheit nötig. ½ Std.

Die Gratschneide wird durchwegs begangen.

● 276　　**Gratübergang zum Piz Chavalatsch**
　　　　　Unschwieriger Grat. 1 Std.

Die Gratschneide wird durchwegs begangen.

● 277　　　　　　　**Schafberg (Piz Mischuns),** 2935 m

Allseits unschwierig ersteigbarer Gipfel im Nordwesten der Furkelhütte.

● 278　　**Von der Furkelhütte** (R 51)
　　　　　Unschwieriger Anstieg, Es stehen zwei Wegmöglichkeiten zur Auswahl. – 2½ Std.

a) Von der Furkelhütte auf einem Steig die nördlichen (nach S abfallenden!) Hänge der Praderalpe im Bogen bis ins Fallaschjoch ersteigen und dort längs der Schneide des S-Kammes zum Gipfel.
b) Von der Furkelhütte über Wiesen aufwärts zum Rücken des Schafecks. Auf ihm (Steig) in längerer Wanderung zur Vereinigung mit dem S-Kamm und auf ihm zum nahen Gipfel.

● 279　　**Gratübergang zum Piz Sielva**
　　　　　Unschwieriger Grat, jedoch völlige Trittsicherheit nötig. ½ Std.

Die Gratschneide wird durchwegs begangen.

● 280　　**Gratübergang vom Piz Chalderas**
　　　　　Unschwieriger Kamm, 40 Min.

Die Schneide wird durchwegs begangen.

● 281　　　　　　　　**Piz Chalderas,** 2794 m

Gegen das Münstertal vorgeschobener Gipfel im W des Schafberges; allseits unschwierig ersteigbar.

- **282** **Von Sta. Maria**
  Unschwieriger Anstieg; Almwege, teils weglos. 4 Std.

Man folgt der Straße zum Wormser Joch bis oberhalb der ersten Steilstufe. Noch vor der Einmündung des ersten großen Tales links (Val Costainas) nach links (Osten) abzweigen und auf Almweg zur Alp Prasüra. Von dort beliebig (weglos) über die steilen Grashänge zum Gipfel.

- **283** **Gratübergang zum Schafberg**
  Unschwieriger Kamm, 40 Min.

Die Schneide wird durchwegs begangen.

- **284** **Fallaschkopf (Fallaschspitze),** 2905 m

Gipfel im S des Fallaschjoches, wird nur gemeinsam mit der Furkelspitze erstiegen. Die Höhenangabe der LSK dürfte einzig richtig sein.

- **285** **Von der Furkelhütte**
  Unschwieriger Anstieg, jedoch völlige Trittsicherheit nötig. 1³/₄ Std.

Von der Furkelhütte auf einem Steig sofort bergwärts und (Steig) die nach S zum Talkessel abfallenden Hänge der Praderalpe gegen den Hauptkamm hin ansteigend queren. Man gelangt, zuletzt mit kurzem Steilanstieg, ins Fallaschjoch. Nun längs der Gratschneide (Schutt, schräge Platten) nach S zum Gipfel.

- **286** **Gratübergang zur Furkelspitze**
  Unschwieriger Grat, Trittsicherheit nötig. 15 Min.

Die Gratschneide wird durchwegs begangen.

- **287** **Furkelspitze (Piz Costains),** 3004 m

Mächtigster Berg des Fallaschkammes. Eine Ersteigung erfolgt in der Regel in Verbindung mit einer Ersteigung des Fallaschkopfes.

- **288** **Südgrat**
  I (Stellen), 200 m Höhenunterschied vom Furkeljoch. 2¹/₂ Std., von der Furkelhütte zum Gipfel.

Zugang: Von der Furkelhütte am rot bez., zum Stilfser Joch führenden Goldseeweg bis in das vom Furkeljoch (dieses befindet sich südl. des Gipfels!) herabziehende Furkeltal. Nun bergwärts abzweigen und auf einem Steig aufwärts ins Furkeljoch zwischen Furkelspitze (im N) und Gr. Tartscherkopf (im S). 2 Std.

Route: Teils am Grat, teils östlich der Gratschneide – erst über Schrofen, dann über guten Fels – zum Gipfel.

● **289** **Gratübergang zum Fallaschkopf**
Unschwieriger Grat, Trittsicherheit nötig. 15 Min.
Die nach N streichende Gratschneide wird durchwegs begangen.

● **290** **Westgrat, südlicher Gratast**
I, 200 m Höhenunterschied.
³/₄ Std. vom Gratbeginn, 5 Std. von Sta. Maria.

Zugang: Man folgt von Sta. Maria der Straße auf das Wormser Joch bis ober die erste Steilstufe. Noch vor der Einmündung des Val Costainas von SO verläßt man die Straße nach links (O) und steigt auf einem Almweg zur im Val Costainas gelegenen Alp Prasüra. Das Tal wird nun zur Hälfte und bis in Fallinie der Furkelspitze einwärts begangen. Der Westgrat zieht direkt vom Gipfel herab und teilt sich knapp unter dem Gipfel in einen nördlichen (langen) und einen südlichen (kurzen) Gratast. Links (im N) des langen Gratastes führt eine Schutt- bzw. Schneerinne bis zum Gipfelgrat hinauf. Mühsam aus dem Tal zum Beginn des südlichen Gratastes hinauf. 4¼ Std. von Sta. Maria.
Route: Die Gratschneide wird durchwegs begangen.

● **291** **Westgrat, nördlicher Gratast**
II (Stellen), I. 400 m Höhenunterschied, 1½ Std. v. E.

Zugang: Wie R 290 ins Val Costainas und an den Fuß des nördlichen Gratastes. 3¾ Std.
Route: E. in der den Grat links begleitenden Schuttrinne etwa 70 m ober dem tiefsten Gratpunkt. Durch eine Rinne zur Gratschneide, dann durchwegs längs dieser zum Gipfel.

● **292** frei für Ergänzungen.

● **293** **Großer Tartscherkopf,** 2963 m
Gipfel im S des Furkeljoches, eine Ersteigung wird vorteilhaft mit der des Kl. Tartscherkopfes verbunden.

● **294** **Nordgrat**
Unschwieriger Grat, jedoch völlige Trittsicherheit erforderlich. 10 Min. vom Furkeljoch zum Gipfel.

Zugang: Wie R 288 ins Furkeljoch. 2 Std.
Route: Längs der Gratschneide über schuttbedeckte Felsen zum Gipfel.

- **295   Gratübergang zum Kleinen Tartscherkopf**
    Unschwieriger Grat, völlige Trittsicherheit nötig. 15 Min.
Die Gratschneide wird durchwegs begangen.

- **296   Kl. Tartscherkopf, 2935 m; Korspitz, 2933 m**

- **297   Gratübergang zum Großen Tartscherkopf**
    Unschwieriger Grat, völlige Trittsicherheit nötig. 15 Min.

- **298   Grat Seejoch – Korspitz – Kl. Tartscherkopf**
    I (kurz am S-Grat des Kl. Tartscherkopfes). ½ Std.

Zugang: a) Vom Stilfserjoch auf die Dreisprachenspitze und dann die Hänge in weitem Bogen bis unter das westl. der Korspitz gelegene Seejoch queren. In dieses hinauf. 1 Std. – b) Man folgt, an der Stilfserjoch-Straße beginnend, dem rot bez. Weg zur Furkelhütte bis zum Goldsee. Von dort aufwärts ins westl. der Korspitze gelegene Seejoch. 1 Std.
Route: Unschwierig am wenig steilen Grat zum Gipfel der Korspitze und weiter den etwas felsdurchsetzten Grat zum Gipfel des Kl. Tartscherkopfes.

- **299   Rötlspitz, 3026 m**

Höchster Gipfel des Fallaschkammes; unschwierig, jedoch kein Ziel für Stilfserjoch-Ausflügler in Halbschuhen.

- **300   Vom Stilfserjoch**
    Unschwieriger Anstieg, Trittsicherheit nötig. 1 Std.

Vom Stilfserjoch auf gutem, nicht zu verfehlendem Weg in Kehren zum Gipfel der Dreisprachenspitze. Nun längs des Kammes („Breitkamm") nach N zum Bergkörper der Rötlspitz (Kriegsreste) und über steile Hänge auf ihren Gipfel.

- **301   Gratübergang zur Korspitz**
    Unschwieriger Grat, 30 Min.

Die nach Osten verlaufende Schneide wird, über die Senke des Seejochs hinweg, durchwegs begangen.

- **302   Von der Stilfserjoch-Straße über das Seejoch**
    Unschwieriger Anstieg, 1½ –1¾ Std. von der Straße.

Wie R 298 ins Seejoch. Nun nach W längs des Grates zum Gipfel aufsteigen.

- **303** **Gratübergang zum Piz Stabels**
  I (kurz), ½ Std.

Die nach NW verlaufende Gratschneide wird durchwegs begangen.

- **304** **Dreisprachenspitze (Cima Garibaldi)**, 2843 m

Unmittelbar nördl. des Stilfser Joches aufragender kleiner Gipfel.

- **305** **Vom Stilfserjoch**
  Unschwieriger Anstieg, ¼ Std.

Von der Paßhöhe auf nicht zu verfehlendem Weg in Kehren zum Gipfel.

- **306** **Gratübergang zur Rötlspitze**

S. R 300

- **307** **Piz Stabels**, 2955 m

Selten besuchter Gipfel im Kamm, der von der Rötlspitz nach N zieht.

- **308** **Von der Wormserjoch-Straße**
  Unschwieriger Anstieg, weglos; 2½–3 Std.

Auf der Straße von Sta. Maria aufs Wormserjoch oberhalb Alp Muraunza dort abzweigen, wo man sich in Fallinie der Mulde nördl. des Piz Stabels (Fop da las Muntanellas) befindet. Diese Mulde bricht mit Felsstufen ins Tal ab. Links ansteigend unter den Felsen bis zu der Rinne, die aus der Mulde herabzieht. In ihr in die Mulde und von dort über Gras zum Gipfel.

- **309** **Gratübergang zur Rötlspitz**
  I (kurz), ½ Std.

Die nach SO verlaufende Gratschneide wird durchwegs begangen.

- **310** **Gratübergang zum Piz Val Gronda**
  Unschwieriger Grat, ½ Std.

Die nach N ziehende Gratschneide wird durchwegs begangen.

- **311** **Piz Val Gronda**, 2880 m

- **311 a** **Von der Wormserjoch-Straße**
  Unschwieriger Anstieg, weglos, 3 Std.

Wie R 308 in die Mulde Fop da las Muntanellas. Aus ihr links (nördl.)

auf den Grat zum Piz Stabels hinauf und längs seiner Schneide zum Gipfel.

● **312** **Gratübergang vom Piz Stabels**
Unschwieriger Grat, ½ Std.

Die Gratschneide wird durchwegs begangen.

● **313** **Aus dem Val Costainas**
Unschwierig, Grashänge; 4–5 Std. von Sta. Maria.

Wie R 290 über Alp Prasüra bis ins mittlere Val Costainas. Nun beliebig über die Grashänge nach W zum Gipfel.

2. Die Umbrailgruppe

Umgrenzung: Wormserjoch (Paß Umbrail) – Valle del Braulio – Valle di Fraele – Passo di Fraele – Livigno-Stausee – Spöltal – Ofenpaß (Paß Il Fuorn) – Münstertal – Wormserjoch. Sehr einsame Gebirgsgruppe, die Liebhaber einer weitflächigen Landschaft begeistern wird. Die Gruppe besteht aus einem Hauptkamm, über welchen die Schweizer Grenze verläuft, und einem nördlichen gegen das Münstertal vorgeschobenen Parallelkamm. Autozufahrt auf der Nordseite durch das Münstertal bzw. über das Wormserjoch; von Süden Abzweigung der Straße ins Valle di Fraele mit seinen Stauseen am Beginn des Val Viola Bormina bzw. von Livigno längs des SO-Ufers des Livigno-Stausees und durch das Valle Alpisella ins Valle di Fraele (vorher über Befahrbarkeit der Straße erkundigen!). Von einiger Beliebtheit ist die Ersteigung des westnordwestl. des Wormserjoches gelegenen Piz Umbrail; alle anderen Gipfel sind selten betreten, in der Regel unschwierig und in der kalten Jahreszeit als großzügige hochalpine Skiziele empfehlenswert.

Stützpunkte: Alp Muraunza (Ghf.) an der Nordrampe der Wormserjoch-Straße (R 54), die Talorte auf der italienischen Seite (Bormio, Livigno), S. Giacomo di Fraele (Ghf. am Lago di San Giacomo, mit Vorbehalt; s. R 55), die Beherbergungsbetriebe am Ofenpaß (R 62) und im Münstertal (R 17ff.); die Alphütten im Val Mora (Alp Mora, La Stretta, R 56, 58) sind mit Vorbehalt als Stützpunkte geeignet (in Sta. Maria erkundigen, bei Nichtbenützbarkeit entsprechend längere Zustiege).

Übergänge und Höhenwege: R 148ff.

● **314** **Piz Umbrail,** 3033 m

Vorwiegend gras- und schuttverkleideter Gipfel von einiger Beliebtheit, westnordwestl. des Wormserjochs gelegen. Vertrautheit mit Schneefeldern je nach Jahreszeit notwendig. Im Winter hochalpines Skiziel. Sehr lohnende Aussicht. 1. Ersteigung Coaz, 11. 7. 1865.

● **315** **Vom Wormserjoch**
Unschwieriger Anstieg, auch als Skibergfahrt geeignet (Achtung auf Lawinengefahr). Rot bez., 1½ Std.

Abzweigung des Weges auf der Schweizer Seite der Paßhöhe. Von der Straße über die Hänge in Kehren gegen den SO-Grat des Berges empor, dann längerer ansteigender Quergang auf die NO-Seite des Berges. Steil in kurzen Kehren gegen die Schneide des nach N abstreichenden Grates hinauf und längs dessen Schneide zum Vorgipfel (Vermessungszeichen). Nach W zum Hauptgipfel.

● **316** **Südostgrat**
I (wenige Stellen, je nach Wegführung); in der Regel unschwieriges Gelände, das jedoch völlige Trittsicherheit erfordert. 1½ Std. vom Wormserjoch bis zum Gipfel.

Zugang: Am bez. Weg (R 315) bis zum Beginn des SO-Grates.
Route: Längs der Gratschneide in beliebiger Wegführung zum Gipfel.

● **317** **Gratübergang zur Punta di Rims**
Unschwieriger Grat von großer Schönheit: 1 Std.

Route: Die nach WSW streichende Gratschneide wird, über einige Höcker hinweg, durchwegs begangen.

● **318** **Übergang zum Piz Chazfora**
Unschwieriger Übergang; Schutt- und Schneefelder, zuletzt unschwieriger Grat. ½ Std.

Vom Gipfel nach N über die Hänge hinab und in breiten den Sattel vor dem Piz Chazfora. Nun längs der Schneide seines S-Grates zum Gipfel desselben.

● **319** **Piz Chazfora,** 3006 m

Unbedeutender Gipfel zwischen Piz Rims und Piz Umbrail. Von allen Seiten leicht.

● **320** **Von Sta. Maria über Lai da Rims**
Unschwieriger Anstieg, im letzten Drittel weglos. 4½–5 Std.

Von Sta. Maria auf der Straße nach W zum nahen Ausgang des Val Vau.

In dieses auf bez. Weg hinein (der Weg führt ins Val Mora und weiter über Jufplaun zum Ofenpaß). Man folgt dem Weg über Las Clastras hinaus taleinwärts bis zu den Hütten von Praveder. Nun nach O abzweigen und den südl. Talhang in langem Schräganstieg bis zu dem Lai da Rims (Rims-See) nach links queren (Ende des Weges). Um den See westl. herum, dann die weiten Böden (links die Felsen von Cucler da Valpaschun) erst in südöstl., später östl. Richtung aufwärts zum Gipfelaufbau. Beliebig auf den Gipfel hinauf.

● 321   **Vom Wormserjoch**
Unschwieriger Anstieg, vorwiegend weglos. 2 Std.

Vom Joch wie am bez. Weg zum Piz Umbrail bis dorthin, wo der vom Piz Umbrail nach N abstreichende Gratrücken erreicht wird. Nun die dahinter befindlichen Hänge in den Sattel zwischen Piz Umbrail und Piz Chazfora queren und längs der Schneide des S-Grates zum Gipfel des letzteren.

● 322   **Übergang vom Piz Umbrail**
s. R 318

● 323   **Piz Rims** (2965 m)
Felsgipfel im O des Rims-Sees (Lai da Rims). In Verbindung mit einem Gratübergang vom Piz Umbrail über den Piz Chazfora lohnend.

● 324   **Südgrat**
I, lohnend. 75 m Höhenunterschied, Gratlänge 250–300 m, $^1/_2$–$^3/_4$ Std.

Zugänge: a) vom Wormserjoch wie am bez. Weg zum Piz Umbrail (R 315) dorthin, wo der vom Piz Umbrail nach N abstreichende Gratrücken erreicht wird. Nun die dahinter befindlichen Hänge queren, unter dem Piz Chazfora durch und in den Sattel zwischen ihm und Piz Rims. 2 Std. – b) Von Sta. Maria wie R 320 auf die Böden unter dem Piz Chazfora. Aufwärts in den Sattel zwischen diesem und Piz Rims. 4$^1/_2$–5 Std.
Route: Die Gratschneide wird durchwegs begangen.

● 325   **Nordwestgrat**
I (stellenweise), 150 m.

Zugänge: Von Sta. Maria über Lai da Rims (s. R 320) mit anschließender fast ebener Querung ins Val Madonna. Von seinem Abschluß über die Hänge zum Gratfuß. 4 Std.

Route: Über eine steile Schutt- bzw. Schneerinne zur Gratschneide und dieser bis knapp vor den Gipfel folgen. Hier auf einem Band nach rechts und gerade mit wenigen Metern zum Gipfel hinauf.

● 326 **Ostgrat**
I (stellenweise), am Zugang steile Grashänge. Gratlänge etwa 250 m. 3 Std. von der Alp Muraunza/Wormserjoch-Straße.

Zugang: Von der Alp Muraunza (R 54) noch ein kurzes Stück der Straße zum Wormserjoch folgen, dann rechts auf einem Steig in die Hänge. Der Steig endet bald. Nun weglos über die steilen Hänge aufwärts gegen die Einsenkung zwischen Piz Rims (links) und Munt da Milli Ons (rechts). Nicht ganz in den Sattel zwischen beiden Gipfeln hinauf, sondern schon vorher links durch das Kar zum Grat.
Route: Durchwegs längs der Schneide zum Gipfel.

● 327 **Munt da Milli Ons,** 2816 m
Unbedeutender Gipfel nordöstl. des Piz Rims, kaum betreten.

● 328 **Von der Alp Muraunza**
Unschwieriger Anstieg, Trittsicherheit nötig. $2^{1}/_{2}$ Std.

Wie R 326 in die Einsenkung zwischen Piz Rims und Munt da Milli Ons (rechts). Nun jedoch gerade aufwärts in den breiten zwischen den beiden Gipfeln befindlichen Sattel. Nun nach O mit geringer Steigung über den breiten Rücken zum Gipfel.

● 329–330 frei für Ergänzungen.

● 331 **Piz Lad,** 2882 m
Unschwieriger breiter Grasgipfel, selten besucht.

● 332 **Von Sta. Maria**
Unschwieriger Anstieg, 5 Std.

Wie beim Anstieg auf den Piz Chazfora (R 320) zum Rims-See (Lai da Rims). Südlich um den See herum und dann fast eben nach Osten ins Val Madonna. An geeigneter Stelle über den Bach und beliebig über die Hänge zum Gipfel.

● 333 **Von der Straße auf das Wormserjoch**
Unschwieriger Anstieg, 3–$3^{1}/_{2}$ Std.

Von der Wormserjoch-Straße zwischen Alp Muraunza (im S) und Punt

Teal (im N) dort (etwa 1½ km nördl. Alp Murodia) abzweigen, wo die Straße auf die Westseite des Talbaches überwechselt. Weglos in westl. Richtung durch ein steiles Tal auf die Weiden von Rims Pitschen hinauf und in gleicher Richtung über die Hänge zum Gipfel weiter.

● 334   **Gratübergang zum Pizzet**
Unschwieriger Gras- und Schuttkamm, ½–¾ Std.

Der Kamm wird in östl. Richtung durchwegs begangen.

● 335   **Pizzet,** 2561 m
Rückfallkuppe im vom Piz Lad nach NO streichenden Gras- und Schuttkamm. Bergsteigerisch nur in Verbindung mit einer Besteigung des Piz Lad von Belang.

● 336   **Von der Straße auf das Wormerjoch**
Unschwieriger Anstieg, 2–2½ Std.

Wie beim Anstieg auf den Piz Lad (R 333) auf die Weiden von Rims Pitschen. Von ihnen nach NO über die Hänge zum Gipfel.

● 337   **Kammbegehung zum Piz Lad**
Unschwieriger Gras- und Schuttkamm, ¾ Std.

Der Kamm wird in westl. Richtung durchwegs begangen.

● 338   **Piz Mezdi,** 2668 m
Grasgipfel mit nach NW abfallender Felswand, nur in Verbindung mit einer Besteigung des Piz Lad von Bedeutung.

● 339   **Von Sta. Maria**
Unschwieriger Anstieg, 5 Std.

Wie beim Anstieg auf den Piz Chazfora (R 320) zum Rims-See (Lai da Rims). Südlich um den See herum und dann fast eben nach Osten ins Val Madonna. An geeigneter Stelle über den Bach und jenseits die Hänge steil aufwärts auf den Verbindungskamm Piz Lad – Piz Mezdi. Man erreicht diesen bei einem unbenannten Gipfel zwischen den beiden Gipfeln. Nun längs der Gratschneide in nordwestl. Richtung abwärts zum Gipfel des Piz Mezdi.

● 340   **Kammbegehung zum Piz Lad**
Unschwieriger Kamm, ½–¾ Std.

Der Kamm wird durchwegs begangen.

- **341–342** frei für Ergänzungen.

- **343** **Punta di Rims,** 2946 m

Gipfel im Hauptkamm, westsüdwestl. des Piz Umbrail. Sehr schöne Aussicht auf die zentralen Ortlerberge; Besteigung nur in Verbindung mit einer Besteigung des Piz Umbrail und Ausgangspunkt Wormserjoch lohnend.

- **344** **Von Süden**

    Unschwieriger Anstieg, 20 Min. von der Forcola di Rims, 1½ Std. vom Wormserjoch.

Zugang in die Forcola di Rims:
a) Vom Wormserjoch (für eine Rundwanderung über den Piz Umbrail von Bedeutung): Abzweigung des Weges auf der italienischen Seite der Paßhöhe knapp vor der Grenze. Die Südhänge des Piz Umbrail und der Punta di Rims werden auf gutem Weg erst waagrecht, dann ansteigend bis in die Forcola di Rims gequert. 1 Std. – b) Autozufahrt von Bormio über Valdidentro zum Lago di Cancano. Nach Überqueren der Staumauer Parkplatz. Hierher kommt auch, wer von Bormio auf der Stilfser Joch-Straße bis zur Trennung des Addatales vom Brauliotal fährt. Nach W (in der Regel nicht befahrbare Straße) abzweigend und in Kehren aufwärts. Nach Überqueren der Einmündung des Valle Forcola rechts abzweigen in dieses hinein (umständlicher, kaum zu empfehlen). Gemeinsamer Weiterweg: Im Tal einwärts bis zu seinem Ende in der Scharte.
Gipfelanstieg: Entweder durchwegs am SW-Rücken oder diesen nach seiner Hälfte in weit ausholender Wegkehre nach links verlassend zum Gipfel.

- **345** **Gratübergang zum Piz Umbrail**

    Unschwieriger Grat von großer landschaftlicher Schönheit. 1 Std.

Route: Die nach ONO streichende Gratschneide wird, über einige Höcker hinweg, durchwegs begangen.

- **346** **Westnordwestkamm**

    Unschwieriger Kamm, ½ Std. vom Passo dei Pastori.

Der Kamm wird nur in Verbindung mit einer längeren Gratüberschreitung begangen. Als Einzelunternehmung nur mit Autozufahrt bis zum Valle Forcola sinnvoll.
Zugänge:
a) Von Bormio wie bei R 344 durch das Valle Forcola bis dorthin, wo

es sich nach Osten wendet. Nun die Hänge in Kehren aufwärts (Steig) und bald über weite Hänge in den Passo dei Pastori. 1–1½ Std. von der Straße. – b) Von Sta. Maria wie beim Aufstieg zum Piz Chazfora bis zum Rims-See (Lai da Rims). An sein Südende und im rechten Tal weiter bis an sein südl. Ende. Von dort über die Hänge aufwärts in die Bocchetta del Lago. 4½ Std.

Kammbegehung: Vom Passo dei Pastori in fast östl. Richtung über einen namenlosen Gipfel hinweg und 100 m Abstieg in die Bocchetta del Lago. Von ihr steiler auf einen ebenfalls unbekannten Gipfel hinauf. Jenseits kurzer Abstieg und durchwegs längs der wenig ansteigenden Kammschneide zur Punta di Rims.

● **347**   **Monte Braulio,** 2980 m

Bergsteigerisch kaum besuchter Gipfel im von der Punta di Rims in Richtung Bormio ausstrahlenden Seitenkamm.

● **348**   **Aus dem Valle Forcola**
             Unschwieriger Anstieg, 20 Min. von der Bocchetta di Pedenoletto.

Wie R 344 durch das Valle Forcola und knapp unter der Forcola di Rims auf einer weiteren Straße mit Hangquerung in die Bocchetta di Pedenoletto im W des Gipfels. Nun in östlicher Richtung auf einem Weg die Hänge schräg aufwärts zum Gipfel.

● **349**   frei für Ergänzungen.

● **350**   **Monte Radisca,** 2970 m

Gipfel südl. des Monte Braulio und mit diesem durch einen unschwierigen Grat verbunden. Bergsteigerisch nicht betreten.

● **351**   **Aus dem Valle Forcola**
             Unschwieriger Anstieg, 20–30 Min. von der Bocchetta di Pedenoletto.

Wie R 348 in die Bocchetta di Pendenoletto. Von der Bocchetta in süd-südöstl. Richtung (Weg) unter dem Monte Braulio durch. Zuletzt kann man in beliebiger Wegführung über die Hänge aufwärts zum Gipfel steigen.

● **352**   **Corno di Radisca,** 2934 m

Südl. des Monte Radisca befindlich. Bergsteigerisch bedeutungslos.

● **353 Aus dem Valle Forcola**
Unschwieriger Anstieg, 30–40 Min. von der Bocchetta di Pendenoletto.

Wie R 348 in die Bocchetta di Pendenoletto. Von der Bocchetta in südsüdöstl. Richtung (Weg) unter dem Monte Braulio und Monte Radisca durch. Zuletzt in beliebiger Wegführung zum Gipfel.

● **354 Monte Pendenolo,** 2780 m
Westl. des Monte Braulio befindlicher Gipfel, bedeutungslos.

● **355 Aus dem Valle Forcola**
Unschwieriger Anstieg, 30–40 Min. von der Bocchetta di Pendenoletto.

Wie R 348 in die Bocchetta di Pendenoletto. Um einen unbenannten Gipfel nördlich herum (Weg) in die dahinter befindliche Bocchetta di Pendenolo. Von dort längs eines Rückens zum Gipfel.

● **356** frei für Ergänzungen.

● **357 Piz dal Lai,** 2826 m
Südlich des Rims-Sees aufragender felsiger Gipfel.

● **358 Von Sta. Maria**
Unschwieriger Anstieg, 4½ Std.

Wie beim Anstieg zum Piz Chazfora (R 320) zum Rims-See (Lai da Rims). An sein Südende und durch eines der beiden Täler unter dem Piz da Lai vorbei. Aus beiden Tälern kann der Sattel südl. des Gipfels über Hänge erstiegen werden. Vom Sattel am kurzen Grat nach N zum höchsten Punkt.

● **359–360** frei für Ergänzungen

● **361 Piz Praveder,** 2768 m
Mit Ausnahme der Nordflanke allseits leicht ersteigbarer Gipfel im W des Rims-Sees.

● **362 Von Sta. Maria**
Unschwieriger Anstieg, am Gipfelaufbau völlige Trittsicherheit nötig. 4 Std.

Wie beim Anstieg zum Piz Chazfora (R 320) zum Rims-See. Bei seinem

Abfluß über Gras, Schutt und einige Felsstufen nach W zum NO-Gipfel. Nun längs des nach SW ziehenden Grates zum Hauptgipfel.

● 363 **Von Sta. Maria über den Südhang**
Unschwieriger Anstieg, 4 ½ Std.

Wie R 320 zum Rims-See. An dessen S-Ende und im linken Tal einwärts, bis man die Hänge in den breiten Sattel südl. des Gipfels ansteigen kann. Von dort über den Hang zum Gipfel.

● 364 **Monte Forcola,** 2906 m

Dem Grenzkamm etwas nach N vorgelagerter Gipfel.

● 365 **Ostgrat**
Unschwieriger Gratkamm, 2½ Std. von der Straße im Valle Forcola bis zum Gipfel.

Zugang in den Passo dei Pastori: s. R 346a.
Route: Die unschwierige Gratschneide wird nach W bis dorthin begangen, wo der Grenzkamm nach S zur Fuorcla Schumbraida absteigt. Nun in nordwestl. Richtung längs der Schneide zum nahen Gipfel.

● 366 **Südgrat**
Unschwieriger Grat, 30–40 Min. von der Fuorcla Schumbraida.

Zugänge in die Fuorcla Schumbraida:
a) Von Bormio auf der Straße ins Valle Forcola bis dorthin, wo es nach O umbiegt (s. R 344, Autozufahrt). Nun am besten (weglos) sofort **orogr.** rechts des von N herabkommenden Baches aufwärts bis in die Nähe der Lai (Seen) di Forcola. Nach O durch das Schuttkar aufwärts in die Fuorcla Schumbraida. 2 Std. von der Straße. – b) Von La Stretta (R 56) nach S, vorwiegend weglos, das Val Schumbraida einwärts. Aus seinem Hintergrund links (in östl. Richtung) über weitläufige Hänge aufwärts in die Fuorcla Schumbraida. 3 Std.
Route: Längs der unschwierigen Gratschneide nach N bis dorthin, wo der Grenzkamm nach O umbiegt. In der bisherigen Richtung weiter zum nahen Gipfel.

● 367 **Nordwestgrat**
II und I (stellenweise), je nach Wegführung, wenig lohnend. 4 Std. von La Stretta bis zum Gipfel.

Zugang: Von La Stretta (R 56) beliebig zur Gratschneide, die oberhalb den untersten Felsen an mehreren Stellen erreicht werden kann. 2 Std.

Route: Die Gratschneide kann beliebig begangen werden, ihre Zacken können überklettert oder umgangen werden.

- **368–370** frei für Ergänzungen.

- **371**   **Piz Schumbraida,** 3124 m

Formenschöner Gipfel im Südabschluß des Val Schumbraida. Von Norden auch Skiziel (Achtung auf Lawinengefahr).

- **372**   **Nordostgrat**
  J. Gallet, J. Kalbermatten, 14. 8. 1898
  I (wenige Stellen), vorwiegend Gehgelände
  Länge des gesamten Grates etwa 2 km, Höhenunterschied etwa 300 m 1½–2 Std. von der Fuorcla Schumbraida.
  Der lange Grat kann von Norden auch in der tiefsten Scharte oder südwestl. von ihr aus dem Val Schumbraida erreicht werden (vorteilhaft bei Skibergfahrt).

Zugänge in die Fuorcla Schumbraida s. R 366.
Route: Von der Fuorcla Schumbraida nach S über einen Rücken zum Beginn des eigentlichen Grates hinauf. Längs seiner Schneide auf einem unbenannten Gipfel. Jenseits etwa 100 m Abstieg. Aufwärts gegen den Vorgipfel, und diesen am besten zuoberst links umgehen, danach durchwegs längs der Gratschneide zum Gipfel.

- **373**   **Von Südosten**
  Guarducci, 1883, zugleich 1. Ersteigung des Gipfels, **II** und I, viel Schutt und Schrofen, wenig lohnend
  3 Std. vom Valle Forcola zum Gipfel.

Übersicht: Die steile SO-Seite kann aus dem Valle Forcola in beliebiger Wegführung erstiegen werden.

- **374**   **Nordwestgrat**
  G. Dyhrenfurth mit Frau und A. Spitz, 17. 11. 1911. **II** (kurze Stellen), I, zum Teil Gehgelände. 180 m Höhenunterschied, Gratlänge etwa 300 m, 1–1½ Std.

Zugang: Von La Stretta (R 56) nach S, vorwiegend weglos, das Val Schumbraida einwärts. Aus seinem Hintergrund rechts die Hänge aufwärts zum Beginn des NW-Grates. 3 Std.
Route: Unschwierig zu den ersten Gratürmen. Diese werden rechts umgangen, bis man das obere Ende einer Schuttrinne erreicht. Die Rinne überqueren und jenseits durch einen etwa 15 m hohen Kamin auf die

Rippe zur Rechten. Längs ihrer Schneide zur Gratschneide empor und dann immer längs des Grates zum Gipfel.

- **375   Einstiegswegänderung**
  II (kurz), I, wenig empfehlenswert.

Unter den ersten Grattürmen in der linken (nördl.) Gratseite bis zu einer Rinne etwas ansteigend queren. Die Rinne (Schnee, Schutt oder Eis) zum Grat empor, der hinter den Türmen erreicht wird. Weiter längs der Gratschneide.

- **376**   frei für Ergänzungen.

- **377   Monte Solena, 2919 m**

Bergsteigerisch kaum besuchter Berg im S des Piz Schumbraida und gegen das Valle di Fraele vorgeschoben.

- **378   Von Osten**
  Unschwieriger Anstieg, völlige Trittsicherheit notwendig, weglos 3 Std. vom Valle Forcola.

Abzweigung im Valle Forcola zwischen den Häusern von Le Fornelle und der Baita di Forcola, und zwar nachdem man auf der Straße unter der vom Monte Solena herabstreichenden Rinne vorbeigequert ist. Auf einem Steig ansteigend talauswärts zu der Rinne, diese überqueren und jenseits auf die Hänge hinauf. Nun diese (weglos) gerade gegen den Gipfel empor und unter den oberhalb befindlichen sperrenden Wänden nach rechts gegen die Rinne zurück. In und neben ihr aufwärts und steil in eine Scharte nördlich des Gipfels. Längs des kurzen Grates nach S zum höchsten Punkt.

- **379**   frei für Ergänzungen.

- **380   Cucler da Jon dad Onsch**
  (Südgipfel 2827 m, Nordgipfel 2775 m)

Zwischen Val da Tea Fondada und Val Schumbraida, gegen das Val Mora vorgeschobener turmartiger Doppelgipfel. 1. tourist. Ersteigung des Hauptgipfels und 1. Ersteigung des Nordgipfels durch G. Dyhrenfurth und Frau mit A. Spitz, 16. 7. 1911 auf R 382.

- **381   Von La Stretta** (R 56)
  I (am Gipfelaufbau), sonst unschwieriger Anstieg, 2 Std.

Von La Stretta entweder das Val Schumbraida oder das Val da Tea Fondada soweit einwärts, bis man unschwierig in den Sattel südlich des Südgipfels ansteigen kann. Nun am Grat in nördlicher Richtung. Die ersten beiden Türme links umgehen, dann über Schrofen zum Gipfel.

● **382   Gratübergang zum Nordgipfel**
G. Dyhrenfurth mit Frau, A. Spitz, 16.7.1911 **III** (kurz), II, I, etwas brüchig 350 m, ½ Std.

Route: Vom Südgipfel zuerst auf der Ostseite, dann längs der Gratschneide abwärts. Einige Graterhebungen überschreiten oder links umgehen und zuletzt an der Westseite zu der Scharte am Fuß des turmartigen Nordgipfels. Ausgesetzt auf ihn hinauf.

● **383–384** frei für Ergänzungen.

● **385   Piz Tea Fondada (Monte Cornaccia),** 3144 m
Breiter Gipfel nordöstl. des Lago di S. Giacomo di Fraele und im Südabschluß das Val da Tea Fondada. Skiziel im Spätwinter (von Norden).

● **386   Westgrat**
Guarducci, 1883. **I** (kurze Stellen), vorwiegend Gehgelände. 4 Std. vom S. Giacomo di Fraele (Autozufahrt) oder La Stretta bis zum Gipfel, Gratlänge etwa 2 km.

Zugänge in den Passo di Val Paolaccia (jeweils etwa 2½ Std.)
a) Von La Stretta über die Böden nach W zum Ausgang das Val da Tea Fondada. Dieses durchwegs einwärts und von seinem Hintergrund nach SW über die Hänge in den Paß hinauf. – b) Von S. Giacomo di Fraele (Autozufahrt) über bewachsene Hänge nach N in den Grund des Val Paolaccia. In ihm längs des Baches aufwärts und zuletzt nach O über Karhänge in den Paß.

Route: Längs der Gratschneide zu kleinen Gratzacken. Über diese (brüchig) hinweg und unschwierig bis zum Gipfelaufbau weiter. Ein kleiner Absatz wird rechts durch eine Rinne erstiegen und längs der Schneide der Gipfel erreicht.

● **387   Ostgrat**
I (kurze Stellen), vorwiegend Gehgelände. Gratlänge etwa 3000 m, 4–4½ Std. von La Stretta bis zum Gipfel (Zugang von der italienischen Seite abzuraten!).

Übersicht: Anstieg über den langen geschwungenen Grat mit mehreren Gegensteigungen über unbenannte Erhebungen.

Zugang: Von La Stretta (R 56) entweder das Val Schumbraida einwärts und aus seinem Hintergrund nach SW die Hänge in die Bocchetta Cancano (2810 m) aufwärts oder: von La Stretta nach W ins Val da Tea Fondada; dieses einwärts und zuletzt nach SO in eine breite Senke des O-Grates. In beiden Fällen etwa 3–3½ Std.
Route: Die Gratschneide wird durchwegs begangen.

- **388 Ostflanke**
  Schutt bzw. Schneerinne, 4 Std. von La Stretta zum Gipfel.

Übersicht: Die links des felsigen Gipfelkörpers befindliche und am obersten Ostgrat endende Rinne kann ebenfalls begangen werden.

- **389–390** frei für Ergänzungen.

- **391 Piz Magliavachas (SO-Gipfel, 3044 m,**
  NW-Gipfel, 3088 m)

Breiter felsiger Doppelgipfel, vorwiegend brüchiges Gestein.

- **392 Nordwestgrat des NW-Gipfels**
  Unschwieriger Anstieg, 15–20 Min. vom Gratbeginn, 4 Std. von den jeweiligen Ausgangspunkten zum Gipfel.

Zugänge: a) Von S. Giacomo di Fraele (Autozufahrt) über bewachsene Hänge nach N in den Grund des Val Paolaccia. In ihm bis zu einer Teilung des Tales in zwei Äste. Zwischen beiden Tälern über die Hänge mühsam aufwärts in die Scharte zwischen Piz Magliavachas und Piz Murtaröl. – b) Von La Stretta (R 56) oder Alp Mora (R 58) mit etwa gleichem Zeitaufwand zum Ausgang des Val Magliavachas. Dieses bergwärts begehen und zuletzt über Hänge und Schneefelder aufwärts in die Scharte zwischen Piz Murtaröl und Piz Magliavachas.
Route: Längs der Gratschneide, wobei Felsstellen umgangen werden, zu einem Vorgipfel und dann am wenig steilen Schuttgrat zum Hauptgipfel.

- **393 Nordostgrat des Nordwestgipfels**
  II, **I**, zum Teil Gehgelände bei Umgehung der Schwierigkeiten; bei direkter Gratbegehung **III** (Stellen), 1 Steigbaumstelle. Inhomogene Kletterei, bei direkter Gratbegehung kann immer wieder in die leichtere Wegmöglichkeit ausgewichen werden. Gratlänge etwa 2000 m, 400 m Höhenunterschied; Zeitaufwand je nach Wegführung 3–4 Std. vom Gratbeginn, 5–6 Std. von Alp Mora oder La Stretta bis zum Gipfel.

Übersicht: Anstieg über den langen Grat, der das Val da Tea Fondada vom Val Magliavachas trennt.
Zugang: Von Alp Mora (R 58) oder La Stretta (R 56) zum Ausgang eines der beiden den Grat begleitenden Täler. Über Hänge und Schrofen steil zum rückenartigen Ausläufer des Grates hinauf. Nun über den grasbedeckten Gratrücken nach S auf eine Erhebung vor den Gratttürmen.
Route: Hinab in die Scharte vor dem ersten Turm. Die nächsten Grattürme werden bis zu einer unten überhängenden Wandstufe überklettert. **Nun 2 Möglichkeiten:** a) Mit Steigbaum auf einen kleinen Absatz hinauf, danach einen kurzen Kamin empor. Von seinem Ende nach rechts in leichteres Gelände und auf die Graterhebung hinauf. Abstieg in die Scharte dahinter. – b) Unter der Wand Quergang nach rechts, kurze Rinnen schräg überquerend, und aufwärts in die Scharte. Gemeinsamer Weiterweg: Den nächsten Turm nördlich auf schräg abwärtsführendem Schuttband umgehen und über Schutt in den dahinter befindlichen Gratsattel. Nun brüchig über die nächsten beiden Grattürme hinweg, wobei man ihre Spitze vorteilhaft links umgeht. Über die folgenden drei etwa gleichhohen Türme entweder direkt hinweg oder diese beliebig umgehen (wesentlich leichter). Man gelangt somit in einen weiten Sattel. Von ihm längs des nun undeutlich ausgeprägten Grates (Felsstellen können umgangen werden) zum Nordwestgrat und längs der Schuttschneide zum nahen Gipfel.

● **394 Gratübergang vom Nordwest- zum Südostgipfel**
  I (kurz) vorwiegend Schutt. Etwa 400 m, 15–20 Min.

Route: Am Grat nach SO bis vor einen Gratturm, der dem SO-Gipfel vorgelagert ist. Diesen rechts umgehen und auf Schutt bis unter eine Einbuchtung im Gipfelkörper weiterqueren. Nun aufwärts zum nahen Gipfel.

● **395 Ostgrat des Südostgipfels**
  II (Stellen), I, oft Gehgelände 400 m Höhenunterschied, Gratlänge etwa 650 m; 1–1½ Std.

Übersicht: Anstieg über den in den Hintergrund des Val da Tea Fondada herabziehenden Grat.
Zugang: Von La Stretta (R 56) nach W zum Ausgang des Val da Tea Fondada. Dieses bis zu seiner kesselartigen Erweiterung im Talhintergrund verfolgen, dann rechts aufwärts gegen den Gratfuß und rechts desselben weiter, bis man nach links zur Gratschneide ansteigen kann. 2½ Std.

Route: E. unter der Schulter nach dem ersten Grataufschwung. Durch einen Riß aufwärts und auf die Schulter. Nun über einige Gratköpfe zu einem Turm. Dieser wird rechts auf einem Schuttband in die dahinter befindliche Scharte umgangen. Weiter längs der Gratschneide bis zum Gipfelaufbau und unterhalb links durch eine Schuttrinne empor. Man gelangt somit auf eine Schulter südlich des Gipfels. Von dort durch eine Einbuchtung auf den höchsten Punkt.

● **396 Südgrat des Südostgipfels**
II (kurz), I, brüchig 200 m Höhenunterschied, Gratlänge etwa 400 m, $^1\!/_2$ Std.

Zugang in den Passo di Val Paolaccia: s. R 386.
Route: Vom Paß über einige kleine Gratzacken zu einem Abbruch. Diesen rechts (brüchig) erklettern, dann längs der Gratschneide (oder rechts von ihr) auf eine Schulter südlich des Gipfels. Von dort durch eine Einbuchtung zum höchsten Punkt.

● **397 Südwestflanke**
I (am Gipfelkörper), sonst Schutthang

Route: Vom Passo di Val Paolaccia links des S-Grates über Schutt aufwärts und schließlich auf die Schulter des S-Grates. Von dort gemeinsam mit dem S-Grat durch die Einbuchtung zum Gipfel.

● **398–399** frei für Ergänzungen.

● **400 Piz Murtaröl (Cima la Casina),** 3180 m

Höchster Gipfel der Umbrailgruppe und lohnende Einblicke in diese gewährend. 1. bekannte Ersteigung W. Leaf, G. W. Prothero, L. Guler, 13. 9. 1893 auf R 401.

● **401 Von Süden**
W. Leaf, G. W. Prothero, L. Guler, 13. 9. 1893
I (kurze Stellen am Gipfelaufbau), sonst (vorwiegend wegloses) Gehgelände, eintönig. 4 Std. von S. Giacomo di Fraele.

Von S. Giacomo di Fraele (Autozufahrt) nach N zu jenem langen Rücken, der vom W-Gipfel des Piz Murtaröl herabzieht und das Val Paolaccia vom Valle della Casina trennt. Mühsam den etwas felsdurchsetzten Rücken aufwärts. Unter dem Aufbau des W-Gipfels nach rechts und in den Sattel vor dem Hauptgipfel. An der kurzen Firnschneide zum Grataufbau des Hauptgipfels. Quergang in die Südseite und über gebänderten Fels schräg ansteigend in den breiten Sattel westl. des Gipfels. Nun entweder über die beliebig ersteigbaren Felsen direkt auf ihn oder unterhalb am Gletscher entlang auf die Ostseite. Dort unschwierig zum Gipfel.

- **402** **Südflanke des Nordwestgrates**
  W. Leaf, G. W. Prothero, L. Guler, 13. 9. 1893, im Abstieg
  I (kurze Stellen am Gipfelaufbau), viel Schutt, eintönig.
  1½ Std. von der Fuorcla Murtaröl.

Zugang in die Fuorcla Murtaröl: Von S. Giacomo di Fraele (Autozufahrt) weglos durch das Valle della Casina 3½–4 Std., von Alp Mora (R 58) weglos durch das Val Murtaröl 3–3½ Std.

Route: Von der Fuorcla Murtaröl unter den Felsen des NW-Grates über die Schutthänge der S-Seite entlang, bis man den Sattel hinter der zweiten Turmgruppe erreichen kann. In diesen hinauf (von Norden reicht der kleine westliche Hängegletscher in den Sattel). An der kurzen Firnschneide zum Grataufbau des Hauptgipfels. Quergang in die Südseite und über gebänderten Fels schräg ansteigend in den breiten Sattel westlich des Gipfels. Nun entweder über die beliebig ersteigbaren Felsen direkt zum Gipfel oder unterhalb am östlichen Gletscher entlang und von Osten unschwierig zum Gipfel.

- **403** **Nordwestgrat**
  G. Dyhrenfurth, R. Großmann, A. Spitz, M. Möller, 6. 8. 1909
  II (Stellen), I, zum Teil Gehgelände, 1 kurze Abseilstelle.
  2½–3 Std.

Übersicht: Überschreitung bzw. Ersteigung der beiden Turmgruppen des Westgipfels mit Übergang zum Hauptgipfel.
Zugang in die Fuorcla Murtaröl: s. R 402.
Route: An der Gratschneide zum Fuß der ersten Turmgruppe. Von dort etwas absteigend auf die S-Seite und auf einer Schutthalde bis in Fallinie des Gipfels der ersten Turmgruppe queren. Über eine Gratrippe (II) nach Norden zu seiner Spitze. Nun am Grat bis zu einem hohen Abbruch. In der Südseite hinab und in die Scharte zwischen beiden Turmgruppen hineinqueren. Der Gipfel der zweiten Turmgruppe wird ebenfalls von Süden erreicht. Weiter längs des Grates zu einem hohen Abbruch. Hier durch einen etwa 40 m hohen Kamin hinab. Von seinem unteren Ende kurze Abseilstelle in leichtes Gelände und in den breiten Sattel vor dem Hauptgipfel (von N reicht der kleine westl. Hängegletscher in den Sattel). Weiter wie R 402 und R 405 zum Gipfel.

- **404** **Nordrinne des Westgipfels**
    Firn (selten Eis-) rinne von etwa 40 Grad Neigung, kurze Stellen geringfügig steiler. 300 m, ³/₄ Std.

Übersicht: Die ins Val Murtaröl hinabführende Rinne, die zwischen den beiden Turmgruppen des Westgipfels ausmündet, wird durchwegs erstiegen.

- **405** **Westlicher Hängegletscher der Nordseite**
    Ed. Imhof, A. Ludwig, E. Schenkel, 2. 8. 1897
    Im Firn (Eis) bis etwa 40 Grad (kurz), am Gipfelaufbau **I**
    4–4¹/₂ Std. von Alp Mora bis zum Gipfel.

Übersicht: Der Anstieg benützt den sehr kleinen Hängegletscher zwischen Hauptgipfel (im O) und dem aus zwei Turmgruppen bestehenden Westgipfel.

Zugang: Von Alp Mora zum gegenüberliegenden Ausgang des Val Murtaröl. Nun steil (Weg) links empor auf die Gratschneide Mona d'Immez, welche das Val Murtaröl vom östlich gleichlaufenden kleinen Tal trennt. Längs der Schneide (Schafsteige) zur Moräne empor und über Schutt und Schnee zum Bergkörper. Man strebt dabei den Fuß jenes gratartigen Felsrückens an, welcher den größeren (und in Gipfelfallinie befindlichen) östlichen Hängegletscher vom westlichen Hängegletscher trennt. Nun unter den Felsen über Schutt und Schnee rechts (westl.) aufwärts zum linken Rand des kleinen westlichen Gletschers.

Route: Von links auf den sich sehr bald zurücklegenden kleinen Gletscher und über ihn in den breiten Sattel vor dem Hauptgipfel. Nun (gemeinsam mit R 402) Quergang in die S-Seite des Berges und über gebänderten Fels schräg ansteigend in den breiten Sattel westl. des Gipfels. Nun entweder über die beliebig ersteigbaren Felsen direkt zum Gipfel oder unterhalb am östlichen Gletscher entlang und von Osten unschwierig zum Gipfel.

- **406** **Östlicher Hanggletscher der Nordseite**
    Im Firn (Eis) bis etwa 40 Grad, 250 m; Steinschlaggefahr von links. 4–5 Std. von Alp Mora bis zum Gipfel.

Zugang: Wie R 405 unter die beiden Hängegletscher der Nordseite. Nun nicht nach rechts zum westlichen Hängegletscher hinauf, sondern links an den linken unteren Rand des östlichen Hängegletscher.

Route: Vorteilhaft erst in den den Gletscher links begrenzenden Felsen kurz empor. Sobald als möglich auf den Gletscher hinaus und auf ihm schräg rechts aufwärts. Der Gletscher legt sich bald zurück und leitet zu den Gipfelfelsen. Von Osten unschwierig zum höchsten Punkt.

- **407** **Nordostgrat**
  G. Dyhrenfurth, H. Rumpelt, A. Spitz, 4.–5. 9. 1908
  IV (Stellen im ersten Drittel), III, II; kombiniertes Gelände.
  Gratlänge 1200 m, 4 Std. vom Gratbeginn.

Die Schlüsselstellen befinden sich im ersten Viertel des Grates; dieses kann vermieden werden, indem man erst danach vom begleitenden Kar zu Schneide ansteigt.
Übersicht: Anstieg über den langen Grat, welcher in der Scharte südlich des Piz Pala Gronda beginnt.
Zugang: Wie R 405 auf die Schnee- und Schuttfelder unter der Nordseite des Piz Murtaröl. Von dort links (östl.) aufwärts in die tiefste Einschartung zwischen Piz Pala Gronda und Piz Murtaröl. $2^{1}/_{2}$–3 Std.
Route: In der rechten Gratflanke entlang und durch zwei wenig schwierige Kamine zu einer schuttbedeckten Scharte. Nun in der rechten (NW-) Seite rechts von einer Höhle die Wand über zwei Überhänge (H) empor zu gutem Stand. Von dort durch einen schwach ausgeprägten Riß (H) zu einer Scharte in einer Sekundärrippe. Kurzer Quergang zur nächsten Scharte im Hauptgrat. Über eine Wandstufe aufwärts zu einer längeren gut gangbaren Gratstrecke (Schutt). Auf ihr zu den folgenden Türmen. Diese werden auf Bändern rechts umgangen und die markante Scharte am Fuß des Gipfelaufbaues erreicht. Nun schräg rechts aufwärts (Eis), dann – anfangs ein kurzer Kamin – gerade zu einem waagrechten Stück einer sekundären Gratrippe empor. Auf dieser nach rechts ansteigend zu dem aus dem Kar heraufziehenden Pfeiler. Nun nach links (eis- bzw. firnbedeckte Bänder, Wandstufen) aufwärts zu jenem Zacken, mit welchem der fast waagrechte Gipfelgrat beginnt. Längs seiner Schneide und zum Teil rechts von ihr unter den Vorgipfel. An ihm links vorbei zu einer Scharte. Wenig schwierig aufwärts auf die letzte Graterhebung und danach am Rand des Gletschers zum Gipfel.

- **408** **Ostrinne**
  I (am Gipfelaufbau), sonst Schutt- und Schneerinne.

Übersicht: Anstieg durch jene lange Schutt- bzw. Schneerinne, die aus dem hinteren Val Magliavachas zur Schulter im obersten Südgrat hinaufführt. Von dort gemeinsam mit diesem zum Gipfel.

- **409** **Südgrat**
  II, I, brüchig. 130 m Höhenunterschied, Gratlänge etwa 500 m, $^{3}/_{4}$ Std.

Zugang in den Sattel zwischen Piz Magliavachas und Piz Murtaröl: s. R 392.

Route: Am Grat zu einer Reihe von Felszacken. Diese werden links (westl.) umgangen und der Grat bis zu einer Schulter im oberen Gratteil verfolgt. Von dort durch einen kurzen plattigen Kamin empor und zur Gipfelabdachung. Mit wenig Steigung zum höchsten Punkt.

● **410–412**   frei für Ergänzungen.

● **413**   **Piz Pala Gronda,** 3002 m

Gipfel am Endpunkt des Piz Murtaröl-NO-Grates und vorteilhaft mit einer Begehung desselben ersteigbar. 1. Ersteigung G. Dyhrenfurth, H. Rumpelt und A. Spitz, 4. 9. 1908 auf R 414.

● **414**   **Nordwestgrat**
G. Dyhrenfurth, H. Rumpelt, A. Spitz, 4. 9. 1908
II (Stellen), I, oft Gehgelände. 600 m Gratlänge, 200 m Höhenunterschied. 1½ Std. vom Gratbeginn, 3½–4 Std. vom Alp Mora zum Gipfel.

Zugang: a) Von Alp Mora zum Ausgang des gegenüberliegenden Val Murtaröl. Nun links (östl.) steil (Steig) auf den Rücken Mona d'Immez hinauf, welcher das Val Murtaröl von einem kleinen östl. gelegenen Seitental trennt. Auf dem Rücken (Steig) empor bis an sein oberes Ende. Danach nach links zu einem auffallenden Schuttkegel, der mit seiner rinnenartigen Fortsetzung zur Gratscharte unter dem Gipfelaufbau emporzieht. Über den Schuttkegel und durch die Rinne in die Scharte des NW-Grates hinauf. 2½ Std. – b) Wie bei a) auf den Rücken Mona d'Immez und diesen Rücken bis zu seinem obersten Viertel begehen. Nun nach links (Osten) die Mulde und die Grathänge zum Nordwestgrat queren. 2 Std.
Route: Durchwegs längs der Gratschneide bis zur Scharte vor dem Gipfelaufbau. Hier mündet der Zustieg a) ein. Nun in der rechten (westl.) Gratflanke aufwärts und dort zur Gratschneide, wo diese unschwierig wird. Längs der Schneide zum Gipfel.

● **415**   **Nordostgrat** (richtiger: Ostnordostgrat)
III, II; lohnend, jedoch immer wieder Schuttpassagen zwischen den Kletterstellen. 400 m Höhenunterschied, Gratlänge etwa 800 m, 4 Std. v. E, 6 Std. von Alp Mora oder La Stretta zum Gipfel.

Zugang: Von Alp Mora (R 58) oder La Stretta (R 56) im Val Mora bis gegenüber dem Ausgang des Val Magliavachas. An passender Stelle über den Bach und nach Süden ins Val Magliavachas, wobei man sich immer an der Westseite des dort fließenden Baches hält. Im Tal bis vor die Einmündung einer langen Schutthalde. Hier aufwärts zum Gratbeginn. An den ersten bedeutungslosen Felsköpfen vorbei zum Aufschwung des Grates. 2 Std.

Route: E. auf einem kleinen Absatz unter dem Aufschwung. Steil rechtshaltend auf die Gratschneide (hierher auch von weiter rechts über Schutt). Unschwierig am Grat zu einer steilen Wand. Kurzer ausgesetzter Rechtsquergang, dann auf einer Schuttschneide zur nächsten Graterhebung. Diese entweder umgehen oder überklettern, danach über eine senkrechte Wandstufe zu einem Schutt- und Blockgrat. Auf ihm bis zu einem Felskopf vor einer tiefen Gratscharte. Rechts hinab und durch eine steile Rinne in die Scharte absteigen. Nun über Fels und Schutt steil am Grat zum nächsten großen Turm. Nicht ganz auf seine Höhe, sondern vor seinem Gipfel auf einem geneigten plattigen Band südlich bis ober eine tiefe Scharte. Vom Band durch einen Kamin etwa 4 m hinab in eine Schutt- (Eis-) rinne, die gegen das Val Mora abstreicht. Sofort Quergang unter einem Felskopf in die Scharte hinein. Der nächste Felskopf wird entweder direkt erstiegen oder links umgangen. Danach hinter einen auffallenden Zacken. Links von ihm gerade aufwärts zum nun nach N streichenden Grat und auf ihm zum Gipfel.

- **416** **Ostrinne**
  I (Stellen), Schrofen und Schutt. 3–4 Std. von Alp Mora oder La Stretta zum Gipfel.

Von Alp Mora oder La Stretta zum Ausgang des Val Magliavachas. An passender Stelle über den Bach und ins Tal. In ihm westl. des Baches bis unter jene Rinne, die von der kleinen Scharte südöstl. des Gipfels herabzieht und unten mit einer Felswand abbricht. Links der Fallinie der Rinne empor und von links in die Rinne, die man bereits ober dem Abbruch erreicht. Nun in der Rinne oder (vorteilhafter über ihre felsige Begrenzung) empor. Von der Scharte an ihrem Ende unschwierig zum nahen Gipfel.

- **417A** **Südostgrat im Abstieg**
  G. Dyrhenfurth, H. Rumpelt, A. Spitz, 9.1908, im Abstieg
  II (Stellen), 1 Abseilstelle (10 m), Gratlänge etwa 400 m, ½ Std.

Eine Begehung erfolgt vorteilhaft mit einer Begehung des Piz Murtaröl-Nordostgrates.

Route: Vom Gipfel längs der Gratschneide zu einer Scharte, von der eine Rinne ins Val Murtaröl hinabzieht. Nun längs der Gratschneide zu einem Abbruch oberhalb der tiefsten Einschartung zwischen Piz Pala Gronda und Piz Murtaröl. 10 m abseilen und in die Scharte. Nun entweder über den NO-Grat des Piz Murtaröl weiter oder auf eine der beiden Seiten hinab in eines der beiden begleitenden Täler.

● **418** **Westrinne**

Die von der Scharte im SO-Grat ins Val Murtaröl hinabziehende Rinne kann ebenfalls begangen werden. Im Aufstieg völlig unlohnend. Näheres unbekannt.

● **419–420** frei für Ergänzungen.

● **421** **Mon'Ata,** 2730 m; **Piz Mon'Ata** 2938 m

Gipfel jenes Kammes, der, das Val Murtaröl westlich begrenzend, vom Grenzkamm nach N gegen Alp Mora zieht. Der Mon'Ata ist eine Rückfallkuppe im Nordgrat des Piz Mon'Ata und als Einzelziel von untergeordneter Bedeutung.

● **422** **Nordgrat**
G. Dyhrenfurth, R. Großmann, A. Spitz, Möller, 5. 8. 1909
I (kurze Passagen am Gipfelaufbau), vorwiegend Gehgelände, 3 Std. von Alp Mora zum Gipfel.

Von Alp Mora zum Ausgang des gegenüberliegenden Val Murtaröl. Aus ihm entweder nach etwa 20–30 Min. nach W auf den vom Mon'Ata nach N streichenden Gratrücken oder das Val Murtaröl weiter einwärts verfolgen und auf einer breiten Schuttrinne in die Gratsenke zwischen Mon'Ata und Piz Mon'Ata. In beiden Fällen wird die Gratschneide durchwegs begangen und zuletzt, etwas rechts haltend, der Gipfel erstiegen.

● **423** **Südostgrat**
G. Dyhrenfurth, R. Großmann, A. Spitz, Möller, 5. 9. 1909
III (kurz), I, oft Gehgelände. Gratlänge etwa 500 m, Höhenunterschied 37 m, $1/2$ Std.

Zugang in die Fuorcla Murtaröl: s. R 402.
Route: Die Gratschneide wird durchwegs begangen.

● **424** **Cima del Serraglio,** 2685 m

Langgestreckter in S-N-Richtung verlaufender Gipfel zwischen Cruschetta und Jufplaun; im Spätwinter auch Skiziel.

- **425 Nordgrat**
  Langgestreckter unschwieriger Grat, lohnende Wanderung. Vom Hotel Fuorn bzw. Süsom Give 3½ Std., von Alp Mora 2–2½ Std.

Von Alp Mora bzw. den Häusern an der Ofenpaßstraße auf bez. Weg (s. R 59, 60) zur Wasserscheide bei Jufplaun. Nun beliebig über die weitläufigen Böden nach Süden und über den sich allmählich ausprägenden langen Grat, einige Erhebungen überschreitend, zum Gipfel aufsteigen.

- **426 Südgrat**
  I (Stellen), unlohnend, 2½ Std.

Übersicht: Der den Grenzverlauf bildende Grat wird über Gras und Felsstufen durchwegs begangen. Ein Felsaufschwung knapp vor dem Gipfel wird rechts umgangen.

- **427** frei für Ergänzungen.

- **428**   **Munt Buffalora,** 2630 m

Lang gezogener nach O felsig abfallender Rücken, an seiner NO-Seite befinden sich Reste alter Eisenbergwerke.

- **429 Vom Wegerhaus Buffalora an der Ofenpaßstraße**
  Unschwieriger Anstieg, 2½ Std.

Vom Wegerhaus Buffalora nach S (Weg) zur Alp Buffalora und weiter dem Weg in Richtung Jufplaun bis auf die Böden von Buffalora folgen. Nun westlich abzweigen und entweder an den ehemaligen Bergwerksanlagen vorbei oder weiter rechts haltend zum in Nord-Süd-Richtung verlaufenden Gipfelrücken. Auf ihm nach S zum höchsten Punkt.

- **430 Vom Ofenpaß**
  Unschwieriger Anstieg, 2½ Std.

Von Süsom Give am Ofenpaß dem Fußweg nach S in das kleine, sich bald erweiternde Tal folgen. Nach seiner Wasserscheide dem Weg eben und absteigend am Nordhang und später Westhang des Piz Daint (Piz d'Aint) folgen. Zuletzt entweder zum Zollhaus auf Jufplaun oder schon vorher absteigen gegen die Böden von Buffalora. Nun zwei Möglichkeiten: wenn man zu den Böden von Buffalora absteigt wie R 429 von N auf den Gipfel; wenn man zum Zollhaus wandert wie R 431 von S auf den Gipfel.

- **431 Südrücken**
  Unschwieriger Anstieg, Trittsicherheit nötig. 2 Std. von Alp Mora.

Von Alp Mora am Weg in das nach NW ziehende Tal. In und neben ihm aufwärts auf Weideböden und über diese in Richtung Zollhaus. Entweder zu diesem hin oder schon vorher links abbiegen und nach WSW in die Fuorcla dal Gall. Beliebig über den vor ihr ansetzenden etwas felsdurchsetzten Rücken zum Gipfel.

- **432 Von San Giacomo di Fraele**
  Unschwieriger Anstieg, langwierig und wenig lohnend. 5 Std.

Von S. Giacomo zum nahen Passo di Fraele. Nun der linken (westl.) Straße folgen und die Hänge im allgemeinen waagrecht nach NW queren. Der Weg führt schließlich abwärts zum Bachbett des Acqua di Gallo und überschreitet dieses. Jenseits eben weiter bis man sich bereits oberhalb des Livigno-Stausees befindet. Der Weg führt nun in zahlreichen Kehren zur Alpe del Gallo empor und von dort im Tal nach Osten, später NO, in die Fuorcla dal Gal. Beliebig über den auf der Schweizer Seite ansetzenden Rücken nach N zum Gipfel.

- **433 Vom Hotel Fuorn an der Ofenpaßstraße**
  Unschwieriger Anstieg, 3½ Std.

Der Anstieg verläuft im **Bereich des Nationalparks** (Bestimmungen beachten!).

Vom Hotel der Straße in Richtung Zernez über den Bach und bis zum jenseitigen Ende der langen Wiese folgen. Nun nach S (bez. Weg) abzweigen und durch den God la Drossa aufwärts zur Alp la Schera. Nun in südöstlicher Richtung über allmählich flacher werdende Weideböden unter dem Munt la Schera durch. Nach dem Sattel zwischen Munt la Schera und Muot Chavagl die Hänge des letzteren nach SO queren. Man erreicht einen Sattel südlich des Muot Chavagl, zwischen dem Sattel und dem Rücken des Munt Buffalora befindet sich eine unbenannte Erhebung. Diese entweder überschreiten oder queren und danach über den von N nach S aufsteigenden Rücken zum Gipfel.

- **434 Muot Chavagl (Munt Chavagl), 2542 m**

Allseits unschwieriger Gipfel von untergeordneter Bedeutung, vorteilhaft in Verbindung mit Munt la Schera oder Munt Buffalora zu ersteigen (in beiden Fällen etwa 1 Std. mehr Zeitaufwand). Der Gipfel liegt im **Bereich des Nationalparks** (Bestimmungen beachten!).

- **435**   **Vom Hotel Fuorn an der Ofenpaßstraße**
  Unschwieriger Anstieg, 2½–3 Std.

Wie R 433 in den Sattel zwischen Munt la Schera und Muot Chavagl. Von dort über den Rücken zum höchsten Punkt.

- **436**   **Vom Wegerhaus Buffalora an der Ofenpaßstraße**
  Unschwieriger Anstieg, 2 Std.

Vom Wegerhaus nach S (Weg) zur Alp Buffalora und aufwärts auf die Böden von Buffalora. Nun nicht dem bez. Weg in Richtung Jufplaun folgen, sondern in westlicher Richtung (Weg) abzweigen und über die Weideböden in den Sattel zwischen Muot Chavagl und dem Ausläufer des Munt Buffalora-Nordrückens. Von dort nach NW auf dem Rücken zum Gipfel.

- **437**   **Munt la Schera,** 2590 m

Breite Kuppe südlich des Hotels Fuorn an der Ofenpaßstraße und im **Bereich des Nationalparks** gelegen (Bestimmungen beachten!). Die Ersteigung läßt sich vorteilhaft mit einer Ersteigung des Muot Chavagl und Munt Buffalora verbinden.

- **438**   **Vom Hotel Fuorn an der Ofenpaßstraße**
  Unschwieriger bez. Anstieg, 2½ Std.

Vom Hotel der Straße in Richtung Zernez über den Bach und bis zum jenseitigen Ende der langen Wiese folgen. Nun nach S abzweigen und durch den God la Drossa aufwärts zur Alp la Schera. Von dort über die Grashänge in östlicher Richtung zum Gipfel hinauf.

- **439**   **Vom Wegerhaus Buffalora an der Ofenpaßstraße**
  Unschwieriger Anstieg, 2½ Std.

Wie R 436 in den Sattel zwischen Muot Chavagl und dem Ausläufer des Munt Buffalora-Nordrückens. Um den Bergkörper des Muot Chavagl südlich herum und in den Sattel vor dem Munt la Schera. Über Grashänge zum Gipfel des letzteren.

- **440–441**   frei für Ergänzungen.

Die Gipfel des nördlichen Parallelkammes

Der Kamm verläuft im Halbbogen zwischen Val Mora (im S) und Val Müstair (Münstertal) im N und bietet lohnende Wander- und Frühjahrsskiziele mit lohnenden Einblicken in den Hauptkamm der Umbrailgruppe. Ausgangspunkte sind Alp Mora (R 58), La Stretta (R 56), sowie die Beherbergungsbetriebe im Bereich des Ofenpasses und Münstertales.

● **442**   **Piz dal Döss Radond,** 2906 m

Der Kamm nach S gegen La Stretta vorgelagerter Felsgipfel.

● **443**   **Nordostgrat**
     I, 80 m Höhenunterschied, Gratlänge etwa 250 m. 2½ Std. von La Stretta bis zum Gipfel.

Zugang: Von La Stretta nach O am Weg über die Weideböden zur Wasserscheide. Nun nördlich abzweigen und in beliebiger Wegführung die Hänge empor. Zuletzt linkshaltend in den Sattel zwischen dem Nordgrat und dem Hauptkamm.

Route: Längs der Gratschneide (oder anfangs in der W-Seite des Grates) zum Gipfel.

● **444**   **Westgrat**
     I, 100 m Höhenunterschied, Gratlänge etwa 500 m, 3 Std. von La Stretta bis zum Gipfel.

Zugang: Von La Stretta der Almstraße nach W im Val Mora folgen. Gegenüber des von S einmündenden Val da Tea Fondada (und nach der Abzweigung des in dieses hineinführenden Steiges) zweigt rechts (nördl.) ein Steig hangaufwärts ab. Diesem bis ans Ende folgen und weiter über den Rücken aufwärts. Man gelangt an den Rand des weiten karähnlichen Val da la Crappa. Dieses im Bogen gegen den W-Grat zu schräg ansteigen.

Route: Längs der Gratschneide zum Gipfel.

● **445–446** frei für Ergänzungen.

● **447**   **Piz Turettas,** 2963 m

Lang gestreckter in W-O-Richtung verlaufender Gipfelrücken, an dessen Ostkamm einige Felstürmchen aufgesetzt sind.

● **448**   **Von Westen**
     Unschwieriger Anstieg; am Gipfelgrat einige Felspassagen, die kaum den I. Schwierigkeitsgrad erreichen. 3 Std. aus dem Val Mora, 4–5 Std. aus dem Münstertal.

Zugänge a) **aus dem Val Mora:** Von La Stretta oder Alp Mora im Tal

zur Alp Sprella. Von dort (Steig) aufwärts in das karähnliche Valbella. In ihm längs des Baches aufwärts zum weitläufigen im Hauptkamm befindlichen Sattel westlich des Gipfels (östlich knapp unter dem Sattel ein kleiner See). – b) **aus dem Münstertal:** Entweder von Fuldera über die Alp Sadra auf die freien Hänge oder von Tschierv über Era da la Bescha (schwer zu finden) dorthin. Weglos über die Hänge in den weitläufigen im Hauptkamm befindlichen Sattel westlich des Gipfels.
Gipfelanstieg: Vom Sattel über Schutt und Schnee aufwärts zum Vermessungszeichen. Dieses befindet sich am Gipfelgrat östlich des Gipfels.
Kurzer Abstieg nach W in eine kleine Scharte. Der Felsaufbau dahinter wird vorteilhaft nach rechts erstiegen. Weiter über einen kurzen Schuttgrat zu einem Felsgrat. Diesen entweder direkt begehen oder rechts (nördlich) unter ihm queren und zuletzt über gutartigen Fels aufwärts zum Gipfelgrat.

- **449   Ostgrat**
  I (Stellen), oft Gehgelände. Gratlänge 2 km, 3 Std. von La Stretta bis zum Gipfel.

Zugang: Von La Stretta am Weg nach O zur Wasserscheide. Nun nördlich abzweigen und beliebig die Hänge zur Gratschneide aufwärts.
Route: Längs der Gras-, Schutt- und Blockschneide nach W. Die kleinen Türme werden beliebig überklettert oder umgangen und der Vorgipfel mit dem Vermessungszeichen erreicht. Kurzer Abstieg nach W in eine kleine Scharte. Der Felsaufbau dahinter wird vorteilhaft nach rechts erstiegen.
Weiter über Schutt zu einem Felsgrat. Diesen entweder direkt begehen oder rechts (nördl.) unter ihm queren und zuletzt über gutartigen Fels zum Gipfelgrat hinauf.

- **450**   frei für Ergänzungen.

- **451   Piz Chazfora,** 2783 m

Unbedeutender Gipfel, dem Hauptkamm gegen das Val Mora etwas vorgelagert.

- **452   Aus dem Val Mora**
  Unschwieriger Anstieg, 2½ Std.

Von La Stretta oder Alp Mora im Tal zur Alp Sprella. Von dort (Steig) aufwärts in das karähnliche Valbella. In ihm etwa zur Hälfte einwärts, dann nach Osten in beliebiger Wegführung zum Gipfel.

- **453** Piz Dora (Piz d'Ora), 2951 m

- **454** Ostrücken
  Unschwieriger Anstieg, 3 Std. aus dem Val Mora, 4–5 Std. aus dem Münstertal bis zum Gipfel.

Zugänge: Wie beim Westanstieg auf den Piz Turettas (R 448) zum weitläufigen im Hauptkamm befindlichen Sattel westlich des Piz Turettas.
Gipfelanstieg: Längs des Rückens zum Gipfel.

- **455** Gratübergang zum Piz Daint
  Unschwieriger Grat, 2 Std.

Route: Die im wesentlichen nach NW verlaufende Gratschneide wird, über den trennenden Sattel (Tanter Pizza) hinweg, durchwegs begangen. Der Sattel Tanter Pizza kann vom Jufplaun über die Hänge beliebig in 1½ Std. erreicht werden.

- **456** frei für Ergänzungen.

- **457** Piz Daint (Piz d'Aint), 2968 m

Mächtiger Gipfel im S des Ofenpasses, beliebtes Frühjahrsskiziel.

- **458** Vom Ofenpaß
  Unschwieriger Anstieg, 3 Std.

Vom Ofenpaß nach S in das kleine Tal zwischen Piz Gialet und Piz Daint. Dieses aufwärts zur nahen Wasserscheide und dem Weg noch ein kurzes Stück bis auf die Weiden von Murtaröl folgen. Über die Hänge aufwärts und beliebig zum Nordwestgrat des Berges. Längs seiner schuttbedeckten Schneide zum Gipfel.

- **459** Gratübergang zum Piz Dora

s. R 455 in Gegenrichtung.

- **460** Piz Gialet (Il Jalet), 2392 m

Unbedeutende Erhebung im SW der Ofenpaßhöhe; mit Ausnahme der Ostseite allseits unschwierig ersteigbar.

- **461** Vom Ofenaß
  Unschwieriger Anstieg, ½ Std.

Von der Paßhöhe nach SW durch Krummholz auf einem Steiglein empor und schließlich über freie Hänge zum Gipfel.

- **462** **Vom Ofenpaß über Davo Plattas**
  Unschwieriger Anstieg, 40 Min.

Vom Ofenpaß nach S in das kleine Tal zwischen Piz Gialet (rechts) und Piz Daint (links) dieses (Weg) aufwärts bis knapp vor die Wasserscheide (Davo Plattas). Nun rechts (nordwestl.) abzweigen und die Hänge (Steig) zum Gipfel empor.

3. Der Kristallkamm (Stilfser Joch bis Ortlerpaß)

Ausgangspunkte: die Schutzhütten im Bereich des Stilfser Joches (R 66), Bivacco Carlo Locatelli (R 68), Bivacco Pellicioli (R 70), Berglhütte (R 73), Rif. Quinto Alpini (R 142), sowie für die südseitigen Anstiege) die Ortschaften Bormio, S. Nicolo Valfurva, und die Almen im Val Zebrù.
Übergänge: R 176, 177

- **463** **Cima di Reit (Pizzo Pedranzini)**, 3049 m
Der westlichste Gipfel der Ortlergruppe und gegen die S-Rampe der Stilfser Joch-Straße vorgeschoben.

- **464** **Von der 1. Cantoniera der Stilfser Joch-Straße (Südrampe)**
  4 Std.

Entweder talabwärts bis vor die nächste Straßengalerie oder talaufwärts bis zur dritten Kehre. In beiden Fällen (Steig) mit vielen Kehren in südöstl. Richtung aufwärts, dann in langem schrägen Anstieg taleinwärts auf die Böden von La Glandadura. Hier zweigt in spitzem Winkel bergwärts ein weiterer Steig ab, dem man gegen den von der Cima di Reit nach Westen streichenden Kamm (Passo Pedranzini) folgt. Aus dem Kar unterhalb dieses Kammes links abbiegen und weglos über Schutt und Schnee über den Nordwesthang des Berges zum höchsten Punkt.

- **465** **Becco d'Aquila**, 2496 m; P. 2757 m
Die westlichsten Erhebungen der Cresta di Reit; sie befinden sich östlich des Passo Pedranzini und fallen mit steilen Wänden nach S ab.

- **466** **Von der 1. Cantoniera der Stilfserjoch-Straße (Südrampe)**
  I, II (kurz am Gipfelaufbau). 4 Std.

Wie R 464 in den Passo Pedranzini. Nun an der Nordseite über die Hänge bis unter die Einschartung zwischen Becco d'Aquila und P. 2757 queren. Beliebig über Fels auf den Gipfel des ersteren oder in die Scharte zwischen beiden Gipfeln und dann über geneigte Plattenhänge nach O zu P. 2757.

● **467** **Crap de Mulina (Westschulter des Becco d'Aquila), Südpfeiler**
F. Berbenni, E. Sertorelli, 9. 11. 1978
IV+ (40 m), IV (mehrere Passagen), III. 300 m, 4 Std.

Zugang: Von Bormio der Stilfserjoch-Straße etwa 3 km folgen. Beim Ausgang einer Straßengalerie (etwa 1460 m Seehöhe) rechts abzweigen und (Weg) den oberhalb befindlichen begrünten Rücken empor. Von seinem Ende schräg rechts unter die Felsen hinauf. Über grasdurchsetzten Fels aufwärts, dann nach rechts in die Schutt- und Felsrinne, die sich in Fallinie des Becco d'Aquila befindet. In ihr empor und nach links zum Beginn des Pfeilers. 2 Std. von der Straße.

Route: E. am Beginn des Pfeilers. Über einen Aufschwung (IV) an die Pfeilerkante. Dieser 100 m bis unter einen senkrechten Abbruch folgen. Nun einen schräg von rechts nach links aufwärtsführenden Riß bis unter eine Latsche verfolgen (IV), dann (1 SL) zwei aufeinanderfolgende Verschneidungen (IV+) empor. Weiter an und knapp links der Pfeilerkante (6 SL) zum Ausstieg empor (nach Buscaini).

● **468** **Becco d'Aquila Südpfeiler**
A. Partel, Au. De Zolt und Gef., 5.–6. 8. 1971
VI, V, A 1, A 2, Ae. 300 m, 6–7 Std., brüchig, 74 H und 3 BH belassen.

Zugang: Wie R 467 in die Schutt- und Felsrinne. In ihr bis in Gipfelfallinie. 2–2½ Std.

Route: E. in Gipfelfallinie unterhalb eines Bandes. Gerade auf das Band hinauf, dann 50 m schräg rechts (7 H) unter eine markante Verschneidung. Die Verschneidung etwa 50 m (H) empor (zuletzt V) und auf einen dreieckigen Absatz. Nun nach links queren, kurz empor (sehr brüchig, V+), und 15 m schräg rechts bis in Fallinie eines Dachüberhanges weiter. Gerade zu ihm hinauf und über das von einem Riß durchzogene Dach (VI, brüchig) hinweg. Man folgt nun durchwegs dem sich bald zu einem Kamin erweiternden Riß bis auf einen Absatz unter der steilen Gipfelwand. Knapp rechts von ihm 50 m (A 1, A 2, stellenweise VI) empor. Nun etwas rechtshaltend kurz aufwärts und danach sehr ausgesetzter Quergang (25 m, V, VI) nach rechts in einen Rißkamin. Diesen 15 m empor (V) und danach schräg rechts zum Ausstieg am Gipfel (nach Buscaini).

- **469** **P. 2757 Südwand**
    G. Constantini, S. Pozzi, R. Conedera, W. Palfrader, 10. 7. 1971
    VI, V+, A 1 (je eine Stelle), sonst V und IV. 400 m, 5–6 Std., Standhaken vorhanden.

Zugang: Wie R 467 in die Schutt- und Felsrinne. Die Rinne kurz empor zu einer Verästelung derselben. Nun immer schräg rechts über Schrofen oberhalb des Vorbaues bis an die Wand. 2½–3 Std.

Route: E. am Beginn einer etwa 70 m hohen Verschneidung. Die Verschneidung 2 SL empor (III, IV). Nun über eine kurze Wandstufe hinauf (V+), dann 3 m sehr brüchig (IV) nach rechts und gerade 15 m (V) auf ein Band hinauf. Auf dem Band nach rechts bis unter einen Dachüberhang. Über diesen (VI, A 1, 3 H) hinweg und weiter über Platten (V) auf eine Leiste hinauf. Gerade in einer kurzen Verschneidung (III, IV) weiter und von ihrem oberen Ende 10 m schräg rechts auf ein Band empor. Auf dem Band kurz nach links und über eine Wandstelle (V) in eine Verschneidung. Diese 10 m empor (IV). Nun abermals 5–6 m nach links, dann 15 m rechtshaltend (zuletzt V) auf ein schmales Band. Gerade 1 SL über Platten (IV, IV+) bis an ihr oberes Ende und nach links auf ein breites Band. Diesem 20 m nach links folgen. Eine Verschneidung 10 m (IV) empor, dann 7–8 m nach rechts queren und dann 8 m (IV) gerade empor. Nun schräg rechts 4 m aufwärts (V) und gerade 4 m aufwärts auf ein Band. Gerade 1 SL empor (IV+, IV) und mit weiteren 20 m (III, brüchig) zum Ausstieg knapp westlich des Gipfels (nach Buscaini).

- **470** **Cresta di Reit,** 3025 m, 3075 m, 3094 m, 3099 m

Vielgipfeliger von West nach Ost verlaufender fast waagrechter Grat, der den nördlich davon gelegenen Cristalloferner (Vedretta di Monte Cristallo) geringfügig überhöht, aber nach Süden mit beachtlichen Wänden abfällt. Am Ostende des bei R 471 zu begehenden Gipfelgrates befindet sich im Passo di Ables das Bivacco Provolino (R 145).

- **471** **Vom Stilfser Joch**
    Zuletzt kurz **I,** im wesentlichen weglos. 2½ Std.

Vom Joch nach Süden in den östlich des Monte Scorluzzo breit eingesenkten Passo Platigliole. In der gleichen Richtung bis zur Vedretta di Vitelli weiter (bis hierher Steig). Man begeht den Gletscher in südlicher Richtung so, daß man sich nahe jenem Felssporn hält, der ihn nach Westen zu von der Vedretta di Monte Cristallo trennt (der Gipfel des Monte Cristallo bleibt dabei weit links, östlich!). Schließlich in den Firnsattel am Südende des Felsspornes (Passo di Crapinellin, 2929 m) hinauf. Von dort nach Südwesten über die oberste Vedretta di Monte Cristallo zur Scharte östlich des höchsten Gipfels der Cresta di Reit. Am und knapp neben dem Grat (I) auf ihn hinauf.

● **472** **P. 3075 unmittelbare Südwand**
V. Fiorelli, A. Calegari, 7.9.1940
III (stellenweise) und II. Viel Schutt und unlohnend.
Wandhöhe etwa 400 m, 3 Std. vom Wandfuß

Zugang von S. Nicolo Valfurva durch das Val d'Uzza. Wegen des ganz ungewöhnlich kompliziert zu beschreibenden Zuganges und der sehr gegliederten Wand muß von einer Beschreibung abgesehen werden. Der Anstieg ergibt sich von selbst (zahlreiche Möglichkeiten).
Eine sehr detaillierte aber aufgrund des unübersichtlichen Geländes trotzdem nicht nachvollziehbare Anstiegsbeschreibung findet man in RM 1943/106.

● **473–475** frei für Ergänzungen.

● **476** **Monte Scorluzzo**, 3094 m

Erste touristische Ersteigung Wolf, 1857. Schöner Aussichtsberg, besonders auf die Seite der Münstertaler Alpen hin; Skilift am Hang.

● **477** **Vom Stilfser Joch**
$^3/_2$–1 Std.

Nach S (Weg) in den östlich des Monte Scorluzzo breit eingesenkten Passo Platigliole.
Nun über den unschwierigen Ostgrat des Berges (Schutt und Schnee) zum Gipfel.

● **478** **Von der 4. Cantoniera (S-Rampe der Stilfser-Joch-Straße)**
$1^3/_4$ Std.

Über Schutt und Schnee weglos wahlweise über die N-Seite, den NW-Grat oder den W-Hang. Mühsam.

● **479** **Von der 2. Cantoniera (S-Rampe der Stilfser-Joch-Straße)**
3 Std.

Nach Osten in zahlreichen Kehren zum Südwestgrat des Berges (Filone del Mot) hinauf. Nun längs der unschwierigen Gratschneide (Felsstufen werden links, nordwestl., umgangen) zum Gipfel.

● **480** **Naglerspitzen, S-Gipfel,** 3272 m, **N-Gipfel,** 3259 m

Erste Ersteigung J. Payer, J. Pinggera, 26.9.1866 (Aufstieg O-Seite, Abstieg N-Grat und NW-Seite).
Erste bedeutende Erhebung südl. des Stilfser Joches und oberhalb der Naglerhütte (R 66a). Mehrere Skilifte am Hang, Skilift bis zum N-Gipfel. Zu Fuß ½ Std. von der Naglerhütte zum N-Gipfel. Der S-Gipfel ist über den teilweise überfirnten Verbindungsgrat unschwierig in ¼ Std. ersteigbar.
Abstieg vom S-Gipfel ins Vitelli-Joch (zwischen Nagler- und Geisterspitze) kurz und unschwierig.

● **481** **Hohe Schneide (Monte Cristallo)**
(Deutsch-österr. Vermessung 3431 m,
italien. Vermessung 3434 m)

Nicht zu verwechseln mit den Kristallspitzen (Cime di Campo); ebenmäßiger nordseitig vergletscherter (250 m hohe Eiswand) Gipfel, südlich der Naglerspitzen im Hauptkamm aufragend. Im Passo di Ables befindet sich das Bivacco Provolino (R 145).
Beliebtes Ziel von der Livriohütte (R 66b). Prachtvolle Aussicht, besonders nach S.

● **482** **Ostgrat**
Oster, J. Mazagg, 26.8.1872
Unschwieriger Firngrat, oft nach S überwächtet. Bei Skibenützung Skidepot im oberen Teil (unter Benützung der Skilifte 1 Std. Zeitersparnis). 2 Std. von der Livriohütte.

Route: Von der Livriohütte über den fast ebenen Gletscher in südlicher Richtung (und westlich an der Geisterspitze vorbei) bis zum Passo di Sasso Rotondo (3336 m), in welchem der O-Grat der Hohen Schneide beginnt. Am unschwierigen Grat (manchmal Wächten) über einige kleine Kuppen zum Gipfel.

● **483** **Südwand**
A. Bonacossa, G. Gagliotti, G. Zanelli, 19.7.1929 (RM 1971/474)
II, brüchig, unübersichtlich, viel Schutt.

Zugang: Im Val Zebrù zur Baita Chitomas (Baita del Tomaso).
Route: Schräg aufwärts zum Schneefeld, das zwischen Sasso Rotondo und P. 2687 herabzieht (3 Std. vom Val Zebrù). Das Schneefeld empor, dann einer Felsrippe 2 Std. folgen. Nun nach links in die Wand queren und gerade zum Gipfel hinauf (Bericht der Erstbegeher).

- **484** **Südwand zum Passo di Ables,** 3010 m,
  zwischen Cresta di Reit und Monte Cristallo gelegen.
  Im 1. Weltkrieg von den Italienern begangen, die eine Seilbahn vom Bormio bis zum Paß errichteten.
  I, 5 Std. vom Val Zebrù.

Vom Parkplatz im vordersten Val Zebrù (Ende der erlaubten Fahrstraße) in das Valle Ardof.
Dieses empor, dann über Rinnen und Schutt in den Paß hinauf. Weiter am SW-Grat des Berges.

- **485** **Südwestgrat**
  P. Pogliaghi 1883, Wegänderung dazu L. Purtscheller, 13.8.1883
  I und wenig steiler Firngrat (unter Umständen nach S überwächtet).
  1½–2 Std. vom Passo di Ables.

Zugang: Von der Livriohütte über den Gletscher nach S bis vor den Aufbau des Monte Cristallo. Unter seiner N-Wand am Gletscher westl. abwärts bis vor die Felsrippe, die die Vedretta dei Vitelli von der Vedretta di Monte Cristallo trennt. Am Gletscher aufwärts in den Firnsattel am S-Ende der Felsrippe; dort nach W auf die Vedretta di Monte Cristallo und sofort nach S in den Passo di Ables (2 Std., hierher auch vom Stilfser Joch auf R 471, der sich am Firnsattel mit dem Zugang von der Livriohütte vereinigt).
Route: Nun am Grat in östlicher Richtung weiter. Der erste Teil des Grates kann durchwegs überklettert oder nördlich am Gletscher umgangen werden (im zweiten Fall ist es besser, noch vor dem „Firnsattel" des Zuganges gerade über den Gletscher zum Grat anzusteigen), die zweite Hälfte der Gratstrecke wird von einer sanft gewellten Firnschneide gebildet.
Auf ihr zum Gipfel.

- **486** **Nordwand**
  Begehung im 1. Weltkrieg von unbekannten Bergsteigern und später (1930) von Ceccaroni auf jeweils unbekannter Wegführung (RM 1934/36, RM 1971/473).
  Ebenmäßige Firn- bzw. Eiswand von 250 m Höhe. 50–55 Grad Neigung.

Zugang von der Livriohütte wie R 482 und dann nach rechts unter die N-Wand (1 Std., kann bei Benützung der Schlepplifte wesentlich verkürzt werden).

- **487   Diagonalweg**
    L. Bombardieri, C. Folatti, 7.11.1932
    50–55 Grad, Schlüsselstelle unter Umständen geringfügig steiler, 250 m, 1 Std.

Route: In der Gipfelfallinie befindet sich, knapp oberhalb des Bergschrundes beginnend, ein Eiswulst, der in den östlichen Teil der Nordwand hinüberzieht. E. unterhalb des Wulstes und zwar knapp links (östl.) der Mitte seiner Breitenausdehnung. Aufwärts zum Wulst und diesen nach rechts aufwärts überqueren (Schlüsselstelle). Oberhalb immer etwas rechts haltend schräg zum Gipfel hinauf.

- **488   Direkte Nordwand**
    H. Egger, A. Fröhlich, J. Tinzl, 13.8.1927. Skibefahrung H. Holzer, 11.10.1970. 50–55 Grad, 250 m, 1 Std.

E. etwas rechts des westlichen Randes des bei R 487 genannten Wulstes. Die Eiswand immer gerade zum Gipfel hinauf.

- **489** frei für Ergänzungen.

- **490   Geisterspitze**
    (3467 m italien. Vermessung, 3465 m deutsch-österr. Vermessung). Schöner südlich der Livriohütte aufragender Berg, beliebtes Skiziel (Abfahrt entlang der Aufstiegsroute).

- **491   Von Westen**
    Westflanke und erste Ersteigung des Gipfels J. Payer, J. Pinggera, 26.9.1866; Nordwestgrat Arning und P. Dangl, 11.8.1885. Unschwierige Gletscherbegehung und Firnrücken. Oft begangen. 1–1½ Std. von der Livriohütte, unter Benützung der Schlepplifte ¾ Std.

Route: Von der Livriohütte in südl. Richtung über den Ebenferner zur W-Seite des Berges. Nun entweder über den NW-Grat (mäßig steiler Firnrücken, unter Umständen Wächtenbildung links, zur N-Wand hin) oder weiter nach S zum Westhang des Berges. Diesen empor und zuletzt über einen Firngrat zum Gipfel.

- **492   Gratübergang zur Payerspitze**
    Oster, J. Mazagg, 12.8.1875
    Unschwieriger Firngrat. ¼ Std.

Führe: Vom Gipfel nach SO über den Firngrat in die breite Einsenkung vor der Payerspitze hinab und jenseits wenig steil auf diese hinauf.

- **493** **Nordwand**
  Meist Firnwand, selten Blankeis, 40–50 Grad.
  200 m, ³/₄ Std. vom Wandfuß.

Übersicht: Anstieg über die zur Livriohütte gerichtete Flanke durchwegs in der Gipfelfallinie, wobei eine Felszone im unteren Drittel rechts (westl.) umgangen wird (1. Skibefahrung H. Holzer, 18.10.1970).

- **494** **Nordostflanke**
  (1. (?) Skibefahrung H. Holzer, 18.10.1970)
  Meist Firn, selten Blankeis. Durchschnittsneigung etwa 30 Grad, oben und unten je nach Wegführung bis zu 40 Grad. 180 m vom Wandfuß. ¹/₂ Std. vom Bergschrund.

Zugang: Von der Livriohütte nach S in Richtung Geisterspitze-Nordwand (Schlepplifte). Noch vor ihr über den Gletscher nach O an den Fuß jenes Firnrückens, der die N-Wand von der NO-Flanke trennt.

Route: Nun zwei Möglichkeiten: a) über den meist verdeckten Bergschrund und den Firnhang darüber zum bald deutlich ausgeprägten NO-Rücken hinauf und diesem zum Gipfel folgen (lohnend), oder b) weiter auf den Madatschferner nach O queren, bis man sich annähernd in der Gipfelfallinie befindet. Hier über den Bergschrund (in der Regel unschwierig) und (links der manchmal zu Tage tretenden Felsen) gerade zum Gipfel hinauf (schwieriger als Wegrichtung a.).

- **495** **Payerspitze**, 3446 m

Erste Ersteigung durch Oster, J. Mazagg, 12.8.1875 über R 498.
Südöstlich der Geisterspitze im Hauptkamm aufragender Gipfel, lohnend in Verbindung mit einer Besteigung der Geisterspitze.

- **496** **Von der Livriohütte**
  1–1¹/₂ Std., unter Benützung der Schlepplifte ³/₄ Std., unschwieriger Gletscheranstieg, zuletzt kurzer Firngrat.

Von der Hütte nach S über den Ebenferner und an der Geisterspitze rechts (westl.) vorbei, bis man über den Gletscherhang zum Sattel zwischen Geisterspitze und Payerspitze emporsteigen kann. Von dort am kurzen Firngrat in südöstl. Richtung zur Payerspitze.

- **497** **Westgrat**
  Unschwieriger wenig steiler Firngrat, eventuell Wächtenbildung nach S; umständlicher, jedoch wertvoller als R 496.
  2 Std. von der Livriohütte.

Zugang: Von der Livriohütte nach S über den Ebenferner zum Haupt-

kamm, den man in der Einsattelung zwischen Monte Cristallo (im W) und Payerspitze (im O) erreicht (Passo di Sasso Rotondo, 3335 m).
Route: Von dort nach O über den Firngrat (Felsen treten selten zu Tage) zum Gipfel der Payerspitze.

● **498**   **Gratübergang von der Geisterspitze**
S. R 492 (Oster, J. Mazagg, 12.8.1875; zugleich 1. Ersteigung des Gipfels).

● **499**   **Nordwand**
A. Greco, E. Meraldi, 19.6.1983
Eiswand, 40–45 Grad, in den Seracs steiler; 250 m, 2½ Std.
Zugang: s. R 500.
Route: Die Wand wird gerade erstiegen.

● **500**   **Nordostwand**
Erste Skibefahrung H. Holzer, 18.10.1970
Meist Firnwand, selten Blankeis, 200 m, 40 bis 45 Grad, ½ Std. vom Bergschrund, von der Livriohütte 2 Std.
Zugang: Von der Livriohütte nach S vor die Geisterspitze und vor ihr nach links (O) auf den Madatschferner. Auf ihm (Spalten) nach S bis man sich in der Gipfelfallinie der Payerspitze befindet.
Route: Hier über den Bergschrund und die ebenmäßige Wand zum Gipfel empor.

● **501**   **Ostsüdostgrat**
Firngrat von geringer Neigung, Zugang zum Geisterpaß etwa 30 Grad. 2 Std. von der Livriohütte.
Zugang: Von der Livriohütte wie R 500 unter die Nordwand der Payerspitze. Unter ihr nach S weiter bis vor den zwischen Payerspitze (im W) und Kristallspitzen (Cime di Campo, im O) eingeschnittenen Geisterpaß.
Route: Über den Bergschrund und den etwa 30 Grad steilen Firnhang in diesen hinauf. Vom Paß über den wenig steilen Firngrat (Felsstufen treten selten zu Tage) nach W zum Gipfel.

● **502**   **Südwand**
I, im Firn (fast nie Blankeis) 40 Grad, steilste Stellen 45 Grad. Fast nie begangen.
Vom Geisterpaß aus 1 Std., Kletterstrecke etwa 350 m.
Zugang wie R 501 bis in den Geisterpaß.

Route: Vom Geisterpaß nach S über eine schräg nach W ziehende breite Firnrampe (bei Ausaperung Schutt!) abwärts, bis eine tiefe Rinne schräg westlich in die Richtung des Gipfels aufwärts zieht. Die Rinne empor an ihr oberes Ende.

Nun (Firn bzw. Schutt) entweder schräg rechts haltend zum obersten OSO-Grat (R 501) oder in der gleichen Richtung (einige Felsstufen) unmittelbar zum Gipfel weiter.

● 503   **Direkte Südwand**
A. Calegari, V. Fiorelli, 15.9.1938
II, bei Ausaperung viel Schutt, 500 m.

Die Erstbegeher hinterlegten keine Wegbeschreibung, Aufsatz und Anstiegszeichnung in RM 1939/361 ff. (dort irrig als Südwand der Geisterspitze bezeichnet), keine Wiederholungen bekannt.

● 504–505   frei für Ergänzungen.

● 506   **Tuckettspitze**
(3462 m italien. Vermessung, 3466 m deutsch-österr. Vermessung)

Westlich des Tuckettjoches aufragender Gipfel. Im Joch steht das Bivacco Carlo Locatelli und das Bivacco Ninotta (R 68), Zugang von der Livriohütte zum Tuckettjoch 1½ Std., s. R 176.

● 507   **Nordgrat**
J. Payer, J. Pinggera, 12.9.1866
Wenig steiler Firngrat, unter Umständen etwas Blankeis, Neigungswinkel bis höchstens 30 Grad.
Bei völliger Ausaperung kann im unteren Gratdrittel ein (unschwieriger) Felsbuckel zu Tage treten.
2 Std. von der Livriohütte.

Zugang: Von der Livriohütte am Zugang zum Tuckettjoch (R 176) führt der Weg bis zum Beginn des langgestreckten rückenartigen N-Grates hinauf.

Route: Nun immer längs seiner Schneide zum Gipfel aufsteigen. Oft begangen.

● 508   **Ostgrat**
H. T. Menell, R. Spence-Watson, A. Flury, 31.7.1867.
I, Firn/Eis bis 30 Grad, ½–¾ Std. vom Tuckettjoch.

Der im Joch beginnende Grat wird durchwegs begangen.

- **509 Südostwand**
  A. und C. Calegari, V. Fiorelli, 19.8.1939
  III, II; im Firn 45–50 Grad, brüchig, 200 m, 1³/₄ Std.

Route: E. auf der Vedretta di Campo in der Mitte des Wandfußes. Eine zunehmend schmäler werdende Firnzunge zwischen die Felsen hinauf, dann den am obersten Ende der Zunge beginnenden und von großen Klemmblöcken gesperrten rinnenartigen Kamin empor. Man gelangt so auf ein Schutt- und Firnfeld, dem man bis an sein oberstes rechtes Ende folgt. Über schwarze Platten aufwärts zu einer Wandstufe und unter ihr auf einem schmalen Band nach O in eine eis- und firngefüllte Rinne. Diese aufwärts. einen Block links umgehen und oberhalb (brüchig) bis in eine kleine Schneescharte hinauf. Jenseits längs einer glatten Wand nach W absteigen und über eine Reihe von Bändern bis an den Fuß eines breiten Turmes weiterqueren. Durch den ihn durchreißenden spaltartigen Riß hinauf und auf die Gratschneide oberhalb. Am zerrissenen Grat bis unter einen überhängenden Aufschwung. Hier brüchig in eine enge Rinne hinab. In ihr (mehrere nasse Abbrüche) hinauf und schließlich in eine kleine Scharte des die Rinne links begleitenden Grates. Jenseits in die nächste Rinne absteigen. Diese empor, die folgende sperrende Wand rechts ersteigen und auf den Grat zurück. Auf ihm (Schuttabsätze) empor und schließlich über einen Firnhang zum Gipfel.

- **510 Südwestgrat**
  I (nur, wenn Fels ausgeapert ist). Wenig steiler, jedoch ziemlich scharfer und oft überwächteter Firngrat,
  ³/₄ Std. vom Madatschjoch (Passo di Campo), 2¹/₂ Std. von der Livriohütte.

Zugang: Von der Livriohütte um den N-Fuß der Geisterspitze herum auf den Madatschferner und diesen nach S bis unter die breite Einsattelung westl. der Tuckettspitze (Madatschjoch) begehen. Über den Bergschrund und den anschließenden Firnhang (unter 30 Grad steil) in das Joch hinauf.
Route: Nun immer am Grat (ein Felskopf wird direkt überklettert, I) zum Gipfel.

- **511 Nordwestwand**
  G. Pirovano, Sartorelli, 14.8.1931, erste Skibefahrung H. Holzer, 7.7.1971. Bei Benützung der Felszone **II** und I auf 100 m. Im Eis/Firn etwa 50 Grad, 250 m vom Bergschrund, 1 Std. Reizvoller Anstieg.

Zugang: Von der Livriohütte wie bei R 510 unter das Madatschjoch.

Nun nicht in das Joch hinauf, sondern nach links zur NW-Wand (1–1½ Std. von der Hütte).
Route: Die Wand entweder in der Gipfelfallinie durchwegs im Firn bzw. Eis empor, oder im untersten Drittel die mehr oder weniger ausgeaperte Felszone knapp links der Gipfelfallinie (100 m) benützen und dann über die Firn- bzw. Eisflanke zum Gipfel empor.

● 512   **Madatschspitzen**

Langer dreigipfeliger Felskamm, der vom Hauptkamm östlich der Tuckettspitze nach N abzweigt und den Madatschferner vom Trafoier Ferner trennt. Beliebt ist die Ersteigung der Hinteren Madatschspitze. Ausgangspunkt für die Anstiege ist die Livriohütte, für die ostseitigen Anstiege auch das Bivacco Carlo Locatelli bzw. Bivacco Ninotta (R 68) beim nahen Tuckettjoch mit Abstieg über den Trafoier Ferner.
Siehe Abb. Seite 166/167 und 175.

● 513   **Vordere Madatschspitze**
(Deutsch-österr. Vermessung 3184 m, italien. Vermessung 3191 m)
Selten bestiegen.

● 514   **Westflanke und Südgrat**
Erste Begehung vermutlich anläßlich von Vermessungsarbeiten 1855, erste bekannte Begehung J. Payer, G. Thöni, 25.9.1868.
II (wenige Stellen), I. Im Firn kurze Stellen bis 45 Grad, meist flacher.
Bei Ausaperung tritt Schutt zu Tage, in der unteren Hälfte der Westflanke Steinschlaggefahr vom großen Turm des Grates. 350 m, 1½ Std. vom Einstieg; 2 Std. von der Hütte.
Siehe Abb. Seite 166/167.

Zugang: Von der Livriohütte um den N-Fuß der Geisterspitze herum auf den Madatschferner. In etwa 3000 m den Gletscher (knapp oberhalb der deutlich sichtbaren Spaltenzone) gegen die Madatschspitzen zu queren (Achtung auf verdeckte Spalten!). ½ Std. Zwischen der Vorderen und der Mittleren Madatschspitze befindet sich am Grat ein breiter Felsturm. Der E. erfolgt in seiner Fallinie.
Route: Über den Bergschrund und über Firn und Schutt zum tiefsten Punkt des Turmes (bis hierher Steinschlaggefahr). Nun linkshaltend über eine fast durchwegs firnbedeckte Rampe zur Scharte zwischen dem Turm und der Vorderen Madatschspitze hinauf. Über den Firngrat und zuletzt einen kurzen Felsgrat zum Gipfel.

Blick vom Monte Livrio nach Südosten

518 Überschreitung Vord.—Mittl.—Hint. Madatschspitze
521 Westwand
523 Nordmalweg von Nordwesten
Ortler (unterster Gipfel im Hochjochgrat)
644 Westwand, rechter Weg
645 Westwand, linker Weg
649 Südwestpfeiler
648 Südwestwand/Solda
647 Südwestwand/Pichler
646 Südwestwand/Prinzigloch
650 Südwestwand/Niepmann

● **514 A   Abstieg über den Südgrat und die Westflanke**
   $1^1/_2$ Std. bis zur Livriohütte.

Vom Gipfel nach S über den kurzen Felsgrat zum Firngrat unterhalb absteigen. Über ihn abwärts bis vor einen mächtigen Turm. Nun in der W-Seite unterhalb der Wand des Turmes (firnbedeckte Rampe) bis zum tiefsten Punkt der Turmfelsen schräg südl. hinab. Hier (Steinschlaggefahr) über Firn und Schutt gerade zum Gletscher hinab (zuletzt Bergschrund). Am Gletscher in etwa 3000 m Höhe (Achtung auf verdeckte Spalten) nach W bis zum N-Fuß der Geisterspitze queren. Nun, etwas absteigend, in fast gleicher Richtung (zuletzt nach N halten) zur Livriohütte.

Thurwieserspitze
566 Ostgrat
574 Westgrat („Bäckmanngrat")
579 Nordwand

Trafoier Eiswand
549 Westgrat
556 Nordwand

● **515** **Nordwand**
Th. Christomannos, A. v. Krafft, L. Friedmann, 4.8.1893
III (wenige Stellen), II.
Zum Teil schwierige Orientierung. Bei Firn auf den Bändern reizvoll, bei Ausaperung tritt viel Schutt zu Tage.
700 m Wandhöhe, 4–5 Std. vom E.

Zugang: Vom Ghf. Franzenshöhe auf der Stilfserjoch-Straße auf gutem Weg unter den Madatschferner und schräg weiter queren auf eine Gras- und Schutterrasse, die oberhalb des Wandvorbaus und unter der Wand eingelagert ist. 2 Std.

Route: Einstieg in der rechten Hälfte der weitläufigen Terrasse an deren oberem Rand. Beliebig (Firnrinnen und wenig schwieriger Fels) gerade empor auf ein breites Band. Auf ihm etwas nach links, dann gerade durch Rinnen und einen Kamin auf das markante Querband im oberen Wanddrittel hinauf. (Abzweigung der Wegänderung). Nun oberhalb des Bandes über Schnee und Schrofen nach links zu einer Schulter in der

NO-Kante, dann in der gleichen Richtung in der O-Seite schräg aufwärts weiter, bis man zu einem Sattel in der bereits gratartigen NO-Kante aufwärtssteigen kann. Nun am unschwierigen Grat zum Gipfel.

● 516 **Variante im oberen Teil der Nordwand (R 515)**
H. Kees, H. S. Zischg, 19.8.1905
III. Etwa 200 m. Bei Firnlage etwa 55 Grad Neigung.
Siehe Abb. Seite 175.

Route: Abzweigung am Querband im oberen Wanddrittel. Vom Querband sofort steil (brüchig) gerade weiter, bis man nach links zur NO-Kante ansteigen kann. Über einen Überhang (Schlüsselstelle) auf diese, dann bei abnehmender Neigung (Firn und brüchiger Fels) auf eine waagrechte Schulter der Kante. Nun am zurückgelegten Grat unschwierig zum Gipfel.

● 517 **Ostwand**
G. Caliari, August 1926
IV– (kurze Stellen), überwiegend II.
500 m, 3–4 Std. vom E.
Siehe Abb. Seite 175.

Zugang: Wie R 515 auf die Gras- und Schutterrasse und dann weiter queren zum Rand des Trafoier Ferners. Auf ihm zum E. (3 Std. vom Ghf. Franzenshöhe).
Route: E. bei einem kleinen Firnfleck, von dem eine Rinne emporzieht (gewellte Felsschichtung). Die Rinne empor in einen Schuttkessel. Im Kessel immer an der linken Seite empor und schließlich auf den ihn links begrenzenden Grat hinauf. Vom oberen Ende des Grates über brüchige leichte Platten zu einem Aufschwung empor. Nun (II) rechts eines kleinen Wasserfalles über die gutgriffige buckelige Wand zu einer ausgesetzten Stufe hinauf. Über diese rechts haltend (H, IV–) hinweg und zu einer großen Rinne. In der Rinne unschwierig (Schutt, Schnee) 180 m empor zum obersten Wandaufbau. Nun nach links in die von Rinnen durchzogene Wand. Die **erste** Rinne 40 m empor. Weiter einen Kamin kurz hinauf und dann schräg links (IV–) auf ein Schuttband. Auf ihm nach rechts (N) absteigend zu einem Grat, dem man zum Gipfel folgt.

● 518 **Gratübergang Vordere Madatschspitze – Mittlere Madatschspitze – Hintere Madatschspitze**
Th. Christomannos, A. v. Krafft, L. Friedmann, 4.8.1893
II (kurze Stellen), sonst I. (Bei Überkletterung des Turmes zwischen Vorderer und Mittlerer Spitze **III** und II); im Firn

wenige Stellen um 45 Grad, meist wesentlich flacher. Lohnend.
Gratlänge etwa 1000 m, 3–4 Std.
Siehe Abb. Seite 166/167 und 175.

Route: Vom Gipfel der Vorderen Madatschspitze über den Fels- und Firngrat bis in die Scharte vor dem breiten Turm hinab. Nun drei Möglichkeiten:

a) Auf der Westseite über eine meist zur Gänze firnbedeckte Rampe schräg südlich abwärts zum tiefsten Punkt des Turmes und dann schräg ansteigend (Firn) in die Scharte zwischen dem Turm und der Mittleren Madatschspitze (leichteste Möglichkeit). –

b) Auf der O-Seite hinab auf Bänder und mit ihrer Hilfe den Turm in die dahinterliegende Scharte umgehen. –

c) Von der Scharte nach links und neben der Kante (III) auf einen Gratabsatz hinauf. Unschwierig zum nächsten senkrechten Abbruch. Unter ihm über Firn nach rechts, bis man auf ein breites Firnband (in der Höhe des oberen Abbruchendes) emporsteigen kann. Auf dem Band etwas nach rechts, dann gerade zur Gratschneide zurück. Die folgenden kleinen Türme werden rechts umgangen und der Gipfel des breiten Turmes erreicht. Jenseits am Grat bis in die Scharte vor der Mittleren Madatschspitze hinab, 1–2 Std.

Nun gemeinsamer Weiterweg. Am bequemen Firnrücken auf die Mittlere Madatschspitze.

Am jenseitigen Grat (Firngrat, kurze Abbrüche II) hinab in den breiten Firnsattel vor der Hinteren Madatschspitze. Am bequemen Firnrücken zu ihrem höchsten Punkt.

● **519**   **Mittlere Madatschspitze,** 3313 m

Selten erstiegen.

● **520**   **Westflanke und Nordgrat**
J. Payer, G. Thöni, 3.10.1868
Im Firn kurze Stellen bis 45 Grad, meist wesentlich flacher; bis zum Fuß des großen Turmes zwischen Vorderer und Mittlerer Spitze Steinschlaggefahr.
350 m, 2 Std. von der Livriohütte.
Siehe Abb. Seite 166/167.

Zugang: Wie bei R 514 an den Fuß des großen Turmes.
Route: Nun rechts haltend (Firn) aufwärts in die Scharte zwischen Turm und dem Gipfelgrat der Mittleren Spitze. Am bequemen Firngrat auf diese.

- **521 Westwand**
    G. Pirovano, M. A. Gavazzeni, 15.7.1938
    Firnwand, Einstiegsrinne etwa 55 Grad, sonst 40–45 Grad Neigung; bei Ausaperung treten schmale Felszonen zu Tage. 2–3 Std. von der Livriohütte. Siehe Abb. Seite 166/167.

Zugang: Wie R 514 zum Wandfuß.
Route: E. etwas weiter rechts (Spalten) am Beginn einer Rinne. Die Rinne empor, dann schräg rechts über die Firnwand zu einer markanten waagrechten Schulter, jenseits welcher die Wand senkrecht zum Gletscher abfällt. Vom bergseitigen Ende der Schulter etwas links haltend über Firn, und zuletzt kurze Felsstufen, zum Gipfel.

- **522 Hintere Madatschspitze**
(Deutsch-österr. Vermessung 3432 m, italienische Vermessung 3428 m)

- **523 Von der Livriohütte**
    Gletscherbegehung (Spalten), unschwieriger Firngrat. 1½ bis 2 Std. Siehe Abb. Seite 166/167.

Von der Hütte über den Ebenferner kurz nach S, dann um den N-Ausläufer der Geisterspitze links herum (östl.) auf den Madatschferner. Über ihn (Spalten) schräg aufwärts in den breiten Firnsattel nördl. der Hinteren Madatschspitze. Nun am bequemen Firngrat zum Gipfel.

- **523 A Abstieg über den Nordgrat zur Livriohütte**
    Unschwieriger Firngrat, Spaltengefahr. 1 Std.

Vom Gipfel am bequemen Firngrat nach N abwärts in einen breiten Firnsattel (der Grat beginnt nun zur Mittleren Madatschspitze anzusteigen). Nun nach W abwärts auf den Madatschferner. Über diesen (im Sinne des Abstieges immer etwas links halten, Spalten) abwärts zum Nordfuß der Geisterspitze. Um diesen nach W herum und nördl. wenig steil zur Livriohütte hinab.

- **524 Südgrat**
    M. Fahrner, J. Theimer, 19.7.1882
    II, ½ Std.

Vom Tuckettjoch (R 68) oder vom weiter östl. eingeschnittenen Trafoier Joch jeweils über einen Grat an den Fuß der felsigen Gipfelwand. Diese wird etwas links (steil, aber überraschend unschwierig) erklettert.

- **525** frei für Ergänzungen.

● 526 **Cime di Campo (Kristallspitzen),**
3468 m, 3480 m, 3469 m

1. Ersteigung F. F. Tuckett, H. E. Buxton, Chr. Michel, F. Biener, 1.8.1864, über R 528.

Etwas östlich der Payerspitze nach SO abzweigender dreigipfeliger Felskamm, der die Vedretta di Campo (Campoferner) im S begrenzt. Der im Hauptkamm befindliche NW-Gipfel ist von der Payerspitze durch den Geisterpaß und von der Tuckettspitze durch das Madatschjoch (Passo di Campo) getrennt.

Zugang von der Livriohütte 1½ Std.

Über den Madatschferner wie zum Bivacco Locatelli und Bivacco Ninotta (R 68), aber noch vor der Tuckettspitze nach S entweder in den Geisterpaß oder das Madatschjoch.

In beiden Fällen vom Gletscher (Bergschrund) zur Paßhöhe ein kurzer etwa 30 Grad steiler Firnhang.

Zugang vom Bivacco Locatelli bzw. Bivacco Ninotta (R 68) über den obersten Campoferner (Spalten) je Ziel ¼–½ Std.

Zugang von der Alpinihütte, 3–4 Std., umständlich, s. R 176 in Gegenrichtung.

● 527 **Westgrat**
II (kurz), sonst I. Lohnend. Etwa 1 Std.

Route: Vom Geisterpaß durchwegs der Gratschneide folgend zum NW-Gipfel (½–¾ Std.), dann am Firngrat (¼ Std.) nach SO zum Hauptgipfel.

● 528 **Nordostgrat**
F. F. Tuckett, H. E. Buxton, Chr. Michel, F. Biener, 1.8.1864; zugleich erste Ersteigung des Hauptgipfels.
Vorwiegend Firngrat mit 30–40 Grad Neigung.
¾ Std., der beliebteste Anstieg.

Route: Vom Passo di Campo (Madatschjoch) am je nach Verhältnissen mehr oder weniger felsdurchsetzten Firngrat zum NW-Gipfel und dann wie R 527 am Firngrat nach SO zum Hauptgipfel.

● 529 **Nordostwand des Nordwestgipfels**
G. Pirovano, F. Matricardi; 29.9.1957
Ebenmäßige Firn- bzw. Eiswand, 40–45 Grad.
Etwa 250 m, ¾ Std.

Die ebenmäßige von der Vedretta di Campo aufstrebende Wand wird durchwegs in der Fallinie des Nordwestgipfels erstiegen.

- **530** **Nordostwand des Hauptgipfels**
  Firn- bzw. Eiswand, 40–45 Grad, Gipfelwand etwa 50 Grad (in der Gipfelwand treten bei Ausaperung Felsstufen zu Tage), 300 m, $^3/_4$–$1^1/_2$ Std.

Route: E. am Campoferner in der Fallinie des Hauptgipfels und immer gerade die Wand zu ihm empor.

- **531** **Ostgrat**
  Oster, J. Mazagg, 26.8.1875
  I, Firngrat, an den steilsten Stellen etwa 30 Grad steil. Der Grat kann bei guten Verhältnissen eine durchgehende Firnschneide bilden.
  1–$1^1/_2$ Std. vom Campoferner.

Am Campoferner zum vom O-Gipfel herabziehenden O-Grat. Dieser wird durchwegs begangen. Vom O-Gipfel kurzer Abstieg in die Scharte vor dem Hauptgipfel und längs des Firngrates auf diesen.

- **532** **Südwand des Ostgipfels**
  R. und A. Calegari, A. Ballabio, 27.8.1925
  III+ (2 Stellen), III, II, brüchig, schwierige Wegfindung, 600 m, 6 Std.

Zugang: Im Val Zebrù, etwa $^1/_2$ km vor dem Rif. Campo den Torrente Zebrù überqueren und zum großen Firnkegel hinauf, der die Form eines verkehrten „Y" hat. Seinen (im Sinne des Anstieges) linken Ast bis zum obersten Viertel hinauf, dann an der linken Seite gerade über Fels, Bänder und Schutt zu einer Schuttinsel, die sich unter dem Steilaufschwung der Wand befindet. Hier E.

Route: Von der Schuttinsel links haltend in eine Scharte einer der zahlreichen Rippen und Pfeiler, die das Bild der Wand bestimmen. Von dort über eine brüchige Rippe zu einem Kamin (in seiner halben Höhe Klemmblock); diesen empor und links haltend über gegliedertem Fels zum markanten großen Firnfeld in der Wandmitte. Nun dieses in seiner Mitte nach links überqueren und weiter links aufwärts bis in eine Scharte hinter einem gelben Turm. Von dort weiter nach links und nach dem Überqueren von zwei Schuttrinnen in eine weitere Scharte. Über brüchige Rippen aufwärts auf ein breites Band, dem man nach O **ansteigend** bis auf einen Absatz folgt. Gerade (gebänderter Fels) zu einer Rinne hinauf (Wasser). Diese 20 m empor, dann Querung zu einem Pfeiler, der an seiner O-Seite bis in eine Scharte erstiegen wird. Von ihr nach W in eine weitere Rinne und aufwärts an den Fuß eines Turmes. Unter ihm nach W in eine Rinne und diese empor zu glatter Wand. Die Wand

(III+) mittels eines feinen Risses empor und oberhalb linkshaltend auf einen Grat hinauf (brüchig). Diesem über einige Aufschwünge (III+) folgen. Schließlich über Schutt zu einem nach O ansteigenden Band. Auf ihm zu einer Schuttrinne. Im Zickzack etwa 50 m aufwärts zu einem engen etwa 10 m hohen Kamin. Den Kamin empor, dann rechts hinaus und in einen weiteren Kamin, den man ebenfalls ersteigt. Nun die folgende Schuttrinne hinauf und nach rechts auf einen Grat, dem man zum Gipfel folgt.

● 533 Südwand des Hauptgipfels
F. Fiocca, A. Fornaro, B. Muscetti, 18. 8. 1954
IV– (eine Passage), III, II; im Firn (selten Eis) 45–50 Grad.
Viel Schutt in den Felsen. 800 m, 7 Std.

Übersicht: Der Anstieg führt in das große in der Wand eingebettete Kar und von dort schräg rechts in einem Rinnensystem zum Ausstieg etwas nordwestl. des Hauptgipfels.

Zugang: Von der Baita Chitomas im Val Zebru über steiles bewachsenes Gelände aufwärts zum Abfluß des großen in die Wand eingebetteten Kares. 2½ Std.

Route: Längs des Abflusses bis zum Beginn des obersten Viertels desselben empor. Nun auf nach rechts ansteigenden Bändern solange weiter, bis man schräg links in das Kar ansteigen kann. Dieses aufwärts gegen die Gipfelwand durchqueren. Man erreicht sie etwa in der Mitte ihres Fußes im Kar unter einem schrägen mit einer Wandstufe abbrechenden Rinnensystem. Über die Wandstufe (IV–) empor und nach links an den Beginn des Rinnensystems. Dieses wird durchwegs zum Ausstieg etwas nordwestl. des Hauptgipfels begangen.

● 534 Nashornspitzen
Kammartiger Doppelgipfel nördlich des Hauptkammes, der den Trafoier Ferner (im Westen) vom Westast des Ortlerferners (im Osten) trennt. Selten betreten, von untergeordneter Bedeutung.

● 535 Südliche Nashornspitze, 3056 m

● 536 Von Osten
II und I auf 50 m des Gipfelaufbaues, brüchig.
Gletscherbegehung, Randkluft oft problematisch, 2 Std. von der Berglhütte.

Zugang: Von der Berglhütte am Weg zum Unteren Ortlerferner und diesen sofort nach Westen in Richtung Nashornspitzen überqueren.

Am Gletscher (Spalten) möglichst rechts haltend empor und schließlich in der Fallinie des Südgipfels zum Gletscherrand.
Führe: Über den Bergschrund und im gebänderten Fels zum Gipfel.

● 537   **Von Westen**
   Oster, J. Mazagg, 14.8.1875
   II und I auf 50 m des Gipfelaufbaues. Zum Teil Gletscherbegehung. Ungebräuchlich. 3 Std. von der Berglhütte.

Zugang: Von der Berglhütte am Weg zum unteren Ortlerferner. Diesen etwas absteigend zu seinen jenseitigen Moränen überqueren und unter dem Grat der Nashornspitzen nach Westen zur östlichen Seitenmoräne des Trafoier Ferners.
Auf der Moräne bis an ihr oberes Ende, dann am Gletscher (Spalten) bis in die Fallinie des Südgipfels.
Route: Über den Bergschrund und beliebig (Felsstufen) zum Gipfel.

● 538   **Nördliche Nashornspitze**
(Deutsch-österr. Vermessung 2919 m, italienische Vermessung 2921 m)

● 539   **Von Westen**
   Oster, J. Mazagg, 14.8.1875
   I auf 150 m des Gipfelaufbaues, zum Teil Gletscherbegehung, ungebräuchlich. 2^1/$_2$ Std. von der Berglhütte.

Zugang: Von der Berglhütte wie R 537 auf den Trafoier Ferner. Auf diesem in die Fallinie des Nordgipfels.
Route: Über Schneehänge und Felsstufen zum Gipfel.

● 540   **Gratübergang Nordgipfel – Südgipfel**
   Oster, J. Mazagg, 14.8.1875
   II (kurz), sonst I, ^{1}/$_2$ Std.

Route: Man verfolgt den Grat durchwegs abwärts in die trennende Scharte und jenseits aufwärts gegen den Südgipfel (Schwierigkeiten können immer umgangen werden). Zuletzt durch einen Kamin (II) auf den Südgipfel.

● 541   **Schneeglocke (Cima Campana)**
(Deutsch-österr. Vermessung 3410 m, italienische Vermessung 3411 m)
Erhebung zwischen Trafoier Joch (im W) und Trafoier Eiswand (im O). Von der Livriohütte in 2^1/$_2$ Std. (unter Benützung der Schlepplifte 1^3/$_4$ Std.), vom Bivacco Locatelli bzw. Bivacco Ninotta (R 68) in 1 Std. ersteigbar.
Siehe Abb. Seite 175.

Blick von Nordosten (Kleinboden) auf die Berge im Kristallkamm (westl. Ortlergruppe)

Vordere Madatschspitze
515 Nordwand
516 Nordwandvariante
517 Ostwand
518 Gratüberschreitung der Madatschspitzen

Südliche Nashornspitze
536 Südgipfel von Osten
537 Südgipfel von Westen
510 Gratübergang Nordgipfel-Südgipfel

Schneeglocke
542 Westgrat
543 Ostgrat
544 Nordnordostwand

● **542 Westgrat**
J. Payer, Radinger, J. Pinggera, J. Thöni, 20.9.1866
Unschwieriger Firngrat mit kaum 30 Grad steilem Gipfelhang; 1 Std. vom Tuckettjoch.

Zugang: Vom Tuckettjoch (R 68) am teils etwas felsigen, meist jedoch überfirnten Grat nach O auf den im Hauptkamm gelegenen niedrigen

Vorgipfel der Hinteren Madatschspitze (3403 m) und jenseits in der gleichen Art hinab ins Trafoier Joch.

Route: Von hier am Firngrat, über die unbedeutende Erhebung der Kleinen Schneeglocke hinweg, weiter nach O und zuletzt etwas steiler (Firnhang) zum Gipfel.

- **543   Ostgrat**

    H. Lorenz, I. Kaup, R. Lenk, 3.8.1898 (im Abstieg); 1. direkte Gratbegehung H. Kees, H. S. Zischg, August 1908 (im Abstieg). **II** (kurze Stellen), brüchig, bei Überkletterung der Türme, bei Umgehung derselben ausschließliche Firntour. Neigung etwa 40 Grad auf kurzen Stellen, meist 30 Grad und weniger. $^1/_2$ Std. vom Glockenjoch

Zugang zum Glockenjoch (am Beginn des Ostgrates): entweder vom Trafoier Joch (R 542) auf den Trafoier Ferner absteigen und diesen nördlich am Gipfelkörper der Schneeglocke vorbei nach O begehen bis man in das Glockenjoch ansteigen kann, oder von der Trafoier Eiswand auf ihrem W-Grat in das Glockenjoch absteigen. 1 Std. vom Tuckettjoch, 1 Std. vom Gipfel der Trafoier Eiswand.

Route: Vom Glockenjoch entweder die Gratürme durchwegs überklettern oder sofort vom Joch in die N-Seite queren, bis man den Grat nach dem ersten Aufschwung über Firn bzw. Schnee erreichen kann. Nun am Firngrat zum Gipfel. $^1/_2$ Std. vom Glockenjoch.

- **544   Nordnordostwand**

    L. Puttin, G. Scotti, um 1934

    Lohnende Eis (Firn-) fahrt. 50 Grad im unteren Teil, etwa 30 Grad im oberen Teil. Bei Ausaperung kann im unteren Teil der Wand schwieriges kombiniertes Gelände zutage treten. 200 m, 1 Std.

Route: E. am Trafoier Ferner unter einer zwischen zwei Felspfeilern emporziehenden Firn (Eis-) rinne. Diese empor bis zu ihrem Ende in einem Firnhang. Nun etwas rechtshaltend auf einen Firnrücken (Fortsetzung des Felspfeilers) und über ihn zum Gipfel.

- **545   Südwand**

    G. Pirovano, Bartaccini, Minghetti, Caiazzo, 6.8.1940

    Nach Erstbegehern wurden 4 H in der Gipfelwand geschlagen. Weitere Einzelheiten wurden nicht bekanntgegeben. $3^1/_2$ Std. (Zeit der Erstbegeher).

Übersicht: E. bei der in der Mitte des Wandfußes beginnenden Rinne.

Diese und die folgenden Wandstufen, sowie schnee- und schuttbedeckten Platten, gerade zum Gipfel empor.

- **546** **Südwand der Kleinen Schneeglocke** (Erhebung im W-Grat der Gr. Schneeglocke).
  Auf unbekanntem Weg von einer österr. Patrouille im 1. Weltkrieg im Auf- und Abstieg begangen; später A. und C. Calegari, V. Fiorelli, 10.8.1939.
  II und I, brüchig; im Firn wenige Stellen 50 Grad, 200 m, 1 Std.

Route: Vom Wandfuß über eine steile Schneezunge zu einer engen Felsrinne, die in östlicher Richtung aufwärtszieht. Diese empor zu einer kleinen geneigten Schutterrasse. Nun über eine Reihe von Bändern in nordwestlicher Richtung schräg aufwärts hinweg zu einem weiteren Absatz. Wieder östlich haltend über gestuften Fels bis unter eine Wandstufe aufwärts. Hier einen breiten Riß empor und oberhalb über gestuften Fels bis zu einer großen Schneeterrasse. Diese nach NW bis zu einer Felsinsel empor, dann wieder in östlicher Richtung zu einer steilen Schneerinne weiter. Durch die Rinne und die darauf folgenden unschwierigen Felsen zum Gipfelgrat.

- **547** frei für Ergänzungen.

- **548** **Trafoier Eiswand**
  (Deutsch-österr. Vermessung 3563 m, italien. Vermessung 3565 m)

Erste Ersteigung M. v. Dechy, A. u. J. Pinggera, 8.7.1872 über R 560. Bestechend schöner Eisgipfel, der mit der Thurwieserspitze durch den (100 m Höhenunterschied) Bäckmanngrat verbunden ist und den Südabschluß des Trafoier Tales bildet. Lohnendes Ziel. Neben dem gewöhnlichen Anstieg ist folgende Kombination empfehlenswert: Bivacco Pelliccioli – Trafoier Eiswand-Nordwand – Gratübergang zur Thurwieserspitze – Eiskogel – Bivacco Pelliccioli. Siehe Abb. Seite 179.

- **549** **Westgrat**
  J. Kaup, R. Lenk, H. Lorenz, 3.8.1898
  II, im Firn 30 Grad (kurze Stellen), hauptsächlich weniger. Achtung auf Wächten. Der leichteste Anstieg.
  $1^1/_2$–2 Std. vom Glockenjoch; vom Bivacco Locatelli 1 Std. mehr, von der Livriohütte $2^1/_2$ Std. mehr.
  Siehe Abb. Seite 179.

Zugang zum Glockenjoch s. R 543.

Route: Vom Glockenjoch am Firngrat nach O zum P. 3421 (Einmündung des von den Nashornspitzen herziehenden Felsgrates/Vorgipfel N-Grat). Nun den ersten Felsturm auf der S-Seite umgehen und die weiteren direkt überklettern (II), dann am felsdurchsetzten Firngrat (II, Achtung auf Wächten!) zu einem Firnrücken, dem man zum Gipfel folgt.

● **549 A   Abstieg über den Westgrat**
       1 Std. zum Glockenjoch

Vom Gipfel nach W über den Firnrücken abwärts zum felsdurchsetzten Gratteil. Auf ihm (II, Achtung auf Wächten) abwärts zu einigen Felstürmen. Diese werden (II) direkt bis zum letzten Turm überklettert. Den letzten Turm auf der S-Seite umgehen und mit kurzem Anstieg zum P. 3421 (hier zweigt R 550 A nach N ab). Nun nach W über die Firnschneide hinab ins Glockenjoch.

● **550 A   Abstieg über den Nordgrat des Vorgipfels**
       1. Begehung im Aufstieg des gewöhnlichen Grates durch österr. Soldaten im 1. Weltkrieg,
       1. Begehung im Aufstieg des direkten Grates G. Borgonovo, A. Longo, E. Martina, 10.8.1953.
       III (direkter Grat kurz **IV**), brüchig, im Firn (Eis) kurze Stellen von etwa 50 Grad Neigung, im Durchschnitt um 40 Grad.
       Nur im Abstieg, wenn man nach einer Begehung der Trafoier Eiswand Nordwand oder des Bäckmanngrates zum Unteren Ortlerferner zurückkehren will, von Bedeutung und deshalb auch in dieser Richtung beschrieben (1 Abseilstelle: 20 m).
       Vom Gipfel der Trafoier Eiswand bis zum Unteren Ortlerferner 2–3 Std. Siehe Abb. Seite 179.

Vom Gipfel am W-Grat (R 549 A) hinab zu P. 3421. Nun am zu den Nashornspitzen (nach N) ziehenden Gratast weiter. Am Grat (III, brüchig) bis zum untersten großen Abbruch absteigen. Nun zwei Möglichkeiten:
a) Direkter Grat: direkt einen an der Kante eingeschnittenen Riß sehr ausgesetzt zu Platten absteigen, und über diese (IV, H, sehr ausgesetzt) hinab in die nächste Scharte. Besser im Aufstieg! – b) Gewöhnlicher Grat: Vor dem Abbruch bereits links (westlich) eine Steilrinne einige Meter bis ober ihre Übergänge absteigen (H). Nun 20 m abseilend in ein Eiscouloir und aus ihm unter glatten Felsen links um die Kante. Über ein Bändchen in die Scharte.

Trafoier Eiswand vom Kleinboden, oberhalb Trafoi
549 Westgrat
550 Vorgipfel-Nordgrat
553 Weg von der Berglhütte
554 Direkter Zugang
556 Nordwand
557 Direkte Nordwand
574 Gratübergang zur Thurwieserspitze

Gemeinsamer Weiterweg: Weiter bei zunehmender Brüchigkeit am Grat, der jedoch – sobald es die Verhältnisse erlauben – in die rechte Flanke verlassen wird. Durch diese (Schnee- bzw. Eisrinnen und brüchiger Fels) zum Unteren Ortlerferner absteigen.

- **551** **Zugänge zur Nordwand der Trafoier Eiswand:**

- **552** **Vom Bivacco Pelliccioli (R 70)** $^1/_2$ Std.

Von der Biwakschachtel über einen etwa 50 m hohen Firn- und Eishang auf die ebenen Gletscherböden hinab, die unter den N-Abstürzen von Thurwieserspitze und Trafoier Eiswand nach W ziehen. Auf ihnen und möglichst parallel zu den großen Spalten zum Wandfuß.

- **553** **Von der Berglhütte (R 73)**
  2–3 Std. Siehe Abb. Seite 179.

Von der Hütte am Schuttsteig zum Unteren Ortlerferner, über dessen westlichen Arm der Zustieg erfolgt. Dort wo das Steiglein im Moränenschutt endet, fast waagrecht über den Gletscher zu einem Felsrücken. Diesen bis an sein oberes Ende empor. Nun möglichst rechts haltend über den Gletscher empor (Spalten) und im Bogen nach links unter die Nordwand.

- **554** **Direkter Zugang**
  P. Holl, 15.7.1964
  90 Grad auf etwa 6 m, sonst unterschiedliche Neigung bis 60 Grad.
  Bergsteigerisch bedeutungslos, jedoch sportlich reizvoll.
  2–3 Std.
  Siehe Abb. Seite 179.

Route: Links (östlich) von R 553 in der Mitte des Gletschers (genau Richtung Gipfel der Trafoier Eiswand) empor. Schlüsselstelle knapp vor dem oberen fast ebenen Gletscherbecken. Seine großen Spalten werden s-förmig umgangen.

- **555** **Nordnordwestwand**
  B. und L. Bizzaro, E. und S. Rettore, 10.9.1982
  Eiswand von 50–60 Grad Neigung, sehr schwieriger Bergschrund. 250 m, je nach Verhältnissen 2–5 Std. v. E.

Übersicht: Rechts der Nordwand (R 556) befindet sich ein sehr großer Serac in der Nordwand unterhalb des Westgrates. Der Anstieg führt am (im Sinne des Beschauers) rechten Rand des Seracs vorbei.

Route: E. im Gletscherbecken weit rechts von R 556. Gerade über die Eiswand empor, am genannten Serac rechts vorbei und zum Ausstieg am obersten Westgrat.

- **556** **Nordwand**
  Th. Harpprecht, P. Dangl, 20.7.1872
  50–55 Grad Neigung, sehr lohnende ebenmäßige Eiswand, 400 m, 2–4 Std. vom E.
  Siehe Abb. Seite 179.

Route: Der Anstieg erfolgt immer an der vom Gipfel zum Gletscher herabziehenden Firn- und Eiskante. Von rechts her (mehrere Bergschründe) zur unten wenig deutlich ausgeprägten Firnkante ansteigen und dieser zum Gipfel folgen.

Anmerkung: Im 1. Weltkrieg wurde von der österr. Seite ein Eisstollen in der N-Wand emporgetrieben, der beim E. des Danglweges begann, links desselben verlief und knapp vor dem Gipfel ins Freie mündete!

- **557** **Direkte Nordwand**
  G. Borgonovo, V. Brigadoi, 14.8.1958 mit Gipfelausstieg; 1. Skibefahrung (ohne direkten Ausstieg) H. Holzer, 10.7.1971.
  50–55 Grad, oberster Teil bei direktem Gipfelausstieg 60 Grad, 350 m, 2–4 Std.
  Siehe Abb. Seite 179.

Route: Anstieg links der Firnrippe von R 556 in Gipfelfallinie. Gerade die Wand bis zum obersten Drittel empor. Nun entweder (Holzer) gerade weiter mit Ausstieg in einer kleinen Scharte knapp östlich des Gipfels oder etwas rechts haltend (Borgonovo) direkt zum Gipfel hinauf.

- **558** **Gratübergang zur Thurwieserspitze („Bäckmanngrat")**
  S. Thurwieserspitze (R 565) und Thurwieserspitze-Westgrat (R 574). Siehe Abb. Seite 179.

- **559** **Südgrat**
  W. Hammer, W. Kutschera, 17.7.1906
  III, brüchig, im Firn/Eis oft 40 Grad, einige Passagen bis 50 Grad.
  Selten begangen, 400 m, 4 Std.

Zugang von der Alpinihütte über den Volontaripaß in den Passo dei Camosci 2 Std. (R 176 in Gegenrichtung), vom Bivacco Locatelli (R 68) absteigend und querend in 1 Std. (besser). E. im Passo dei Camosci alto

(die nördliche, direkt unter dem Bergkörper der Trafoier Eiswand befindliche Einschartung).
Route: Vom Paß zu einem Plattendreieck, das man bis 20 m unter sein oberes Ende ersteigt. Dort nach rechts (O) queren und in einer Rinne zum oberen Ende des Gratabbruches hinauf. Weiter am Grat (brüchiger Fels, Firnschneiden) an den Fuß eines Turmes. Über ein Firnfeld nach rechts, bis man mittels einer Rinne in die Scharte hinter dem Turm queren kann. Nun über die brüchige Gratkante aufwärts auf ein flacheres Teilstück, dem man über Firn (bei Ausaperung brüchiger Fels) bis unter den obersten Abbruch folgt. Über Firn (bei Ausaperung Bänder) längs der steilen Wand nach O in eine breite, sich nach oben zu trichterförmig erweiternde Rinne (R 560). In ihr zum W-Grat (R 549), den man in der Scharte zwischen P. 3421 und Hauptgipfel erreicht. Am W-Grat zum Gipfel.

● **560** **Südwand**
M. v. Dechy, A. und J. Pinggera, 8.7.1872, zugleich erste Ersteigung des Berges.
II (stellenweise), im Firn 30–40 Grad, Ausstieg bis 50 Grad; bei Ausaperung viel Schutt.
400 m, 3 Std. v. E.

Übersicht: Der Anstieg verläuft östlich des S-Grates.
Zugänge: s. R 559.
Route: E. östlich des Passo dei Camosci am Fuß eines breiten felsdurchsetzten Schneehanges, der nach oben zu immer schmäler wird und westlich mit einer Firnrinne (Ausstieg von R 559) auf den W-Grat mündet. Den Hang beliebig zu der Rinne empor und durch sie (Schlüsselstelle) zum W-Grat, den man in der Scharte zwischen P. 3421 und dem Hauptgipfel erreicht. Am W-Grat zum Gipfel.

● **561** frei für Ergänzungen.

● **562** **P. 3115**
Südlich des Passo dei Camosci und nördlich des Sasso Rotondo.

● **563** **Südgrat**
A. und C. Calegari, V. Fiorelli, 12.8.1940
IV (eine Stelle), sonst III und II; brüchig. 200 m, 2–3 Std.

Zugang: Von der Alpinihütte über den Volontaripaß zur O-Seite des Berges. Entlang dieser und vor der Wand vorgebauten Sasso Ro-

tondo nach W absteigen zur S-Seite. Hier auf einem geneigten Schuttband in die Mitte der S-Wand.
Route: Über Fels und Schutt aufwärts zu einer engen Rinne. Diese empor, wobei ein Aufschwung rechts (östl.) erstiegen wird. Einen oberhalb der Rinne befindlichen weiteren Aufschwung durch Risse auf einen Absatz empor. Weiter über schmale Bänder, Kamine und kleine Absätze in eine geräumige Einschartung hinauf (2 Std. von der Alpinihütte; hier der eigentliche E.).
Auf einem gewundenen Band nach links zum Beginn eines langen Kamines. Diesen 20 m empor unter einen Überhang; dort nach rechts in den nächsten Kamin queren. In ihm 15 m bis unter einen Klemmblock empor, links hinaus auf eine ausgesetzte Platte und diese auf einen Absatz hinauf. Nun in den Kamin zurück und in ihm zum nächsten Überhang. Unter diesem nach links auf ein schmales Band hinauf und am Band zu einem Schuttfleck. Von ihm in eine Rinne mit Klemmblöcken. Bei einer sehr brüchigen Wand auf den daneben befindlichen Grat und auf diesem zu einem breiten Band (Kriegsreste). Hier zu einem gewundenen Kamin queren (brüchig) und diesen auf einen geneigten Hang hinauf. Nun immer am Grat zum Gipfel. Abstieg auf dem Aufstiegswege.

● **564** frei für Ergänzungen.

● **565**   **Thurwieserspitze,** 3652 m
1. Ersteigung Th. Harpprecht und J. Schnell, 20. 8. 1869, auf R 566.
Kühner Gipfel östlich der Trafoier Eiswand und südwestlich des Ortlerpasses. Von diesem durch den Großen Eiskogel (R 582) getrennt. Zwischen Gr. Eiskogel und Thurwieserspitze liegt das **Thurwieserjoch.**
Ausgangspunkte: Bivacco Pelliccioli (R 70), Alpinihütte (R 142); selten Berglhütte (R 73). Livriohütte (R 66b) bzw. Bivacco Locatelli (R 68) nur bei einer Überschreitung des gesamten Kammes Tuckettjoch – Ortlerpaß.

● **566**   **Ostgrat**
Th. Harpprecht, J. Schnell, 20.8.1869
Firn- und Eisgrat (oft Blankeis!) mit bis zu 50 Grad Steilheit, nordseitig oft 6–8 m weit überwächtet. Bei nicht absolut souveräner Beherrschung des Geländes sollten unbedingt zwei Eisschrauben und Karabiner mitgenommen werden.
$^{1}/_{2}$–$1^{1}/_{2}$ Std. vom Thurwieserjoch, Zugang von der Alpinihütte zum Thurwieserjoch $1^{1}/_{2}$ Std., vom Bivacco Pelliccioli über den Gipfel des Gr. Eiskogels 1 Std., vom Ortlerpaß über den Gr. Eiskogel $^{1}/_{2}$–$^{3}/_{4}$ Std. Siehe Abb. Seite 166/167.

Zugang: Von der Alpinihütte nach NW auf den Zebrùferner und an seiner (im Sinne des Aufstieges) linken Seite aufwärts bis in die Fallinie der breiten Einsattelung, die der O-Grat der Thurwieserspitze mit dem Gr. Eiskogel bildet (Thurwieserjoch). Nun die breite Schnee- und Firnrinne (bei Ausaperung im oberen Teil Schutt und unschwieriger Fels) aufwärts ins Joch.

Route: Am steilen Firn- und Eisgrat aufwärts. Zuletzt über brüchigen Fels (I) zum Gipfel.

● **566 A   Abstieg über den Ostgrat**
Vorbemerkungen s. R 566, ½– (je nach Können und Verhältnissen) ¾ Std. zum Thurwieserjoch, 2 Std. bis zur Alpinihütte, 1½–2 Std. bis zum Bivacco Pelliccioli.

Vom Gipfel über den anfangs oft felsdurchsetzten (I) Grat zum oberen Ende des nach O abfallenden Firn- bzw. Eisgrates. Diesen längs seiner Schneide (Achtung auf nordseitige Wächten) abwärts ins Thurwieserjoch.

Nun zwei Möglichkeiten:

a) Vom Joch nach S (breite Firn- und Schneerinne) bei Ausaperung im oberen Teil Schutt und unschwieriger Fels) hinab auf den Zebrùferner. Auf ihm orogr. rechts abwärts an das untere Ende. Mit kurzem Abstieg nach SO zur Alpinihütte. –

b) Vom Joch mit 10–15 Min. über den SW-Grat des Gr. Eiskogels (unschwieriger Firngrat) auf dessen Gipfel. Von ihm (Firngrat) nach NW hinab in eine Gletschermulde und dann mit wenig Gegensteigung auf den unbedeutenden Gipfel des Kl. Eiskogels aufsteigen. Weiter absteigend (stellenweise scharfer Firngrat) am NW-Grat desselben zum Bivacco Pelliccioli (R 70).

● **567   Variante zum Ostgrat R 566**
II und I, brüchig.
Im Firn kurz 45–50 Grad, nur bei Blankeis empfehlenswert, selten begangen, ½ Std.

Route: Vom Thurwieserjoch ein kurzes Stück am O-Grat empor und sobald als möglich zum oberen Rand der Felsen der O-Wand absteigen (45–50 Grad).

Immer entlang der Felsen unter dem Firn- und Eisgrat aufwärts, wobei die Wegführung von den Verhältnissen abhängig ist (nie in die O-Wand abdrängen lassen!), und schließlich auf den obersten O-Grat. Über seine nun breite und runde Schneide zu den unschwierigen Gipfelfelsen und zum Gipfel.

● **568** **Ostwand**
G. Pirovano, R. Bucher, August 1940
IV+, IV (mehrere Stellen), oft III; im Eis/Firn 50–55 Grad, brüchig und steinschlaggefährlich.
500 m, 5 Std.

Zugang: Von der Alpinihütte wie R 566 zu der vom Thurwieserjoch herabziehenden Firnrinne. Nun nach links zum Beginn des Ostwandpfeilers, der durch eine Reihe von turmähnlichen Aufschwüngen gekennzeichnet ist. 1 Std.
Route: Den ersten Aufschwung 50 m in kombiniertem Gelände empor, dann am wenig schwierigen Grat zum nächsten Aufschwung. Nun 60 m empor bis unter einen Überhang. Links einige Meter absteigen, etwa 8 m weiterqueren und dann gerade zur Pfeilerschneide empor. Weiter über Platten zu einem etwa 30 m hohen Turm. Direkt auf ihn hinauf (äußerst brüchig), womit man ungefähr die Höhe des Thurwieserjoches erreicht hat. Weiter in Rinnen und Verschneidungen, bis man in eine etwa 150 m hohe Rinne hineinqueren kann. In dieser empor zum obersten Felsaufschwung. Gerade mit 10 m über ihn hinweg (sehr brüchig) und nach weiteren 30 m zum oberen Ende der Rinne. Weiter am Pfeiler (abwechselnd Fels und Eis) zur Vereinigung mit dem SO-Grat und über ihn in 10 Min. zum Gipfel.

● **569** **Südostgrat**
B. Basili, A. und G. Aquilanti, 14. 8. 1956
III (vermutlich). 5 Std. (Erstbegeher), 600 m, sehr brüchig.

Übersicht: Der Anstieg verläuft über den Grat, der die Ostwand von der Südostwand trennt.
Route: Über schuttbedeckte Platten auf den großen Schutthang, der sich nach SO erstreckt. Nun rechts über eine Felsstufe und dann zur Gratschneide. Auf ihr (Schrofen) zu einem Turm. Diesen rechts umgehen und über brüchigen Fels zu einer 30 m-Wand. Eine Rippe empor und von ihr nach rechts in eine Rinne queren. In ihr zum Grat zurück und längs seiner Schneide zu drei markanten Türmen. An der Kante des ersten Turmes hinauf und dann nach rechts in eine Rinne. Über eine Wand und nach einem Rechtsquergang auf den Turmgipfel. Abstieg in die Scharte vor dem zweiten Turm. Zuerst gerade an seiner Wand empor, dann ausgesetzter Linksquergang und über Risse und eine Wandstufe zum Turmgipfel.
Nun, den dritten Turm überschreitend, in die dahinterliegende breite Scharte. Längs der Gratschneide zum Gipfel (Beschreibung aufgrund des Erstbegeherberichtes).

● 570   **Südostwand**
G. Zanoletti, L. Bonetti, F. Cola, 8.8.1895
II (wenige Stellen), sonst I; im Firn bis 45 Grad. Bei Ausaperung viel Schutt. Versicherungsreste aus dem Ersten Weltkrieg.
600 m, 4 Std. vom Wandfuß, von der Alpinihütte sind es 5 Std.

Zugang: Von der Alpinihütte über den unteren Teil des Zebrùferners in Richtung Volontaripaß bis dorthin, wo eine breite Schutt- und Firnrampe links der Gipfelfallinie beginnt und schräg rechts aufwärts gegen den SO-Grat zieht.

Route: Auf der Rampe bis in eine deutliche Einschartung im SO-Grat. Nach links in eine Schrofenmulde. In ihr (einige unterbrechende Felsstufen, Versicherungsreste) aufwärts in eine weitere Scharte des SO-Grates (Blick auf Thurwieserjoch und Gr. Eiskogel).

Nun wieder nach links. Über steile Bänder bis in die Gipfelfallinie und dann über (je nach Jahreszeit) Firn bzw. Schutt und unschwierige Felsen zum obersten Felsgürtel hinauf. Über diesen beliebig in Kürze zum höchsten Punkt.

● 571   **Südgrat**
N. Pietrasanta, G. Chiara, 7.8.1929
III (kurz), sonst II und I; brüchig. Im Firn etwa 50 bis (stellenweise) 53 Grad.
600 m, 4 Std. vom E., 5 Std. von der Alpinihütte.

Übersicht: Anstieg über jenen Grat, der vom Volontaripaß zum Gipfel zieht.

Zugang: Von der Alpinihütte über den unteren Zebrùferner nach W in den Volontaripaß. 1 Std.

Route: E. am Gratbeginn. Die ersten beiden Türme werden unschwierig auf einem Band in der rechten Seite umgangen. Vom Band kurz in die Einsattelung vor dem dritten Turm hinauf. Nun am brüchigen manchmal schneebedeckten Grat aufwärts zum Steilaufschwung des dritten Turmes (I, II). Hier (ausgesetzt) nach links und nach dem Turm wieder auf den Grat zurück (II). Der Grat ist nun sehr wenig ausgeprägt; auf ihm (Rinnen, I, II) zu einem Firnhang und über ihn zum nächsten sehr abweisenden Turm. Unter diesem nach rechts bis vor eine parallel zur Gratschneide verlaufende Rinne. 10 m in diese hinein absteigen und dann der Rinne (III) zur Gratschneide aufwärts folgen. Nun immer am Grat über brüchigen Fels und dazwischenliegende kurze Firnzonen zum Gipfel.

- **572 Südwestwand**
    G. Pirovano, Canclini.

Der Anstieg verläuft abweichend vom Zsigmondyweg, weitere Einzelheiten wurden nicht bekanntgegeben.

- **573 Südwestwand, Zsigmondyweg**
    E. und R. Zsigmondy, G. Geyer, J. Prochaska, 23.8.1882
    II und I, im Firn etwa 45 Grad, bei Ausaperung viel Schutt, Schlüsselstelle in der Gipfelwand.
    550 m, 4 Std. vom Wandfuß, $5^{1}/_{2}$ Std. von der Alpinihütte.

Zugang: Von der Alpinihütte über den unteren Zebrùferner nach W in den Volontaripaß. Vom Paß nach W auf das Firnfeld. E. bei der zweiten Rinne links eines markanten hoch in die Wand emporziehenden Schneekegels.

Route: Über plattige Wandstufen auf Firnhänge (bei Ausaperung schuttbedeckter Fels) und immer gerade bis etwa 80 m unter den W-Grat des Berges aufwärts (Firnfleck). Am oberen Rand des Firnflecks nach rechts zu einer Felskante. Diese überqueren und (plattiger Fels, II) zu einem Firnfeld hinauf. Auf ihm nach rechts aufwärts, bis zu einer sich zunehmend verengenden Rinne, die den Gipfelaufbau durchreißt und die Fortsetzung des Firnfeldes bildet. Die Rinne (je nach Ausaperung mehr oder weniger plattiger Fels, II, Schlüsselstelle) aufwärts auf den obersten W-Grat und auf ihm (Firnschneide, zuletzt Fels) zum Gipfel.

- **574 Westgrat (Gratübergang von der Trafoier Eiswand, „Bäckmanngrat")**
    1. Begehung des Grates (mit Umgehung des Turmes auf der S-Seite) C. Bäckmann, A. Kuntner, A. Pinggera, 16.9.1890;
    1. Begehung des direkten Grates Richard und Rüdiger Weitzenböck.

    Ganz hervorragender Firngrat, besonders nach einer Begehung der Trafoier Eiswand Nordwand zu empfehlen. **Mit Ausnahme der Schlüsselstelle** im Fels nirgends über II, Eis/Firn nirgends über etwa 45 Grad. Schlüsselstelle ist der letzte Gratturm; bei günstigen Verhältnissen (Erkletterung links) etwa 55 Grad und **III,** bei ungünstigen Verhältnissen (die Verhältnisse sind in der Regel vorher nicht feststellbar!) kann die linke Ersteigungsmöglichkeit bis an die Grenze der für den Durchschnittskletterer möglichen Begehbarkeit erschwert sein und es ist dann die direkte Ersteigung der Turm-

kante (**IV,** im Firn/Eis bis 60 Grad) vorzuziehen. Umgehungsmöglichkeit des Turmes in der S-Seite mit 80 m Höhenverlust verhältnismäßig leicht (II), diese nimmt aber dem Grat seinen Reiz.
2 Std. von der Trafoier Eiswand zur Thurwieserspitze.
Siehe Abb. Seite 166/167.

Route: Vom Gipfel der Trafoier Eiswand am Firngrat (bei Ausaperung unschwieriger Fels) nach O zu einem Abbruch, den man an seiner Kante abklettert (II). Nun am fast waagrechten Firngrat, über einen Felskopf hinweg, in die tiefste Einschartung zwischen Trafoier Eiswand und Thurwieserspitze (Abzweigung von R 575). Jenseits am Firngrat (bei Ausaperung unschwieriger Fels) auf einen Turm hinauf und kurzer Abstieg in die Scharte dahinter. Nun auf den letzten Gratturm.
Entweder nach links queren und sobald wie möglich gerade zu seiner waagrechten Gipfelschneide empor oder möglichst an der Kante bleibend zu seiner Gipfelschneide. Waagrecht am Firngrat (bei Ausaperung unschwieriger Fels) weiter und jenseits kurzer Abstieg zu einer Firnschneide. Auf dieser weiter und schließlich über etwas felsdurchsetztes Gelände zum Gipfel der Thurwieserspitze.

● 575 **Variante zum Westgrat R 574**
II, im Firn etwa 45 Grad, etwa $^1/_2$ Std. mehr Zeitaufwand als der direkte Grat (Weg der Erstbegeher, vorher bereits von Zsigmondy und Gef. anläßlich der Erstbegehung der SW-Wand begangen, die damals zum Grat anstiegen und wieder in die SW-Wand zurückkehrten).

Route: Von der tiefsten Scharte zwischen Trafoier Eiswand und Thurwieserspitze längs einer Felsrippe etwa 20 m nach S absteigen. Nun entweder ganz hinab zum unteren der beiden unter dem Gipfelaufbau von R 573 liegenden Firnfelder oder (besser) knapp unter der Rippe auf Bändern, mehrere Rinnen überschreitend, nach O zum oberen der beiden Firnfelder. Von dort, gemeinsam mit R 573 durch die plattige, oft firnbedeckte Rinne zum obersten Grat und auf ihm zum Gipfel.

● 576 **Nordwestwand**
E. Fornaroli, G. Canclini, G. Piravano, 7.–8. 9. 1948
Stellenweise kombiniertes Gelände, im Eis bis 60 Grad.

Übersicht: Der Anstieg erfolgt rechts der Gipfelfallinie und knapp rechts des mehr felsigen Teiles der Nordwand; Ausstieg am Bäckmanngrat (R 574) am Ostende seines fast waagrechten Teiles und damit noch vor seiner Schlüsselstelle.

- **577** **Nordwestpfeiler**
  G. Pirovano, C. Mauri, 6.9.1967
  Etwa 400 m, heikles kombiniertes Gelände. Nach Angabe der Erstbegeher wurden 3 H geschlagen, bisher keine Wiederholung bekannt.
  5 Std. (Zeit der Erstbegeher).

Übersicht: Anstieg über den (im Sinne des Beschauers) rechten Pfeiler der Nordwand; Ausstieg auf dem letzten Turm des Westgrates.

- **578** **Nordpfeiler**
  H. Authier, H. Holzer, 12.12.1964
  Im Eis bis 60 Grad, im Fels bis IV. 400 m, 4–5 Std.

Übersicht: Anstieg über den in Gipfelfallinie befindlichen schwach ausgeprägten Felspfeiler der oberen Wandhälfte. Die untere Wandhälfte wird in geradem Anstieg über den Eishang erstiegen.

- **579** **Nordwand**
  E. G. Lammer, 19.8.1893
  Im Eis bis 55 Grad, im Fels bis III. Etwa 400 m, 3–5 Std., sehr wertvoller Anstieg. Siehe Abb. Seite 166/167.

Zugang: Vom Bivacco Pelliccioli in 30–40 Min.
Route: E. etwas links der Gipfelfallinie. Den Eishang zu den Felsen empor und gerade (Rinnen, bei Ausaperung kombiniertes Gelände) zum Ausstieg empor. Dieser erfolgt knapp östlich des Gipfels.

- **580** frei für Ergänzungen.

- **581** **Eiskögel (Coni di Ghiaccio)**

Zwei nordseitig völlig vergletscherte Erhebungen zwischen dem Ortlerpaß im Ostnordosten (R 177) und dem Thurwieserjoch im Südwesten. Lohnende wenig schwierige Tour:
Alpinihütte – Ortlerpaß – Gr. Eiskögel – Thurwieserjoch – Alpinihütte ($4^1/_2$–5 Std. von der Hütte zur Hütte). Prächtige Nahblicke auf die den Ortlerferner umrahmenden Abstürze von Ortler, Thurwieserspitze und Trafoier Eiswand sowie auf den im Osten aufragenden Monte Zebrù.

- **582** **Großer Eiskogel**

(Deutsch-österr. Vermessung 3549 m, italienische Vermessung 3530 m)
Dieser Gipfel wird bei einer Begehung des Thurwieserspitze-Ostgrates oft mit überschritten.

- **583 Ostnordostgrat**
  J. Payer, J. Pinggera, 6.10.1866
  Fels- und Firngrat mit nie über 30 Grad Neigung, **I**.
  30–40 Min. vom Ortlerpaß.

Der im Ortlerpaß beginnende Firngrat wird durchwegs begangen.

- **584 Südwand**
  II (im Gipfelaufbau), brüchig. Oft kombiniertes Gelände.
  Im Firn/Eis etwa 40 Grad. 400 m, 1 Std. vom Wandfuß.

Zugang: Von der Alpinihütte nach W auf den unteren Zebrùferner und auf seiner (im Sinne des Anstieges) linken Seite zur S-Wand, 1 Std.
Route: Immer in der Gipfelfallinie den Firnhang empor, die felsige Gipfelwand wird ebenfalls gerade erstiegen (schlechte Standplätze).

- **585 Südwestgrat**
  Th. Harpprecht, J. Schnell, 20.8.1869
  Unschwieriger Firngrat. 10 Min. vom Thurwieserjoch.

Zugang: Wie R 566 ins Thurwieserjoch; $1^1/_2$ Std. von der Alpinihütte.
Route: Am unschwierigen Grat nach Nordosten zum Gipfel.

- **586 Nordwestgrat**
  J. Payer, J. Pinggera, 6.10.1866
  Mit Überschreitung des Kl. Eiskogels, Firn- bzw. Eisgrat.
  Etwa 30 Grad Neigung an den steilsten Stellen.
  300 m Höhenunterschied, Gratlänge etwa 600 m.
  1–2 Std. vom Bivacco Pelliccioli (R 70).

Route: Von der Biwakschachtel über den stellenweise scharfen Firngrat auf den Gipfel des Kl. Eiskogels. Jenseits kurzer Abstieg in eine flache Mulde und über einen kurzen Grat auf den Gipfel des Gr. Eiskogels.

- **587 Nordwand**
  G. Pirovano, G. Boerchio, 11.8.1936
  50 Grad Durchschnittsneigung, in den Seracs bis 60 Grad.
  Etwa 300 m, 3–4 Std. vom Bergschrund.

Zugang: Vom Ortlerpaß auf den Ortlerferner hinab und zum E. in Gipfelfallinie ($^1/_2$ Std. vom Ortlerpaß, $2-2^1/_2$ Std. von der Alpinihütte).
Route: Die Eiswand in wechselnder Neigung (mehrere große Querspalten) unter die Seracs empor. Diese werden rechts erstiegen (oben und unten große Querspalte); aus der oberhalb befindlichen geneigten Gletscherzone direkt über den steilen Gipfelhang zum höchsten Punkt.

● **588** **Kleiner Eiskogel,** 3503 m

Dem Kamm Ortlerpaß (R 177) – Thurwieserjoch nach Nordwesten vorgeschobener Gipfel. An seinem Nordwestfuß beginnt der Felsrücken des Fernerkogels mit dem Bivacco Pelliccioli (R 70).

● **589** **Nordwand**
Etwa 45 Grad steile Eiswand.
400 m, 1–2 Std. vom Wandfuß.

Zugang: Entweder von der Alpinihütte zum Ortlerpaß (R 177) und jenseits absteigen auf den Ostarm des Ortlerferners, den man zum Einstieg begeht (3–3½ Std.), oder vom Bivacco Pelliccioli nach N auf den Ortlerferner hinab und an seiner (im Sinne des Aufstieges) rechten Seite zum Einstieg (1–1½ Std). Beide Zugänge können aufgrund der Spalten am Ortlerferner problematisch sein, der Zugang von der Alpinihütte ist in der Regel sicherer.
Route: In Gipfelfallinie über die etwas gewellte Wand zum Gipfel.

● **590–600** frei für Ergänzungen.

4. Der Ortlerhauptkamm (Ortlerpaß – Eisseepaß)

Kernstück der Ortlergruppe, das im Dreigestirn Ortler – Zebrù – Königspitze kulminiert.
Schutzhütten: Berglhütte (R 73), Julius-Payer-Hütte (R 75), Bivacco Lombardi (R 79), Tabarettahütte (R 80), Rif. K 2 (R 82), Hintergrathütte (R 83), Bivacco Città di Cantù (R 86), Schaubachhütte (R 89), Rif. G. Casati (R 97), Rif. L. E. Pizzini (R 120), V°Alpini-Hütte (R 142).
Übergänge: R 175–200.

● **601** **Hochleitenspitze (Punta Alta),** 2798 m

Nördlichster Gipfel des vom Ortler nach N streichenden Kammes; selten betreten, allseits unschwierig.

● **602** **Südostgrat**
Unschwieriger Gratanstieg.
2 Std. von der Tabarettahütte, 4 Std. von Trafoi.

Zugang ins südlich des Berges eingeschnittene Hochleitenjoch:
a) Von der Tabarettahütte nicht am rot bez., zur Payerhütte führenden Weg die Hänge schräg empor, sondern sofort (unterhalb) waagrecht

nach N bis in die Fallinie der Bärenkopfscharte queren. Vom erreichten Rücken in der gleichen Richtung erst schräg absteigend und dann waagrecht bis unter das Hochleitenjoch weiterqueren (bis hierher Steigspuren). Weglos über Schutt und Schnee in dieses hinauf. 1½ Std.
b) Von Trafoi am rot bez. zur Payerhütte führenden Weg (Nr. 185) bis man, nach der Alpenrosehütte, das weite karartige Tal betritt, das zum Joch hinaufführt. In diesem weglos ins Joch. 3½ Std.
Route: Über den SO-Grat unschwierig zum Gipfel (20 Min.).

● **603   Nordgrat**
Unschwieriger Gratanstieg, mühsam; jedoch im Abstieg lohnend, 3–4 Std. von Außersulden.

Abzweigung in Außersulden etwas talauswärts des Razoihofes von der Straße. Hinab zum Bach und jenseits (viele Kehren) aufwärts nach Zumpanell (Malga di Giovenche, Magnesitbergwerk, bis hierher Weg (2 Std.). Nun weglos bei abnehmender Steilheit auf den rückenartigen N-Grat und längs dessen Schneide unschwierig zum Gipfel.

● **604   Bärenkopf**
(Deutsch-österr. Vermessung 2938 m,
italien. Vermessung 2942 m)

Langgestreckter Doppelgipfel zwischen Hochleitenjoch (im N) und Bärenkopfscharte (im S), selten betreten.

● **605   Südgrat**
1. touristische Begehung Th. und M. v. Smoluchowski, 30.8.1891. Unschwieriger Gratanstieg. ¼ Std. von der Bärenkopfscharte.

Zugang: Am Weg von der Tabarettahütte zur Payerhütte in die Bärenkopfscharte.
Route: Über den S-Grat unschwierig in ¼ Std. zum Gipfel.

● **606   Nordgrat**
W. v. Rickmer-Rickmers, P. Dangl, Juli 1893.
II, I, teilweise Gehgelände.
1 Std. vom Hochleitenjoch.

Zugang ins Hochleitenjoch s. R 602.
Route: Vom Hochleitenjoch nach S längs der Gratschneide, wobei die Türme beliebig umgangen oder (schwieriger) überklettert werden können bis auf den N-Gipfel (2852 m). Jenseits unschwierig in eine breite Einsattelung hinab und dann am Grat zum Hauptgipfel.

● **607** **Tabarettaspitze**
(Deutsch-Österr. Vermessung 3113 m,
italien. Vermessung 3128 m)

Südlich der Payerhütte aufragender Gipfel, der beim gewöhnlichen Weg auf den Ortler in der W-Seite gequert wird. Selten betreten.

● **608** **Nordgrat**
J. Pichler, M. Gamper, 12.8.1834
Unschwieriger Gratanstieg. 15–20 Min. von der Payerhütte.

Von der Payerhütte immer am Grat zum Gipfel.

● **609** **Westgrat**
I, mühsam.
½ Std. von der Payerhütte.

Zugang: Von der Payerhütte am gewöhnlichen Weg zum Ortler bis dorthin, wo er den Westgrat überquert.
Route: Beliebig am Grat zum Gipfel.

● **610** **Südgrat**
M. Beghi 1922, wahrscheinlich bereits vorher begangen
II, I, 1 Std. von der Payerhütte.

Zugang: Von der Payerhütte am gewöhnlichen Ortleranstieg bis vor das Tschirfeck.
Route: E. in der Scharte am Beginn des Grates, der durchwegs begangen wird.

● **611** **Ostwand**
A. Swaine, A. Kuntner, 1892
II, viel Schutt. 500 m, 3 Std.

Übersicht: Der Anstieg verläuft durch die vom Tal aus gut sichtbare Rinne, die bei der Spitze beginnt, den oberen Wandteil durchzieht und unten in Abbrüchen endet.
Route: E. nördlich der Fallinie der Rinne am höchsten Punkt des Schutt- und Schneekegels. Gerade empor bis man die nach links (etwas aufwärts) führende bandartige Schichte erreicht hat, die bis zur eingangs erwähnten Rinne hinüberführt. Auf dieser links aufwärts, einmal in eine Schuttrinne hinab und dann wieder schräg weiter, bis zur Hauptrinne. In ihr aufwärts zu einer Steilstufe, die mit leichtem Rechtsbogen überwunden wird (brüchig, Schlüsselstelle), dann bei abnehmender Neigung zum Gipfel.

● **612   Direkte Ostwand**
P. Mazzorana, A. Martinoia, L. Usseglio, 25.6.1943; Boll. CAI 1946/223
III (stellenweise) und II. 500 m, $3^{1}/_{2}$ Std.

Übersicht: Der Anstieg dürfte in der Wandmitte R 611 zumindest berühren, wenn er nicht ab dort damit identisch ist. Wegbeschreibung anhand der Beschreibung der Erstbegeher.
Zugang: Von der Tabarettahütte in 15 Min.
Route: E. am tiefsten Punkt der Wand. 40 m gerade empor, dann weniger schwierig schräg nach links, bis man über gestuften Fels den rechten Rand einer ausgeprägten Rinne erreicht. Längs der Rinne 50 m empor, dann rechts halten (Schutt), bis ein Band die Rinne nach links quert. Am Band in die Rinne und dann schräg links bis unter die Gipfelwand weiter. In ihr (am Beginn Schlüsselstelle) empor auf die Schulter, oberhalb von der man den Gipfel erreicht.

● **613   Direkte Nordostwand**
N. Spallino, J. Pinggera, B. Reinstadler, 17.8.1955
IV+, III+. 500 m, 5 Std., brüchig und gefährlich.

Route: Einstieg rechts des NO-Grates. Einen Kamin empor (II+) und danach 25 m nach links queren. Durch einen Riß (III+, H) aufwärts auf einen kleinen Grat, der vom NO-Grat durch eine Rinne getrennt ist. Diese Rinne (Schutt) überqueren und jenseits über Fels an der N-Seite des NO-Grates empor.
Zuletzt über ein Band an seine Schneide. Diesen 50 m empor (IV+, H), dann in jene Schneerinne absteigen, die die beiden Hauptgrate trennt. Entlang einer Platte auf den zweiten Hauptgrat. Diesen an der rechten Seite mit einem glatten Kamin (10 m, III+) ersteigen und unter seinen obersten Aufschwung. Unter ihm abermals in die begleitende Rinne hinein und aus ihr wieder zum NO-Grat hinauf. Längs seiner Schneide zum Ausstieg (nach Buscaini).

● **614   Nordnordostwand (Diagonalweg)**
F. Pinggera, Giuliani, 29.8.1925
Einzelheiten wurden nicht bekanntgegeben.

● **615   Nordwand**
G. Nogara, 23.8.1920
Einzelheiten wurden nicht bekanntgegeben.

● **616**   frei für Ergänzungen.

● **617**　　　　　　　　**Tschirfeck,** 3316 m

Erhebung am Nordrand des Ortlerplattes (Oberer Ortlerferner), die bergseitig nahtlos in den Bergkörper des Ortlers übergeht. Am Gipfel, der vom gewöhnlichen Ortleranstieg berührt wird, das Bivacco Lombardi (R 79).

● **618**　　**Ostwand**
　　　　　B. Kössler, V. Altamura, 20.7.1954
　　　　　III und II. Im Firn selten um 50 Grad, meist 45 Grad und weniger (selten kurze Stellen Eis). Die Wand sollte möglichst bei Firn (Schnee-) lage auf den Bändern begangen werden, da bei zunehmender Ausaperung Schutt zu Tage tritt. Günstige Begehungszeit: Mai, Juni.
　　　　　500 m, 4 Std. v. E.
　　　　　Siehe Abb. Seite 144/145.

Route: Am Marltferner vom tiefsten Punkt der Wand nach links (S) und über den Bergschrund auf gebänderten Fels (³/₄ Std. von der Tabarettahütte). Diesen rechts aufwärts auf ein breites unter einer senkrechten Wand liegendes Band. Vom Band, knapp rechts der schwarz gesprenkelten Wand, über Wandstufen und dann mittels einer Kaminrinne empor. Oberhalb derselben erst schräg rechts und dann schräg links aufwärts auf gegliedertes Gelände. Über Bänder, Schnee und Schutt zu einem gelblichen Pfeiler empor. Von seinem Fuß schräg rechts aufwärts in eine breite Eisrinne. Diese empor bis unter die die Rinne oben abschließende Wand. Unter ihr nach rechts ansteigend zum Ausstieg einige Meter nördlich des Bivacco Lombardi.

● **619**　　**Ostpfeiler**
　　　　　S. u. W. Stricker, August 1988
　　　　　VII– (1 SL), VI– (2 SL), V+, V (3 SL) und leichter, 500 m, 7 Std., einige H vorhanden, KK nützlich, mit Eis (Firn) muß gerechnet werden; teilweise brüchig, zahlreiche Ausquerungsmöglichkeiten über unschwierige Bänder zu R 618. Siehe Abb. S. 144/145.

Übersicht: Der Anstieg verläuft etwas links von R 618 über die von zahlreichen querverlaufenden Bändern durchzogene Pfeilerwand und im oberen Viertel durch die markante gelbe, dreieckige Wand (dort Schlüsselstelle).

Route: E. links einer tiefen Kaminrinne in der Fallinie eines ober dem Wandfuß beginnenden kürzeren rinnenartigen Kamines dort, wo sich die schwach ausgeprägte Pfeilerwand allmählich nach links umzubiegen beginnt. Aufwärts zur Kaminrinne, diese empor und oberhalb zu SPL auf Band (IV+). Auf dem Band nach rechts und die gebänderte Wandzone aufwärts zur nächsten Steilstufe. Zwischen zwei spornartigen Pfeilern erst gerade empor dann nach links gegen eine markante etwa 25 m hohe Verschneidung (SPL rechts ihres unteren Endes). In die Verschneidung hinein, diese zur Gänze erklettern (V) und zu SPL oberhalb. Nun 1 SL. waagrecht nach rechts zu einer weiteren Verschneidung. Diese durchwegs hinauf (V+) und zu SPL im oberhalb befindlichen gebänderten Gelände. In ihm aufwärts gegen die markante dreieckige, gelbe Wand; E. in sie etwa in Fallinie ihres höchsten Punktes knapp rechts eines Risses.

Links ansteigend zum Rißbeginn, den Riß hinauf (VI–) und zu SPL danach (H). Nun schräg links ansteigend gegen die Mitte einer links befindlichen Verschneidung. Diese hinauf, über den Überhang oberhalb hinweg und zu SPL (H, 40 m, VII–). Aus der gelben Wand nach links hinausqueren und aufwärts zu SPL (H, V). Mit einer Linksschleife unter einen Überhang, die oberhalb befindliche nach rechts geneigte Verschneidung (VI–) empor und nach rechts in unschwieriges Gelände. In ihm aufwärts zu einer Rippe und über diese (Stellen IV–) und den folgenden Firngrat zum Ausstieg.

● 620   Ortler
(Deutsch-österr. Vermessung 3899 m, italien. Vermessung 3905 m)

Höchster Berg Südtirols und östlich der Schweizer Grenze der höchste Berg der Ostalpen. Die weitausgedehnte und nach NW absinkende Gipfelfläche ist zur Gänze vom Oberen Ortlerferner bedeckt. Unter der SW-Wand des Berges verläuft der sehr spaltenreiche Untere Ortlerferner, den der Ortlerpaß vom Zebrüferner trennt. An der SO-Seite der Suldenferner und unter den NO-Abstürzen der kleine Marltferner.

Schutzhütten: R 73 ff.

Der Ortler wurde bereits 1774 vom Tiroler Landvermesser (Kartograph) Peter Anich, in seinem „Atlas Tyrolensis", als der höchste Gipfel Tirols erkannt; 1. Ersteigung durch J. Pichler und Gefährten am 27. 9. 1804 (!) – ohne Pickel und Seil über die „Hinteren Wandler" der SW-Seite. Im Gebirgskrieg 1915/18 war die Gipfelfläche des Ortlers der höchste Punkt, wobei jedoch der eigentliche Gipfel unbesetzt blieb.

Vom Gipfel hervorragende Einblicke in fast alle Teile der Ortlergruppe; Aussicht von den Engadiner Bergen über die Silvretta und die Ötztaler Alpen bis zu den Dolomiten, der Brenta und der Presanellagruppe. An schönen Tagen reicht die Aussicht im W bis zur Finsteraarhorn-Gruppe. Tiefblick auf die kühne Straßenanlage über das Stilfser Joch.

Neben dem Anstieg von der Payerhütte (der technisch unschwierigste Anstieg) wird der Weg über den Hintergrat sehr oft begangen; im Winter und Frühling ist der Hintergratanstieg dem über die Payerhütte unbedingt vorzuziehen. Hochjochgrat, SO-Wand (Minnigeroderinne) und Marltgrat sowie N-Wand (Ertlweg) werden bisweilen begangen, die anderen Anstiege erfreuen sich eines (unverdienten) Dornröschenschlafes. Der Marltgrat ist eine klassische kombinierte Grattour im mittleren Schwierigkeitsbereich, die Nordwand galt lange als die schwierigste Eiswand der Ostalpen.

1. Überschreitung Marltgrat – Zebrù – Königspitze O. P. Smith, H. S. Zischg, 1906 (vorher ohne Marltgrat A. v. Krafft, L. Friedmann, 15.8.1893 von der Königspitze zum Ortler).

● **621**   **Normalweg von der Payerhütte („Tabarettakamm")**
Erste Begehung durch Headlam September 1864, wobei vom untersten Teil der Hohen Eisrinne (R 622) zum Standpunkt der heutigen Payerhütte angestiegen wurde, 1. Begehung des heute üblichen Anstieges von Sulden über die Bärenkopfscharte und heutige Payerhütte (mit geringen Abweichungen) E. v. Mojsisovics, J. Pinggera, V. Reinstadler, 7.7.1865, zur Gänze am heutigen Weg J. Payer, J. Pinggera, 4.9.1865.

1. Winterersteigung R. v. Lendenfeld, P. Dangl, 7.1.1880.
Vorwiegend Gletscherfahrt (im Eis/Firn kurz etwa 35 Grad Neigung, in der Regel weniger steil), im Felsteil versichert. Häufig begangen und in der Regel gespurt, die Benützung von Steigeisen, Seil und Pickel ist üblich. Bei schlechter Sicht unter Umständen am Oberen Ortlerferner schwierige Orientierung. Nach etwa ein Drittel des Weges befindet sich am Gipfel des Tschirfecks das Bivacco Lombardi (3316 m italien. Vermessung, in den deutschen Karten mit 3390 m bzw. sogar 3430 m fälschlich angegeben. Verwahrlost, nur als Notunterstand benützbar).
Fast 900 m Höhenunterschied, 3–5 Std.
Siehe Abb. Seite 199, 211, 225.

Route: Von der Payerhütte (R 75) südwärts auf gutem Steig (oft Schneefeld) die Tabarettaspitze in der W-Flanke queren. Dahinter links aufwärts auf den die „Hohe Eisrinne" (an deren Rand man sich befindet) nach oben begrenzenden Grat. Nun am Grat in eine Scharte hinab und zu den jenseits befindlichen Felsen des Tschirfecks. Nun (Versicherungen, Eisenleiter) auf einen kurzen Felsgrat, dem man zum Gletscherrand folgt (hierher auch über den alten, nur mehr selten begangenen Weg wie folgt: den oberen Teil der „Hohen Eisrinne" zum jenseitigen **unteren**

Ende der Felsen des Tschirfecks queren, um diese herum und am Gletscher, links bleibend, aufwärts; schwieriger als der versicherte Weg).
Nun mehrere Möglichkeiten:
a) Nach Erreichen des Gletschers nicht nach rechts ins „Bärenloch" queren, sondern den Hang gerade empor, bis man auf den Felsgrat zur Rechten queren kann. Dieser wird oberhalb seines unteren Steilaufschwunges erreicht. Nun am Grat (oft zum Teil Firn) zum Bivacco Lombardi. Empfehlenswert, bei Nebel nur begehen wenn gespurt!
b) Üblicher Weg, oft Blankeis am Quergang. Nach Erreichen des Gletschers auf ihm etwas ansteigend nach SW queren bis zum Fuß des vom Bivacco Lombardi herabziehenden Felsgrates, womit die Gletschermulde des „Bärenloches" erreicht ist. Nun entweder links über Geröll und Firn oder (unter Umständen Eisschlag von rechts) rechts am Gletscher mit einer Schleife vom Bivacco Lombardi empor.
Gemeinsamer Weiterweg. Am Grat und über den darauf folgenden wenig steilen Gletscherteil zu einem Steilaufschwung. Über diesen (Steigeisen!) auf das Obere Ortlerplatt. Auf ihm zu einem Sattel, von dem man nach S zum Gipfel ansteigt.

● **621 A   Abstieg über den Normalweg zur Payerhütte (R 75),**
siehe Vorbemerkungen zu R 621.

Vom Gipfel in etwa nördlicher Richtung über den Gletscher hinab zu einem Firnsattel. Nun, mit kurzer Ausbiegung nach links (W) in nordnordwestl. Richtung am Oberen Ortlerplatt wenig absteigend weiter, wobei man sich möglichst immer in der Nähe des oberen Randes der Nordwand hält. Schließlich über eine Steilstufe, einen weniger steilen Gletscherteil und einen Grat hinab zum Bivacco Lombardi. Nun an der W-Seite des Felsgrates über Geröll und Firn abwärts zum tiefsten Gratpunkt. Von ihm mit wenig Abstieg nach NO über den Gletscher queren (Beginn des Querganges unter Umständen Blankeis) bis man die Felsen des Tschirfecks erreicht. Längs derselben mit kurzem Abstieg zum Beginn der Versicherungen (Ketten, Eisenleiter). Diese hinab in eine große Scharte. Nach einer kurzen Gegensteigung verläßt man den Grat in die W-Seite, quert die W-Flanke der Tabarettaspitze (guter Steig, oft Schneefeld) und steigt parallel zum Kamm (zuletzt auf ihm) zur Payerhütte ab.

● **622   „Hohe Eisrinne"**
E. N. und H. E. Buxton, F. F. Tuckett, Chr. Michel Biner, F. Biner, 5.8.1864. Etwa 30 Grad mit kurzen geringfügig steileren Passagen, Eisschlaggefahr vom Oberen Ortlerferner. 400 m. Siehe Abb. Seite 225.

Ortler

Ortler mit Payerhütte vom Bärenkopf
621 Normalweg von der Payerhütte (Tabarettakamm)
624 Nordwand (Holl-Witt-Weg)
625 Nordwand (Ertlweg).
626 Ausstiegsvariante
627 Direkter Hängegletscher (Messner/Messner)
628 Variante (Zappa/Gilardoni)
632 Nordnordostgrat (Rothböckgrat)
633 Nordostgrat (Marltgrat)
635 Ostsüdostgrat (Hintergrat)

Nur mehr von historischer Bedeutung; kürzt, wenn man von der Berglhütte kommt, den gewöhnlichen Weg über die Payerhütte um etwa 1½ Std. ab (die Payerhütte wird nicht berührt).
Übersicht: Anstieg in der breiten Firnrinne, die aus der Scharte zwi-

schen Tabarettaspitze und dem zum Bergkörper des Ortlers gehörenden Tschirfeck nach W herabzieht.
Zugang: Von der Berglhütte am Weg zur Payerhütte ins Pleißhorntal und dort vom bez. Weg bergauf abzweigen. Schräg links (im Sinne des Aufstieges) über Schutt und Firn aufwärts, wobei man sich von den Abstürzen des Ortlers möglichst entfernt hält. Man gelangt somit zum breiten Rinnenauslauf.
Route: Die Rinne wird durchwegs begangen; man hält sich (um objektive Gefahren möglichst zu vermeiden) in der im Sinne des Aufstieges linken Rinnenhälfte. Am oberen Rinnenende Vereinigung mit R 621.

Nordwand

Ganz großartige Eiswand, Wandhöhe 1200 m, galt lange Zeit als schwierigste Eiswand der Ostalpen, was für den (fast nie begangenen) Originalweg Ertl unter Umständen auch heute noch zutreffen dürfte. In der Regel wird der Ertlweg bis zum oberen Rand des ersten Eiswulstes begangen und dann die Ausstiegswegänderung nach links benützt, welche Wegführung nicht nur leichter ist, sondern auch die objektiven Gefahren weitgehend ausschließt.
Objektive Gefahren: werden oft überschätzt, wozu gesagt werden muß, daß ein Kalben des Randes des Oberen Ortlerferners (der die Nordwand nach oben zu abschließt) nie vorauszusagen oder auszuschließen ist (in einem solchen Fall erreichten einmal die Eistrümmer sogar die Suldener Straße!). Mit Ausnahme dieser seltenen Wahrscheinlichkeit ist die N-Wand wie folgt leidlich objektiv sicher: Ertlrinne bis Eiswulst immer links der bis zu 2 m tief eingeschnittenen Lawinenrinne, in der Höhe des Eiswulstes immer möglichst links halten und oberhalb sobald wie möglich nach links auf das Eisfeld hinaus (Ausstiegswegänderung zum Ertlweg). Im unteren Drittel der Ertlrinne geringfügig Steinschlag von der Rothböckgrat-Seite.
1. Skibefahrung K. Jeschke, M. Burtscher, 10.6.1979: obere Hälfte auf der Ausstiegswegänderung zur Ertlführe, am Eiswulst ähnlich der Wegführung Zappa-Gilardoni mit 2 Abseilstellen, unten in der Ertlrinne.

- **623**   **Nordostpfeiler**
  H. Wegmann, K. Fritz, 16.8.1987. V+ (zwei Stellen), IV+, III, im Eis (Ausstieg) 60 Grad (unter Umständen senkrechte Passagen).
  600 m, 10 Std. (Erstbegeher); vorwiegend brüchig.

Übersicht: Der Anstieg verläuft über den bei der ersten Verengung der Ertlrinne (etwa 200 m oberhalb ihres untersten Bergschrundes) rechts

hinaufziehenden breiten Pfeiler. Die abschließende Seraczone wird rechtshaltend überwunden und der Normalweg erreicht.
Route: Siehe Abb. Seite 202/203 und 207.

● **623a**   **Nordostwand**
A. Schlögl, 3.6.1988. **VI–** (Stelle), V und leichter; im Eis 50–60 Grad, Ausstieg bis zu 90 Grad. 600 m, 6–10 Std.
Übersicht: Anstieg beginnt in Schlucht rechts von R 623, überquert auf den Schutt(Firn-)terrassen den Nordostpfeileranstieg nach links.
Route: Am untersten Ertlweg bis vor die erste Rinnenverengung. Nun rechts in eine Schlucht abzweigen und in ihr bis an die Felsen. Aufwärts auf eine abschüssige gebänderte große Firn- bzw. Schutterrasse unter hohen steilen Wänden. Auf ihr ganz nach links bis an den linken Rand der Wandzone und dann immer rechtshaltend (Rinnen) aufwärts bis an den Beginn des obersten Wandviertels. Hier zu einer markanten, erst nach links, dann nach rechts geneigten Verschneidung. Die Verschneidung durchwegs empor und in ihre rinnenartige Fortsetzung. Die teilweise brüchige Rinne durchwegs empor und zum Ausstieg oberhalb des Bivacco Lombardi bei einer Firnschneide.

● **624**   **Nordwand, Holl-Witt-Weg**
P. Holl, H. Witt, 3.–4. Juli 1963
Fast durchwegs kombinierte Kletterei:
V– (2 Stellen), IV, III. Im Eis durchschnittlich 60°, wobei immer senkrechte Stellen vorkommen. (Ausstieg 30 m, ansonsten kürzere Passagen von 6–8 m Länge senkrecht).
Im Eis über die Ertlführe einzustufen. Mit Ausnahme der Standsicherungen wurden höchstens 15 H geschlagen.
Die Erstbegeher verwendeten keine Trittschlingen.
Möglicherweise der schwierigste kombinierte Anstieg der Ostalpen. Klettersportlich von Interesse, als Gesamtbergfahrt gegenüber dem Ertlweg von geringer Bedeutung.
Nach dem ersten Drittel (schwierige) Querung zum Ertlweg möglich.
Objektive Gefahren: Wenn man von der grundsätzlichen Möglichkeit des Kalbens des Oberen Ortlerferners absieht, keine. Bei der Erstbegehung weder Eis- noch Steinschlag.
650 m ab Ertlweg, 1200 m ab Wandfuß.
Zeit der Erstbegeher (ab Wandfuß) 23 Std. Diese Zeit dürfte bei guten Verhältnissen (jedoch kaum anzutreffen) wesentlich reduzierbar sein. Siehe Abb. Seite 199, 207, 211.

Ortler und Tschirfeck von Nordosten (Schöneck)

Zebrù-Südostgipfel
- 672 Südostgrat
- 673A Abstieg auf die Suldenseite
- 675 Ostpfeiler
- 676 Nordostpfeiler
- 677 Nordostwand

Ortler
- 636 Unterer Hintergrat
- 635 Ostsüdostgrat (Hintergrat)

Zebrù-Nordwestgipfel
- 667 Nordostwand
- 669 Nordwestwand

Ortler
- 623 Nordostpfeiler
- 624 Nordwand (Holl-Witt-Weg)
- 625 Nordwand (Ertlweg)
- 632 Nordnordostgrat (Rothböckgrat)
- 633 Nordostgrat (Marltgrat)
- 634a Ostwand (Schückrinne)
- 634b Ostwand (Variante zur Schückrinne)

Tschirfeck
- 618 Ostwand

Route: Am Ertlweg bis etwa 150–200 m unterhalb des ersten Eiswulstes aufsteigen.

In Höhe eines markanten Turmes links am Rothböckgrat schräg rechts hinauf, die Ertlrinne überquerend, und am jenseitigen Rand zu gutem Stand (Absatz an der rechten Begrenzungskante). Vom Absatz über Platten etwa 15 m nach links zu einem Riß und durch ihn auf die Kantenschneide.

Nun durchwegs an der Kante weiter, bis man die Höhe des ersten Eiswulstes des Ertlweges erreicht und die Kante in das Eisfeld übergeht. Nun 50 m kombiniert empor, dann Rechtsquergang zu schwarzer, waagrecht geschichteter Felszone. Über die Felsen etwa 120–150 m bis unter die Gipfelwand empor, die man an ihrer äußerst rechten Begrenzungskante (links einer Schlucht) erreicht (Beginn der eigentlichen Schwierigkeiten).

Etwas links der Kante 15 m hinauf zu einer Einbuchtung, wenige Meter durch einen Kamin und rechts an die Kante (V–) zu kleinem Absatz hinauf.

Einige Meter gerade hoch, Spreizschritt nach links über das oberste Ende des Kamines und gerade weiter zu Stand am unteren Ende eines Wassereisfeldes.

Nun im allgemeinen hinauf in Richtung des senkrechten obersten Eisabbruches: Steile Eisfelder und dazwischen senkrechte, teilweise brüchige Wandzonen. Die erste wird schräg links, zuerst durch eine eisgefüllte kaminartige Rampe, bis über deren Überhang bewältigt. Dann rechts einige Meter hoch (V–) und nach links (H) zu vereisten Platten, über die man nach links spreizt; gerade hoch zu Stand bei Blöcken. In der Folge über Wassereis unter die nächste Wandzone, die rechts von einer Rippe begrenzt wird. Unter ihr rechts hinaus und gerade über Eis zu einer Felswand hinauf. Linksquergang über steiles felsdurchsetztes Eis zur Rippe und über sie (vereist) empor zu Stand bei Blöcken. Nun schräg links eine die Wand durchziehende Eisrampe auf leichteres Gelände verfolgen, dann über stellenweise felsdurchsetztes Eis direkt unter den hier 40–60 m hohen senkrechten bis überhängenden Eisabbruch. An seinem unteren Rand 40 m sehr steil nach links zu einem Felsköpfl queren (der Eisabbruch biegt bereits 8 m vorher schräg links aufwärts und wird niedriger). Weiter 10 m etwas felsdurchsetzt nach links zu einer Firnrippe queren und diese bis fast unter den Abbruch empor. Abermaliger Linksquergang über besseres Eis zur nächsten Firnrippe (60 m vom Felsköpfl). Diese empor unter die niedrigste Stelle des Eisabbruches.

Nun 30 m direkt über ihn zum Ausstieg, der etwa 200 m rechts des Ertlweges erfolgt.

- **625** **Nordwand, Ertlweg**
  H. Ertl, F. Schmid, 22.6.1931
  Großartige Eiswand, die ohne Zweifel zu den schwierigsten Eiswänden der Ostalpen gehört. Am Originalweg wenige Begehungen. (In der Regel wird die wesentlich leichtere Ausstiegswegänderung, R 626, begangen, die die gesamte obere – schwierigere – Hälfte der Ertlrinne vermeidet).
  Neigungswinkel: beim E. 34 Grad, zwischen 300 und 600 m Wandhöhe 45 Grad, 800 m über dem E. 52 Grad: steilste Stellen 60 Grad und unter Umständen geringfügig mehr; bei Begehung der Ausstiegswegänderung dann 45–55 Grad, kurze Stellen 60 Grad und unter Umständen sehr schwierig zu überschreitender Bergschrund (selten), am Originalweg 55–60 Grad, stellenweise bis 80 Grad.
  Objektive Gefahren: s. R 623.
  Zeitaufwand: Unter Benützung der Ausstiegswegänderung 4–8 Std., bei Begehung des Originalweges (immer Blankeis) sollten 10 Std. veranschlagt werden. Wandhöhe 1200 m.
  Siehe Abb. Seite 199, 202/203, 207, 211.

Zugang: Von der Tabarettahütte über den Marltferner $1/2$–$3/4$ Std., von der Bergstation des Langer-Stein-Sesselliftes (Rif. K 2) $1^1/_2$ bis 2 Std.
Route: Links der tief eingeschnittenen Lawinenrinne über den Bergschrund und immer links der Lawinenrinne aufwärts, bis diese in der Eiswand verläuft. Nun etwa 200 m zum Eiswulst empor und unter ihm nach rechts. Immer möglichst nahe bei der Wand des Eiswulstes bleibend in der Rinne aufwärts, bis man seinen oberen Rand erreicht hat (Abzweigung von R 626). Nun (Originalweg) durchwegs in der Rinne weiter und über 3 weitere Eiswülste (diese werden vorteilhaft rechts erstiegen) auf das oberste Eisfeld. Auf ihm zum Ausstieg am Oberen Ortlerferner (Sattel). In Kürze nach S zum Gipfel.

- **626** **Ausstiegswegänderung**
  Wird üblicherweise begangen.
  45–55 Grad, kurze Stellen 60 Grad, meist Firn. Unter Umständen sehr schwierig zu überschreitender Bergschrund (selten).
  Objektiv sicher, häufig begangen.
  Siehe Abb. Seite 199, 207.

Auf R 625 bis dorthin, wo man knapp oberhalb des ersten Eiswulstes nach links aus der Ertlrinne hinausqueren kann. Links hinaus auf das Eis- bzw. Firnfeld und immer in seiner Mitte zum Ausstieg am Oberen Ortlerferner empor (Sattel). Nun nach S zum Gipfel.

- **627 Nordwand, direkter Hängegletscher**
  R. und G. Messner, 22.7.1964
  Je nach Verhältnissen mehr oder weniger lange senkrechte Passagen.
  Siehe Abb. Seite 199, 207.

Route: Der erste Eiswulst des Ertlweges wird direkt in seiner Mitte überstiegen und oberhalb die Firn- und Eisflanke von R 626 erreicht.

- **628 Variante im mittleren Teil der Nordwand (R 625)**
  Eis bis 80 Grad
  M. Zappa und L. Gilardoni stiegen am 30.6.1968 links des ersten Eiswulstes über eine damals vorhandene Rinne (die der Eiswulst mit der Flanke des Rothböckgrates bildete) zu den oberhalb befindlichen Hängen von R 626 empor (RM 1971/476). Ähnlich wurde anläßlich der 1. Skibefahrung abgeseilt.
  Siehe Abb. Seite 199, 207.

- **629 Rothböckturm,** etwa 2700 m

Auffallender Felsturm unterhalb des Beginnes des Rothböckgrates und mit diesem durch einen Eishang verbunden. Unbedeutend.

- **630 Westwand**
  A. Kasseroler, Schreiber, Juli 1918
  III, II, brüchig
  ½ Std. v. E.

Route: E. westlich des Turmes. Über die Randkluft des Marltferners zur Wand. Einen kurzen glatten Stemmkamin auf einen Vorbau hinauf, dann am Turmkörper über eine Wandstufe auf ein schmales ausgesetztes Band. Diesem einige Meter nach rechts in ein Schartl folgen, dann entweder direkt an der Kante oder schräg nach rechts (sehr brüchig) zum Gipfel. 40 m.

Ortler-Nordwand
623 Nordostpfeiler
624 Nordwand (Holl-Witt-Weg)
625 Nordwand (Ertlweg)
626 Ausstiegsvariante
627 Direkter Hängegletscher (Messner/Messner)
628 Variante (Zappa/Gilardoni)
632 Nordnordostgrat (Rothböckgrat)
633 Nordostgrat (Marltgrat)

Ortler

- **631** **Ostkamin**
  A. Kasseroler, Schreiber, Juli 1918
  IV, ½ Std.

Route: E. am Beginn des steilen glatten Stemmkamines. Diesen mit 20 m in das Schartl von R 630 empor und gemeinsam mit R 630 über die Kante (oder schräg nach rechts) zum Gipfel. 40 m.

- **632** **Rothböckgrat (Nordnordostgrat)**
  H. Rothböck, F. Pinggera, F. Angerer, 30.6.1904
  IV (mehrere Passagen), III, II, brüchig, im Firn/Eis durchschnittlich 45–50 Grad, stellenweise 55 Grad, bei vereistem (verschneitem) Fels auch kurze Stellen gering steiler. Selten begangen. Höhenunterschied bis zur Vereinigung mit dem Marltgrat 800 m, bis zum Gipfel 1200 m, Gratlänge fast 2000 m.
  5–8 Std. vom Einstieg.
  Siehe Abb. Seite 199, 202/203, 207.

Übersicht: Der Anstieg erfolgt über den linken (östlichen) Begrenzungsgrat der Ortler N-Wand, welcher sich schließlich mit dem Marltgrat vereinigt.

Zugang: Von der Tabarettahütte ¾ Std., von der Bergstation des Langer-Stein-Sesselliftes 2 Std.

Vom Weg Sulden – Payerhütte unter den S-Ast des Marltferners und über ihn bzw. seine Moränen zum Beginn des Grates, den man über einen Schuttrücken erreicht.

Route: Den ersten Gratturm links umgehen und mit einer brüchigen Felsrinne zur Gratschneide, die man knapp hinter dem Turm erreicht. Nun am wenig schwierigen Grat (Firnschneide, einige Felsstufen, II). Bei einem kurzen Rechtsknick des Grates in die Scharte vor dem ersten Steilaufbau hinab (hierher auch wenig schwierig aus der Rinne des Ertlweges durch die N-Wand). Über eine Platte zum Abbruch; rechts durch einen Kamin bis zu seinem Überhang, links um ihn herum und auf die Gratschneide (20 m, IV, Schlüsselstelle). Nun am sehr brüchigen Grat zu einer Wandstufe; über diese rechts der Felsen im Eis hinweg und nach 15 m wieder an die Gratschneide (mehrere Stellen IV). Weiter am Grat bis zu einer Scharte, bei welcher man die vom ersten Marltgratturm herüberziehende und unten spitzwinkelig auslaufende Wand erreicht. Links (orographisch rechts, Richtung Marltgrat) über sehr brüchigen schwarzen Fels hinab und auf ein Band. Auf dem Band (oberhalb kleine Überhänge) nach links ansteigen bis man durch einen Riß die Höhe des ersten Marltgratturmes erreichen kann. Nun durchwegs längs dessen Schneide zum Gipfel.

- **633 Marltgrat (Nordostgrat)**
Erste Beg. L. Friedmann, R. H. Schmitt und Gef., 22.8.1889, 1. direkte Ersteigung des 1. Gratturmes F. Malcher, H. Pfannl, 9.8.1905.
III und II, etwas brüchig; im Firn (Eis) etwa 45–50 Grad, kurze Stellen (je nach Verhältnissen) geringfügig steiler.
Sehr lohnender Anstieg, von großer landschaftlicher Schönheit, der bei zunehmender Ausaperung (fortgeschrittene Jahreszeit) an Reiz verliert.
Höhenunterschied 1100 m, Gratlänge etwa 1800 m.
Kletterzeit 5–6 Std. vom Gratbeginn.
Siehe Abb. Seite 199, 202/203, 207.

Übersicht: Anstieg über den markanten Grat, der die O-Seite (unterhalb der End-der-Welt-Ferner) von der NO-Seite (unterhalb der Marltferner) trennt.

Zugang: Von der Bergstation des Langer-Stein-Sesselliftes durch eine Mulde aufwärts zur nördlichen Seitenmoräne des End-der-Welt-Ferners. Auf ihr an ihr oberes Ende, dann kurzer Abstieg auf den Gletscher und nach $1/4$ Std. zu einer Block- und Schuttrinne, der man zur Gratschneide folgt ($1^1/2$ Std., hierher auch, indem man den unteren Gratrücken durchwegs begeht; stellenweise II, grasbewachsen, etwa 2 Std.).

Route: Am Grat bis zu einer markanten Scharte (weniger schwierig, aber unschön: etwa 40 m in der S-Seite queren und dann wieder zum Grat hinauf). Nun entweder direkt an der Kante aufwärts (III) oder (II, brüchig) den Aufschwung in der S-Seite des Grates umgehen. Oberhalb auf einem etwa 50 m langen Firngrat zur nächsten Gratstufe. Diese an der linken Seite erklettern und über einen weiteren Firngrat an den Fuß des ersten Marltgratturmes. Dieser ist ein großer dreieckiger Felsabbruch, an dessen oberem Ende der Rothböckgrat von rechts einmündet. Nun entweder längs der Turmkante auf seine Höhe (II, III) oder (II, im wesentlichen Firn bzw. Schnee): über Bänder an seine linke Kante, an ihr ein kurzes Stück empor und weiter nach links – einige Firnrinnen und die dazwischen befindlichen Felsrippen (brüchig) überquerend –, bis man gerade zur ober dem Abbruch ansetzenden Firnschneide ansteigen kann (am Quergang nicht zu weit nach links halten). Über einen Firngrat zum nächsten Abbruch („Zweiter Marltgratturm"). Gerade längs seiner Kante auf seine Höhe (II, III; Umgehung in der S-Seite leichter, aber unvorteilhaft). Jenseits mit kurzem Abstieg in einen sehr flachen Sattel des Firngrates und am Grat zu einer etwa 15 m hohen Felsstufe. Über sie hinweg (I, II) und dann über eine lange Firnschneide zum Ausstieg etwas nördlich des Gipfels. Nun entweder zur Spur des gewöhnlichen Anstieges hinüber oder über den N-Grat zum Gipfel.

● **634 Ostwand, Schückrinne**
O. Schück, P. Dangl, P. Reinstadler, 27.6.1879; Skibefahrung durch H. Holzer, 20.4.1971. Im Firn (kaum Eis) 45–55 Grad, bisweilen im unteren Rinnenviertel Begehung einer 40–60 m langen Felspassage, **III**, erforderlich. Ab dem ersten Rinnendrittel zwei Wegmöglichkeiten.
Objektive Gefahren: Bei sehr zeitigem Einstieg (O-Wand!) und wenn man das Betreten der (in der Rinne tief eingeschnittenen) Lawinenrinne vermeidet, in erträglichem Rahmen; das Betreten der genannten Lawinenrinne ist sehr gefährlich. Nach Neuschneefällen auch bei großer Tageserwärmung mit einer Begehung 4–6 Tage zuwarten! Es wird empfohlen, die Rinne am Vortag der Begehung zu beobachten.
Wandhöhe 1000 m, 4–6 Std. vom Bergschrund.
Siehe Abb. Seite 202/203 und 207.
Übersicht: Anstieg durch die die Ostwand in der Mitte (zwischen Marltgrat und Hintergrat) zur Gänze durchziehende Rinne.
Zugang: Von der Bergstation des Langer-Stein-Sesselliftes zum Endder-Welt-Ferner und über ihn (zuletzt Spalten) zum Rinnenbeginn (Bergschrund, seitlich der Lawinenrinne halten). 2 Std.
Route: Die Schlüsselstelle befindet sich im unteren Wanddrittel dort, wo die Lawinenrinne die beidseitig begrenzenden Felsen fast oder ganz berührt. Von ihrem Zustand hängt die Wahl der Route ab. Ist (selten) zwischen der etwa 3 m tief eingeschnittenen Lawinenrinne und den (im Sinne des Aufstieges) linken Felsen an der Engstelle ein Rest der Firnrinne erhalten, wird man (Überschreitung des Bergschrundes in der Regel in der Lawinenrinne, gefährlichste Stelle) sofort auf den linken Rinnenrand ansteigen und diesen neben der Lawinenrinne begehen, womit sich im weiteren die linke Wegführung aufdrängt; sollte zwischen der Lawinenrinne und den rechten Begrenzungsfelsen ein Rest der Firnrinne erhalten sein, sofort nach Überschreiten des Bergschrundes nach rechts und längs der tief eingeschnittenen Lawinenrinne empor (Weiterweg auf der rechten Wegmöglichkeit).
In der Regel ist die Engstelle zur Gänze von der Lawinenrinne ausgefüllt. Wegbeschreibung unter dieser Voraussetzung:
Den Bergschrund meist in der Lawinenrinne übersetzen und sofort auf ihren rechten Rand hinaus. Nun im Firn zwischen ihr und den Begrenzungsfelsen aufwärts bis vor die engste Stelle der Rinne. Hier nicht in die Lawinenrinne hinab, sondern in der rechten Wand (III, II) erst gerade und dann schräg links ansteigend empor, bis man den Rinnengrund wieder erreichen kann.

Ortler

Ortler von Ostnordosten (Düsseldorfer Hütte)

- 621 Normalweg von der Payerhütte (Tabarettakamm)
- 624 Nordwand (Holl-Witt-Weg)
- 625 Nordwand (Ertlweg)
- 632 Nordnordostgrat (Rothböckgrat)
- 633 Nordostgrat (Marltgrat)
- 634a Ostwand (Schückrinne)
- 634b Ostwand (Variante zur Schückrinne)
- 635 Ostsüdostgrat (Hintergrat)

Nun zwei Möglichkeiten:
a) Rechte Wegmöglichkeit (bei abgehenden Lawinen empfehlenswerter): Am (im Sinne des Aufstieges) rechten Rand der Lawinenrinne bleiben und aufwärts zu einer weiteren Engstelle. Diese wird entweder zwischen der Lawinenrinne und den Felsen oder über die rechten Begrenzungsfel-

sen erstiegen. Weiter (sich trichterförmig verbreiterndes Firnfeld, rechts halten) zum obersten Teil des Marltgrates, der im flachen Firnsattel nach dem zweiten Marltgratturm erreicht wird. Auf ihm zum Gipfel.
b) Linke Wegmöglichkeit: Über die Lawinenrinne (gefährlich) waagrecht nach links auf das jenseitige Firnfeld und auf ihm unter die Felsen oberhalb. Hier auf einer breiten Firnrampe schräg links empor und ober der Felszone schräg rechts (Firnfeld) auf einen Firnrücken, der vom höchsten Punkt der Felszone in Richtung der oberhalb befindlichen und gegliederten Wand aufwärtszieht (guter Rastplatz). Nun erst waagrecht, dann etwas ansteigend nach rechts (ober einer Felsinsel vorbei), bis man den linken Rand des in der Gipfelfallinie liegenden und sich nach oben verbreiternden Firnfeldes erreicht hat. Auf ihm (links halten) aufwärts zu seinem höchsten Punkt. Nun schräg links (breite abfallende Firnbänder) auf das nächste Firnfeld. Dieses gerade empor, über die abschließende Felszone (II) hinweg und zum Ausstieg am obersten Hintergrat. Auf ihm in Kürze zum Gipfel.

- **635** **Hintergrat (Ostsüdostgrat)**
  J. Pichler und Gef. 1805, 1. touristische Begehung J. Pichler, Dr. Gebhard, P. Rechenmacher, J. Klausner, J. und M. Hell, 30.8.1805.
  III, II (kurze Stellen), oft I, einige Versicherungen; im Firn/Eis etwa 40 Grad und meist weniger.
  Prächtige Firnschneide, mit Blankeispassagen sollte immer gerechnet werden, in der Regel gut gespurt. Wächtenbildung zur SO-Wand, je nach Ausaperung mehr oder weniger lange Felspassagen, die die schwierigsten Stellen des Anstiegs bilden, jedoch an der gesamten Wegstrecke gemessen verhältnismäßig kurz sind. Sehr lohnend, beliebt und häufig begangen, neben dem gewöhnlichen Anstieg von der Payerhütte der übliche Weg. Schwieriger als dieser, jedoch in der kalten Jahreszeit unbedingt vorzuziehen.
  Von der Hintergrathütte etwa 1300 m Höhenunterschied, eigentlicher Grat etwa 900 m. Gratlänge etwa 2 km. 5–6 Std. von der Hintergrathütte.
  Siehe Abb. Seite 75, 199, 202/203, 211, 232/233.

Übersicht: Der Hintergrat weist drei Graterhebungen auf: den felsigen Unteren Knott, der von der gewöhnlichen Gratführe nicht betreten wird, den Oberen Knott, der aus der Firnmulde zwischen ihm und den Unteren Knott sowie zuletzt über den orogr. rechten Begrenzungsgrat der Mulde erreicht wird und den Signalkopf, nach dem die Schlüsselstelle des Grates folgt.

Zugang: Von der Hintergrathütte auf der nördlichen Randmoräne des Suldenferners (guter Steig) unter den Ausläufern des Unteren Knott vorbei und bis fast zum Ende der Moräne.
Route: Hier rechts (bergseitig) abzweigen und durch eine breite Rinne (bei Ausaperung Schutt) auf den Firnhang zwischen Unterem und Oberem Knott. Auf ihm an sein linkes oberes Ende. Weiter (vorwiegend Firn) schräg links aufwärts zum vom Oberen Knott herabziehenden breiten Grat und dort über unschwierigen Fels auf den Oberen Knott empor. Nun (anfangs etwas Fels) über den zunehmend steiler werdenden Firngrat (kleine Wächten zur SO-Wand) bis zu den Felsen des Signalkopfes aufwärts. Der Grat wird wenige Schritte vor diesem bei einem gespaltenen Felskopf mit Stange in die SO-Seite verlassen. Den beim Felskopf beginnenden Spalt etwa 25 m in eine flache Nische schräg hinab (Drahtseil) und in der gleichen Richtung abermals etwa 25 m absteigen (Rinne). Nun ansteigend (erst Blöcke mit Firn und Schnee, dann abdrängende Wand, Drahtseil) zu einer kleinen Scharte. Von dieser etwa 10 m absteigen (Rinne), dann (Drahtseil) wieder zur Gratschneide hinauf. Die folgende hahnenkammartige Felsschneide wird direkt überklettert (80 m). Auf der nun erreichten Firnschneide zu einem plattigen etwa 60 m hohen Abbruch. Den Abbruch direkt empor (im oberen Teil eine abdrängende Stelle, H) auf den diesen oben abschließenden Felskopf. Nun über eine scharfe Firnschneide (Wächten nach rechts, Suldenseite!) mit etwa 80 m zu einem Felsabsatz. Über ihn (unschwierig) hinweg, dann die folgenden Felszacken teils umgehen teils überklettern. Schließlich über einen kurzen Firnkamm zum Gipfel.

- **636 Unterer Hintergrat**
  III (kurze Stellen) und II, brüchig; im Firn kurze Stellen bis 45 Grad. Kaum begangen.
  Etwa 2 Std. bis zur Vereinigung mit R 635.
  Siehe Abb. Seite 202/203.

Übersicht: Es wird der bei R 635 erwähnte Untere Knott und der folgende Grat bis zum Oberen Knott überschritten.
Zugang: Von der Hintergrathütte zum nahen Gratsee. Bald danach vom zum Hintergrat führenden Steig rechts (nördlich) abzweigen und weglos (Schutt, Firn) in die flache Einsattelung westlich des Hintergratkopfes. In der Folge wird der anfangs unschwierige Ostgrat (nicht aber der felsige SO-Grat) des Unteren Knotts begangen.
Route: Am unschwierigen Rücken (vorwiegend Schutt- und manchmal Firnschneide) zum kurzen Gipfelaufbau des Unteren Knotts. Auf diesen (II). Weiter längs der Gratschneide in eine breite Einschartung hinab und am Grat aufwärts auf die nächste höhere Erhebung (I und II, kurze

Stellen III). Jenseits hinab in einen Firnsattel, dann längs der Gratkante (II, kurz III) zum Gipfel des Oberen Knott empor. Weiter auf R 635.

- **637** **Südostwandrinne, „Minnigeroderinne"**
  B. Minnigerode, A. und J. Pinggera, 17.9.1878
  Firn, sehr selten Eis, im Durchschnitt 45 Grad, die steilsten zwei SL etwa 50 Grad. Wandhöhe etwa 500 m, 3 Std. vom Bergschrund.
  Objektive Gefahren: Wenn man sich im (im Sinn des Anstieges) rechten Rinnenteil hält, im ersten Drittel unter Umständen erheblich, dann gering. Günstige Begehungszeit Mai bis Anfang Juli, im Hochsommer evtl. bei Nacht.
  Siehe Abb. Seite 75, 232/233.

Übersicht: Anstieg durch die markante Rinne, die vom innersten Suldenferner zum Hintergrat führt, der im Sattel zwischen Signalkopf und Gipfelgrat bzw. auf der Firnschneide ober dem Sattel erreicht wird.
Zugang: Von der Hintergrathütte am Steig zum Hintergrat auf der nördlichen Randmoräne des Suldenferners bis an deren Ende. Nun am Gletscher (sehr spaltenreich) bis unter die Rinne. 2 Std.
Route: Über den (meist verschütteten) Bergschrund und in der Rinne bis dorthin, wo links und durch einen Felspfeiler getrennt der direkte (zum Gipfel führende) Ausstieg abzweigt. Nun entweder gerade aufwärts zur nach dem Signalkopf (R 635) beginnenden Firnschneide oder rechtshaltend (zuletzt kombiniert, II) direkt zum Signalkopf des Hintergrates.

- **638** **Direkter Ausstieg**
  B. Minnigerode, J. und A. Pinggera, September 1881; Skibefahrung H. Holzer, 11.7.1975
  Im Firn (selten Eis) bis etwa 50 Grad. Gefährlicher als R 637. 600 m vom Wandfuß, 4 Std. vom E.
  Siehe Abb. Seite 232/233.

Zugang und Allgemeines s. R 637.
Route: Auf R 637 etwa in halbe Wandhöhe empor. Hier zweigt nach links (und durch einen breiten Felspfeiler von R 637 getrennt) eine Rinne ab, die direkt zum Gipfel führt. In diese Rinne hinein und in ihr zu einem Absatz am obersten Ende des Felspfeilers. Weiter links der Felsen oberhalb zum Ausstieg etwas südöstlich des Gipfels.

- **639** **Südsüdostwand**
  E. Lanner, J. Pichler, F. Schöpf, 29.8.1894
  III und II (vermutlich); im Firn/Eis 45–50 Grad.

Bis heute wahrscheinlich noch nicht wiederholt.
6 Std. von der Hintergrathütte (Zeit der Erstbegeher).

Übersicht: Der Anstieg verläuft links (südlich) von R 637 mit R 638 und rechts der Harpprechtrinne.

Route: (Beschreibung anhand des Berichtes der Erstbegeher). Am Suldenferner zum Fuß des Felsaufbaues links von R 637. Über den Bergschrund und durch eine Schneerinne zum ersten Felskopf. Unter diesem nach links zu einem kleinen nach rechts ziehenden Kamin queren. Durch diesen und einen darauf folgenden Schneegrat zu von Schneeflecken unterbrochenen Felsen. Über diese schräg nach rechts zu einer Schneerinne, die zur Gänze erstiegen wird. Hierauf, die Wächten des Ortlerplatts links lassend, nach rechts zu den obersten Felsen empor. Über diese zu einem ganz kurzen Firngrat, dem man zum Ausstieg (knapp südlich des Gipfels) folgt.

- **640** **Harpprechtrinne (Ostwand des Hochjochgrates)**
  Th. Harpprecht, P. Dangl, 9.8.1873
  III (Oberer Rinnenabschluß), Neigung etwa 45 Grad, im obersten Teil etwa 50 Grad.
  Rinnenhöhe etwa 300 m, 6–7 Std. von der Hintergrathütte bis zum Gipfel.
  Siehe Abb. Seite 75, 232/233.

Übersicht: Anstieg durch jene augenfällige Rinne, die zwischen P. 3749 und dem obersten Felsteil des Hochjochgrates (R 641) auf diesen ausmündet.

Zugang: Von der Hintergrathütte über den Suldenferner (Spalten) zum Rinnenbeginn.

Route: Die Rinne wird durchwegs begangen und die Scharte rechts der waagrechten Türme des Hochjochgrates erreicht. Weiter auf diesem (R 641).

- **641** **Südgrat (Hochjochgrat)**
  O. Schück, P. Dangl, A. Pinggera, 15.6.1875
  IV (mehrere Stellen), meist III, brüchig; im Firn (selten Eis) im Mittelteil bis etwa 50 Grad. Im ersten und letzten Drittel wesentlich weniger. Abgesehen von dem brüchigen Fels keine objektiven Gefahren. Klassischer Anstieg, lohnend.
  $2^{1}/_{2}$–3 Std.
  Siehe Abb. Seite 75 und 217.

Übersicht: Anstieg über den im Hochjoch ansetzenden und im Mittelteil mehrere Türme aufweisenden Felsgrat. Im unteren und oberen Drittel

Firnschneide, in der Mitte Felsgrat (zum Teil verschneit, kurze Firnzonen). Höhenunterschied 367 m, Gratlänge etwa 1500 m.
Zugang: Zur Biwakschachtel im Hochjoch R 86.
Route: Vom Hochjoch über einen unschwierigen, felsdurchsetzten Firngrat (evtl. Wächten auf die Suldenseite) auf einen dem Felsteil vorgelagerten Gipfel (P. 3749, nach anderer Vermessung 3720 m). Nun über einen scharfen Firngrat zu einer Scharte vor dem ersten der Gratürme hinab. Von dort 40 m (seichte Felsrinne) an der O-Seite schräg abwärts und Quergang unter die nächste Scharte. Nun zwei Möglichkeiten:
a) In die Scharte vor dem zweiten Turm empor. Von dort über einen Überhang und die folgende Kante auf den Turmgipfel. Weiter über die Türme, diese zum Teil auf der O-Seite umgehend, am Grat. Teilweise sehr brüchig, III, IV.
b) Nicht in die Scharte vor dem 2. Turm hinauf, sondern auf der O-Seite über brüchige Rippen und dazwischen befindliche schmale Firnrinnen bis zu einer breiten Rinne queren (Harpprechtrinne, R 640). Diese ebenfalls überschreiten und jenseits ansteigend zu gutem Stand auf Felsrippe (am Quergang durchwegs schlechte Standplätze, die Schwierigkeit überschreitet nie den III. Grad, setzt aber volles Beherrschen desselben im kombinierten Gelände voraus; bei Neuschnee oder Lawinengefahr ist die direkte Gratbegehung vorzuziehen). Nun über die Rippe zum höchsten Punkt des vorletzten (sehr breiten und mehr einen Grataufschwung bildenden) Turmes. Von ihm über eine Firnschneide zum obersten Grataufschwung. Links von seiner Kante aufwärts zu dem Firnrücken, der den Felsteil abschließt und zum vergletscherten Teil des Grates leitet (**Wegänderung**, nicht empfehlenswert: vom Stand am Beginn der O-Rippe des vorletzten Grataufschwunges, nach Überschreiten der Harpprechtrinne, in der gleichen Richtung etwas ansteigend weiterqueren, bis man durch eine Felsrinne und über einen letzten Hang den Grat, wenige Schritte nördlich des Ortler-Vorgipfels, gewinnen kann; Näheres unbekannt). Über den Firnrücken zum Ortler-Vorgipfel. Von ihm unschwierig und mit wenig Steigung am Oberen Ortlerferner nach oben zu abschließenden Gletscherrücken zum Hauptgipfel.

● **642** **Unterster Gipfel im Hochjochgrat**
(3749 m, auch mit 3720 m angegeben)

Vereinigungsstelle des vom Ortlerpaß (R 177) heraufziehenden Grates mit dem Hochjochgrat. Die Anstiege auf ihn besitzen nur sportlichen Wert. Günstigster Ausgangspunkt ist die Biwakschachtel im Hochjoch (R 86). Von ihr kann man mit geringem Zeitaufwand in ab- und ansteigender Hangquerung den Ortlerpaß und mit kurzem jenseitigen Abstieg die W-Seite erreichen (letztere etwa 1 Std.). Abstieg zur Biwak-

Ortler-Südwestseite (Luftbild)

641 Südgrat (Hochjochgrat)
643 Südwestgrat
644 Westwand, rechter Weg
645 Westwand, linker Weg
646 Südwestwand (Pinggera/Tomasson)
647 Südwestwand (Pichler/Klausner/Leitner)
648 Südwestwand (Soldàweg)

schachtel vom Gipfel am unschwierigen (etwas felsdurchsetzten) Firnrücken (eventuell Wächten auf die Suldenseite) in ¼ Std.

- **643 Südwestgrat**
  Erstbegeher unbekannt, vor 1929.
  IV (kurz), sonst III; im Eis 50–55 Grad.
  400 m, 2½ Std. Siehe Abb. Seite 217.

Route: Vom Ortlerpaß zum Gratbeginn. Der erste Turm wird rechts (Zebrù-Seite) umgangen, der zweite Turm links (Trafoier Seite). Von der Scharte hinter dem zweiten Turm kurzer Rechtsquergang und wieder zum Grat hinauf. Der nächste Aufschwung wird links umgangen und oberhalb der Grat erreicht. Nun über einen kleinen Zacken und die folgende Firnschneide an den Fuß des großen Gratabbruches. Nach links (Trafoier Seite) und über steiles Eis und vereisten Fels auf ein Band hinauf. Von ihm über eine 7–8 m hohe Wand (anfangs IV, Schlüsselstelle) zur Gratkante hinauf und bei abnehmender Schwierigkeit (zuletzt Firnrücken) zum Gipfel.

● **644 Westwand, rechter Weg**
G. Pirovano, B. Pellegatta, 19.8.1939
Eisanstieg mit wenig kombinierten Stellen.
IV– (kurz, je nach Verhältnissen und daraus resultierender Routenwahl); auch wesentlich leichter, im Eis bis zu 55 Grad. 500 m, 3–5 Std. Siehe Abb. Seite 166/167 und 217.

Übersicht: In Gipfelfallinie befindet sich unter der Wandmitte eine runde Felsinsel, die sich nach oben mit einem Firngrat bis zum Gipfel fortsetzt. Rechts (südlich) davon sieht man einen langen Fels- und Firnpfeiler, der auf den obersten SW-Grat ausmündet und von der zuerst genannten Felsinsel durch eine breite Eisrinne getrennt ist. Der Anstieg verläuft erst in der rechten, dann in der linken Seite dieses Pfeilers.
Zugang: Vom Ortlerpaß nach W unter die Wand hinab. E. am Gletscher in der Fallinie des tiefsten Punktes des langen Pfeilers.
Route: Über den Bergschrund und den Firnhang (Eishang) zum Pfeiler empor. Von seinem tiefsten Punkt längs der Felsen rechts aufwärts, dann (bevor die Eisrinne daneben gerade emporzuziehen beginnt) Übertritt in die Felsen. Diese gerade empor auf abermaliges Eis und beliebig links aufwärts zur Pfeilerschneide. An ihr zu einem Abbruch. Unterhalb nach links in eine Rinne und diese sofort (links eine steile Felsschicht, rechts die bald wieder firnbedeckte Pfeilerrippe) empor. Schließlich wieder auf die Pfeilerrippe hinaus und an ihr oberes Ende. Von dort zwischen den oberhalb befindlichen Felsen durch und über einen Hang zum obersten SW-Grat, der wenige Schritte vor dem Gipfel erreicht wird.

● **645 Westwand, linker Weg**
D. Drescher, U. Kössler, Datum nicht bekannt.
Eiswand, 45–50 Grad.
500 m, 3–4 Std. Siehe Abb. Seite 166/167.

Übersicht: Der Anstieg erfolgt links (nördlich) der bei R 644 erwähnten runden Felsinsel, von der ein langer Firngrat in der Wand bis zum Gipfel emporzieht.
Zugang: wie bei R 644.
Route: Die Eiswand wird gerade bis zum Gipfel erstiegen.

Die Südwest-, West- und Nordwestanstiege des Ortlers

Mit zwei Ausnahmen durchwegs Anstiege, die keine bzw. fast keine Wiederholung bekommen haben. Die Reihung der Anstiege beginnt im S (also nördl. des Ortlerpasses) und endet im NW (Richtung gewöhnl. Anstieg von der Payerhütte).

- **646**   **Südwestwand, Weg Pinggera – Tomasson**
  H. S. Pinggera, Beatrice Tomasson, 16.9.1898
  Bis jetzt kaum 10 mal wiederholt.
  III und II; im Firn bis etwa 50 Grad. Nicht nach Neuschneefällen begehen; mit Ausnahme des Einstiegsbereiches objektiv fast völlig sicher. Zeitiger Einstieg!
  500 m bis zum Ausstieg am Oberen Ortlerferner (Kletterstrecke etwa 700 m), vom Ausstieg bis zum Gipfel 150 m Höhenunterschied, 5–6 Std. vom E., dazu noch etwa 4 Std. Zustieg von der Berglhütte über den Unteren Ortlerferner (R 179).
  Siehe Abb. Seite 166/167, 217 und 221.

Übersicht: Der Anstieg beginnt am Auslauf der unter Zugang genannten Schlucht, quert dem den untersten Abbruch des Pfeilers nach rechts auf dessen Grat und führt über diesen zum Ausstieg.
Zugang: a) Am Unteren Ortlerferner (R 179) bis zum Beginn seines obersten Eisbruches. Hier zieht links eine zunehmend seichter werdende Schlucht in die SW-Wand empor. Diese wird rechts von einem breiten mit großen Firnfeldern bedeckten Pfeiler begrenzt, hinter dessen rechter (südlicher) gratartiger Schneide die Wand einbuchtet und als Eiswand zum P. 3749 des Hochjochgrates emporführt.
b) Von der Biwakschachtel am Hochjoch, R 86, über den Ortlerpaß mit Abstieg über den oberen Teil des Unteren Ortlerferners (beim obersten Eisbruch ganz am orogr. rechten Rand halten, zeitig am Morgen begehen!). Günstiger und weniger von den Verhältnissen am Gletscher abhängig.

Route: Im rechten Ast der Schlucht etwa 80 m empor, bis man schräg rechts ansteigend (felsdurchsetzte Firnrampe) an die rechte Begrenzungsrippe gelangen kann. Weiter waagrecht und ansteigend nach rechts auf sehr abschüssige breite Firnbänder, die den untersten Felsabbruch des Pfeilers nach oben hin begrenzen. Auf ihnen waagrecht und zuletzt (100 m) bis knapp vor die rechte gratartige Kante des Pfeilers. Nun im allgemeinen etwas links der Gratschneide über Firn und die dazwischen liegenden Felsstufen (der Weg ergibt sich von selbst, im Zweifelsfall immer näher der Gratschneide halten) bis auf den langen Firnrücken, der sich unter den Abbrüchen des Oberen Ortlerferners befindet. Diesen zu einem Felspfeiler am oberen Ende empor. An seinem unteren Rand über das Firnfeld nach links, dann schräg links aufwärts zu einer Firnrampe, die den (hier nicht mehr steilen und objektiv sichern) unteren Rand des Eisabbruches bildet. Auf ihr schräg rechts zum Oberen Ortlerferner, der nahe dem südl. Vorgipfel erreicht wird. Beliebig zum Gipfel weiter.

- **647 Südwestwand, Weg der Erstersteiger (Hintere Wandlen)**
  1. Begehung (zugleich 1. Ersteigung des Ortlers!) J. Pichler, J. Klausner, J. Leitner, 27.9.1804 (ohne Steigeisen!).
  Im Firn 45–50 Grad. Fels wird kaum berührt, unter Umständen lawinengefährlich und dem Eisschlag vom Rand des Oberen Ortlerferners ausgesetzt. Der Anstieg ist objektiv nicht so sicher wie R 646! Wenige Wiederholungen.
  500 m bis zum Ausstieg am Oberen Ortlerferner, von dort 150 m Höhenunterschied zum Gipfel. 4–5 Std. vom Wandfuß.
  Siehe Abb. Seite 166/167, 217 und 221.

Übersicht: E. wie R 646, der weitere Anstieg erfolgt links davon über die Firnfelder, Ausstieg mit R 646 identisch.
Zugang: Wie R 646.
Route: Die Einstiegsschlucht (s. R 646) etwa 120–150 m empor (die beiden Schluchtäste vereinigen sich knapp unterhalb und die Schlucht ver-

Ortler von Westen

644 Westwand, rechter Weg	649 Südwestpfeiler
645 Westwand, linker Weg	650 Südwestwand, nördlicher Weg
646 Südwestwand (Pinggera/Tomasson)	
647 Südwestwand (Pichler/Klausner/Leitner)	
648 Südwestwand (Soldàweg)	

Ortler

breitert sich zu einem rautenförmigen Firnfeld). Am rechten Rand des Firnfeldes aufwärts, bis man über ein breites Firnband an die rechte Begrenzungsrippe der Schlucht ansteigen kann. Jenseits erst waagrecht, dann absteigend über Firn (längs der Felsen oberhalb) bis zum großen Firnfeld nach rechts queren. Dieses gerade an sein oberstes Ende empor. Weiter durch eine kurze Rinne auf das nächste Firnfeld und von seinem oberen Rand ebenfalls durch eine kurze Rinne auf das oberste Firnfeld. Auf ihm gerade gegen den rechten Rand der senkrechten Abbrüche des Oberen Ortlerferners empor. Hier (gemeinsam mit R 646) auf einer Firnrampe schräg rechts auf den Gletscher ansteigen, den man nahe dem südl. Vorgipfel erreicht. Beliebig zum Gipfel.

- **648**   **Südwestwand, Soldàweg**
   G. Soldà, G. Pirovano, E. Taddei, 26.–28.7.1934
   V (einige Passagen), meist III mit einigen Stellen IV, im Eis/Firn im Durchschnitt 55 Grad, stellenweise 60 Grad.
   Die Schwierigkeitsangaben sind geschätzt, da der Anstieg noch nicht wiederholt wurde. Er dürfte zu den drei schwierigsten Anstiegen der Ortleralpen gehören, wobei hier allerdings die Hauptschwierigkeiten im Fels auftreten.
   Bis zur Wandmitte objektiv sehr gefährlich. Die Erstbegeher mußten aus diesem Grund bereits am Vormittag ein Biwak beziehen, für Wiederholer dürfte es von Vorteil sein, am Gletscher gegenüber vom E. zu biwakieren und die untere Rinne noch in der Finsternis zu begehen.
   Wandhöhe 500 m.
   Siehe Abb. Seite 166/167, 217 und 221.
   Beschreibung anhand des Berichtes der Erstbegeher (RM 1936/178ff.).

Zugang: Wie R 646.

Route: E. am Beginn derselben Schlucht wie bei R 646 und R 647. Die lange etwas nach rechts gebogene Rinne empor, bis sie sich zum zweiten Mal am oberen Ende des in ihr befindlichen rautenförmigen Firnfeldes (R 647 wendet sich nach rechts) schwach ausgeprägt teilt. Im rechten Rinnenast weiter, dann auf die Trennungsrippe der beiden Rinnen hinauf und wieder in die rechte Rinne zurück. Nach 100 m benützt man wieder die Felsen der Trennungsrippe und ersteigt schließlich die rechte Rinne bis zu ihrem oberen Abschluß (Beginn der Schwierigkeiten). Links hinaus und eine Verschneidung 10 m empor, dann mit einer Schleife von rechts nach links in die linke Rinne. Diese sofort nach links überqueren (10 m). Nun erst linkshaltend und dann gerade bis unter eine 80 m hohe schwarze überhängende Wand empor (bequemes Band, günstiger Biwakplatz). Nun nach links queren. Nach Querung einer etwa 30 m langen glatten nassen Platte am Fuß eines Pfeilers nach links und über einen Überhang und eine Platte in einen Trichter hinauf (V, mehrere H). Am begleitenden Pfeiler aufwärts, dann links über Platten zur Rinne hinab und jenseits über Platten weiterqueren (Gesamtlänge des Querganges 70 m). Weiter schräg links aufwärts auf ein großes Firnfeld. Dieses linkshaltend bis an sein oberstes Ende empor, dann im Fels schräg links (Rinne) auf ein nach rechts führendes Band. Auf ihm nach rechts und aufwärts zu einer 40 m hohen Wand. Die Wand empor (zuletzt Überhänge, V, 2 H belassen); oberhalb eines stark geneigten Bandes 10 m einen Pfeiler empor und dann in unschwierigem Fels weiter. Nun (kombiniertes Gelände) etwas linkshaltend bis zu jener Felszone, die sich unterhalb des Eisabbruches des Oberen Ortlerferners befindet. Unter den Felsen fast waagrecht nach links, dann nach einer kurzen absteigenden Schleife zum Ausstieg am Gletscher. Beliebig zum Gipfel weiter.

- **649** **Südwestpfeiler**
  R. Messner, D. Oswald, H. Magerer, 15.–16. 8. 1976
  V+ (eine Passage), V, IV, 700 m bis zum Oberen Ortlerferner. Siehe Abb. Seite 166/167 und 221.

Übersicht: Anstieg über den markanten Pfeiler nördlich (links) von R 648.
Route: E. am Pfeilerfuß. Über eine kurze Felszone zu einer glatten, aber nicht steilen Rampe, der man zur Pfeilerkante folgt. Nun der Pfeilerkante bis unter einen mächtigen roten Turm folgen. Nun eine brüchige, überhängende Verschneidung (H) empor und danach Quergang in die Scharte hinter dem Turm. Man befindet sich etwa in halber Pfeilerhöhe. Weiter längs eines Systems von Verschneidungen und Rissen (brüchig) bis zum Pfeilergipfel (Ende der Schwierigkeiten). Nun über kombiniertes Gelände zum Rand des Oberen Ortlerferners und über diesen zum Gipfel.

- **650** **Südwestwand, nördlicher Weg**
  Dr. Niepmann, Dr. Lausberg, A. Pinggera, J. Reinstadler, 4.9.1895
  IV (kurze Passagen), III, II. Die Schwierigkeiten sind geschätzt, da noch keine Wiederholung bekannt geworden ist. Mit kombiniertem Gelände ist zu rechnen. 500 m, 6–7 Std. Siehe Abb. Seite 166/167 und 221.

Übersicht: Anstieg durch jene von mehreren Abbrüchen gesperrte Schlucht, die dort in den Oberen Ortlerferner mündet, wo der Pleißhorngrat in ihm verläuft (unterhalb P. 3475). Der Obere Teil der Schlucht wird rechts umgangen.

Route (nach dem Erstbegeherbericht): Vom Gletscher zum E. Links einer gelben Wand mit schwarzen Wasserstreifen gerade empor. Über anfangs gutartigen Fels bei zunehmender Steilheit zuerst gerade, dann linkshaltend bis vor einen düsteren Kessel mit wasserüberronnenen Seitenwänden. Nicht in diesen hinein, sondern schräg rechts auf einem Band bis zu einem Felsvorsprung queren. Nun rechts absteigend bis vor eine große Rinne, die die ganze Wand durchzieht. Die steile Wand links der Rinne empor, dann solange in weniger schwierigen Kaminen weiter, bis man in die sich vertiefende Rinne zur Rechten queren kann. Diese durchwegs bis an ihr oberes Ende empor und über Schutt, Schrofen und Schnee weiter aufwärts unter einen gewaltigen Felsturm. Diesen links umgehen und über einen Felsgrat auf den Oberen Ortlerferner. Auf ihm zum Gipfel.

- **651** **Nordwestgrat, „Pleißhorngrat", auch „Meraner Weg" genannt**
  Oster, J. Mazagg, 14.8.1877
  IV– (eine Stelle), sonst III und II, auf lange Strecken unschwierig, im Firn 30 Grad und weniger, viel Schutt, alte unzuverlässige Versicherungen.
  1700 m, 5–6 Std.
  Siehe Abb. Seite 225.

Übersicht: Der Anstieg benützt den unmittelbar oberhalb der Berglhütte beginnenden Grat.

Zugang: Von der Berglhütte weglos in Kürze zum Gratbeginn (Marmortafel).

Route: Über gebänderten Fels im Zickzack auf die Gratschneide. Nun durchwegs über den Grat (überwiegend Schutt, der immer wieder von waagrecht geschichteten Felsbänken unterbrochen wird) bis auf ein waagrechtes Gratstück unter dem Pleißhorn.

Auf ihm (Firn) und über den folgenden Felsgrat zum Gipfel des Pleißhornes. Weiter über einen waagrechten Firngrat zu einer Wandstufe hinaufsteigen.

Über diese (Schlüsselstelle) und den folgenden Grat zum Rand des Oberen Ortlerferners. Nun schräg links aufwärts zum oberen Ende eines Firnrückens und über den Gletscher erst gerade, dann linkshaltend zum Gipfel.

Ortler von Nordwesten (Luftbild)
621 Normalweg von der Payerhütte (Tabarettakamm)
622 Hohe Eisrinne
651 Nordwestgrat (Pleißhorngrat = Meraner Weg)
652 Nordwestrinne
653 Nordwestwand

● **652** **Nordwestrinne, „Stickle Pleiß"**
Th. Harpprecht, P. Dangl, 19.7.1872 im Abstieg
IV–, Schlüsselstelle am oberen Pleißhorngrat, Firnrinne von 40–45 Grad Neigung.
Hauptsächlich von historischer Bedeutung.
Länge der Rinne 500 m, Höhenunterschied Berghütte – Gipfel 1700 m, 5–6 Std.
Siehe Abb. Seite 221.

Zugang: Von der Berglhütte am bez. Weg zur Payerhütte an den westlichen Rand des Pleißhorntales. Hier über Schutt und Schnee (rechts halten, links Eisschlag vom Oberen Ortlerferner möglich) zum Beginn der schräg rechts aufwärts führenden und im Sattel zwischen Pleißhorn und Bergkörper des Ortlers ausmündenden Rinne.
Route: Die Rinne wird durchwegs begangen. Vom waagrechten Firngrat des Sattels, gemeinsam mit R 651, über die Wandstufe (IV–) und den Grat auf den Oberen Ortlerferner und zum Gipfel.

- **653** **Nordwestwand**
  S. Fincato, S. Persenico, 4.8.1937
  IV+ und **IV** (wenige Stellen), sonst III und II; im Firn etwa 50 Grad mit ganz wenigen steileren Stellen. Brüchig, abwärtsgeschichteter Fels. Die Schwierigkeitsangaben sind geschätzt, da bis jetzt keine Wiederholung bekannt ist. Beschreibung anhand des Berichtes der Erstbegeher (RM 1939/167), Anstiegsfoto RM 1939/152.
  Etwa 700 m bis zur Vereinigung mit R 651, Zeit der Erstbegeher 8 Std. Siehe Abb. Seite 221.

Zugang: 300 m im Pleißhorntal aufwärts.
Route: E. am rechten unteren Ende eines schräg links aufwärts ziehenden Schutt- und Firnbandes (am linken Rand des Rinnenauslaufes von R 652). Das Band aufwärts begehen und von ihm über unschwierigen Fels zum markanten Wandpfeiler hinauf. Hier über Firn an den Beginn eines breiten Kamines, der hinten eisgefüllt ist. Den Kamin empor (15 m), dann über leichten Fels (sehr brüchig) an die rechte Seite eines östl. befindlichen Turmes hinauf. Nun auf einem Felsband, unter einer kleinen schwarzen Höhle vorbei, in die Wandmitte queren und zwar so weit, bis man sich etwas rechts eines gelben Turmes befindet (dieser Turm ist etwas größer als der Turm am Beginn des Querganges). Vom Band 40 m über eine steile griffarme Wand (brüchig) aufwärts. Nun eine Eisrinne 50 m empor, dann 30 m über eine sehr nasse Wand weiter auf eine Schutterrasse. Nun über 10 m hohen gelben Überhang (H, Schlüsselstelle) an den Beginn einer steilen Eisrinne. Sofort auf den die Rinne begrenzenden Pfeiler und diesem (sehr brüchig) etwa 150 m folgen. Weiter sehr brüchig 100 m am Pfeiler empor bis unter einen schwarzen Überhang. Dieser wird auf der Rinnenseite (H) überstiegen, dann bei abnehmender Schwierigkeit in kombiniertem Gelände aufwärts.
Zuletzt Vereinigung mit dem obersten Pleißhorngrat (R 651), der bereits am Gletscher erreicht wird.

- **654–659** frei für Ergänzungen

- **660**   **Hintergratkopf**
(Deutsch-österr. Vermessung 2801 m, italien. Vermessung 2802 m)
Unschwierige Rückfallkuppe des Hintergrats im Nahbereich der Hintergrathütte (R 83) und von ihr auf rot bez. Weg in ½ Std. ersteigbar. Skiziel.

- **661**   **Von der Hintergrathütte** ½ Std.
        Rot bez. Weg.

Kurz den Weg in Richtung Hintergrat verfolgen, dann rechts abzweigen und über Schutt und Schnee in den Sattel westlich des Gipfels. Über den Kamm kurz zum Gipfel.

- **662**   **Monte Zebrù**

Doppelgipfel (Nordwestgipfel R 663, Südostgipfel R 670) zwischen Ortler im Nordwesten (von diesem durch das Hochjoch getrennt) und Königsspitze im Südosten (von ihr durch das Suldenjoch getrennt).
Im Hochjoch liegt das Bivacco Città di Cantù (R 86).
Gipfelersteigung sehr lohnend und von der Alpinihütte aus wenig schwierig (auch als Skibergfahrt geeignet, Skidepot etwa 100 m unterhalb des Gipfels). Vom Gipfel Einblick in die Abstürze des Ortlers und prächtiger Tiefblick auf den Suldenferner. Abstieg zur Alpinihütte unproblematisch, beim Abstieg zum Suldenferner (Hintergrathütte) ist der Abstieg über den SO-Gipfel, Südostgrat und anschließend unteren Suldengrat der Königspitze (Mitschergrat) dem Abstieg über das Hochjoch (R 88) unbedingt vorzuziehen – beide Möglichkeiten setzen aber das volle Beherrschen der angegebenen Schwierigkeit voraus.

- **663**   **Nordwestgipfel des Monte Zebrù**
(Deutsch-österr. Vermessung 3740 m, italien. Vermessung 3735 m)
Erste Ersteigung des Monte Zebrù durch J. Pinggera und J. Payer, 29.9.1866 über R 664.

- **664**   **Nordwestflanke**
        J. Pinggera, J. Payer, 29.9.1866
        30–35 Grad am Gipfelhang, sonst weniger. Der oberste Grat ist unter Umständen nach S überwächtet.
        Bei Skibesteigung Skidepot etwa 100 m vor dem Gipfel.
        4 Std. von der Alpinihütte, ¾–1 Std. vom Hochjoch, 210 m vom Hochjoch.

Zugang: Von der Alpinihütte in nordwestl. Richtung den Zebrúferner hinauf, dann oberhalb der Spaltenzone erst gerade und schließlich rechts haltend (im Gesamten also nach NO) bis in das Hochjoch aufsteigen.

Route: Der Weiterweg zum Gipfel ist nicht zu verfehlen. Der ebenmäßige, allmählich steiler werdende Firnhang wird schräg rechts aufwärts erstiegen (der linke Rand des Hanges – Suldenseite – wird nie betreten!) und der W-Grat (rechte obere Begrenzung des Firnhanges) knapp vor dem Gipfel erreicht. Knapp unterhalb seiner Schneide (gelegentlich Wächten auf die S-Seite) zum höchsten Punkt.

- **664 A   Abstieg vom Nordwestgipfel zur Alpinihütte**
  Vorbemerkungen s. R 664. 2–2½ Std.

Vom Gipfel am W-Grat knapp nördl. unter seiner Schneide (gelegentlich Wächten nach S) mit wenig Zeitaufwand zum oberen Ende der NW-Flanke.
Diese (ebenmäßiger, allmählich flacher werdender Firnhang, nicht den orogr. rechten Rand – Suldenseite – betreten) abwärts ins Hochjoch. Nun nach W am Zebrúferner hinab. Dieser wird im Bogen von (im Sinne des Abstieges) rechts nach links begangen (gerade unterhalb Spalten). An seinem unteren Rand fast östl. halten, bis man sich etwa in Gipfelfallinie befindet. Hier gerade abwärts zur Alpinihütte.

- **665   Westgrat**
  A. Bonacossa, G. B. Confortola, P. Pietrogiovanna, 16. 7. 1890
  III (wenige Stellen), meist II und I, im Firn etwa 45 Grad, kurze Stellen geringfügig steiler. Fels- und Firngrat mit Wächten auf die S-Seite. Oft kombiniertes Gelände.
  700 m vom Ostast des Zebrúferners, wovon 350 m auf den eigentlichen Grat entfallen. 3–4 Std. von der Alpinihütte, 2–3 Std. vom Gletscherboden.
  Siehe Abb. Seite 239.

Zugang: Von der Alpinihütte auf den O-Arm des Zebrúferners und zur rechten Seite des untersten breit-kegelförmigen Grataufbaues. Dieser bildet mit der SW-Wand eine Mulde, die sich nach links oben zu einer breiten schrägen Firnrinne umgestaltet. In der Mulde zum Beginn der Firnrinne.

Route: Die Firnrinne zur Gratschneide empor (Scharte). Nun durchwegs am teilweise firnbedeckten Grat zum obersten Firngrat und längs dessen Schneide (zuletzt gemeinsam mit R 666) zum Gipfel.

- **666** **Südwestwand**
    A. Bonacossa, C. Prochownik, 18.8.1913
    III und **II**, bei Ausaperung viel Schutt, im Firn etwa 45 Grad mit kurzen steileren Stellen. Brüchig, selten begangen.
    500 m, 3 Std. vom Wandfuß. Siehe Abb. Seite 239.

Zugang: Wie bei R 665 in die Mulde, die sich oben schräg nach links in Form einer breiten Rinne zum W-Grat aufwärts wendet. 1 Std.
Route: E. am linken oberen Rand der Mulde, wo sie sich allmählich zur Rinne umbildet, am Beginn eines markanten großen Firnbandes, das ansteigend quer durch die Wand nach rechts in Richtung SO-Gipfel zieht. Auf dem Band, mehrere Rinnen überschreitend, zu einer Kante, die bis fast zum obersten W-Grat hinaufzieht. Die rippenartige Kante durchwegs an ihr oberes Ende empor, dann in der gleichen Richtung durch kurze Schneerinnen zum W-Grat und auf ihm zum Gipfel.

- **667** **Nordostwand**
    K. Diemberger, 20.9.1956
    IV und **III**; im Eis etwa 55 Grad. Vorwiegend kombinierter Anstieg, geringe objektive Gefahren, abwärts geschichteter Fels. 850 m vom Wandfuß, 5–7 Std. Siehe Abb. S. 202/203, 232/233 und 247.

Zugang: Wie R 676 auf das rampenartige Firnband im unteren Wandviertel.
Route: Auf dem Band bis an sein rechtes oberes Ende (R 677 führt nun gerade empor). Nun in der gleichen Richtung waagrecht und schräg ansteigend weiter (unterhalb der zum Suldenferner abbrechende Hängegletscher) bis unter eine markante Rinne, die sich in der Fallinie der ersten Einschartung links (südöstlich) des NW-Gipfels befindet. Gerade zum Bergschrund empor und oberhalb über den Eishang zum Rinnenbeginn. Nun knapp rechts der Rinne in eine Nische empor und über einen kleinen Überhang (IV) auf einen Absatz. Der folgende Felsriegel wird schräg links aufwärts (zuletzt Platte, III) erstiegen, dann über Firnfelder und Rinnen etwas rechtshaltend empor zur nächsten felsdurchsetzten Zone. Mittels einer engen Rinne über sie hinweg. Gerade (vorwiegend Eisflanke, einige Felsinseln) zum Ausstieg knapp links (südöstlich) des Gipfels hinauf.

- **668** **Nordwestgipfel (?), Nordwand**
    L. Brigatti, E. Zangelmi, 5.8.1937; RM 1938
    Es wurden keine Einzelheiten bekanntgegeben, möglicherweise mit R 677 oder R 667 ganz oder teilweise identisch.

- **669** **Nordwestwand**
K. Richter, A. Pichler, H. S. Pinggera der Jüngere, 6.8.1937
IV und III, abwärts geschichteter Fels; im Eis 55 u. 60 Grad. Sehr ernst zu nehmender Anstieg, der vom Seilzweiten (aufgrund der schlechten Standsicherungsmöglichkeiten) die gleichen Qualitäten wie vom Seilersten verlangt. Günstige Verhältnisse bei viel Eis bzw. Firn, dann auch objektiv sicher; bei (vorkommender) Ausaperung der Felszonen wird der Anstieg nicht nur unschön, sondern auch objektiv gefährlich.
750 m, 8–10 Std. vom Wandfuß. Siehe Abb. Seite 202/203 und 232/233.

Zugang: Von der Hintergrathütte am Moränensteig zum Hintergrat und weiter bis zum Ende der Moräne. Nun über den Suldenferner (spaltenreich) bis unter den zum Hochjoch hinaufziehenden Eishang. Rechts des von der Firnrampe der Zebrù-NO-Wand herabreichenden (teilweise senkrechten) Hängegletschers zieht eine schmale und sich bald verlierende Firnrinne in die Wand hinauf; rechts davon (knapp vor dem Eishang, der zum Hochjoch hinaufleitet) ein Eishang, der sich in der Mitte rinnenartig verengt und oberhalb (vor den oben abschließenden Felsen) abermals zu einem breiten Eisfeld erweitert. Dieser vermittelt den Anstieg im unteren Wandteil. 2 Std.

Route: Über den Bergschrund und den Eishang (Firnrippen) aufwärts zu einem etwa 3 m hohen Felsriegel. Über diesen gerade hinweg (III) und das obere Eisfeld schräg links aufwärts. Man steuert die rechte Ecke der oberhalb befindlichen Felswand an, links dieser Ecke verläuft das Firnfeld waagrecht in der Wand, rechts derselben zieht es hoch gegen den W-Grat hinauf. Nun unterhalb der Wand nach links bis zu einer Verschneidung queren. Von ihrem unteren Ende Quergang (IV) zum die Verschneidung links begrenzenden Turm und auf diesen hinauf. Gerade und geringfügig linkshaltend auf der Rippe, die die Fortsetzung des Turmes bildet, bis zu einer senkrechten Wand hinauf. Nun zwischen zwei nach rechts überhängenden Felsen steil links aufwärts querend durch (IV) in eine Rinne. Diese empor und dann über eine Firnwand rechtshaltend auf einen Firngrat. Auf ihm zur nächsten Felszone. Diese links (Rinne) umgehen und aufwärts zur obersten Firnwand. Auf ihr zum NW-Gipfel.

- **670** **Südostgipfel des Monte Zebrù**
(Deutsch-österr. Vermessung 3723 m, italien. Vermessung 3724 m)

Seltener betreten als der NW-Gipfel. Günstiger Abstieg auf die Suldenseite auf R 673 A.

- **671 Gratübergang Nordwestgipfel – Südostgipfel**
    B. Minnigerode, A. Pinggera, 3.9.1880
    Oft stark überwächteter Firngrat, Steilheit der unter Umständen zu begehenden Gratflanken bis 55 Grad. Gratverlauf fast waagrecht (17 m Höhenunterschied).
    Gratlänge 400 m. ³/₄ –1 Std. Siehe Abb. Seite 202/203 und 247.

Vom NW-Gipfel längs der Gratschneide in eine Einsenkung. Nun (meist auf der Suldener Seite) über eine kleine Graterhebung in die tiefste Einsenkung. Weiter am Grat (unter Umständen Wächten auf die NO-Seite) zum SO-Gipfel.

- **672 Südostgrat**
    B. Minnigerode, A. Pinggera, 3.9.1880
    III+ kann je nach Verhältnissen eine Stelle sein, ebenso bis zu 30 m III, sonst II und I. Im Firn/Eis unter der Schlüsselstelle meist Blankeis bis 55 Grad, sonst nur unproblematische kurze Passagen in dem blockigen Grat, der ganz mit Steigeisen begangen werden kann. Der Fels ist an der Schlüsselstelle fest, jedoch abwärts geschichtet. Der Grat wird als Einzelunternehmung kaum begangen, ist jedoch mit dem kürzesten Abstieg auf die Suldenseite von Bedeutung.
    Höhenunterschied 291 m, Gratlänge etwa 500 m, Zeit: etwa 1 Std. im Aufstieg; im Abstieg etwas weniger.
    Siehe Abb. Seite 202/203 und 247.

Route: Vom Suldenjoch (R 184) immer längs der Gratschneide bis zu einem etwa 40 m hohen Abbruch. Von ihm etwas nach rechts und über eine Wandstufe 6–8 m schräg rechts in eine Rinne empor. In der Rinne zur Gratschneide zurück und durchwegs am Grat zum Gipfel.

- **673 A Kürzester Abstieg vom Südostgipfel auf die Suldenseite**
    III+ (2 Stellen), vorwiegend II und I, im Eis 1–2 kurze Stellen 55 Grad, meist unter 50 Grad. Eine Abseilstelle von 20 m, Haken und Schlinge überprüfen!
    Nur Bergsteigern anzuraten, die das Gelände gut beherrschen und hauptsächlich nach einer Nordwandbegehung von Bedeutung. Im untersten Viertel gut ausgebauter Biwakplatz.
    Höhenunterschied etwa 1000 m, Wegstrecke mindestens 2000 m, 5 Std. vom Gipfel bis zum Suldenferner.
    Siehe Abb. Seite 202/203 und 232/233.

Route: Vom SO-Gipfel längs der etwas firn- und schneedurchsetzten Schneide des SO-Grates hinab bis zu einem etwa 40 m hohen senkrechten

Ostseite des Zebrù
88 Zugang vom Suldenferner zum Hochjoch
Zebrù-Südostgipfel
671 Gratübergang vom Nordwestgipfel
672 Südostgrat
673 Abstieg auf die Suldenseite
675 Ostpfeiler
676 Nordostpfeiler
677 Nordostwand

Zebrù-Nordwestgipfel
664 Nordwestflanke
667 Nordostwand
669 Nordwestwand

Ortler-Südostsockel
635 Ostsüdostgrat (Hintergrat)
637, 638 zur Minnigeroderinne
640 Harpprechtrinne
641 Südgrat (Hochjochgrat)

Abbruch. Knapp vor ihm links (nördlich) in gegliedertem Fels zu einer Rinne hinab. In ihr entweder durchwegs absteigen bis auf das Eisfeld unterhalb oder knapp vor ihrem unteren Ende links (orogr. rechts!) heraus und schräg absteigend auf ein am oberen Rand des Eises eingebettetes Blockband (beide Möglichkeiten III+, meist eisdurchsetzt, unterhalb meist kurzes Blankeis bis 55 Grad). Nun wieder zur Gratschneide zurück und an ihr hinab ins Suldenjoch.

Vom Joch absteigend auf das in der N-Seite eingebettete Gletscherbecken und dieses – noch oberhalb seines spaltenreichen Teiles – im Bogen gegen die vom Mitschergrat der Königspitze herabziehenden Hänge ausgehen. Zuletzt diese Hänge (manchmal Lawinengefahr) fast waagrecht bis zum Mitschergrat weiterqueren, der **unterhalb** seiner markanten ebenmäßigen Firnschneide erreicht wird. Längs der unschwierigen Gratschneide (erst Firn, weiter unten meist breiter Schuttrücken) bis dorthin hinab, wo nach einer breiten Kuppe der Grat mit steilen Wänden zum Suldenferner abstürzt. Nun orogr. rechts (Seite des Königswandferners) über abwärts geschichtete Platten (I, II, meist fester Fels) etwa 200 m im Zickzack hinab, bis man sich etwa 30 m oberhalb einer markanten Scharte mit den Königswandferner westlich begrenzenden Grat befindet. Über plattigen Fels wenige Meter nach links (Westen, im Sinne des Abstieges) in einen etwa 30 m hohen Kamin (Abseilhaken). 20 m Abseilen und dann über eine plattige Wandstufe (je nach Verhältnissen bis III+) schräg in Richtung Gratscharte, bzw. der Rinne unterhalb hinab. Schließlich in die Gratscharte (jenseits gut ausgebauter Biwakplatz). Nun auf der dem Königswandferner abgewandten Seite des Grates vermittels einer schräg die Wand bis zum Suldenferner hinab durchziehenden firnbedeckten rampenartigen Rinne bis zum Gletscherboden absteigen (I, II, Firn bis 50 Grad, bei Ausaperung in der unteren Hälfte einige Stellen III).

- **674   Ostwand**
    A. Ballabio, 21. 8. 1937; **II,** unlohnend. – 300 m

Übersicht: Die gebänderte Wand rechts des SO-Grates kann, im Gletscherbecken unterhalb des Suldenjoches beginnend, in beliebiger Wegführung erstiegen werden.

- **675   Ostpfeiler**
    A. Balabio, A. und R. Calegari, 28.8.1921; RM 1924/146 **IV** (kurz), III und II, brüchig; im Eis/Firn 55 Grad und weniger.
    800 m, 8 Std. Zeit der Erstbegeher, keine Wiederholung bekannt. Siehe Abb. Seite 75, 232/233 und 247.

Zugang: Von der Hintergrathütte über den ebenen Suldenferner zum linken Rand der NO-Wand dorthin, wo diese von jenem Hängegletscher begrenzt wird, der vom Suldenjoch herabzieht (hier beginnt ein breites nach rechts in die NO-Wand aufwärtsziehendes Firnband, im Einstiegsbereich Eisschlaggefahr). ¾ Std.
Route: (Wegbeschreibung anhand der Beschreibung der Erstbegeher): E. am linken unteren Rand des rechts in die NO-Wand ziehenden breiten Firnbandes. Am Firnband kurz aufwärts und sobald wie möglich in der Wand oberhalb (kombiniertes Gelände) aufwärts. Man gelangt so auf ein sehr schmales Band, das eine schwarze Wand durchzieht. Auf ihm nach links (zuletzt plattig) ansteigend in eine kleine von zwei schwarzen Türmen gebildete Scharte. Nun brüchig über eine kurze Wandstufe in eine enge Rinne, der man bis an ihr oberes Ende folgt (man befindet sich nun in der O-Seite!). Über ein brüchiges Wandl auf ein bequemes Schutt- und Schneeband hinauf. An der hier beginnenden Firnrippe zur nächsten Felszone aufwärts. Nun (in der Höhe des Eisbruches links) nach links zum eigentlichen Ostpfeiler. Diesen durchwegs (brüchiger, gebänderter Fels) zum Gipfel aufwärts.

- **676   Nordostpfeiler**
    P. Holl, H. Nosko, 21.7.1969
    Vorwiegend kombinierte und reine Eistour, Bergfahrt in klassischem Stil.
    Einige H und Eisschrauben zur Standplatzsicherung nötig, es wurden von den Erstbegehern keine Zwischenhaken geschlagen. Im ersten Drittel objektive Gefahren bedenklich (am Firnband biwakieren und zeitiger Einstieg), genußreich, solange das oberste Pfeilerdrittel nicht ausgeapert ist (dort sonst sehr brüchiger Fels).
    IV– (vereinzelte Stellen); im Eis 50–55 Grad.
    800 m vom Firnband, etwa 950 m vom Wandfuß, 5–8 Std.
    Siehe Abb. Seite 75, 232/233 und 247.

Zugang: Von der Hintergrathütte über den fast ebenen Suldenferner zum linken Rand der NO-Wand dorthin, wo ein breites Firn- und Schneeband rampenartig bis in das Wandzentrum nach rechts aufwärts zieht. Nun zwei Möglichkeiten:
a) Am linken unteren Rand des erwähnten Bandes (**immer** eisschlaggefährdet durch den Hängegletscher oberhalb, in den ersten 100 m auch manchmal Lawinengefahr) das Band etwa 1 Drittel empor.
b) Am Suldenferner (vom Bandbeginn aus gerechnet) etwa 150 m nach rechts zu einer tief eingeschnittenen Rinne und diese (vorwiegend Fels, I, II) zum Band hinauf, das man am Ende des ersten Drittels erreicht.

Hier am Außenrand des Bandes auf einem breiten Schuttkopf (manchmal Firn) objektiv völlig sicherer Biwakplatz. 1½ Std. von der Hintergrathütte.
Route: Vom Ende des 1. Banddrittels eine Firn- und Eisrinne mehrere hundert Meter gerade zu einer etwa 150 m hohen senkrechten Wand empor, wobei man sich im oberen Drittel über abwärts geschichtete Felsinseln, Eis und Firn etwas links hält (zuletzt bis 55 Grad, kurze Stellen IV–; unter der senkrechten Wand Ende der großen objektiven Gefahren). Nun unter der Wand ganz nach links in ein Schartl dort, wo sich die Wand bereits zurücklegt (40 m weiter links eine deutliche Einschartung). Vom Schartl 20 m über Platten und einen gutgriffigen Dachüberhang empor auf ein Band, dem man etwa 20 m nach links folgt (III, IV–, II). Auf der erreichten Rippe (II, III) empor, bis man nach mehreren Seillängen eine breite rechts aufwärtsziehende Firn- und Eisschlucht erreicht. Auf ihr (45–50 Grad) an ihr oberes Ende in einer flachen runden Mulde. Weiter immer an der Pfeilerkante gerade über Firn- und Eisfelder sowie bei Ausaperung zu Tage tretende brüchige Felsstufen (II, III, wenige Stellen je nach Verhältnissen III+) zum Ausstieg am Gipfelgrat knapp links (östl.) des Gipfels.

- **677**   **Nordostwand**

    Beatrice Tomasson, H. S. Pinggera, F. Reinstadler, 25.8.1898
    Großzügiger kombinierter und Eisanstieg, objektiv in der Regel sicher.
    IV– an der Schlüsselstelle (30 m, meist völlig vereist), in der unteren Hälfte meist Firn (bis 50 Grad), im zweiten Drittel kombiniertes Gelände bis III, Eis bis 55 Grad, Gipfeleisfeld (200 m) 50–55 Grad.
    Ein Biwak an der bei R 676 angegebenen Stelle ist aufgrund der geringen objektiven Gefahr nicht nötig. 1. Skibefahrung H. Holzer, 2.7.1977; RM 1978/290.
    850 m, 5–7 Std. Siehe Abb. Seite 232/233 und 247.

Zugang: Wie R 676 auf das rampenartige Firn- und Schneeband.
Route: Auf dem Band schräg ansteigend gegen das Wandzentrum, wo es mit einem (Firn-) Eisfeld endet. Das Eisfeld in seiner Mitte gegen den schmalen Felsgürtel oberhalb empor. In ihm ein markanter kopfartiger Felsblock, dessen linken unteren Rand man ansteuert. Vom Eisfeld in die schwach ausgeprägte Verschneidung, die der Block mit der linken Wand bildet und durch die Verschneidung (30 m, IV–, meist vereist und mit Steigeisen zu erklettern, Schlüsselstelle) aufwärts. Oben nach rechts auf den Block (abschüssiger Sitzplatz, der letzte **natürliche** zum Stehen geeignete Platz in der Wand). Nun etwa 300 m entweder mehr links im

Eis oder mehr rechts im kombinierten Gelände (etwa 55 Grad, III) aufwärts zum Gipfeleisfeld, das (200 m) unmittelbar zum SO- Gipfel erstiegen wird.

- **678** **Direkter Einstieg**
  N. Spallino, H. Pinggera, B. Reinstadler, 13.8.1956
  Eisfahrt, bei welcher mit senkrechten Stellen gerechnet werde muß; unverhältnismäßig schwieriger als der Weiterweg über R 677 oder wahlweise R 667.

Übersicht: Der direkte Einstieg erreicht das rechte obere Ende des rampenartigen Einstiegsbandes von R 677 (wo auch R 667 beginnt) von schräg rechts unten über den sehr kühnen Hängegletscher. Die Wegführung hängt von den Verhältnissen ab.

- **679–680** frei für Ergänzungen.

- **681** **Königspitze (Gran Zebrù)**
  (Deutsch-österr. Vermessung 3859 m, italien. Vermessung 3851 m)

Erste vermutliche Ersteigung des Gipfels durch St. Steinberger, 24.8.1854 über die SW-Flanke (angezweifelt), 1. gesicherte Gipfelersteigung durch F. Tuckett, Buxton, Michel und Franz Biner, 3.8.1864 am heutigen Normalanstieg (mit Varianten).

Von allen Seiten, besonders aber von N (Hintergrathütte, Schaubachhütte) hervorragend schöne Bergform in der S-Umrahmung des Suldenferners. Sehr beliebt und sommers wie winters oft erstiegen; man achte jedoch darauf, daß auch am leichtesten Anstieg die Flanke bis zu 42 Grad steil ist. Sehr lohnend, jedoch nicht sehr oft begangen ist der Suldengrat. Die Nordwand (Ertl/Brehm) stellt einen klassischen schwierigen Eisanstieg dar (unteres Wanddrittel in der Regel kombiniert), der ziemlich häufig begangen wird (auch bereits mehrere Winterbegehungen). Die seltener begangene NO-Wandführe ist nicht weniger schön, jedoch leichter (reine Eisfahrt), der ONO-Grat wird praktisch nie begangen, bietet jedoch bei Firnlage (Schnee) eine sehr reizvolle Anstiegsmöglichkeit (bei Ausaperung viel Schutt und unschön).

- **682** **Südostrücken, gewöhnlicher Anstieg**
  F. Tuckett, Buxton, M. und Fr. Biner, 3.8.1864
  I (kurz), vorwiegend Eis- und Firnfahrt von 30–42 Grad Neigung (am Gipfelhang). 1300 m von der Schaubachhütte, von dort 6–7 Std., 600 m vom Königsjoch, 4–5 Std. von der Casatihütte. Siehe Abb. Seite 239, 249 und 251.

Zugänge: Über das Königsjoch (3295 m deutsch-österr. Vermessung, 3293 m italien. Vermessung)

a) Von der Schaubachhütte zum Suldenferner (Steig) und waagrecht bzw. etwas ansteigend unter dem Schrötterhorn und der Kreilspitze vorbei bis in die Fallinie des durch den Felsturm des Königsmandls gekennzeichneten Königsjoches, in welchem der SO-Rücken der Königspitze beginnt. Gerade über den Gletscher in Fallinie des Joches hinauf zum Bergschrund. Den Weiterweg vermittelt eine manchmal ausgeaperte Rinne, die (Steinschlag, 45–50 Grad) ins Joch östlich des Königsmandls führt. Das Königsmandl unschwierig umgehen und über den Grat zur Unteren Schulter. 2½–3 Std.

b) Von der Casatihütte auf dem zur Pizzinihütte führenden Weg etwa 20 Min. hinab, zur Vedretta del Gran Zebrù und dort bis in die Fallinie des Königsjoches. Durch eine Rinne in dieses hinauf. Weiter wie bei a).

Unter Vermeidung des Königsjoches:

c) Von der Schaubachhütte am Steig zum Suldenferner und auf ihm (Spalten) bis in die Fallinie des zwischen Schrötterhorn (links) und Kreilspitze (rechts) gelegenen Cedecpasses. Zu ihm (Firn) hinauf und jenseits etwa 200 m auf den Gletscher absteigen. Am Gletscher nach W, unter dem Königsjoch vorbei, und schräg westl. ansteigen bis in die Fallinie der „Unteren Schulter" des oberhalb befindlichen hier gratartig erscheinenden Rückens. Nun über Firn (bei Ausaperung ganz oder teilweise leichter Fels) aufwärts auf die Untere Schulter. 4 Std. von der Schaubachhütte.

d) Von der Casatihütte auf dem zur Pizzinihütte führenden Weg etwa 20 Min. hinab, dann zur Vedretta del Gran Zebrù und am Gletscher ansteigend bis in die Fallinie der Unteren Schulter und wie c) auf diese hinauf. 2 Std., beste Möglichkeit.

e) Von der Pizzinihütte wie d) mit Aufstieg über den zur Casatihütte führenden Weg bis in die Mulde, die zur Königspitze S-Seite hinüberzieht. 3 Std.

Gipfelanstieg von der Unteren Schulter: Meist gespurt. Von der Unteren Schulter zum breiten Firnhang, der, immer rechts der Wandkante zur SW-Wand, gerade zur Oberen Schulter aufwärts begangen wird. Von dieser in Kürze zum Gipfel. 1½–2 Std. von der Unteren Schulter.

● **682 A   Abstieg zur Casatihütte**
3–4 Std. Siehe Abb. Seite 239.

Vom Gipfel am SO-Rücken bei zunehmender Steilheit (anfangs gelegentlich bei Ausaperung unschwierige Felsstellen) abwärts zu einer Schulter desselben („Obere Schulter"). Nun etwas abseits der zur SW-Wand abfallenden Wandkante gerade den Firn- und Eishang hinab, bis

Zebrù, Königspitze und Kreilspitze von Südwesten (Luftbild)
o   Pizzinihütte (R 120)

Zebrù
665 Westgrat
666 Südwestwand
671 Gratübergang vom Nordost- zum Südostgipfel
Königspitze
682 Normalanstieg (Südostrücken)
683 Südwestrinne (Pale-Rosse-Rinne)
686 Kurzer Suldengrat

Kreilspitze
732 Nordwestgrat

man eine weitere (im Sinne des Abstieges) rechts befindliche Gratschulter erreicht („Untere Schulter"). Von ihr nach SW (meist breite Schneerinne) hinab auf den Gletscher. Auf ihm, dann unter den Gipfeln der Kreilspitze und des Schrötterhornes nach O (oder schräg östl. hinab zur Pizzinihütte); zuletzt mit etwa ½ Std. aufwärts (rot bez. Weg) zur Casatihütte.

- **683 Südwestrinne, „Pale-Rosse-Rinne"**
  1. Begehung vermutlich St. Steinberger, 24.8.1854, 1. gesicherte Begehung C. Blezinger, P. Reinstadler, 1881
  II und I; bei Ausaperung unschön und abzuraten. Im Firn/Eis durchschnittlich 45 Grad, kurze Stellen 50 Grad. 500 m, 2–4 Std.
  Siehe Abb. Seite 239 und 241.

Zugang: Über die Vedretta del Gran Zebrù zum Rinnenauslauf (1½ Std. von der Pizzinihütte und Casatihütte).

Route: Über den Lawinenkegel in die Rinne, die durchwegs erstiegen wird. Von ihrem oberen Ende schräg rechts aufwärts zum Gipfel.

- **684 Südwand**
  G. Cavaleri, G. B. Confortola, P. Pietrogiovanna, 1887
  Im Eis bis etwa 50 Grad; Gestein brüchig. Einzelheiten nicht bekannt; bisher keine Wiederholungen.

Übersicht: E. im westlichen Teil der Vedretta del Gran Zebrù, Ausstieg am obersten Südostrücken (R 682). Die Wegführung dürfte ziemlich beliebig erfolgen können.

- **685   Suldengrat**

W-Grat des Berges, wobei diese Bezeichnung nur dann zutrifft, wenn man den im Suldenjoch beginnenden „kurzen Suldengrat" begeht. Der konditionell wesentlich anspruchsvollere „lange Suldengrat" (in der älteren Literatur Mitschergrat – Suldengrat) bildet die W-Einfassung des Königswandferners und führt bis zur Vereinigung mit dem vom Suldenjoch heraufführenden Grat in NO-SW-Richtung. Die Schlüsselstellen liegen im oberen Gratbereich, also im Teil des „kurzen Suldengrates"!
Siehe Abb. Seite 232/233, 239, 241, 247 und 251.

- **686 „Kurzer Suldengrat"**
  A. Jörg, R. Levy, J. Grill (Kederbacher), S. Reinstadler, 26.7.1880
  IV– und III, im Eis/Firn 55–60 Grad, nach N stark überwächtet. Die Hauptschwierigkeiten liegen in der Begehung bzw. Umgehung einzelner Stellen des Wächtengrates und nehmen mit zunehmender Ausaperung ab. Die Felsschwierigkeiten sind sekundär.
  Höhenunterschied 400 m, Gratlänge 1200 m, 3–5 Std. vom Suldenjoch.
  Siehe Abb. Seite 239, 241 und 247.

Zugang: Von der V°Alpini-Hütte ins Suldenjoch (R 185), 2 Std.

Königspitze

Westseite der Königspitze (Luftbild)
683 Südwestrinne (Pale-Rosse-Rinne)
686 Kurzer Suldengrat

Route: Vom Suldenjoch am wenig schwierigen Grat über Schutt, leichten Fels und Firn zu einem Felskopf hinauf. Weiter am nun schärfer werdenden Grat zu P. 3752 (hier Vereinigung mit R 687!). Der folgende, nur mehr 100 m ansteigende Gratteil bildet die Schlüsselstelle, die Wegführung wird durch die Verhältnisse (Wächten) bedingt und wechselt stets. Es werden alle Türme überschritten und die obere unschwierige Gratschneide erreicht. Auf ihr zum Gipfel.

- **687** „Langer Suldengrat" (mit Mitschergrat)
J. Meurer, Markgraf A. Pallavicini, P. Dangl, A. und J. Pinggera, 6.7.1878. **IV** (eine Stelle), im Eis 45–53 Grad bis zum P. 3752, ab dort IV– und III, im Eis 55–60 Grad. Wesentlich hochwertiger als R 686. Ausquerungsmöglichkeiten oberhalb des Mitscherkopfes (ansteigend) und vom P. 3752 über den Grat ins Suldenjoch absteigend.
Höhenunterschied 1100 m, Gratlänge 2500 m, 6–9 Std.
Siehe Abb. Seite 232/233, 245, 247 und 251.

Zugang: Von der Hintergrathütte in südlicher Richtung den ebenen Suldenferner dorthin überqueren, wo der vom Beginn der eigentlichen Königspitze N-Wand herabziehende Königswandferner westlich von einem massigen Felsaufbau begrenzt wird (Mitscherkopf). In diesem fällt eine schräg von rechts unten nach links oben verlaufende in der Regel firngefüllte Rinne auf, die den Anstieg durch den Felsgürtel vermittelt. E. am Beginn der Rinne.

Route: Die Rinne (bei Ausaperung im unteren Teil einige Stellen III, im Firn [meist Schnee] etwa 45 Grad) bis an ihr oberes Ende auf einem Grat empor (jenseits befindet sich der Königswandferner, gut ausgebauter Biwakplatz auf der Königswandferner-Seite). Von der Gratscharte kurzer Plattenquergang nach rechts in einen Kamin (bei Ausaperung III+). Den Kamin empor (20 m, IV) und oben links hinaus zu gutem Stand. In wenig schwierigem Gelände (II, I, abwärtsgeschichtet, plattig) links ansteigend empor, bis man rechts unschwierig zum Grat ansteigen kann. Auf ihm (in der Regel Schutt) zum Beginn der Firnschneide. Man folgt dieser (am Beginn 45 Grad, im oberen Drittel bis 53 Grad aufsteilend) in makellosem, hervorragend schönem Anstieg bis zu P. 3752. Weiter (Schlüsselstelle) gemeinsam mit R 686 zum Gipfel.

- **688** Nordwand

Modetour der extremen Eiskletterer, beginnt am Königswandferner. Oft begangen wird ausschließlich der Ertlweg. Die Wand (Ertlweg) sieht im unteren Drittel schwieriger aus, als sie tatsächlich ist, die Eiskaskaden sind kein Begehungshindernis. Für Gebietsfremde empfiehlt sich die Erkundung des Zuganges bzw. Biwak vor dem Kamin von R 687 (an der dem Königswandferner zugewandten Seite des Grates). Objektive Gefahren: verhältnismäßig gering, jedoch zeitiger Einstieg. Routen siehe R 489 bis R 694. Wandhöhe etwa 600 m, Kletterstrecke etwa 1000 m.

Zugang: Auf R 687 bis über den Kamin (IV) und an passender Stelle zum Königswandferner absteigen, auf ihm zum Wandfuß. 3 Std. von der Hintergrathütte.

- **689** **Ertlweg**
  H. Ertl, H. Brehm, 5.9.1930
  IV (einige Stellen im unteren Drittel bei Ausaperung), im Eis bis 60 Grad, vorwiegend Eisfahrt. Vorbemerkungen s. R 688.
  600 m, 6–9 Std.
  Siehe Abb. Seite 245 und 251.

Übersicht: Der Anstieg verläuft im unteren Teil etwas rechts der Gipfelfallinie, und zwar in der westlichsten breiten Rinne (scheinbar Gipfelfallinie), die zum Eisfeld zu mit einer Felsbarriere abgeschlossen ist.
Route: Unter dem Rinnenbeginn über den Bergschrund und in der Rinne (Schlüsselstelle, bei Ausaperung einige Stellen IV, es sind dann einige H zu finden) bis unter die abschließende Wand. Unter der Wand auf einem Band (Eis bzw. Firn) nach rechts bis zu einer Rippe und über diese zum Beginn der Eiswand. Diese, je nach Verhältnissen, entweder gerade oder unter Benützung der links befindlichen, etwas felsdurchsetzten Rippe bis unter die Gipfelwächte („Schaumrolle") empor. Nun entweder schräg links oder schräg rechts haltend (etwa 57 Grad) zum Ausstieg.

- **690** **Direkter Ausstieg, „Schaumrolle"**
  K. Diemberger, Unterweger, Knapp, 22.9.1956
  Im Eis senkrecht bis überhängend.
  Siehe Abb. Seite 245.

Route: Der Anstieg erfolgt direkt über die Schaumrolle der Gipfelwächte. Diese brach Anfang der Sechziger Jahre ab, ist aber wieder im Wachsen begriffen.

- **691** **Aschenbrennerführe**
  P. Aschenbrenner, H. Treichl, 1.9.1935 anläßlich der 2. Begehung. Bis jetzt nicht wiederholt, sicher wesentlich schwieriger als R 689. Siehe Abb. Seite 245 und 251.

Route (Beschreibung erfolgt aufgrund des Berichtes der Erstbegeher): In der Einstiegsrinne der Ertlführe etwa zu einem Viertel empor. Nun links hinaus und (sehr steil) links haltend auf die linke Begrenzungsrippe der Rinne. In der linken Rippenflanke aufwärts zur Gipfelwächte und schräg links zum Ausstieg.

- **692** **Apollonioführe**
  R. Apollonio, A. Gebellini, C. Antiga, 24.6.1943
  Keine Einzelheiten bekannt.

Übersicht: Anstieg zwischen Ertlführe und Anstieg Brigatti-Zangelmi, sehr wahrscheinlich mit R 693 oder R 694 identisch.

- **693** **Führe Klimek/Gruhl**
  W. Klimek, Th. Gruhl, 18.6.1976
  IV, III, im Eis 50–55 Grad laut Erstbegeher, Beschreibung anhand deren Bericht. Vielleicht mit R 692 identisch.
  Siehe Abb. Seite 245.

Übersicht: Der Anstieg verläuft über die nächste Rippe links des Ertlweges (also über die Rippe links von R 691, die vom Aschenbrennerweg durch eine Rinne getrennt ist), also von rechts gezählt über die zweite Rippe der N-Wand.
Route (Nach Beschreibung der Erstbegeher):
Nach Überschreiten der Randkluft werden die untersten schwarzen Felsen in der Eiswand links umgangen. Den Pfeilerkopf oberhalb der steilen Felsen erreicht man durch eine nach rechts ziehende plattige Verschneidung (Grenze zwischen schwarzem und gelbem Fels). Anschließend verläuft der Anstieg über Felsrippen in kombiniertem Gelände. Die Felsen enden in einem geschwungenen Firngrat, über den die Gipfeleiswand und der Gipfelgrat erreicht werden.
Ausstieg knapp links (östlich) des Gipfels. Zeit der Erstbegeher unbekannt.

- **694** **Führe Klimek / Grasegger, „Thomas-Gruhl-Gedächtnisführe"**
  W. Klimek, S. Grasegger, 2.4.1978
  IV, im Eis bis 65 Grad laut Erstbegeher, Beschreibung anhand deren Bericht.
  Zeit der Erstbegeher 6½ Std. Siehe Abb. Seite 245 und 251.

Nordwand der Königspitze
687 Langer Suldengrat
689 Nordwand (Ertlweg)
690 Direkter Ausstieg, Schaumrolle
691 Nordwand (Aschenbrennerweg)
693 Nordwand (Klimek/Gruhl)
694 Nordwand (Klimek/Grassegger)
695 Nordostwand (Brigatti/Zangelmi)
696 Nordostwand (Minnigerodeführe)
697 Ostnordostgrat

Königspitze

Übersicht: Der Anstieg verläuft in der Rinne, die zwischen Ertlweg bzw. Aschenbrennerführe und R 693 emporzieht. E. gemeinsam mit R 693 in der Fallinie der Rinne.
Route: Über den Bergschrund und die Eiswand zur Felszone gerade hinauf (R 693 wendet sich nach links). Nun schräg rechts (IV, teilweise brüchig) den Felsabbruch ersteigen und in die Rinne. Nun immer in ihr (Mittelteil etwa 50 Grad, oberer Teil 60–65 Grad) zum Ausstieg links der Gipfelwächte. In der Wandmitte Berührung mit R 691.

● **695 Nordostwand, Weg Brigatti-Zangelmi**
L. Brigatti, E. Zangelmi, 5.8.1937. Gegenüber von R 696, unbedeutend. Siehe Abb. Seite 245.

Zugang: Wie zu den Nordanstiegen (R 688), aber am obersten Königswandferner nach links bis vor jene Felsrippe, die bis zum Bergschrund des Ferners herabzieht.
Route: Beschreibung aufgrund der Angaben der Erstbegeher.
Rechts dieser Felsrippe aufwärts bis man (unterhalb der darüber befindlichen steilen Wand) nach links auf die Rippe gelangen kann. Nun kurzer Linksquergang und immer neben der Felsrippe rechts zum Ausstieg empor.

● **696 Nordostwand, Minnigerodeführe**
B. Minnigerode, J. und A. Pinggera, P. Reinstadler, 21.9.1881. Skibefahrung H. Holzer, 20.5.1971
Reiner Eisanstieg von 45–53 Grad Neigung. Vernachlässigt, jedoch schön. 550 m, 2¹/₂–4 Std. vom Königswandferner. Siehe Abb. Seite 245, 247 und 251.

Zugang: Wie zu den Nordanstiegen (R 688), aber am obersten Königswandferner nach links bis die die N-Wand links begrenzende Rippe (R 695) bis zum Bergschrund oberhalb herabzieht. Waagrecht und etwas absteigend unter die Rinne links dieser Rippe.
Route: Über den Bergschrund in die Rinne hinauf und in ihr aufwärts auf das oberhalb liegende zusehends breiter werdende Eisfeld. Auf ihm (etwas rechts halten) zum Ausstieg am obersten Normalweg und mit ihm zum Gipfel.

● **697 Ostnordostgrat**
F. Drasch, J. Jurek, 6.9.1886 zum Teil; zur Gänze V. Swoboda d'Avignon, H. Friedel, J. Pichler, F. Schöpf, 27.8.1894
III (einige Stellen), sonst II und I, im Firn 50 Grad (kurze Stellen), sonst 45 Grad.

Zebrù und Königspitze von Nordosten
(Vorne die Moränen des Suldenferners)
Königspitze
687 Langer Suldengrat (Mitschergrat)
689 Nordwand (Ertlweg)
696 Nordostwand (Minnigerodeführe)
697 Ostnordostgrat
698b Ostwand, direkter Weg

Zebrù-Nordwestgipfel
667 Nordostwand

Zebrù-Südostgipfel
672 Südostgrat
673A Abstieg auf die Suldenseite
675 Ostpfeiler
676 Nordostpfeiler
677 Nordostwand

Fels- und Firnanstieg (selten Blankeis) zu gleichen Teilen. Verschiedene Wegänderungen möglich, bei Firnlage lohnend, jedoch sehr selten begangen, bei Ausaperung viel Schutt und unschön. 1100 m, Kletterstrecke etwa 1800 m, 6 Std. Siehe Abb. Seite 245, 247, 249 und 251.

Zugang: Von der Schaubachhütte auf die Moränen des Suldenferners und über diesen zum Gratfuß. E. etwas links des tiefsten Punktes in der Fallinie des rechten unteren Endes eines etwas schräg links aufwärts ziehenden meist firnbedeckten breiten Bandes. 1–1¼ Std. von der Schaubachhütte.

Route: Von rechts nach links auf das untere Ende des Bandes hinauf und auf dem Band bis zum Beginn seines obersten Drittels (das Band führt bis zum Gletscher weiter!). Nun gerade (immer rechts neben einer großen Schlucht) bis zu einem glatten Aufschwung in der Gratwand empor. Unter ihm waagrecht und absteigend nach rechts in eine Schlucht und dann in und links neben ihr aufwärts zum Grat. Auf ihm zu einer Firnschneide, die man zu den nächsten Felsen begeht. Über diese (unschwierig aber brüchig) aufwärts zur nächsten Firnschneide und auf ihr zum Gipfel.

● **698** **Ostwand**
J. A. Specht, F. Pöll, 17.9.1864
Bei guten Verhältnissen reine Eis (meist Firn-)fahrt, 45 bis 50 Grad, am direkten Anstieg geringfügig steiler, bei Ausaperung am direkten Anstieg kurz **III**. Objektive Gefahren gering, wenn man sich außerhalb der Lawinenrinne hält.
650 m v. E., 3 Std. Siehe Abb. Seite 249 und 251.

Zugang: Von der Schaubachhütte am Steig zum (bergseitig) oberen Suldenferner und über ihn (zuletzt oberhalb des Eisbruches) zu jener langen Rinne, die (durchwegs Firnrinne) das untere Viertel der O-Wand durchzieht und dann auf ein Eisfeld ausmündet, das nach links zum gewöhnlichen Anstieg aufwärts führt. E. unter der Rinne. 2 Std.

Route: Die Rinne durchwegs empor auf das Eisfeld. Nun zwei Möglichkeiten:
a) Auf dem Eisfeld schräg links zum gewöhnlichen Anstieg, der oberhalb der Unteren Schulter erreicht wird (objektiv sicher und technisch leichter, jedoch schlechte Routenführung), oder
b) Gerade aufwärts zur nächsten Wandzone. Hier durch eine sie zur Gänze durchziehende Rinne (bei Ausaperung stellenweise III) aufwärts zum großen Eisfeld oberhalb. Auf ihm beliebig zum obersten gewöhnlichen Anstieg hinauf.

Königspitze von Südosten
682 Normalanstieg (Südostrücken)
697 Ostnordostgrat
698a Ostwand
698b Direkter Abstieg zu R 698a

- **699–705** frei für Ergänzungen.

- **706** **Cima della Miniera**
(Deutsch-österr. Vermessung 3402 m, italien. Vermessung 3408 m)

Unbedeutende Rückfallkuppe südl. des Königspitze-W-Grates (Suldengrat), wird beim Übergang von der V° Alpinihütte zur Pizzinihütte bzw. Casatihütte (R 191, 192) betreten.

- **707** **Westgrat**
Der gewöhnliche Weg beim Übergang R 191, 192.
Kurze, alte und unsichere Drahtseilsicherung.
1½ Std. von der Alpinihütte. Beschreibung s. R 191.

- **708** **Nordwestwand**
Im Firn/Eis etwa 45 Grad, bei Ausaperung treten unschwierige Felsen zutage. 200 m vom Wandfuß, 1 Std. v. E.

Zugang: Von der V° Alpini-Hütte über den südlichen Ast des Zebrùferners (Vedretta di Zebrù), wobei man sich möglichst auf der Seite des Zebrù hält (bergseitig! talseitig Spalten). Identisch mit dem Zugang zu R 707, s. auch R 191. 1 Std. von der V° Alpini-Hütte.

Route: Anstieg in der Gipfelfallinie, Ausstieg am obersten Teil des W-Grates (R 707). E. unter einem mächtigen abgerundeten Pfeiler. Über die Randkluft (gelegentlich schwierig), dann beliebig am Pfeiler vorbei und über den Firnhang gerade zum Ausstieg am obersten W-Grat hinauf. Auf ihm zum Gipfel.

- **709** frei für Ergänzungen.

- **710** **Nordostgrat**
Unschwieriger Firngrat, Wächten zur O-Seite. Höhenunterschied 50 m, Gratlänge 250 m, ¼ Std. vom Passo della Miniera.

Zugang: Von der V° Alpini-Hütte über den Zebrùferner in den Paß (1¼ Std.); von der Pizzinihütte bzw. Casatihütte auf R 191 und 192 über den Col Pale Rosse und die obere Vedretta della Miniera unter den Paß. Nun (Bergschrund, oft schwierig) über die Firnflanke aufwärts (etwa 40 Grad) und (kleine Wächten) in den Paß. 2–3 Std.

Königspitze von Ostnordosten
682 Normalanstieg (Südostrücken)   686 Kurzer Suldengrat
687 Langer Suldengrat (Mitschergrat)   689 Nordwand (Ertlweg)

691 Nordwand (Aschenbrennerweg)
694 Nordwand (Klimek/Grassegger)
696 Nordostwand (Minnigerodeführe)
697 Ostnordostgrat
698a, b Ostwand

Route: Vom Paß immer am unschwierigen Firngrat (Wächten nach O) zum Gipfel.

- **711** **Ostsüdostflanke**
  Unschwierige Firnflanke, der vom Übergang (R 191) berührte Weg. 2½ Std. von der Pizzinihütte bzw. Casatihütte.

- **712** **Südgrat**
  A. und C. Calegari, V. Fiorelli, 9.8.1939
  II und I, sehr brüchig, unlohnend. Gratlänge etwa 1000 m, Höhenunterschied 500 m. 3–4 Std. vom E.

Zugang: Von der Alpinihütte am Weg zum Passo di Zebrù (R 190) unter den S-Grat und über Gras- und Schutthänge zu seinem Beginn. 2 Std.
Route: Sehr unübersichtliche und in der Regel beliebige Wegführung, deshalb nur allgemeine Wegbeschreibung. Vom Gratbeginn sehr brüchig den Möglichkeiten folgend auf den Gipfel des großen Turmes (P. 3300), I und II. Nun leichter am türmereichen Grat weiter und im letzten Drittel unschwierig zum Gipfel.

- **713** frei für Ergänzungen.

- **714** **Cima Pale Rosse**
(Deutsch-österr. Vermessung 3453 m, italien. Vermessung 3446 m)

Langer mehrgipfeliger Felsgrat zwischen dem nördl. Passo di Zebrù (R 190) und dem Col Pale Rosse (R 191). Dem Südfuß der Königspitze nach S vorgelagert, trennt die Vedretta della Miniera (im W) von der Vedretta del Gran Zebrù (im O).

- **715** **Nordgipfel**

- **716** **Nordgrat**
  II und I, im Firn (selten Eis) etwa 30–35 Grad.
  Gratlänge 300 m, Höhenunterschied nicht ganz 100 m.
  3 Std. von der Pizzinihütte bzw. Casatihütte.

Zugang: Über die Vedretta del Gran Zebrù bis unter den Col Pale Rosse (R 191, 192). Unter dem Col im Firnbecken links (südl.) abbiegen, zu jener schräg von rechts unten nach links oben streichenden Schneerinne, die vom obersten Aufbau des Grates herabzieht. 2 Std.
Route: Die Schneerinne (oder über die Felsen links davon) zur Gratschneide empor. Nun der Schneide folgend auf den Vorgipfel (II) und über den flachen Grat zum Hauptgipfel. 1 Std.

- **717 Ostwand**
  II, brüchig; ³/₄ Std. v. E., 100 m.

Zugang: Wie R 716 und weiter unter die O-Wand.
Route: E. in der flachen Einsenkung zwischen dem Vorgipfel des N-Grates und dem Nordgipfel. Durchwegs gerade in die Einsenkung des N-Grates empor und wenig steil nach links zum Gipfel.

- **718 Gratübergang vom S-Gipfel zum N-Gipfel**
  II und I, im Firn 30–35 Grad.
  Gratlänge etwa 400 m, ³/₄ Std.

Route: Vom S-Gipfel über den unschwierigen Felsgrat hinab in die breite Einsattelung vor dem N-Gipfel (hierher auch mit Zugang wie R 716 und über einen wenig steilen Firnhang ansteigend). Nun – erst Firngrat, dann felsdurchsetzt – wenig schwierig bis zum Gipfelaufbau des N-Gipfels. Diesen etwas rechts ersteigen, dann über Schutt und leichten Fels weiter. Zuletzt an einer Kante (II) zum Gipfelgrat hinauf und mit wenigen Schritten zum Gipfel.

- **719** frei für Ergänzungen.

- **720** **Südgipfel**

- **721 Nordgrat**
  Unschwieriger Anstieg, 2¼ Std. von der Pizzinihütte bzw. Casatihütte.

Zugang: Wie R 716 unter den Col Pale Rosse. Nun unter den Wänden des N-Gipfels nach S und über unschwierige Firnhänge aufwärts in die breite Einsattelung nördl. des S-Gipfels. 2 Std.
Route: Am Grat zum Gipfel. ¼ Std.

- **722 Nordostgrat**
  A. und C. Calegari, V. Fiorelli, 13.8.1940
  III und II, obere Hälfte meist I, Firn unter 40 Grad.
  Firndurchsetzter Felsgrat, der zuletzt auf den S-Grat ausmündet, brüchig. 600 m, 4 Std. vom E.; 6 Std. von der Casatihütte oder Pizzinihütte.

Zugang: Von der Casatihütte oder der Pizzinihütte auf die Vedretta del Gran Zebrù. Auf ihr bis etwa 200 Höhenmeter unter den Col Pale Rosse. Hier befindet sich im Gletscher, südlich des Wandfußes der Königspitze, eine große Felseninsel. Westlich von ihr über den Gletscher (Spalten!) schräg absteigend zum Gratbeginn. 2 Std.

Route: E. am tiefsten Punkt des Grates. Über glatte Platten 10 m empor, dann durch einen engen Riß und einen kurzen Kamin weiter. Aus ihm über eine Platte zur Gratschneide, der man zum Gipfel des ersten Turmes folgt. Jenseits am Grat in die Scharte vor dem zweiten Turm hinab. Über Blöcke und Absätze aufwärts zu einer glatten Verschneidung. Aus ihr mittels eines brüchigen Bandes in die N-Seite und dann über einen kurzen Grat auf den zweiten Turm. Jenseits über steile Platten hinab, dann durch einen kurzen Kamin auf einen Schneesattel folgen. Von dort sehr brüchig in eine Scharte absteigen. Nun längs der scharfen Schneide zum Fuß des dritten Turmes. In seiner O-Seite über brüchige Platten und eine Erdrinne auf ein Schuttgesimse hinauf und gerade weiter zum Turmgipfel. Nach O über Bänder und Wandstufen zu einem mehrfach gescharteten Grat hinab und diesem zu einem Schneesattel folgen (Vereinigungsstelle mit R 724). Über eine steile brüchige Rippe und erdbedeckte Platten (I) zu einer Rinne. Diese zur Hälfte empor, unter Überhang nach links hinaus und mit einem engen Spalt in eine Scharte. Längs des Grates (II) zum Gipfel des Turmes. Jenseits in der SSO-Seite über brüchige Platten zu einem Pfeiler. Diesen abwärts in einen Firnsattel (II) und dann unschwierig zum S-Gipfel empor.

- **723** **Ostwand**
  II und I, im Firn 45 Grad, vorwiegend Firnfahrt.
  300 m, 2 Std.

Übersicht: Der Anstieg verläuft durch die schräg links aufwärts führende Firnrinne (bei reichlicher Schneelage breites Firnfeld) rechts (nördlich!) von R 722.
Zugang: Wie R 722 zum Beginn der am obersten S-Grat ausmündenden Firnrinne. 2 Std.
Route: Über die Firnfelder bzw. (in fortgeschrittener Jahreszeit) die Firnrinne empor zu den abschließenden Felsen. Diese (Rinne, II) empor zum obersten S-Grat, der knapp vor dem Gipfel erreicht wird. Auf ihm unschwierig zum Gipfel.

- **724** **Südgrat**
  II (wenige Stellen), I, im Firn unter 40 Grad.
  Höhenunterschied 400 m, Gratlänge 1800 m, 2 Std. vom nördl. Passo di Zebrù.

Zugang: Zum nördl. Passo di Zebrù s. R 190, 2 Std. von der Pizzinihütte bzw. der V° Alpini-Hütte.
Route: Vom nördl. Passo di Zebrù am Grat so, daß man alle unbedeutenden Türme westl. umgeht. Man gelangt so zu einem deutlichen Steil-

aufschwung des Grates, bei welchem dieser von N-S-Richtung in NW-SO-Richtung umbiegt. Den Aufschwung rechts (Seite des Val Cedec) hinauf und auf den Turmgipfel. Der nächste Aufschwung wird rechts (brüchige Felsbänder, ausgesetzt) umgangen und wieder zum Grat angestiegen. Weiter unschwierig zu einem Turm. Vor ihm links (Seite des Val Zebrù) queren und mit einer Rinne zum Grat zurück. Noch einige Meter am Grat steil empor, dann ohne Schwierigkeit auf den Vorgipfel. In der SSO-Seite über brüchige Platten zu einem Pfeiler, diesen (II) abwärts in einen Firnsattel. Von ihm unschwierig zum S-Gipfel empor.

● 725   Südwestgrat
I, Schutt, Schnee, leichter Fels. 200 m Höhenunterschied, Gratlänge etwa 700 m, 1½ Std. vom Gratbeginn.
Zugang: Von der V° Alpini-Hütte am Weg zum Passo di Zebrù (R 190) bis unter den Grat und über Gras und Schutt zu ihm hinauf. 2½ Std.
Route: E. am Beginn des Grates. Am unschwierigen Grat (Schutt, Schnee, leichter Fels) bis zum Fuß eines Turmes. Diesen von W durch eine Schneerinne ersteigen und dann über den obersten S-Grat zum Gipfel.

● 726   Westwand
Im Firn etwa 35–40 Grad.
300 m vom Bergschrund, 1 Std. vom Wandfuß.
Zugang: Von der V° Alpini-Hütte am Weg zum Passo di Zebrù (R 190) bis zur orogr. rechten Moräne der Vedretta della Miniera. Nun mühsam über Schutt, Schnee und Gras in Richtung des Fußes des großen am unteren Ende der Cima della Miniera (!!) befindlichen Turmes. Längs seiner O-Seite auf die Vedretta della Miniera. Den Gletscher schräg in östlicher Richtung (Spalten) zum Wandfuß überqueren. 2 Std.
Route: Nahe einem vom Gipfel herabziehenden Felsrücken einen Firnhang (Bergschrund) hinauf und in halber Höhe auf einen Firngrat. Diesen aufwärts zum Gipfel. Oder durch eine Firnrinne in die Scharte zwischen Nord- und Südgipfel.

● 727   frei für Ergänzungen.

● 728   **Kreilspitze (Punta Graglia)**, 3391 m
Erste Ersteigung Oster, Gräff, J. und A. Pinggera, 20.8.1872 über R 729.
Zwischen Königsjoch (im W) und Passo di Cedec (im O) aufragende Erhebung.

- **729** **Ostgrat** (richtig: OSO-Grat)
  Oster, Gräff, J. und A. Pinggera, 20.8.1872
  II (wenige Stellen), I, im Firn (Eis) 35–40 Grad, felsdurchsetzter Firngrat. Höhenunterschied etwa 150 m, Gratlänge etwa 450 m. ³/₄ Std. vom Paß, von der Schaubachhütte bzw. Casatihütte 2¹/₂–3 Std.

Zugang: Sowohl von der Schaubachhütte als auch von der Casatihütte (bei letzterer zuerst absteigend) über die jeweiligen Gletscher unter den zwischen Kreilspitze und Schrötterhorn befindlichen Passo di Cedec und unschwierig (Firnhänge) in ihn hinauf.

Route: Am gutartigen Firngrat zu einer kleinen Graterhebung und jenseits in eine Scharte hinab. Nun am vorwiegend felsdurchsetzten Grat zum Gipfel.

- **730** **Wegänderung**
  Im Firn (Eis) 40–45 Grad. Vermeidung des Felsgrates, in der Regel unvorteilhafter als R 729, 1 Std. vom Passo di Cedec.

Route: Am Grat bis zum Beginn des Felsgrates (Scharte). Nun in der N-Seite – immer unterhalb der Felsen bleibend – schräg aufwärts querend bis zu einem Firngrat, der zum obersten O-Grat hinaufführt. Auf ihm zum obersten O-Grat und in Kürze zum Gipfel.

- **731** **Südwand**
  II, bei Ausaperung brüchig, im Firn/Eis 40–45 Grad.
  150 m vom Gletscher, ³/₄ Std. vom E., 2 Std. von der Casatihütte.

Kreilspitze, Zufállspitzen und Monte Cevedale ▶
vom Normalweg zur Königsspitze
100 Weg von S. Caterina Valfurva zur Casatihütte
Kreilspitze
732 Nordwestgrat
733 Nordwand
Zufállspitzen
1109 Nordwestgrat und Überschreitung zum Monte Cevedale
Monte Cevedale
1108 Normalweg über die Nordflanke
1116 Westgrat (Gratübergang vom Monte Pasquale)
1117 Westflanke

Monte Cevedale
Zufallspitzen
Kreilspitze
Casatihütte

1116
1117
1109
1108
100
732
733

Zugang: Von der Casatihütte absteigend am rot bez. Weg zur Pizzinihütte bis auf etwa 3000 m Höhe hinab. Nun nach NW über die Hänge zur Vedretta del Gran Zebrù queren; von der Pizzinihütte aufsteigend dorthin. Auf ihr unter den Passo di Cedec. Nach W zum Beginn einer Firn- bzw. Felsrinne, die den Anstieg vermittelt.
Route: Die Rinne wird durchwegs erstiegen und oberhalb über mehr oder weniger felsdurchsetztes Gelände der Gipfel erreicht.

- **732 Nordwestgrat**
  L. Purtscheller, 14.8.1883, im Abstieg.
  II (eine Stelle), sonst I, im Firn 30 Grad und weniger.
  Firngrat mit wenigen Felsstellen.
  Höhenunterschied vom Königsjoch etwa 100 m, Gratlänge 250 m, 3 Std. von der Schaubach- bzw. Casatihütte.
  Siehe Abb. Seite 239 und 257.

Zugang: Ins Königsjoch wie R 682.
Route: Vom Joch am Firngrat (Wächten nach S!) zum felsdurchsetzten Gratteil. Dieser wird durchwegs begangen und (zunehmend mehr Firn und weniger Fels) der Gipfel erreicht.

- **733 Nordwand**
  G. Dyhrenfurth und Gef. im 1. Weltkrieg zur Installation einer Materialseilbahn.
  Im Eis/Firn 45 Grad, lohnend.
  280 m, 1–2 Std. vom E., $2^1/_2$–$3^1/_2$ Std. von der Schaubachhütte.
  Siehe Abb. Seite 257.

Zugang: Von der Schaubachhütte zum Gletscher (Steig) und auf ihm nach W. Unter dem Schrötterhorn durchquerend zum Fuß der Kreilspitze-Nordwand. E. in Gipfelfallinie.
Route: Gerade aufwärts (Firnwand) zu einem rückenartigen Pfeiler im oberen Drittel. Auf oder neben ihm beliebig zum Gipfel.

- **734–735** frei für Ergänzungen.

- **736**   **Schrötterhorn**
  (Deutsch-österr. Vermessung 3389 m, italien. Vermessung 3386 m)
Erste Ersteigung F. Gröger, Joh. und Jos. Pinggera, August 1870 über R 740.
Langgestreckter Doppelgipfel zwischen Passo di Cedec (im W) und Janigerscharte (im O), unschwierig.

- **737 Ostgrat**
  H. Hieronymus, A. Pinggera, 26.8.1874 im Abstieg.
  Unschwieriger Schnee- und Firngrat, 20–30 Min. von der Janigerscharte,
  2 Std. von der Schaubach- bzw. Casatihütte.

Zugang: Entweder von der Casatihütte über die Suldenspitze in die Janigerscharte oder von der Schaubachhütte bis unter den Eisseepaß und über eine Gletscherterrasse nördlich der Suldenspitze schräg aufwärts in die Janigerscharte.
Route: Von der Scharte über den Schneegrat auf einen Vorgipfel und weiter zum Gipfel (bei Wächten auf der S-Seite halten!).

- **738 Nordwand**
  O. Langl, Plate, Plattensteiner, F. Horn, 26.7.1904, 1. Skibefahrung H. Holzer, 18.5.1974
  Eis im unteren Teil 30–40 Grad, im oberen Teil 40–50 Grad.
  Lohnend, jedoch selten begangen.
  400 m, $1^{1}/_{2}$–2 Std.

Übersicht: Der Anstieg benützt die Eiswand östlich des Nordgrates, R 739.
Zugang: Von der Schaubachhütte am Steig zum Gletscher. Auf diesem westlich schräg zur allmählich aus dem Gletscher aufsteigenden Wand hinauf. 1 Std.
Route: Die Eiswand wird direkt zum Gipfel begangen.

- **739 Nordgrat**
  O. Baumann, J. Reinstadler, 10.8.1882, 1. Skibefahrung H. Holzer, 8.5.1971
  Firn/Eisgrat, 30–40 Grad.
  Sehr lohnend, jedoch nicht oft begangen.
  500 m Höhenunterschied, $1^{1}/_{2}$–2 Std.

Zugang: Von der Schaubachhütte am Steig zum Gletscher. Diesen ansteigend nach W empor zu einer breiten Firnterrasse am Beginn des Grates, unterhalb welcher sich eine markante Felszone im Gletscher befindet. 1 Std.
Route: Die Gratschneide wird durchwegs begangen.

- **740 Westgrat**
  F. Gröger, Joh. und Jos. Pinggera, August 1870.
  Unschwieriger Schnee- und Firngrat, $^{1}/_{2}$ Std.

Übersicht: Anstieg über den im Passo di Cedec beginnenden Grat.

Zugang: Auf R 729 in den Paß, 1½–2 Std. von der Schaubach- bzw. Casatihütte.
Route: Der unschwierige Grat wird durchwegs begangen.

- **741** **Südwand**
  II und I, brüchig, im Firn/Eis bis 45 Grad.
  Vorwiegend Felswand mit mehr oder weniger zahlreichen Firnflecken.
  300 m, 1 Std.

Zugang: Von der Casatihütte oder Pizzinihütte auf die Zunge der Vedretta del Gran Zebrù und zum Wandfuß. E. in der Gipfelfallinie bei einer engen, unten schwach ausgeprägten Rinne. 1 Std. von der Casatihütte.
Route: In der Rinne oder den Felsen daneben aufwärts, bis die Rinne in den Firnhang des Gipfels einmündet. Diesen zum Ausstieg am W-Grat empor, den man knapp neben dem höchsten Punkt erreicht.

- **742** **Südpfeiler**
  A. Fugazzi, G. Compagnoni, 2.9.1968
  V (2 Stellen), IV und III, 400 m, 6 Std.

Route: E. rechts der Pfeilerkante bei einer Rinne, die der Anstieg in der Folge nicht benützt. Links in einem Riß zu einem kurzen Kamin. Diesen empor (V) auf einen Absatz. Nun Quergang über eine Platte und Bänder nach links und gerade aufwärts an die Pfeilerkante. Dieser sehr brüchig bis zu einem Turm in der oberen Pfeilerhälfte folgen. Gerade in einer Verschneidung (10 m, V, 2 H) auf ihn und weiter durchwegs an der Pfeilerkante zum Gipfel.

- **743** frei für Ergänzungen.

- **744** **Suldenspitze (Cima di Solda), 3376 m**
1. Ersteigung J. Payer, Veit Reinstadler, 24.8.1865, über R 746.
Zu allen Jahreszeiten lohnendes Ziel von geringer Schwierigkeit, der erste Gipfel westl. des Eisseepasses und vorteilhaft (Überschreitung) mit einem Übergang zur Casatihütte zu verbinden. Prächtige Skiabfahrt nach N (Achtung auf die Spalten).

- **745** **Nordostgrat**
  Pfaff, Schuster, P. Dangl, 20.9.1876
  Keine Schwierigkeiten. Im ersten Teil felsdurchsetzt, dann Firngrat.

Höhenunterschied etwa 250 m, Gratlänge etwa 1 km; vom Eisseepaß ¾ Std., von der Schaubachhütte 2½ Std., von der Casatihütte 1¼ Std.

Route: Vom Eisseepaß (R 98) über einige felsdurchsetzte Grathöcker hinweg und schließlich über eine prächtige Firnschneide zum Gipfel.

● 746   **Südgrat**
J. Payer, Veit Reinstadler, 24.8.1865
Keine Schwierigkeiten, 20–25 Min. von der Hütte.

Route: Von der Casatihütte zum Gratbeginn und über den unschwierigen Felsgrat zum Gipfel.

● 747   **Westgrat (richtig WNW-Grat)**
Pfaff, Schuster, P. Dangl, 20.9.1876 im Abstieg.
Unschwierig, 2½ Std. von der Schaubachhütte.

Übersicht: Von der Janigerscharte (R 737) in 10 Min. über den unschwierigen Firngrat zum Gipfel.

● 748   **Nordflanke**
Nur als Skiabfahrt von Bedeutung. Hochgebirgserfahrung und sichere Schneeverhältnisse nötig, bei unsichtigem Wetter am Seil fahren. Achtung auf die Gletscherspalten. Verhältnismäßig oft befahren.
30 Grad, kurze Stellen geringfügig steiler.

Route: Von der Schaubachhütte unter den Eisseepaß. Nun rechts abzweigen und gerade über den Gletscherhang zum Gipfel.

5. Der Laas-Marteller Kamm

Umgrenzung: Vinschgau – Suldental – Eisseepaß – Martell. Großflächige Untergruppe mit zahlreichen wenig schwierigen Gipfelzielen (auch Skiziele). Beliebte Aussichtsgipfel sind die Hintere Schöntaufspitze und das Hintere Schöneck, etwas schwieriger Vertainspitze und Laaser Spitze; oft begangen werden die versicherten Gipfelanstiege im Bereich der Düsseldorfer Hütte.
Empfehlenswerte Gratüberschreitungen von geringer Schwierigkeit: Eisseepaß – Eisseespitze – Butzenspitze – Madritschspitze – Madritschjoch (Halbtagstour von der Schaubachhütte); Madritschjoch – Hintere

Schöntaufspitze – Innere Pederspitze – Plattenspitze – Schildspitze (Abstieg je nach Ausgangspunkt über das Schildjoch oder das Rosimjoch, Ganztagestour von Sulden oder den Hütten im hintersten Martell); Schildspitze – Mittlere Pederspitze – Äußere Pederspitze – Lyfispitze (Ganztagestour von den Hütten im hintersten Martell). Sehr lohnende Gratüberschreitung mittlerer Schwierigkeit (Ausgangspunkt Düsseldorfer Hütte, Zustieg über das Zayjoch): Schafberg NO-Kante – Kleiner Angelus – Hochofenwand (2 Abseilstellen) – Hoher Angelus – Vertainspitze (Ganztagestour). Einen wertvollen (schwierigen) Eisanstieg bietet die N-Wand der Vertainspitze.

Schutzhütten: Laaser Hütte (R 63), Schaubachhütte (R 89), Düsseldorfer Hütte (R 91), Schutzhütten im hintersten Martell (R 94), Casatihütte (R 97).

Übergänge: R 153, 156, 159, 163, 164, 166, 168, 171, 172, 193.

Nomenklatur: Da es sich in dieser Untergruppe um ein rein deutschsprachiges Gebiet handelt, wurden die italienischen Gipfelbezeichnungen nicht angeführt.

● 749 Eisseespitze

(Deutsch-österr. Vermessung 3243 m, italien. Vermessung 3230 m)

1. Ersteigung Oster, Gräff mit (vermutlich Johann und Alois) Pinggera, 21.8.1873, über R 750.

Gipfel nördlich des Eisseepasses (R 98). Von der Schaubachhütte in 2–2^1/$_2$ Std., von der Casatihütte in ^{3}/$_4$ Std., von der Zufállhütte in 3 Std. (jeweils über den Eisseepaß) ersteigbar.

● 750 **Südgrat**

Oster, Gräff mit (vermutlich Johann und Alois) Pinggera, 21.8.1873

Keine Schwierigkeiten; erst kurzer Felsgrat, dann breiter Firnrücken.

20–30 Min. vom Eisseepaß.

Zugang: Über R 98 zum Eisseepaß (Spaltengefahr).

Route: Der am Paß beginnende Grat wird durchwegs begangen.

● 751 **Westhang, früher „Stecknerweg"**

Keine Schwierigkeiten, Steigspuren und spärliche alte rote Farbzeichen, Schutt und Blöcke. Der Gletscher wird nicht betreten.

2 Std. von der Schaubachhütte.

Zugang: Von der Hütte in südlicher Richtung zum Gletscher.

Route: Noch vor ihm zu dem vom Gipfel herabziehenden NW-Rücken und über ihn zum höchsten Punkt.

- **752 Gratübergang zur Butzenspitze (NO-Grat)**
  H. Hieronymus, A. Pinggera, 26.8.1874
  Unschwieriger Firngrat, 1 Std.

Der Grat wird, über eine breite flache Einsenkung hinweg, durchwegs begangen.

- **753** frei für Ergänzungen.

- **754 Butzenspitze**
  (Deutsch-österr. Vermessung 3302 m, italien. Vermessung 3300 m)

Zwischen Eisseespitze im SW und Madritschspitze im N gelegen, von der letzteren durch den Butzenpaß (3162 m) getrennt.

- **755 Gratübergang von der Eisseespitze** s. R 752

- **756 Nordwand**
  Felix Holldack, Sulpiz Traine, 29.8.1901, wahrscheinlich schon vorher von Hans Biendl und P. Dangl, 20.7.1895 im Abstieg begangen. **II** (kurz), im Firn etwa 45 Grad, Ausstieg unter Umständen (Wächte) steiler. Bei Firnlage lohnend, bei zunehmender Ausaperung unschön und steinschlaggefährlich. 400 m, 1 Std. v. E.

Zugang: Von der Schaubachhütte am rot bez. Weg (Nr. 151) in Richtung Madritschjoch bis in die Fallinie der Butzenspitze. Nun rechts abzweigen und in einer Schleife von links nach rechts über den Ebenwandferner zum Wandfuß. E. in der Gipfelfallinie (Bergschrund).
1½ Std. von der Hütte.

Route: Über den Bergschrund und den folgenden Firnhang bis zum unteren Ende eines Felsrückens, der die hier beginnende Eis- bzw. Firnrinne links begrenzt. Auf ihm mittels eines schmalen Felsbandes zum Beginn eines 5 m hohen Kamines. Diesen empor (II) und über leichten Fels und je nach Jahreszeit Firn bzw. Schutt zum Gipfel.

- **757 Nordostgrat**
  Oster, J. Mazagg, 24.8.1874
  Unschwieriger Firn- und Schuttrücken.
  20 Min. vom Butzenpaß, 1½ Std. vom Madritschjoch (mit Überschreitung der Madritschspitze).

Zugang: Der Butzenpaß ist von beiden Seiten wenig schwierig erreichbar, die Regel ist jedoch, daß vom Madritschjoch über die Madritschspitze zugestiegen wird.
Route: Vom Butzenpaß immer am breiten Gratrücken (Firn, Schutt, Blöcke) unschwierig zum Gipfel.

● 758   **Südostgrat**
I (ganz wenige Stellen), vorwiegend unschwieriger Schutt- und (oberer Teil) Firngrat. Gratlänge etwa 2½ km, Höhenunterschied 600 m. 3–3½ Std. von der Zufallhütte.

Zugang: Von der Zufallhütte am Weg zur Casatihütte (rot bez., Nr. 150) bis vor den Gletscher. Der Anstieg verläuft über den das Butzental links (südwestl.) begrenzenden Grat. Unterhalb des Grates vom Weg rechts ab und zu seinem breiten, wenig ausgeprägten Beginn.
Route: Der Grat wird durchwegs begangen.

● 759   **Madritschspitze,** 3265 m
Erste Ersteigung Oster, J. Mazagg, 24.8.1874 über R 763.
Südlich des Madritschjoches aufragender Gipfel, schwieriger als die gegenüberliegende Hintere Schöntaufspitze.

● 760   **Nordgrat**
H. Hieronymus, 1874
Firn- und Felsgrat. **II,** kurze Stellen, sonst I, im Firn unter 30 Grad. Höhenunterschied 140 m, Gratlänge 750 m, ¾ Std. vom Madritschjoch, 2½ Std. von der Schaubachhütte, 3½ Std. von der Zufallhütte.

Zugang ins Madritschjoch s. R 173.
Route: Vom Madritschjoch über einen Firnrücken zum ersten felsdurchsetzten Gratteil. Dieser wird überschritten und danach über einen weiteren Firngrat sowie den kurzen felsigen Gipfelaufbau der höchste Punkt erreicht.

● 761   **Nordwestflanke**
A. v. Krafft, C. Bröckelmann, 10.8.1891
I, im Firn 30 Grad und weniger, unlohnend. 250 m, 1 Std. vom Wandfuß, 2½ Std. von der Schaubachhütte.

Zugang: Von der Schaubachhütte bis unter das Madritschjoch (R 173), dann rechts abzweigen zum Fuß der Flanke. Der Anstieg verläuft immer in der Fallinie der oberen Firnschneide des N-Grates (R 760).
Route: Gerade zum Grat empor und gemeinsam mit ihm zum Gipfel.

- **762** **Westnordwestwand**
  Valerie Swoboda d'Avignon, P. Dangl jun., E. Friedel, F. Schöpf, A. Sello, S. Reinstadler, 22.8.1894
  I, im Firn bis 45 Grad, bei Ausaperung viel Schutt.
  250 m, 1 Std.

Zugang: Wie R 761, aber bis knapp rechts der Gipfelfallinie unter eine Firnrinne, die (knapp unterhalb des Gipfels) am SW-Grat beginnt und links (nördl.) von einem Felsrücken begrenzt wird.
Route: Die Rinne wird durchwegs erstiegen.

- **763** **Südwestgrat**
  Oster, J. Mazagg, 24.8.1874 anläßlich der 1. Ersteigung. Unschwieriger, im Butzenpaß beginnender Gratrücken; wird nur bei einer Begehung des Verbindungsgrates von der Butzenspitze her begangen.
  30–40 Min. von der Butzenspitze.

- **764** **Südostgrat**
  R. Hermann, R. Reschreiter, 21.8.1895, im Abstieg
  I, wenige Stellen; vorwiegend unschwierig, viel Schutt. Langer, das Madritschtal im S begrenzender Gratrücken.
  3–3½ Std. von der Zufállhütte.

Route: Von der Zufállhütte beliebig auf den ersten felsigen Gratgipfel (Mutspitze, 2912 m deutsch-österr. Vermessung, 2941 m italien. Vermessung) hinauf und weiter durchwegs am Grat zum Gipfel der Madritschspitze.

- **765** **Hintere Schöntaufspitze**
  (Deutsch-österr. Vermessung 3324 m, italien. Vermessung 3325 m)

Erste Ersteigung E. v. Mojsisovics, Sebastian Janiger, Aug. 1865 über R 766.

Erstrangiger und oft besuchter Aussichtsberg im N des Madritschjoches, unschwierig, auch hochalpines Skiziel. In der kalten Jahreszeit von der Schaubachhütte ins Madritschjoch Liftanlagen. Zugang ins Madritschjoch s. R 173.

- **766** **Südrücken**
  E. v. Mojsisovics, Sebastian Janiger, August 1865, anläßlich der 1. Ersteigung. Unschwierige Steiganlage.
  ½ Std. vom Madritschjoch, 2 Std. von der Schaubachhütte, 3–3½ Std. von der Zufállhütte.

Route: Der gratartige im Joch beginnende Rücken wird durchwegs begangen. Bei Skibefahrung die W-Seite des Rückens benützen.

- **767 Gratübergang von der Vorderen Schöntaufspitze**
  V. Hecht, Joh. Pinggera, Anfang September 1870
  Unschwieriger Schutt- und Schneegrat, ½ Std.

Route: Der gewundene Grat wird durchwegs begangen.

- **768 Nordflanke**
  H. Waitzenbauer, Joh. Pinggera, 18.6.1867 auf unbekanntem Weg, E. Niepmann, Lausberg, A. Pinggera, 4.9.1893 auf der beschriebenen Route. Vorwiegend Eisflanke, steilste Stellen 40 Grad, oft wesentlich flacher.
  450 m, 1½ Std. vom Wandfuß, 4 Std. von Innersulden.

Zugang: Von Innersulden auf rot bez. Weg (Nr. 11) das Rosimtal aufwärts auf den Rosimboden (hierher auch erst absteigend, dann ansteigend von der Bergstation des Kanzelliftes; rot bez., erst Weg Nr. 12, dann Nr. 13). Vom Rosimboden das Tal und den gleichnamigen Bach in südl. Richtung überqueren und über Gras und Schutt, zuletzt über eine Moräne zum Schöntaufferner hinauf. Über ihn (Spalten) in südöstl. Richtung zum Wandfuß.

Route: Entweder links ausbiegend über die Steilstufe des Gletschers auf den wenig steilen Gletscherteil oberhalb hinauf, oder nach rechts zu einer beiderseits von Firnrinnen begrenzten Felsrippe und über diese (I) zum oberen Gletscher. Auf ihm zum Gipfelgrat, den man etwas östlich des Gipfels erreicht.

- **769 Nordostgrat**
  Erste bekannte Begehung Bereitter, 18.7.1871, im Abstieg.
  Unschwieriger Fels-/Schneegrat, 20–30 Min. vom Schöntaufjoch.

Zugang: Von Sulden über den Schöntaufferner (s. R 768) in das zwischen Schöntaufspitze und Innerer Pederspitze gelegene Joch 3 Std.; empfehlenswerter der Abstieg über den unschwierigen S-Grat der Inneren Pederspitze (15–20 Min. bis zum Joch).

Route: Der Grat wird durchwegs begangen.

- **770 Südostflanke**
  Aus dem hinteren Madritschtal allmählich aufsteilende Schutt- und Schneeflanke von geringer Steilheit, fast nie begangen.
  3½ Std. von der Zufallhütte.

Von der Zufallhütte auf R 173 unter die Flanke und diese gerade zum Gipfel empor.

● **771** frei für Ergänzungen.

● **772** **Vordere Schöntaufspitze,** 3214 m
Selten betretener Gipfel im von der Hinteren Schöntaufspitze nach W ziehenden Seitengrat.

● **773** **Von der Schaubachhütte**
Weglos, 2 Std. von der Hütte.

Am Weg zum Madritschjoch bis etwa $^1/_2$ Std. unterhalb desselben. Nun links abzweigen und weglos über die Hänge zum Gipfel.

● **774** **Gratübergang zur Hinteren Schöntaufspitze**
s. R 767.

● **775** **Südwestgrat**
II (stellenweise), oft Gehgelände.

Zugang: Von der Schaubachhütte am Weg zum Madritschjoch und links ab zum Gratbeginn.
Route: Der Grat wird, über P. 3079 hinweg, durchwegs begangen.

● **776** **Nordwestflanke**
A. Swaine, A. Kuntner, 1892
I (kurze Stellen), mehrheitlich unschwierig,
4 Std. von Innersulden.

Wie bei R 768 ins Rosimtal und noch vor dem rechts oben befindlichen Schöntaufferner mühsam auf- und absteigend nach rechts (über einen Grat hinweg) in die NW-Seite queren. Dort beliebig zum Gipfel hinauf.

● **777** **Nordflanke**
V. Hecht, Joh. Pinggera, Anfang September 1870
II und I, unlohnend,
400 m, 4 Std. von Innersulden.

Wie bei R 768 ins Rosimtal. Bei etwa 2300 m über den breiten Hang rechts aufwärts an den Fuß der Felsabbrüche. Nun meist rechts neben der Kante des Pfeilers empor und schließlich über einen Grat zum Gipfel. Näheres wurde nicht bekanntgegeben.

● **778** frei für Ergänzungen.

● **779** **Innere Pederspitze**
(Deutsch-österr. Vermessung 3312 m, italien. Vermessung 3309 m)
Erste Ersteigung Feuerstein, 1855, über R 782.
Nordwestlich der Schöntaufspitze (durch das Schöntaufjoch getrennt) sowie südlich der Plattenspitze (durch das Pederjoch getrennt) gelegen. Unschwieriger Gipfel, wird hauptsächlich im Zuge einer Gratbegehung betreten.

● **780** **Südwestgrat**
Bereitter, 18.7.1871
Unschwieriger, im Schöntaufjoch beginnender Fels- und Firngrat.
20 Min. vom Schöntaufjoch.

Zugang: Zum Schöntaufjoch: Von Sulden (R 769) in 3 Std.; vom hinteren Madritschtal (R 173) weglos in $3^{1}/_{2}$ Std. von der Zufallhütte.
Route: Der im Schöntaufjoch ansetzende Grat wird durchwegs begangen.

● **781** **Westflanke**
II, kurze Stellen bei Ausaperung, sonst I, im Firn bis 35 Grad mit wenigen geringfügig steileren Stellen.
Stark gegliederte Fels- und Firnflanke.
300 m, $1-1^{1}/_{2}$ Std.

Zugang: Wie R 768 auf den Schöntauferner und vom orogr. linken Arm desselben auf den die beiden Arme trennende Moräne. Von dort über wenig steile Hänge zur linken (nordöstl.) Ecke des Gletschers (Spalten werden umgangen). $3^{1}/_{2}$ Std.
Route: Über Firn zum Felsteil und durch ihn mittels einer Firnrinne bis in halbe Wandhöhe. Hier breiten schuttbedeckten Bändern von rechts nach links aufwärts folgen und von ihrem Ende über einen Firnhang zum Gipfel.

● **782** **Nordgrat**
J. Feuerstein, 1855
I, im Firn unter 30 Grad.
Fels- und Firngrat, gelegentlich überwächtet, wird im Zuge der Gratüberschreitung begangen.
Höhenunterschied 150 m, Gratlänge 400 m, $^{3}/_{4}$ Std. vom Pederjoch.

Zugang ins Pederjoch (3151 m deutsch-österr. Vermessung, 3147 m italien. Vermessung): Von Innersulden (rot bez. Weg Nr. 11) oder von der

Bergstation des Kanzelliftes (erst absteigend, dann ansteigend, rot bez., Weg Nr. 12, später 13) ins Rosimtal. Den Rosimboden einwärts, dann rechts über Schutt aufwärts zum kleinen Plattenferner (südwestl. der Plattenspitze!) und über ihn in das Joch. 3$^1/_2$ Std.
Von der Enzianhütte im hintersten Martell auf rot bez. Weg (Nr. 20) das Pedertal bis zur verfallenen Schildhütte einwärts (Wegteilung). Nun am linken (westlichen!) Weg bis an sein Ende empor, dann weglos über Schutt und Schnee in das Joch hinauf. 3$^1/_2$ Std.
Route: Der Grat wird durchwegs begangen.

● **783** **Südostgrat**
J. Payer, J. Pinggera und ein Träger, 8.7.1868
I (kurz, am Gipfelaufbau), sonst unschwierig.
Langer Grat, der beliebig von beiden Seiten erreicht werden kann. Mehrere Erhebungen: Auf den Vertainen, 2780 m, 2934 m, 3048 m, Pederknott, 3193 m.
Höhenunterschied 1000 m, Gratlänge 3$^1/_2$–4 km, 3$^1/_2$ bis 4 Std. von den Hütten im hintersten Martell.

Zugang: Von der Enzianhütte zu dem das Pedertal vom Madritschtal trennenden Grat.
Route: Der Grat wird durchwegs begangen.

● **784** frei für Ergänzungen.

● **785** **Plattenspitze,** 3422 m
Erste Ersteigung H. Waitzenbauer, J. Pinggera, 20.7.1867, über R 786.
Gipfel im O des hinteren Rosimtales; südwestlich von ihm der Plattenferner, nordwestlich der Rosimferner. Die Plattenspitze wird von der Inneren Pederspitze (R 779) durch das Pederjoch und von der Schildspitze durch das Schildjoch getrennt; im Winter hochalpines Skiziel (Ausgangspunkt Martell), im Sommer mit der Gratüberschreitung von der Hinteren Schöntaufspitze zum Rosimjoch erstiegen.

● **786** **Südgrat**
H. Waitzenbauer, J. Pinggera, 20.7.1867
Unschwieriger Fels- und Firngrat.
275 m Höhenunterschied, Gratlänge 1 km.
$^1/_2$–$^3/_4$ Std. vom Pederjoch, 4–5 Std. von Sulden bzw. den Hütten im hintersten Martell.
Zugang: Ins Pederjoch s. R 782.
Route: Die Gratschneide wird durchwegs begangen.

- **787** **West- und Nordwestseite**
  Schutt- und Firnhang, im Abstieg günstig, im Aufstieg mühsam.
  4½–5 Std. von Innersulden (im Aufstieg), im Abstieg 2–2½ Std.

Zugang: Wie bei R 782 ins Rosimtal und dort am bez. Weg bis **vor** den Rosimferner.
Route: Nun rechts (südöstl.) abzweigen und gegen den breiten NW-Rücken empor. Entweder über diesen oder die W-Seite rechts davon zum Gipfel.

- **788** **Nordflanke**
  Ehepaar Tauscher-Geduly, A. Pinggera, J. Reinstadler, 29.7.1886 im Abstieg.
  Gletscherflanke unter 30 Grad Neigung. Am Rosimferner in der Regel gut kenntliche Spalten.
  4½ Std. von Innersulden, im Abstieg 3 Std.

Zugang: Wie bei R 782 ins Rosimtal und dort zum Rosimferner (Ende des bez. Weges). Nun auf diesen und im Bogen nach rechts (Spalten) unter den Hang der Plattenspitze.
Route: Über die Flanke (Firn) zum Gipfel.

- **789** **Nordostgrat**
  Erste bekannte Begehung Ehepaar Tauscher-Geduly, A. Pinggera, J. Reinstadler, 29.7.1886
  Unschwieriger Schutt- und Firngrat.
  Höhenunterschied 22 m vom Schildjoch, Gratlänge etwa 1 km, 20 Min. vom Joch, 4–4½ Std. vom Innersulden (unter Benützung des Kanzelliftes etwa 1 Std. Zeitersparnis) bzw. den Hütten im hintersten Martell.

Zugang ins Schildjoch (Deutsch-österr. Vermessung 3394 m, italien. Vermessung 3392 m):
a) Von Innersulden am rot bez. Weg (Nr. 11) ins Rosimtal (oder hierher von der Bergstation des Kanzelliftes erst ab-, dann ansteigend; rot bez., Weg Nr. 12, dann Nr. 13) und über den Rosimboden aufwärts zum Rosimferner. Diesen an seiner orogr. rechten Seite betreten, dann (Spalten) ansteigend im Halbbogen nach SO unter das Schildjoch. Über einen kurzen Hang in dieses.
b) Vom hintersten Martell Abzweigung des Weges bei der Enzianhütte kurz vor dem Straßenende. Auf rot bez. Weg (Nr. 20) talauswärts zum nahen Pedertal ansteigen und in ihm aufwärts, bis es sich zuletzt teilt

(Schildhütte, verfallen). Nun entweder rechts (östlich) aus dem Tal heraus und dann in langer Hangquerung nach NW bis unter den Mittleren Pederferner (Weg Nr. 20), oder: hinter den Resten der Schildhütte steil in Kehren am linken Hang (Weg) aufwärts und wesentlich steiler in nordwestl. Richtung bis unter den Mittleren Pederferner. Gemeinsamer Weiterweg über den Gletscher in das breite Schildjoch.
Route: Vom Joch über den teilweise überfirnten Grat zum Gipfel.

● 790   **Südosthang**
Schutthang ins Pedertal, weglos, nur für den Abstieg von Interesse;
2½ Std. vom Gipfel bis ins hinterste Martell.

● 791   **Schildspitze**
(Deutsch-österr. Vermessung 3468 m, italien. Vermessung 3461 m)
„Guter Aussichtspunkt südöstlich des Rosimjoches, unschwierig.

● 792   **Südgrat**
Unschwieriger Schutt- und Schneegrat.
½ Std. vom Schildjoch, 4–4½ Std. aus dem hintersten Martell bzw. von Innersulden.
Zugang: Ins Schildjoch s. R 789.
Route: Vom Joch durchwegs am Grat zum Gipfel.

● 793 A   **Westhang**
Unschwieriger Schutt- und Firnhang, besonders für den Abstieg geeignet; am Hangfuß (Rand des Rosimferners) Bergschrund!

Vom Gipfel am Nordwestgrat ein kurzes Stück hinab, bis man (meist Firnrinne) schräg südl. auf das große Schuttfeld des Hanges absteigen kann. Auf ihm abwärts, zuletzt über Schnee (unten Bergschrund) auf den Rosimferner. ¼ Std. vom Gipfel. Am Gletscher nicht gerade sondern im Bogen nach rechts (orogr.) zur zum Rosimjoch bzw. ins Rosimtal führenden Spur.

● 794   **Nordwestgrat**
I (kurze Stellen), im Rosimjoch beginnender Firn-, Schutt- und Felsgrat.
Höhenunterschied 180 m, Gratlänge etwa 500 m.
¾ Std. vom Joch.

Zugang ins Rosimjoch: a) Von Sulden wie bei R 789 (a) auf den Rosim-

ferner und auf seiner im Sinne des Aufstieges linken Seite (orogr. rechts) ins Joch hinauf. 3–4 Std.
b) Von der Düsseldorfer Hütte über die Angelus-Scharte s. R 160, 161.
c) Von der Laaser Hütte auf einem Steig zur alten (orogr.!) rechten Seitenmoräne des Angelusferners hinüber und (Steig!) genau nach S zum Beginn eines Felspfeilers. Über diesen (Steigspuren, I) empor zu seinem oberen Ende. Hier beginnt der wenig steile Laaser Ferner. Über ihn in südwestlicher Richtung ins Rosimjoch. 3^1/$_2$ Std., im Abstieg schwierig zu finden.
Route: Vom Joch über einen kleinen Grataufschwung auf den gleichmäßig ansteigenden Grat, dem man zu einer Firnschneide folgt. Diese an ihr oberes Ende verfolgen, dann über einen Aufschwung auf den obersten gleichmäßig ansteigenden Grat. Auf und knapp neben ihm zum Gipfel.

- **795**   **Gratübergang von der Mittleren Pederspitze**
    Breite Firnschneide und Blockgrat, der als unschwierig bezeichnet werden kann.
    30–40 Min.

Von der Mittleren Pederspitze am breiten Grat (meist Firn) in eine weitläufige Gratsenke hinab. Jenseits (Blockgrat) aufwärts zum Gipfel der Schildspitze.

- **796**   frei für Ergänzungen.

- **797**   **Mittlere Pederspitze**
    (Deutsch-österr. Vermessung 3457 m, italien. Vermessung 3462 m)

Leicht zugängliches Ziel (auch Skiziel vom Martell aus), meist in Verbindung mit einer Besteigung der Äußeren Pederspitze betreten.

- **798**   **Gratübergang von der Schildspitze**
    (W-Grat der Mittleren Pederspitze ab der weiten Gratsenke)
    Erste Begehung des W-Grates J. Payer, J. Pinggera und ein Träger, 8.8.1868, im Abstieg.
    Unschwierige Gratwanderung, 30–40 Min.

Route: Siehe R 795.

- **799**   **Südrücken**
    J. Payer, J. Pinggera und ein Träger, 8.8.1868
    Unschwieriger Anstieg, mühsam.
    4^1/$_2$–5 Std. von den Hütten im hintersten Martell.

Wie R 800 zu den Resten des Äußeren Pederferners. Nun links ansteigen auf dem rückenartigen Grat und über ihn zum Gipfel.

- **800 Ostgrat**
  Mit Zugang aus dem Martell.
  Unschwierig, auch Skibergfahrt (Abfahrt auf der Anstiegsroute, nicht bei Lawinengefahr befahren);
  $4^1/_2$ Std. von den Hütten im hintersten Martell.

Zugang: Wie R 789 b bis knapp vor den Mittleren Pederferner. Nun rechts (genau nach N) über die Reste des Äußeren Pederferners (oder daneben über Moränenschutt) aufwärts in die Einsattelung zwischen Mittlerer und Äußerer Pederspitze (4 Std.).
Route: Von hier unschwierig nach W auf die Mittlere Pederspitze.

- **801 Nordostflanke**
  I, im Firn/Eis etwa 30 Grad. Firn-/Felsflanke. 150 m.

Zugang: Vom obersten Becken des Laaser Ferners zum Fuß der N- Flanke (Spalten werden unschwierig umgangen).
Route: Den Bergschrund links überschreiten und dann über den NNO-Hang zu den Gipfelfelsen. Über sie zum höchsten Punkt.

- **802 Gratübergang Mittlere Pederspitze – Äußere Pederspitze**
  Unschwieriger Fels- und Schneegrat, der durchwegs begangen wird; $^1/_2$ Std.
- **803** frei für Ergänzungen.

- **804 Äußere Pederspitze,** 3406 m

Erste Ersteigung anläßlich von Vermessungsarbeiten durch J. Feuerstein auf unbekanntem Weg, 1855.
Unschwieriger Gipfel, hauptsächlich im Zusammenhang mit einer Besteigung der Mittleren Pederspitze betreten, auch Skiziel vom Martell aus.

- **805 Gratübergang von der Mittleren Pederspitze**
  1. Beg. des W-Grates der Äußeren Pederspitze J. Payer, J. Pinggera und ein Träger, 6.7.1868.

Route: Siehe R 802.

- **806 Gratübergang vom Lyfihorn**
  Unschwieriger Blockgrat, 20 Min.

- **807** **Südostgrat**
  J. Payer, J. Pinggera und ein Träger, 6.7.1868
  Unschwieriger Gratanstieg, 4½–5 Std. vom hintersten Martell.

Zugang: Wie bei R 789 b bis vor den Mittleren Pederferner. Nun rechts abzweigen und weglos beliebig zum SO-Grat, den man in der Regel am langgestreckten Rücken zwischen Calfawand und Sonnenwand erreicht.
Route: Am Rücken, über die Sonnenwand hinweg, zum Gipfel der Äußeren Pederspitze.

- **808** **Nordwesthang (Gletscherhang)**
  Selten begangen.
  3½–4 Std. von der Laaser Hütte.

Zugang: Von der Laaser Hütte wie R 794 c auf den Laaser Ferner. Diesen genau nach S begehen (Spalten werden umgangen) und in die Gletschermulde links (orogr. rechts) einer Felsinsel (P. 3326 m deutschösterr. Vermessung, P. 3325 m italien. Vermessung; „Cima dei Camosci" der Carta d'Italia 1:25000, Blatt Cima Vertana).
Route: Gerade aufwärts und über den Nordhang unter dem Lyfihorn schräg ansteigend durchqueren zum Gipfel.

- **809**   **Lyfihorn, 3370 m**

Wenig schwieriger nordöstlicher Vorgipfel der Äußeren Pederspitze und zwischen dieser und dem Lyfijoch gelegen. Wird nur anläßlich einer Gratbegehung vom Lyfijoch zur Äußeren Pederspitze betreten.

- **810** **Gratübergang zur Äußeren Pederspitze**
  s. R 806.

- **811** **Ostgrat**
  E. Wagner, E. Niepmann, R. Scholl, 29.8.1904
  20 Min. vom Lyfijoch.

Zugang zum Lyfijoch: s. R 167, R 814.
Route: Vom Joch über den wenig steilen Schneegrat zum Gipfel.

- **812** **Nordwestgrat**
  E. Wagner, E. Niepmann, R. Scholl, 29.8.1904
  I, Blockgrat, 3½ Std. von der Düsseldorfer Hütte oder der Laaser Hütte.

Zugang: Von der Düsseldorfer Hütte über die Angelusscharte auf R 160, 161 zum Laaser Ferner und von seinem oberen Teil im Bogen

nach O bis in den Firnsattel zwischen Lyfihorn (im SO) und der im Gletscher (nordwestlich des Lyfihornes) befindlichen Felsinsel (Cima dei Camosci, 3326 m deutsch-österr. Vermessung, 3325 m italien. Vermessung). Von der Laaser Hütte wie R 808 in den Firnsattel.
Route: Am Blockgrat zum Gipfel.

● **813**   **Lyfispitze,** 3352 m
Erste Ersteigung J. Payer, J. Pinggera, 7.8.1868, über R 815.
Beliebter Gipfel, auch Skiziel vom Martell aus; östlich des Lyfijoches und westlich der Laaser Scharte gelegen.

● **814**   **Westgrat**
    J. Payer, J. Pinggera, 7.8.1868 im Abstieg.
    Bequemer unschwieriger Fels- und Firngrat, eigentlich – vom Lyfijoch aus – erst SW-Grat, dann NW-Grat.
    Höhenunterschied 159 m, Gratlänge 1 km, ³/₄ Std. vom Lyfijoch, 5 Std. vom Martell.
Zugang ins Lyfijoch: a) von der Laaser Hütte s. R 167.
b) von der Enzianhütte im hintersten Martell auf einer abzweigenden Straße mit wenig Steigung (zuletzt einige Kehren) in talauswärtiger Richtung zur Lyfialm (hierher auch gerade und kürzer vom Zufritthaus in Kehren auf rot bez. Weg). Nun (rot bez.) die Hänge aufwärts in ein weitläufiges Tal. In ihm und über die abschließenden Hänge aufwärts ins Lyfijoch (bis hierher mit Ski möglich, 4 Std. vom Stausee).
Route: Vom Joch über einen unschwierigen Felsgrat in nordöstl. Richtung auf einen Vorgipfel. Jenseits kurzer Abstieg in eine breite Scharte und über den Firngrat nach SO zum höchsten Punkt.

● **815**   **Südostgrat**
    J. Payer, J. Pinggera, 7.8.1868. **I,** wenige Stellen, Schutt- und Schneegrat, fast nie begangen, 5 Std. vom Zufritthaus.
Zugang: Wie bei R 814 zur Lyfialm und aufwärts in das zum Lyfijoch führende Tal. An geeigneter Stelle bei etwa 2600 m nach rechts (O) aufwärts zum Gratbeginn.
Route: Nun durchwegs am langen Grat zum Gipfel.

● **816**   **Nordflanke**
    Gletscherflanke mit am Beginn des Gipfelkörpers oft schwierigen Passagen (Spalten). Gesamtneigung unter 30 Grad, an der Schlüsselstelle je nach Verhältnissen steiler und in der Regel Blankeis. 4¹/₂ Std. von der Laaser Hütte.

Zugang: Auf R 167 zum Laaser Ferner. Vom Schuttabsatz am Pfeilerkopf (der Pfeiler bildete den bisherigen Aufstiegsweg) in der Gletschermulde, unter den Felsen des NW-Grates der Lyfispitze vorbei, nach links (Osten) bis in Gipfelfallinie.
Route: Gerade aufwärts zur Steilstelle des Gletschers und (Schlüsselstelle) auf von den Verhältnissen bedingten Weg über sie auf den oberen Gletscherhang. Auf ihm (einige Spalten) gerade zum Gipfel.

- **817   Nordgrat**

    Unschwieriger Firn- und Felsgrat, jedoch etwas schwieriger als R 814.
    1 Std. von der Laaser Scharte, 5 Std. vom Martell bzw. der Laaser Hütte.

Zugang: a) Von der Laaser Hütte auf R 167 zum Laaser Ferner. Vom Schuttabsatz des Pfeilerkopfes, der den bisherigen Anstieg bildete, in der Gletschermulde nach links (Osten) bis unter die Laaser Scharte und schräg links (östlich) in sie ansteigen (oder: noch vor der Scharte gerade [Spalten] zum untersten N-Grat ansteigen, den man nach seinem Turm erreicht).
b) Bei km 20 der Marteller Straße (noch vor den Kehren, die zum Zufrittstausee emporführen) rechts auf rot bez. Weg (Nr. 9), am Anfang kurze Straße, ins Rosimtal abzweigen. Im Tal bis in seinen Hintergrund, dann den Weg nach links verlassen und (Steigspuren) über Schutt und Schnee in die Laaser Scharte.
Route: Von der Scharte den Gratturm entweder überklettern (I) oder beliebig umgehen (unschwierig) zum Beginn des gleichmäßig ansteigenden Grates. Auf ihm (Fels und Firn wechseln ab) zum Gipfel.

- **818**   frei für Ergänzungen.

- **819   Schluderzahn,** 3258 m

Erste Ersteigung H. Lorenz, R. Lenk, Th. und M. v. Smoluchowski, 27.7.1892, über R 821.

Kühner Felsturm, der in der Regel nur beim Gratübergang Schluderspitze – Lyfispitze betreten wird. Kurze, aber anregende Kletterei.

- **820   Südwestgrat**

    H. Lorenz, R. Lenk, Th. und M. v. Smoluchowski, 27.7.1892 im Abstieg.
    III (direkte Erkletterung des Gipfelaufbaus), sonst II, bis dahin I und Gehgelände. Vorwiegend Felsgrat.
    Höhenunterschied 139 m von der Laaser Scharte, Gratlänge 600 m, $1^{1}/_{4}$–$1^{3}/_{4}$ Std. von der Laaser Scharte.

Zugang: Zur Laaser Scharte s. R 817.
Route: Von der Scharte nach NO über einen Gratturm beliebig hinweg und zum Beginn des langen, vorwiegend felsigen Grates, dem man unschwierig zum Gipfelturm folgt. Nun entweder direkt an der Gratkante zum Gipfel oder in der Marteller Seite zu einem Block (am oberen Ende eines schrägen Felsbandes) queren. Von dort über eine schräge Platte und durch einen senkrechten Riß auf den Grat zurück und in Kürze zum Gipfel.

- **821** **Nordostgrat (Gratübergang von der Schluderspitze)**
  H. Lorenz, R. Lenk, Th. u. M. v. Smoluchowski, 27.7.1892
  III bei direkter Gratbegehung, sonst II am Gipfelaufbau.
  Höhenunterschied 20 m, Gratlänge etwa 700 m; ³/₄ Std.

Von der Schluderspitze am fast waagrechten Grat wenig schwierig zum Gipfelaufbau. Nun entweder direkt an der Gratkante zum Gipfel (III), oder: auf der Marteller Seite über einen kurzen Kamin auf einen Absatz. Von ihm durch eine kurze Rinne empor auf ein breites Felsband und diesem zu einem großen Block folgen. Über eine geneigte Platte und durch einen senkrechten Riß (gemeinsam mit R 820) zum obersten SW-Grat und über ihn mit wenigen Schritten zum Gipfel.

- **822** **Nordwand**
  A. Kasseroler, E. Meletzki, 17.9.1918
  III (vermutlich), bis jetzt kaum wiederholt. Beschreibung anhand des Berichts der Erstbegeher (ÖAZ 1919/75).
  4¹/₂ Std. von der Laaser Hütte.

Zugang: Von der Laaser Hütte den Bach überschreiten und steil in südöstlicher Richtung über Schutthalden zum E. (Aneroid 2780 m).
Route: In der Fallinie über Wandstufen hinauf, dann am ausgeprägten Pfeiler über mehrere Steilaufschwünge zum Hauptgrat. Der Turm (Schluderzahn) wird von NO nach SW überschritten und der Gipfel erreicht.

- **823** frei für Ergänzungen.

- **824** **Schluderspitze**

(Italien. Vermessung 3230 m, die deutsch-österr. Vermessung 3143 m, ist eindeutig falsch)

Erste bekannte Ersteigung Th. Hoffmann 1862, vermutlich von S. Lohnender Gipfel nordöstlich des Schluderzahnes und im SW der Schluderscharte, die beim gewöhnlichen Anstieg **nicht** betreten wird.

- **825** **Gewöhnlicher Anstieg aus dem Martell**
Unschwieriger Anstieg; rot bez. Weg. 4½–6 Std.

Bei km 20 der Marteller Straße (noch vor den Kehren, die zum Zufrittstausee hinaufführen) rechts auf rot bez. Weg (Nr. 9), am Anfang kurze Straße, ins Rosimtal abzweigen. Erst am nördlichen Talhang, dann im Talgrund bis an sein oberes Ende. Von dort, unter dem Schluderzahn vorbei, schräg rechts (nördl.) über Schutt und Schnee zum Gipfel der Schluderspitze hinauf.

- **826** **Nordostgrat**
H. Lorenz, R. Lenk, Th. und M. v. Smoluchowski, 27.7.1892
In der Schluderscharte beginnender Felsgrat.
II und I (stellenweise, bei direkter Begehung), bei Umgehung der Schwierigkeiten auf der S-Seite unschwieriger Gratanstieg (Schutthänge).
Höhenunterschied 243 m, Gratlänge etwa 1 km.
1½ Std. von der Scharte, 5–6 Std. von der Laaser Hütte, 6–7 Std. vom Martell.

Zugang: a) Von der Laaser Hütte s. R 165.
b) Vom Martell. Etwas talauswärts des an der Talstraße gelegenen Ghf. Waldheim auf rot bez. Weg (Nr. 5) in Kehren aufwärts zu den Häusern von Stallwies. Von dort in schräg ansteigender wenig steiler Hangquerung taleinwärts zur Schluderalm und in das knapp dahinter gelegene Schludertal (ab Stallwies Weg Nr. 8). In ihm durchwegs aufwärts und zuletzt über Schutthänge in die Schluderscharte (2987 m).
Route: Entweder durchwegs den Grat begehen oder den Felsteil südlich über Schutt umgehen.

- **827** **Südostgrat**
Unschwieriger Schutt- und Schneegrat, kaum begangen.
5 Std. aus dem Martell.

Übersicht: Anstieg über den das Schludertal vom Rosimtal trennenden Grat, der von der Rosimtal-Seite beliebig und unschwierig erreichbar ist, nach NO (Schludertal-Seite) jedoch mit mauerartigen Wänden abfällt.
Zugang: Wie bei R 825 ins Rosimtal und zwar bis knapp vor jene Stelle, bei der der bez. Weg etwa bei der Hälfte der Tallänge (auf 2488 m) den Talboden erreicht. Nun scharf rechts abzweigen und (Steigspuren) über die Hänge auf den untersten SO-Gratgipfel (Schluderhorn, 2797 m).
Route: Am langgestreckten Grat über die beiden unschwierigen Erhebungen der Lorchenwand (3005 m, 3146 m) hinweg zum Gipfel der Schluderspitze.

● **828**   **Laaser Spitze (Orgelspitze)**
(Deutsch-österr. Vermessung 3304 m, italien. Vermessung 3305 m)

Seit altersher erstiegen, erste bekannte Ersteigung J. Feuerstein, 1855. Lohnender, jedoch etwas mühsamer Gipfel. Hervorragende Fernsicht, die von den Ötztaler Alpen über die Gipfel der Dolomiten bis zu den nahen Gletscherbergen der Ortlergruppe reicht. Die Gipfelbesteigung ist immer eine Ganztagestour ohne Berühren einer bewirtschafteten Hütte. Drei bez. Wege.

● **829**   **Südwestgrat von der Schluderscharte**
Erste bekannte Gratbegehung H. Lorenz, R. Lenk, Th. und M. Smoluchowski, 27.7.1892.
Rot bez., 4 Std. von der Laaser Hütte, 5$^1/_2$ Std. aus dem Martell.
Vom Martell fast 2000 m Höhenunterschied.

Zugang zur Schluderscharte (mehrere Möglichkeiten):
a) Von der Unteren Laaser Alm links aufwärts zur Wasserfallhütte (man hält sich bei Wegteilungen immer am linken Weg). Nach einigen bald folgenden Wegkehren trifft man den von der Laaser Hütte herführenden Weg (rot bez.). Auf ihm in zahlreichen Kehren (Schutt, Gras, Schnee) aufwärts in die Schluderscharte (2987 m).
b) Vom Martell wie R 826 b in die Schluderscharte.
Route: Aus der Scharte an der O-Seite des Grates (oder schwieriger über den Grat selbst) zu einem Vorgipfel. Über ein annähernd waagrechtes Gratstück und den folgenden gleichmäßig ansteigenden Grat zum Gipfel (1$^1/_4$ Std. von der Schluderscharte).

● **830**   **Vom Martell über den Südhang**
Rot bez., 5$^1/_2$–6 Std.

Wie R 826 b zu den Häusern von Stallwies. Von dort sofort bergwärts (ab nun rot bez. Weg Nr. 5) über die Wiesen zum Waldrand und durch den Sobelwald zur Baumgrenze. Weiter auf gutem Weg über eine Steilstufe in ein weites zunehmend flacher werdendes Kar. Immer in seinem Grund – am kleinen See des Steinmannsgasseloches vorbei – zum S-Hang der Laaser Spitze und über ihn zum Gipfel.

● **831**   **Nordostgrat**
Emil u. Otto Zsigmondy, M. Wachter, 16.7.1882
Gehgelände, sehr selten begangen,
Höhenunterschied 2000 m vom Martell, 6–7 Std. vom Martell.

Von Gand auf der talauswärts abzweigenden und bergwärts führenden Straße nach Kirchdorf (Autobushaltestelle, Ende der Straße). Nun auf rot bez. Weg (Nr. 11) ins Saugbergtal und in ihm in seinen Hintergrund. Dort, wo der Weg schräg rechts zur Weißwand aufwärts führt, diesen nach links verlassen und (unbez.) aufwärts zum das Tal abschließenden NO-Grat. Nun durchwegs auf ihm, über einen Vorgipfel hinweg, zum Gipfel der Laaser Spitze.

● 832   **Nordhang**
Bis zum Göflaner See rot bez. Weg, 6 Std. von Laas. Am Gipfelaufbau völlige Trittsicherheit nötig!

Von Laas über die Etsch zum Ausgang des Laaser Tales (Straße). Nun östlich auf rot bezeichnetem Weg (Nr. 10) im Wald aufwärts (lange ansteigende Querung), dann steil gerade zur Göflaner Alm empor (hierher auch von Göflan mit Autozufahrt bis Tafratz und auf [1 Std.] rot bez. Weg). Von ihr zur nahen Werksstraße und entweder auf ihr oder links daneben (Weg Nr. 3) zum Straßenende bei den Marmorbrüchen. Knapp vor dem Straßenende abzweigen und (rot bez. Weg, Nr. 3) aufwärts zum Göflaner See. Vom See erst rechts (westl.) haltend, dann immer unter dem rechten Grat bleibend, aufwärts zur Laaser Spitze.

● 833   **Nordgrat**
J. Tinzl, 24. 8. 1926. **I**, stellenweise, 6 Std. von Laas.

Zugang: Auf R 832 zum Göflaner See. Nun weglos empor zur Scharte zwischen Jennwand und Laaser Spitze.
Route: Am Grat zu einem Steilaufschwung. Dieser wird links ungangen. Weiter auf der Gratschneide bis unter den obersten Gipfelaufbau. Hier etwas rechts haltend, dann wieder zum Grat zurück und über ihn zum höchsten Punkt.

● 834   **Westflanke**
J. Tinzl, 24.8.1926. **I** (wenige Stellen), unbedeutend. 4 Std. von der Laaser Hütte.

Auf R 829 a bis in das Kar unter der Schluderscharte. Nun links (weglos) über Gras und Geröll aufwärts, dann über einen Felsriegel auf einen Schuttrücken, dem man zum westlichen Vorgipfel folgt. Von dort am SW-Grat (R 829) zum Gipfel.

● 835   **Saugberg,** 2759 m
Selten betretener Gipfel am von der Laaser Spitze nach O ziehenden Gratrücken. Unschwierig.

● **836** **Nordosthang**
Zum Teil weglos. 4 Std.

Wie R 831 ins Saugbergtal. Dort wo sich der Weg (rot bez.) rechts zur Weißwand emporwendet, links abzweigen und über die Hänge weglos zum Gipfel. 4 Std.

● **837** frei für Ergänzungen.

● **838** **Weißwand**
(Deutsch-österr. Vermessung 2777 m, italien. Vermessung 2778 m)
Unterste Erhebung im NO-Grat der Laaser Spitze, schöner Tiefblick auf den Vinschgau. Gipfelaufbau aus Marmor.

● **839** **Von Gand**
Rot bez. Weg (Nr, 11), $4^1/_2$ Std.

Wie R 831 ins Saugbergtal. Aus ihm schräg rechts, zuletzt über das oberste Stück des S-Grates, auf den Gipfel der Weißwand.

● **840** frei für Ergänzungen.

● **841** **Jennewand (Jennwand)**
(Italien. Vermessung 2962 m, deutsch-österr. Vermessung 2958 m)
Mächtiger, hauptsächlich aus Marmor bestehender Gipfel am nördlichen Endpunkt des Laaser Spitze-Nordgrates. Selten betreten.

● **842** **Ostgrat**
I und Gehgelände.
180 m Höhenunterschied, Gratlänge etwa 900 m.
5 Std. von Laas.
Zugang: Wie R 832 zum Göflaner See. Vom See nach NW über die Hänge beliebig zum Grat empor.
Route: Längs der Gratschneide zum Gipfel.

● **843** **Westgrat**
H. Reiner, F. Huber, 13.7.1921
III (stellenweise), vorwiegend II.
800 m Höhenunterschied, Gratlänge etwa 1100 m.
4–6 Std. v. E.
Zugang: Von Laas ins Laaser Tal (rot bez. Weg) und in ihm zur Abzweigung (nach links, O) des zum Göflaner Marmorbruch führenden rot

bez. Weges. Diesem steil (Kehren) aufwärts folgen, bis er sich in wenig ansteigender Hangquerung talauswärts wendet. Hier gerade einem zu einem Marmorbruch führenden unbezeichneten Weg folgen. Noch vor dem Steinbruch rechts abzweigen und (stellenweise Schafsteig) in Richtung taleinwärts den Fuß des W-Grates zur SW-Seite des Grates umgehen (Graskopf), 3 Std. (Autozufahrt spart 1½ Std.).
Route: Vom Graskopf schräg links über eine plattige rinnenartige Wand zu einer Grasrinne mit Felsstufen (rechts und links davon auffallend gelbe Felszacken). Diese empor zum ersten Gratzacken (2224 m italien. Vermessung, 2226 m deutsch-österr. Vermessung; der Gratzacken befindet sich in jenem Grat, der vom talseitigen Ende des von oben gezählt zweiten flachen Gratstückes genau nach W [fast WSW!] zieht). Nun den Grat (anfangs brüchig) rechts umgehen (graues Gestein) und auf einen weiteren Gratkopf hinauf (2 Seillängen). Nun über den schärfer werdenden Grat wenig schwierig aufwärts zum ersten großen Gratabsatz (2714 m). Weiter längs der plattigen wenig steilen Schneide zu einem Steilaufschwung. Über diesen gerade hinweg auf den oberen wenig steilen Gratteil und über ihn zum Gipfel.

- **844**   **Rechter Westgrat („Eselgrat")**
    IV+, Näheres wurde nicht bekanntgegeben.

Übersicht: Anstieg über den Grat rechts (taleinwärts) von R 843, der von R 843 durch eine flache Schlucht getrennt ist. Zuletzt Vereinigung mit R 843 und 845.

- **845**   **Direkter Westgrat**
    J. Monauni, J. Tinzl, 13.8.1926
    V, einige Stellen laut Erstbegeher.
    Beschreibung nach dem Bericht der Erstbegeher. Der Anstieg verläuft bis auf die oberen zwei waagrechten Gratschneiden selbständig von R 843.
    Höhenunterschied 800 m, Gratlänge 1100 m, Zeit der Erstbegeher 7 Std.

Zugang: Wie R 843 empor am rot bez. Weg Nr. 9, diesem jedoch weiter verfolgen (2083 m). Von hier (Steigspuren) in die **NO-Seite** des Grates queren. E. bei den sogenannten Erzlöchern dort, wo ein begrünter Rücken den Abbruch des Westgrates erreicht. 3½ Std. von Laas.
Route: Links der Gratkante (weißer Marmor) über ein kurzes Wandl in eine breite Rinne (links davon plattiger Turm). Die Rinne (II) empor bis man sich etwa 1 Seillänge oberhalb der Scharte des Turmes zur Linken befindet. Nun (IV) Quergang auf ein schräg nach rechts ansteigendes

Gras- und Schuttband. Vom Band 10 m gerade empor, dann Quergang nach rechts und durch eine Verschneidung zu einer Wandrippe (etwa V, guter Standplatz). Nun rechts aufwärts zum Beginn eines Urgesteingürtels.
Hier scharf links (brüchig) ansteigend auf einen kleinen Grasfleck. Nun rechts aufwärts zu einem größeren Grasfleck. Von dort rechts empor (sehr brüchig), dann kurzer Linksquergang in eine Rinne und durch diese empor auf ein Köpfl (etwa V). Von hier über leichteren Fels zwei Seillängen bis zu einer Rinne rechts aufwärts (Wiederbeginn der Kalkzone). Am linken Rand der Kalkzone bis zu einem nach links emporziehenden Riß. Diesen (etwa V, anstrengend) 15 m empor, dann über Grasschrofen gerade zur Höhe des Gratabbruches empor (2550 m). Weiter durchwegs am Grat (bald gemeinsam mit R 843) über seine zwei fast waagrechten Teilstücke und die beiden Abbrüche dazwischen (vorwiegend II) zum Gipfel.

● **846**   **Nordostpfeiler**
W. und S. Stricker, 13. 9. 1987
V+ (1. SL), V– (Stellen), IV, III
650 m, 3–5 Std.; ausgezeichnetes Gestein, 3 H benützt und belassen, KK und Schlingen nötig.

Zugang: Wie R 832 zur Göflaner Alm und zum Straßenende bei den Marmorbrüchen. Von dort zum E. am Pfeilerfuß (2 Std. von Tafratz, 3–3½ Std. von Laas).
Route: E. rechts des gelben Wandteiles bei einem Baum am höchsten Punkt des Vorbaues. Links davon schräg rechts aufwärts zu einem nach rechts geneigten Riß und diesem folgen (V+) auf leichtes Gelände. Etwas rechtshaltend weiter zur Wand oberhalb und über diese gerade (IV) empor auf ein teilweise bewachsenes Band. Auf ihm nach links. Mit einem Riß empor auf das nächste Band und oberhalb mit einer markanten Verschneidung (IV–, IV+) abermals auf ein Band. Nun immer etwas rechtshaltend (III) zu einer von einem Riß durchzogenen Platte. Den Riß empor und oberhalb gerade (Riß) empor auf ein schmales Band (V–, IV+). Kurz aufwärts zu einem Riß, den man zur Pfeilerkante aufwärts verfolgt (IV, V–).
Nun durchwegs längs der Kante (IV+, III) zu einer kleinen Scharte. Von dort längs des Grates (III) zu einer Platte. Diese schräg rechts empor (V–) und immer an der Schneide (III) zum Pfeilerkopf (Einmündung des Ostgratzustieges, R 842). Weiter über R 842 zum Gipfel oder zum Göflaner See absteigen.

- **847** **Nordwestwand, „Concord"**
S. u. W. Stricker, 1989, **VIII–**, VII
Reine Sportkletterroute, die in etwa 140 m Wandhöhe ohne einen Ausstieg zu erreichen endet; mit BH gut abgesichert, einige mittelgroße Stopper und Friends 2,5 und 3 notwendig. Wand- und Reibungskletterei. Abstieg mit Abseilen am Aufstiegsweg.

Zugang: Wie R 843 ins Laaser Tal (Autozufahrt, zu Fuß 1½ Std.) und am rot bez. Weg (Nr. 9) bis zur Schäferhütte; von dort in ¼ Std. zum E. (1 Std. vom Ende der Autozufahrt).

Führe: E. bei einem an die Wand angelehnten 35 m hohen Turm. **1. SL.:** VIII–, VII+ (In der Wandmitte gerade zur Turmspitze, SPL bei Baum; hierher von rechts unten III+, 35 m). **2. SL.:** VI+ (Platte und nach links geneigte Verschneidung, 40 m). **3. SL.:** VII– (kurzer Linksquergang, gerade empor und waagrecht nach rechts zu SPL auf Band; 30 m). **4. SL.:** VII (gerade und etwas links haltend unter Dach, an ihm links vorbei und zuletzt rechts haltend zu SPL; 45 m). **5. SL.:** VI+ (nach rechts in Platte und gerade mit kleinen Linksaubiegungen über eine weitere Platte zu einer Verschneidung, SPL ober ihr; 40 m). Ende der Route.

- **848** **Vertainspitze (Cima Vertana)**
(Deutsch-österr. Vermessung 3541 m, italien. Vermessung 3454 m)

Erste Ersteigung J. Payer, J. Pinggera und ein Träger über den SW- Grat, dann S-Seite und zuletzt SO-Grat, 28.8.1865. Siehe Abb. S. 20.
Höchster Gipfel des Laas-Marteller-Kammes, großartige Rundsicht nach allen Seiten, oft – auch im Winter – bestiegen.

- **849** **Südostgrat**
Unschwieriger Block- und Schneegrat.
Höhenunterschied 350 m vom Rosimjoch, Gratlänge etwa 1400 m.
4–5 Std. von der Bergstation des Kanzelliftes, 5–6 Std. von Innersulden, 3–4 Std. von der Düsseldorfer Hütte, ¾ Std. vom Rosimjoch. Der leichteste Anstieg.

Zugang: Wie R 160, 161 ins Rosimjoch.
Route: Von dort über Blöcke und Firn am Grat zum Gipfel.

- **850** **Südflanke**
Mühsamer, unschwieriger Anstieg. Hat sich als Anstieg nicht durchgesetzt.

Route: Über Blöcke, Schutt und Schnee (im Sinne des Aufstieges) links (westl.) des SO-Grates empor. Beginn am obersten Rosimferner, beliebige Wegführung.

● **851 Südwestgrat**
J. Payer, J. Pinggera und ein Träger, 28.8.1865, bei der 1. Ersteigung über den Südwestgrat, die Südseite und den Südostgrat; Wegänderung zum Weg der Ersteiger durch E. Calberla, H. Tappeiner und P. Dangl, 9.9.1869, die dem Südwestgrat fast bis zum Gipfel folgten und dann zum Südostgrat querten; Westzustieg zum Südwestgrat, der oberhalb des ersten Abbruches erreicht wurde. Th. Harpprecht, P. Dangl 13.8.1873.
III am untersten Gratabbruch je nach Wegführung, sonst II und I. Selten begangen.
Höhenunterschied 500 m, Gratlänge etwa 1000 m, 4–5 Std. von der Bergstation des Kanzelliftes, 5–6 Std. von Innersulden.
Siehe Abb. Seite 286/287.

Übersicht: Der Anstieg verläuft über den das Rosimtal links (westl.) begrenzenden Grat.
Zugang: Von der Bergstation des Kanzelliftes beliebig über Gras und Schutt zum Gratbeginn aufwärts.
Route: Am Grat (rückenartiger Felspfeiler) aufwärts, wobei man sich erst etwas rechts hält und dann durchwegs die Gratschneide verfolgt (unterster Gratteil III, dann II und I). Man gelangt so auf einen Gratkopf. Jenseits hinab in eine breite Scharte. Nun bei geringer Schwierigkeit durchwegs am Grat bis zum Gipfel aufsteigen. Querungsmöglichkeiten in die S-Seite und zum SO-Grat sind überall möglich, jedoch unnötig.

● **852 Unterster Gratkopf des Südwestgrates**
(Deutsch-österr. Vermessung, P. 3389, italien. Vermessung P. 3385)

● **853 Westflanke**
A. v. Krafft, P. Kiesewetter, C. Bröckelmann, 8.8.1891.
II, I, brüchig. 150 m.
Siehe Abb. Seite 286/287.

Route: Vom Beginn des SW-Grates waagrecht nach links queren zur W-Rinne (R 854). In ihr ein kurzes Stück empor, dann rechts über brüchigen Fels zum Gratkopf hinauf.

Vertainspitze und Hohe Angelusspitze von Westen
160 Weg zur Angelusscharte von der Düsseldorfer Hütte

Hohe Angelusspitze
867 Südwestgrat
668 Westflanke
869 Nordwestgrat

Vertainspitze
851 Südwestgrat
853 Westflanke
854 Westrinne
855 Westwand
856 Nordwestgrat

- **854** **Westrinne**
    Th. Harpprecht, P. Dangl, 13.8.1873; s. auch geschichtliche Vorbemerkung bei R 851.
    Firn- und Schneerinne 30 Grad, zuletzt etwa 40 Grad.
    Wesentlich leichter als R 851. Siehe Abb. Seite 286/287.

Route: Vom Beginn des SW-Grates waagrecht nach links (W) zur Rinne queren, die in der Scharte hinter dem Gratkopf ausmündet. Diese wird durchwegs erstiegen.

- **855** **Vertainspitze-Westwand**
    E. Suchanek, J. Reinstadler, 20.8.1881
    II und I.
    Bei Schneelage interessant, ansonsten tritt viel Schutt zutage.
    300 m vom Wandfuß, 4–5 Std. von der Bergstation des Kanzelliftes. Siehe Abb. Seite 286/287.

Übersicht: Anstieg durch jene mehr oder weniger (je nach Standpunkt) ausgeprägte Rinne, die die W-Wand bis zur Scharte zwischen den beiden Gipfeln durchzieht.
Zugang: Am Weg vom Kanzellift (Bergstation) zur Düsseldorfer Hütte ein kurzes Stück entlang, dann weglos (Gras, Schutt) auf das Schneefeld unter der W-Wand empor. Über dieses zum E. am Beginn der Rinne (rechts und links zwei in das Schneefeld hinabreichende Felssporne). $1^{1}/_{2}$–2 Std.
Route: Die anfangs sehr schwach ausgeprägte Rinne (Firnfelder, Wandstufen) aufwärts. Bald verbreitert sie sich. Nun immer in ihr (Firn bzw. Schutt und kurze Felsstufen) zur Scharte zwischen den beiden Gipfeln.

- **856** **Nordwestgrat**
    Willi Rickmer-Rickmers, P. Dangl, 6.7.1893
    Oft begangener, vorwiegend felsiger Grat, ab der Düsseldorfer Hütte gelb bez.; III (kurze Stellen), II. Ab der Harpprechtkuppe teilweise Firngrat.
    Höhenunterschied etwa 550 m. Gratlänge etwa 1 km. 2–3 Std. Siehe Abb. Seite 286/287 und 289.

Zugang: Von der Düsseldorfer Hütte in 15 Min. zum E. am tiefsten Punkt des Grates.
Route: Über eine senkrechte Wandstelle empor, dann von rechts nach links mit einer Schleife auf die hier einen breiten Rücken bildende Gratschneide. Am unschwierigen Rücken zum nächsten Steilaufschwung. Diesen rechts der Kante (oder direkt, schwieriger) ersteigen und auf ein

Vertainspitze von Norden

856	Nordwestgrat	858 Nordwand
857	Nordwandrinne	859 Nordostgrat

zweites flacheres Gratstück. Von seinem oberen Ende wieder nach rechts, dann gerade empor und oberhalb nach einer kurzen Querung in die N-Seite zurück auf den Grat, dem man bis zur Harpprechtkuppe folgt. Nun etwas absteigend nach S und über ein Schuttsteiglein in die Scharte vor dem Gipfelaufbau. Von der Scharte rechts an den Türmen vorbei, dann links zum Grat zurück. Über ihn (Firngrat) zum obersten NO-Grat und über diesen, den niedrigeren N-Gipfel überschreitend, zum S-Gipfel. Oder: oberhalb der Harpprechtkuppe nach rechts zu Firnfeld queren und von dort über Firnrinnen zum N-Gipfel empor.

● 857　　Nordwandrinne („Nürnberger Weg")
　　　　　Th. Handwurzer, M. Müller, 9.8.1977
　　　　　Im Firn/Eis durchschnittlich 50 Grad.
　　　　　350 m, 3 Std. vom E. Siehe Abb. Seite 293.

Übersicht: Der Anstieg verläuft in der Rinne knapp rechts des Nordwand-Hängegletschers, **nicht** in der Rinne, die in den Sattel hinter der Harpprechtkuppe ausmündet.
Route: E. am Rinnenauslauf. In der Rinne aufwärts bis zu ihrer Gabelung, wo links der Nordwandhängegletscher sichtbar wird. Nun die Rinne rechts bis kurz unter den Grat weiterverfolgen und über kurze Felsstufen auf diesen. Weiter auf R 856 zum Gipfel.

- **858**   **Nordwand**
  K. Richter, J. Pichler, H. Pinggera, 1937
  Die ersten 200 m bis zu 6 SL 80–90 Grad (je nach Verhältnissen); oberer Teil 40 Grad und zuletzt 45 Grad. Anstieg über den 450–500 m hohen Hängegletscher. Lohnend. 6 Std.
  Siehe Abb. Seite 293.

Zugang: Von der Düsseldorfer Hütte über Schutt und Schnee zum Wandfuß (40 Min.).
Route: Schlüsselstelle ist das untere Wanddrittel, das ohne vorgezeichneten Weg und von den Verhältnissen am Gletscher abhängig überwunden wird. Oberhalb in der Mitte des Gletschers weiter, zuletzt (Bergschrund) über einen Firnhang zum obersten NO-Grat.

- **859**   **Nordostgrat**
  E. Niepmann, A. Pinggera, A. Swaine, A. Kuntner, 14.9.1892
  II, I (Stellen), im Firn/Eis bis 45 Grad. Oft begangen und reizvoll.
  1–1½ Std. von der Angelus-Scharte, 3–3½ Std. von der Düsseldorfer Hütte.
  Siehe Abb. Seite 293.

Zugang: Zur Angelusscharte s. R 160.
Route: Von der Angelusscharte den ersten Gratabbruch auf der S-Seite umgehen, dann am Grat über Schnee und unschwierige Felsen zum N-Gipfel. Von ihm über die trennende Scharte in 5 Min. zum S-Gipfel (Hauptgipfel). Wegen der Schneelage erst ab Mitte Juli empfehlenswert.

- **860**   **Ostflanke**
  E. und O. Zsigmondy, 1.8.1881, im Abstieg; Calegari, Scotti, Bojer, 1908 (mit bedeutungslosen Wegänderungen) im Aufstieg.
  II und I. Beliebige Wegführung, unlohnend.

Übersicht: Anstieg über die vom Laaser Ferner aufstrebende gegliederte Flanke in der Gipfelfallinie.

- **861** frei für Ergänzungen.

- **862** **Hohe Angelusspitze (Große Angelusspitze)**

(Deutsch-österr. Vermessung 3536 m, italien. Vermessung 3521 m)
Erste Ersteigung J. Payer, J. Pinggera, ein Träger, 8.8.1868, über R 863.
Formenschöner Gipfel im NO der Vertainspitze und von dieser durch die Angelusscharte (3337 m) getrennt. Gipfelersteigung unschwierig, jedoch Vertrautheit mit Firn erforderlich, vorteilhaft mit einer Ersteigung der Vertainspitze zu verbinden.
Die Hohe Angelusspitze ist die zweithöchste Erhebung des Laaser Kammes mit sehr guter Rundschau. Sommers wie winters oft besucht (im Winter Skidepot in der Angelusscharte, Abfahrt von hier hochalpin und schwierig).

- **863** **Südwestgrat**

    J. Payer, J. Pinggera und ein Träger, 8.8.1868
    Unschwieriger Fels- und Firngrat, der leichteste und meist begangene Anstieg.
    Von der Angelusscharte ½ Std., von der Düsseldorfer Hütte 2½–3 Std.
    Siehe Abb. Seite 286/287 und 293.

Zugang: In die Angelusscharte s. R 160.
Route: Von der Scharte erst am vorwiegend felsigen Grat, dann über eine Firnschneide zum Gipfel.

- **864** **Westflanke**

    V. Hecht, J. Pinggera, 5.9.1870, im Abstieg.
    I, im Firn/Schnee bis 30 Grad.
    Unterer Teil je nach Jahreszeit mehr oder weniger felsige Flanke, oft ganz ausgeapert, brüchiges Gestein; oberer Teil unschwieriger Firnrücken (identisch mit R 863).
    Etwa 250 m von der Zustiegsrinne in die Angelusscharte, 2½ Std. von der Düsseldorfer Hütte.
    Siehe Abb. Seite 286/287 und 293.

Zugang: Von der Düsseldorfer Hütte wie R 160 unter die Angelusscharte. In der zu ihr emporziehenden breiten Firnrinne bald links von der zur Scharte führenden Spur abzweigen und zum Felsgürtel empor, den man etwa 50 m unter der Höhe der Angelusscharte betritt.
Route: Die Felsen beliebig zur oberhalb befindlichen Firnschneide des NW-Grates ersteigen und längs der Firnschneide, zuletzt gemeinsam mit R 863, zum Gipfel.

- **865** Nordwestgrat „Reinstadlerroute"
  V. Hecht, J. Pinggera, 5.9.1870, von O. Reinstadler versichert.
  I, im Firn unter 30 Grad. Oft begangen, lohnend, im Felsteil bez. und teilweise versichert.
  Höhenunterschied 521 m, Gratlänge etwa 1200 m, $1^{1}/_{2}$ Std. vom E., $2^{1}/_{2}$ Std. von der Düsseldorfer Hütte.
  Siehe Abb. Seite 286/287 und 293.

Zugang: Von der Düsseldorfer Hütte am bez. Weg taleinwärts zu den Seen, dann rechts abzweigen und (wegen des Eisschlages aus der Vertainspitze N-Wand) möglichst von der Wand entfernt (gemeinsam mit der Spur zur Angelusscharte) den Gletscher schräg nach NO aufwärts. Dann jedoch nicht die Rinne zur Angelusscharte empor, sondern am Gletscher waagrecht taleinwärts bis zu jener Moräne queren, die die Fortsetzung des Grates nach unten zu bildet. Auf ihr zum Gratfuß.
Route: Vom tiefsten Gratpunkt auf der rechten Seite etwa 60 m empor (grasdurchsetzter Fels) und auf den Grat. Am Grat über Schutt, Schnee und Fels zum Firngrat. Dieser wird durchwegs (zuletzt identisch mit R 863) zum Gipfel begangen.
Beschreibung der Nordwestanstiege von rechts nach links.

- **866** Nordwestwand
  Eiswand, bis 45 Grad (steilste Stellen) Neigung. Oft weniger steil.
  Höhenunterschied etwa 350 m. $2^{1}/_{2}$–3 Std. von der Düsseldorfer Hütte. Siehe Abb. Seite 293.

Zugang: Wie bei R 865 unter den NW-Grat. Nun in der gleichen Richtung weiter und ungefähr in Gipfelfallinie über den Bergschrund. 1 Std.

**Hochofenwand und Hohe Angelusspitze
von der Tschenglser Hochwand**
160 Weg zur Angelusscharte von der Düsseldorfer Hütte
Hohe Angelusspitze
863 Südwestgrat
864 Westflanke
865 Nordwestgrat
866 Nordwestwand
867 Direkte Nordwand
868 Linke Nordwestwand
869 Nordwestflanke

870 Nordwestrinne zum Nordgrat
871 Nordgrat

Hochofenwand
878 Nordgrat
678 Westwand
880 Südgrat

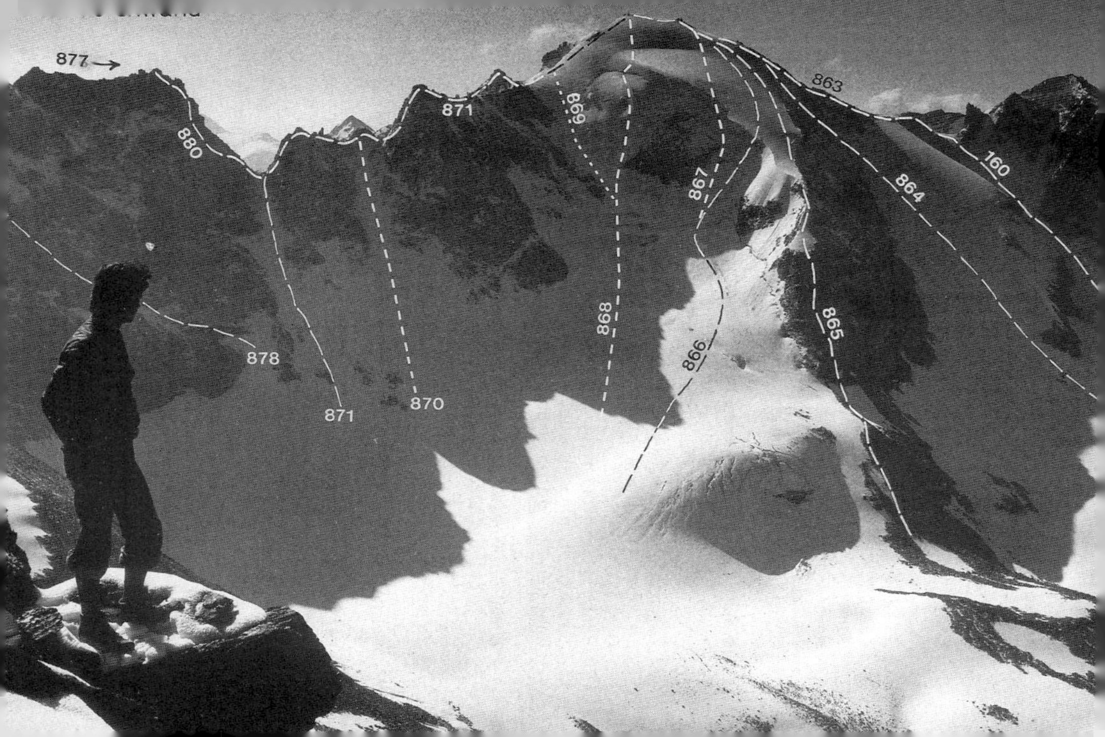
877
880
871
869
868
867
866
863
160
864
865
878
871
870

Route: Gerade empor gegen die oben von einem Eisbuckel abgeschlossene Felszone. Unter ihr nach rechts (Bergschrund) und (ca. 45 Grad) auf die vergletscherte Gipfelfläche. Auf ihr beliebig zum höchsten Punkt.

- **867   Direkte Nordwestwand**
    Eiswand, 3 SL 90 Grad, ansonsten wenig steil, 350 m vom E. zum Gipfel, 3–5 Std.

Zugang: S. R 866.
Route: E. wie R 866. Etwas rechtshaltend zum rechten Rand der von einem Eisbuckel oben abgeschlossenen Felszone. Immer knapp rechts der Felszone in bis 90 Grad steilem Eis empor auf die vergletscherte Gipfelfläche und dort unschwierig zum Gipfel.

- **868   Linke Nordwestwand**
    Eiswand, 2 SL 70 Grad, sonst 30–40 Grad und zuletzt weniger steil, 350 m vom E. zum Gipfel, 2–3 Std.

Zugang: Wie R 866, aber zuletzt nach links bis man sich knapp links der oben von einem Eisbuckel abgeschlossenen Felszone befindet. Dort E.
Route: Gerade empor zur Blankeiszone links der Felszone. Über diese gerade (2 SL 70 Grad) empor, dann über die sich zurücklehnende Eiswand (30–40 Grad) und den flacheren Gipfelhang zum höchsten Punkt.

- **869   Nordwestflanke zum Nordgrat**
    Eisflanke, zuletzt Firnrücken, 30 Grad und weniger, 350 m vom E. zum Gipfel, 1 Std.

Zugang: S. R 868.
Route: Linkshaltend aufwärts in den obersten Sattel des Nordgrates, bei welchem sein Firnrücken beginnt. Längs des Firnrückens zum Gipfel.

- **870   Nordwestrinne zum Nordgrat**
    Gebr. Rellich, 3. 8. 1984
    Eisrinne, 30 Grad, zuletzt 1 SL 40–50 Grad, 300 m, ½ Std.

Übersicht: Anstieg durch die Rinne rechts der Zustiegsrinne von R 871. Ausstieg am N-Grat vor dem Gratturm, der längs seiner Schneide überschritten wird.

- **871   Nordgrat**
    Vermutlich 1. Beg. E. Niepmann, E. Wagner, 20. 8. 1904
    III und **II**, zum Teil auch Gehgelände, im Firn unter 30 Grad.

Lohnender Fels- und Firngrat.
Höhenunterschied: 220 m von der Ofenwandscharte, Gratlänge etwa 1500 m.
3½–4 Std. von der Düsseldorfer Hütte.
Siehe Abb. Seite 293 und 297.

Zugang: Von der Düsseldorfer Hütte am rot bez. Weg (Nr. 5) taleinwärts bis in die Fallinie der Ofenwandscharte. Nun rechts abzweigen und über die Moränen und den Zayferner gerade empor. Zuletzt durch eine Firnrinne in die Scharte. 2 Std.

Route: Von der Scharte über Schutt und brüchigen Fels zum linken zweier parallel verlaufender Kamine. Im linken Kamin einige Meter empor, dann in den rechten Kamin hinüber, dem man bis zu einem Überhang folgt. Hier wieder in den linken Kamin und durch ihn unschwierig zum Gipfel des 1. Turmes. Jenseits abwärts zu einem kleinen Felsturm. Diesen überklettern, dann den nächsten Felsturm auf der Zayseite umgehen. Der folgende Gratturm wird längs der Schneide überschritten und der Fuß eines großen Turmes erreicht. Auf ihn immer längs der Gratschneide empor. Jenseits am Grat in eine breite Senke und über den letzten Turm ebenfalls an der Gratschneide hinweg. Nun am Firnrücken zum Gipfel.

● **872** **Nordostwand**
E. und O. Zsigmondy, 1.8.1881, Skibefahrung H. Holzer, 25.9.1970.
Eiswand mit 40–50 Grad Neigung (Begehung des Ofenwandferners).
Höhenunterschied 300 m.
4–5 Std. von der Düsseldorfer Hütte bzw. der Laaser Hütte.

Zugang: a) Von der Düsseldorfer Hütte auf R 157 ins Zayjoch. Jenseits (bez. Weg) erst unter der Flanke des Schafberges, dann gerade in Richtung Laaser Hütte so weit absteigen, bis nach S der rot bez. Weg Nr. 2 zum Ofenwandferner aufwärts abzweigt. Auf ihm zum Gletscher, den man an seinem unteren W-Rand erreicht. Nun immer am W-Rand des Gletschers zum Bergschrund, 3 Std.; verhältnismäßig umständlich, jedoch günstig wegen des Abstieges zum Ausgangspunkt Düsseldorfer Hütte.

b) Von der Düsseldorfer Hütte wie beim Zustieg zu R 871 in die Ofenwandscharte und jenseits hinab auf den Ofenwandferner. 3 Std. Gleiche Vorteile wie a) wegen der Rückkehr zum Ausgangspunkt Düsseldorfer Hütte, geringfügig kürzer als a), die Wahl zwischen den beiden Zustiegsmöglichkeiten ist jedoch reine Geschmackssache.

c) **Von der Laaser Hütte** am rot bez. Weg gegen das Zayjoch so weit empor, bis am unteren Ende des obersten Talkessels links der rot bez. Weg Nr. 2 nach links (S) abzweigt. Weiter wie bei a). 2–2½ Std.
Route: Der Gletscher wird direkt bis zum Gipfel erstiegen. Im Frühsommer Wächte am Ausstieg.

● **873   Nordostgrat**
A., R. u. C. Calegari, G. Scotti, 4.8.1921, ein zweites Mal irrtümlich von Z. Nemetz, F. Kolb, 15.8.1931, „erstbegangen".
III (kurze Stellen), **II** und I. Vorwiegend Felsgrat.
2–3 Std. v. E.

Zugang: Wie bei R 872 zum unteren Ende des Ofenwandferners. Nun nach O zum Gratfuß.
Route: Vom Gratfuß in die O-Seite und über eine geneigte teils firnbedeckte Platte zur Gratschneide empor. Auf ihr über Blöcke und Schrofen zu einem Aufschwung, der wieder von O erstiegen wird. Nun am Grat zu einem ebenen Absatz. Von dort in der O-Seite in eine kleine Scharte und über einen brüchigen Grat auf den nächsten Turm hinauf. Nun auf einem Band in die N-Seite, dann über eine glatte Platte zu einem Riß, der wieder zur Gratschneide bringt. Sofort in die O-Seite und über brüchige Platten in eine enge schuttgefüllte Rinne. Jenseits von ihr brüchig auf einen Grat hinauf. Teils auf ihm, teils daneben in der O-Seite empor und schließlich in eine steile Schneerinne. In ihr aufwärts zum Grat. Nun durchwegs am Grat weiter. Ausstieg am SW-Grat (R 863) knapp vor dem Gipfel.

● **874   Südwand**
Schnorr, Lehmann, A. Pinggera, 22.7.1876. Firn-(Eis-)Rinne, Neigung 40–45 Grad, kaum begangen. Etwa 180 m.

Route: E. am Laaser Ferner bei jener Rinne, die knapp östlich des Gipfels am NO-Grat ausmündet. Die Rinne durchwegs empor zum Grat und längs der Schneide desselben zum obersten SW-Grat (R 867), den man knapp vor dem Gipfel erreicht.

**Kleine Angelusspitze und Hochofenwand
von der Tschenglser Hochwand**
871 Nordgrat zur Hohen Angelusspitze
Hochofenwand   **Kleine Angelusspitze**
877 Nordgrat   883 Nordgrat vom Zayjoch
878 Westwand
880 Südgrat

Kleine Angelusspitze

871
880
878
871
871
883

● 875 frei für Ergänzungen.

● 876 **Hochofenwand,** 3410 m

Kühner Felsgipfel zwischen Hoher und Kleiner Angelusspitze, wird in der Regel nur bei einer Gratüberschreitung betreten.

● 877 **Nordgrat**
Th. Christomannos, A. Kuntner, 1893
Gratübergang von der Kleinen Angelusspitze. Felsgrat II und I. Höhenunterschied etwa 120 m, Gratlänge 600–800 m. 1 Std. von der Kl. Angelusspitze. Siehe Abb. Seite 293 und 297.

Route: Von der Kleinen Angelusspitze längs des Grates in die Scharte am Beginn des N-Grates (hierher auch direkt von beiden Seiten; unlohnend, nicht gebräuchlich). Nun an der zunehmend steiler werdenden Gratschneide direkt aufwärts (leichtere aber brüchige Umgehungsmöglichkeit in der O-Seite) zum flacheren Teilstück des Grates. Auf ihm durchwegs zum Gipfel.

● 878 **Westwand**
H. Finkelstein, M. Borchard, G. Pichler, 21.8.1890
II (kurz), sonst I, vorwiegend Gehgelände (Schutt bzw. Firn). 400 m, 1–1½ Std. v. E., 2½ Std. von der Düsseldorfer Hütte. Siehe Abb. Seite 297.

Zugang: Von der Düsseldorfer Hütte am rot bez. Weg (Nr. 5) taleinwärts bis in die Fallinie der Ofenwandscharte (in welcher der Hochofenwand-S-Grat und der N-Grat der Gr. Angelusspitze beginnt). Nun rechts abzweigen und weglos über die Moränen und den Zayferner zu der Rinne hinauf, die in die Ofenwandscharte führt. E. am untersten **breiten** Auslauf der Rinne bei einem sehr breiten nach links in die W-Wand ziehenden Schuttband.

Route: Auf dem Band nach links, bis, etwa in der halben Hälfte des Bandes, eine mehr oder weniger firndurchsetzte Rinne schräg links aufwärts zieht. Diese aufwärts, dann die eine breite Schneeschlucht bildende Fortsetzung der Rinne in der gleichen Richtung weiter. Von ihrem oberen Ende schräg rechts (Firnrinne) zum N-Grat, den man bereits nach seinem Steilaufschwung erreicht. Auf ihm zum Gipfel.

● 879 **Westwand, neuer Weg**
A. Balabio, 6.8.1921
Es wurden keine Einzelheiten bekanntgegeben. Hinweis bei Boll. CAI Milano 1922/V/75.

- **880** **Südgrat**
  V. Hecht, J. Pinggera, 21.7.1872, anläßlich der ersten Ersteigung; erste Begehung des direkten Grates (im Abstieg mit Abseilen) S.Häberlein, R.Lorentzen, E.Clement, 29.6.1904.
  III (Stellen), II. Höhenunterschied 126 m, Gratlänge etwa 250 m. 30–45 Min. von der Ofenwandscharte. Siehe Abb. Seite 297.

Übersicht: Anstieg über den in der Ofenwandscharte beginnenden Grat.
Zugang: Zur Ofenwandscharte wie R 871.
Route: Beschreibung für den Aufstieg. Von der Scharte ein kurzes Stück auf der Gratschneide empor, dann auf einem Schuttband in die W-Seite queren. Vom oberen Ende des schräg ansteigenden Bandes ein kurzes Stück hinauf, dann kurzer Quergang nach rechts und gerade aufwärts zur Gratschneide, die man oberhalb des Abbruches betritt. Am Grat wenig schwierig zum Gipfel.
Beschreibung für den Abstieg. Vom Gipfel längs der Gratschneide, zuletzt über kleine Einschartungen und Gratzacken bis zum untersten Abbruch. Diesen in gutem Fels bis etwa 30 m oberhalb des leichten Geländes der Scharte hinab. Nun 12 m abseilen, dann durch eine kurze Rinne, einen Kamin und leichten Fels in die Scharte.
(Anmerkung: Bisweilen sind zwei Abseilstellen eingerichtet, notwendig ist jedoch nur die eine erwähnte Abseilstelle.)

- **881** **Ostwand**
  A. Kössler, J. Tinzl, 6.8.1924
  IV (etwa), teilweise brüchig. 600 m, Zeit der Erstbegeher 4 Std., bis jetzt keine Wiederholung bekannt.

Zugang: Auf den Ofenwandferner wie R 872; E. bei den untersten Felsen, die nördlich an die breite in die Wand hoch hinaufziehende Eisrinne grenzen.
Route (Beschreibung der Erstbegeher): Vom E. schwach rechts aufwärts bis zum Fuß einer grauen plattigen Wand. Hier etwa 10 m durch eine kleine Rinne empor, dann nach rechts auf einem schmalen Band in die bereits von weiter unten sichtbare Schlucht. Eine Seillänge am rechten Rand der Schlucht aufwärts, dann Quergang auf gutem Band nach links (30 m). Die nun folgende Stufe im unteren Teil durch einen überhängenden Riß und darauf an freier Wand erklettern (25 m). Nach links zu einer breiten Rinne, der man bis zu ihrem Ende folgt. Man gelangt so zu einer Wandrippe und über brüchige, aber leichtere Felsen zum Ausstieg am N-Grat, den man in einer Scharte am N-Ende seines waagrechten Abschnittes erreicht.

- **882**   **Kleine Angelusspitze**
(Deutsch-österr. Vermessung 3315 m, italien. Vermessung 3318 m)

Unschwieriger und verhältnismäßig unbedeutender Gipfel südlich des Zayjoches, jedoch (auch als Skiziel) beliebt.
Siehe Abb. Seite 297.

- **883**   **Vom Zayjoch (R 156) über den N-Grat**
       Unschwieriger Schnee- und Schuttgrat. 20 Min. (2 Std. von der Düsseldorfer Hütte).
       Siehe Abb. Seite 297.

- **884**   **Von der Düsseldorfer Hütte**
       Bis zum Gletscher rot bez. Weg. Beliebte Skitour. 2 Std.

Route: Über die weiten Moränenflächen des hintersten Zaytales auf dem rot markierten Weg bis zum Beginn des Kleinen Angelusferners. Über ihn (spaltenarm) und den kurzen Hang oberhalb zum Gipfel.
Bei Skitour: Abfahrt am Aufstiegsweg.

- **885**   **Ostwand**
       J. Monauni, J. Tinzl, 11.8.1926
       V und vermutlich IV, keine Wiederholung bekannt.
       300 m, 3 Std.

Zugang: Von der Düsseldorfer Hütte über das Zayjoch (R 156) und jenseits absteigend an den Fuß der Wand. 2 Std.
Route (Beschreibung der Erstbegeher): Als Richtlinie dient eine schwarze Wasserrinne, die knapp unterhalb des Gipfels beginnend und die ganze Wand durchziehend ihren Fuß etwas links der Gipfelfallinie erreicht. Links von diesem Punkt zieht ein begrünter Rücken zum Wandfuß empor.
Links der Rinne über plattige Grasschrofen empor, dann rechts über die Wasserrinne zu einem senkrechten Wandabbruch. Über diesen rechts neben der Rinne etwa zwei Seillängen (vermutlich V) empor. Nun über leichteren Fels zuerst nach links, dann, rechts die Rinne querend, schwach rechts zu einem Kessel empor. Im Hintergrund desselben, direkt in Gipfelfallinie, durch einen wasserüberronnenen Kamin (etwa IV) weiter, dann leicht zum Gipfel.

- **886**   **Gratübergang zur Hochofenwand**
       s. R 877.

- **887**   frei für Ergänzungen.

- **888**   **Schafberg**
  (Deutsch-österr. Vermessung 3302 m, italien. Vermessung 3306 m)

Lohnender Gipfel nördl. des Zayjoches und von diesem in Kürze ersteigbar.

- **889**   **Südgrat**
  Der bequemste Anstieg.
  I und Gehgelände, vorwiegend Blockkletterei,
  ¹/₄ Std. vom Zayjoch, 1³/₄ Std. von der Düsseldorfer Hütte.

Zugang: Auf R 157 ins Zayjoch.
Route: Nun auf und knapp neben der Gratschneide zum Gipfel.

- **890**   **Südwestflanke**
  Rosa Friedmann, G. Löwenbach, A. Kuntner, 25.8.1896
  Viele Blöcke und Schutt, mühsam, 75–100 m.

Route: E. am Kleinen Angelusferner in Gipfelfallinie. Gerade (Blöcke, Schutt, Firnstreifen) aufwärts zum Gipfelaufbau. Gerade durch einen etwa 8 m hohen Kamin empor; oberhalb über nach außen geneigte teilweise schuttbedeckte Schichten zum höchsten Punkt.

- **891**   **Westgrat**
  II (kurz), sonst I, vorwiegend Blockkletterei, kurze Firnschneiden (je nach Jahreszeit).
  ¹/₂–³/₄ Std. von der tiefsten Scharte zwischen Schafberg und Tschenglser Hochwand, 1¹/₂–2 Std. von der Düsseldorfer Hütte. Siehe Abb. Seite 303.

Zugang: Von der Hütte am Weg zum Zayjoch (R 157) bis in die Fallinie der tiefsten Einschartung zwischen Schafberg (rechts) und Tschenglser Hochwand (links). Über Blöcke und Schnee in diese empor.
Route: Am Grat – durchwegs an der Schneide bleiben – bis zum Gipfelaufbau. Unter der steilen Wand desselben nach rechts zu einem schräg rechts aufwärtsziehenden Firn- bzw. Schuttband. Diesem um die rechte Kante folgen und dann mittels einer Rinne zur Gratschneide zurück. Auf ihr mit wenigen Schritten zum Gipfel.

- **892**   **Nordostkante**
  Dr. G. v. Dyhrenfurth, E. Meletzki, 16.9.1918
  III und II, sehr lohnend.
  215 m, 2–2¹/₂ Std. v. E. Siehe Abb. Seite 303.

Zugang: Auf R 154 in die Tschenglser Scharte, 2 Std. Von dort längs der Schneide zum ersten Grataufschwung.

Route: E. an seinem Fuß. Längs der Gratkante auf den ersten Gratabsatz (75 m) und kurzer Abstieg in die Scharte dahinter. Nun etwa 30 m an der Gratkante bis unter einen Überhang empor. Dort 6–7 m ausgesetzt nach rechts queren und einige Meter auf ein Band hinauf. Vom rechten Ende des Bandes, immer rechts der Gratkante bleibend, gerade zum zweiten Gratturm hinauf (30 m). Kurzer Abstieg in die Scharte vor dem Gipfelaufbau. Nun 5 m nach links queren, dann etwa 15 m empor und schräg rechts zur Gratkante zurück (Kanzel). Nun durchwegs an der Kante zum Gipfel.

- **893** frei für Ergänzungen.

- **894**   **Laaser Wand (Deutsche Ruhewand)**
(Deutsch-österr. Vermessung 3141 m, italien. Vermessung 3139 m)

- **894 a**   **Schafspitz**
(Deutsch-österr. Vermessung 2746 m, italien. Vermessung 2754 m)

- **894 b**   **Saurüssel,** 2727 m

- **894 c**   **Gufeljoch,** 2525 m

Gipfel im vom Schafberg (und damit der Tschenglser Scharte) nach N ziehenden Gratverlauf. Nördlich der Tschenglser Scharte folgt der Gipfel der Laaser Wand; der Schafspitz ist der Endpunkt des Laaser Wand-Nordgrates, hier teilt sich der Grat in zwei Äste, die im Saurüssel und dem Gufeljoch enden.

- **895**   **Laaser Wand-Südgrat**
Unschwieriger Gratanstieg. 3 Std. von der Düsseldorfer Hütte, 3–4 Std. von der Laaser Hütte.

Zugang: a) Von der Düsseldorfer Hütte auf R 154 in die Tschenglser Scharte; b) von der Laaser Hütte am Weg zum Zayjoch (R 158) bis unter die Tschenglser Scharte und weglos in diese hinauf.
Route: Immer am unschwierigen Grat nach N zum höchsten Punkt.

Mals mit Pfarrkirche und Fröhlichsturm. ▶
Blick nach Süden zu Schafberg und Tschenglser Hochwand

Schafberg	Tschenglser Hochwand
891 Westgrat	905 Ostgrat
892 Nordostkante	907 Westgrat

Schafberg

Tschenglser Hochwand

892 — 891   905 → ← 907

- **896** **Laaser Wand-Nordostcouloir**
  Skibefahrung H. Holzer, 24.3.1974
  40 Grad, Schneecouloir, bei zunehmender Ausaperung von geringem Interesse.
  Etwa 400 m, 4 Std. von der Oberen Laaser Alm.

Zugang: Von der Oberen Laaser Alm (Zugang s. R 64) ins westlich davon aufwärts führende Tal (Weg). Den Weg aufwärts in das Kar unterhalb der NO-Flanke und aus dem Kar weglos links aufwärts zur Ausmündung des Couloirs.
Route: Das Couloir wird durchwegs begangen.

- **897** **Laaser Wand-Nordgrat**
  Dr. G. v. Dyhrenfurth, A. Kasseroler, E. Meletzki, 16.9.1918
  II und I (einige Stellen), oft Gehgelände,
  280 m Höhenunterschied, Gratlänge etwa 700 m.
  4 Std. von der Oberen Laaser Alm.

Zugang: Von der Oberen Laaser Alm (Zugang s. R 64) ins westlich davon aufwärts führende Tal (Weg).
In ihm und an seinem nördl. Abhang aufwärts bis zu den Seen knapp unter der Gratschneide Schafspitz-Laaser Wand (der Weg wendet sich nun nach NO zum Saurüssel). Weglos gerade aufwärts in die kleine Scharte südl. des Schafspitz.
Route: Nun am N-Grat der Laaser Wand unschwierig zu einer kurzen Wandstufe. Diese links (östl.) ersteigen (II), dann immer längs der Gratschneide bis zum senkrechten Gipfelabbruch. Dort etwa 30 m nach links, dann schräg links (Wandstufe, II) zu einem Kamin, der in eine Schneerinne übergeht. Den Kamin und die Schneerinne zum Ausstieg (knapp südöstl. des Gipfels) empor. Mit wenigen Schritten zum höchsten Punkt.

- **898** **Schafspitz von der Oberen Laaser Alm**
  Unschwieriger Anstieg; z.T. weglos, 3 Std.

Zugang: Wie R 897 in die Scharte südlich des Schafspitz.
Route: Aus der Scharte am kurzen Grat nach N zum höchsten Punkt aufsteigen.

- **899** **Saurüssel von der Oberen Laaser Alm**
  Unschwieriger Anstieg; rot bez. (z.T. spärlich). $3^{1}/_{2}$ Std.

Wie R 897 zu den Seen knapp unter der Gratschneide Schafspitz – Laaser Wand. Nun waagrecht, ab- und aufsteigend nach NO zum Vermessungszeichen des Saurüssels.

- **900 Gufeljoch**
    Touristisch bedeutungslos.

Von der Oberen Tschenglser Alm weglos über seinen S-Hang in 1½ Std.

- **901** frei für Ergänzungen.

- **902 Tschenglser Hochwand**
    (Deutsch-österr. Vermessung 3373 m, italien. Vermessung 3375 m)

Erste Ersteigung V. Hecht, J. Pinggera, 3.9.1871 über den Südwestgrat. Sehr beliebter und oft erstiegener Gipfel in der N-Umrahmung des Zaytales; von der Düsseldorfer Hütte 2–2½ Std. Hervorragender Tiefblick in den Vinschgau (Reschensee, Haidersee), prächtige Aussicht zu den Ötztaler Alpen und zum Ortler.

- **903 Südwestgrat**
    V. Hecht, J. Pinggera, 3.9.1871.
    Der leichteste Gipfelanstieg, in der zum Grat führenden Rinne bei Ausaperung Steinschlaggefahr. Stellenweise versichert, oft begangen. Im Winter unter Umständen Lawinengefahr.
    Gelb und rot bez.
    2–2½ Std. von der Hütte.

Zugang: Von der Düsseldorfer Hütte am rot bez. Weg Nr. 5 taleinwärts bis zu den Seen im Talhintergrund. Nun links abzweigen und auf bez. Weg zu einer Schutt- und Schneerinne, die zu einer Scharte des SW-Grates emporzieht (Abzweigung von R 904).
Route: Die Rinne gerade in die Scharte hinauf, dann durchwegs am Grat (zwei versicherte Stellen) zum Gipfel.

- **904 Südwand, „Erich-Otto-Route"**
    G. Löwenbach, A. Kuntner, H. S. Pinggera, 12.5.1899; von Erich Groll und Otto Reinstadler versichert – Wegname!
    Versicherter Klettersteig. Schwieriger als R 903, oft begangen, gelb bez.
    2½–3 Std. von der Düsseldorfer Hütte.

Zugang: Wie R 903 zu der vom SW-Grat herabziehenden Rinne, hier Wegabzweigung nach rechts.
Route: E. etwas links des tiefsten Punktes des die breite Rinne rechts (nördlich) begleitenden Gratspornes. Schräg ansteigend zu seiner Schneide und längs dieser zum Ausstieg am obersten SW-Grat. Gemeinsam mit diesem (R 903) zum Gipfel.

- **905 Ostgrat**
    Rosa Friedmann, G. Löwenbach, A. Kuntner, 25.8.1896, im Abstieg.
    III– (kurze Stellen), II und I, lohnend.
    Höhenunterschied etwa 180 m, Gratlänge etwa 500 m.
    $1^1/_2$ Std. vom Gratbeginn, 3 Std. von der Düsseldorfer Hütte.
    Siehe Abb. Seite 303.

Zugang: Von der Düsseldorfer Hütte am zum Zayjoch führenden bez. Weg auf den Kleinen Angelusferner. In Fallinie der tiefsten Scharte zwischen Schafberg (rechts) und Tschenglser Hochwand (links) gegen dieselbe abzweigen und über Firn, bzw. bei Ausaperung Schutt und unschwierige Felsstufen in die Scharte hinauf.
Route: Von der Scharte, durchwegs am Grat, über zwei Gratabsätze hinweg zu einer großen Platte. Diese gerade empor und über den Aufschwung oberhalb, der ebenfalls direkt überklettert wird. Über zwei Graterhebungen hinweg und in die Scharte dahinter absteigen. Weiter immer längs der Gratschneide zum Gipfel.

- **906 Nordwand**
    E. Niepmann, A. Pinggera, 22.8.1893
    II, vermutlich.
    400 m vom Wandfuß.
    Zeit der Erstbegeher: $4^1/_2$ Std. von der Oberen Tschenglser Alm.

Zugang (Wegbeschreibung aufgrund der Beschreibung der Erstbegeher): Von der Oberen Tschenglser Alm (hierher von Tschengls auf rot bez. Weg. $2^1/_2$ Std.) nach SO über Grashänge in Richtung auf drei Felstürme.
Route: Über eine Rippe (Schutt, leichter Fels) aufwärts. Vom Ende der Rippe etwas nach links über mehrere Schneerinnen hinweg bis zu einer breiten Schlucht. Neben ihr ziemlich gerade empor; zuletzt über gutgriffige Platten und einen kurzen Kamin zum oberen Firnfeld. Über dieses zum Gipfelgrat.

- **907 Westgrat (Westnordwestgrat), mit Ersteigung des Pöderficks**
    J. Bertram zwischen 1889 und 1893
    Unschwieriger Anstieg, teilweise bez., langwierig, von Prad 6–7 Std.
    Siehe Abb. Seite 303.

Von Prad: Am südwestl. Ortsende und abseits der Straße zum Stilfser Joch beginnend, auf einer Güterstraße etwa 500 m bis zum Beginn des rot bez. Weges Nr. 3. Im Wald, am Rande eines steilen Tales, steil aufwärts zur Baumgrenze. Knapp vorher rechts (nordwestl.) auf den Hang und im Bogen zur Gampenhütte (2004 m, ab nun Weg Nr. 3 a). Über Wiesen ein Stück aufwärts, dann südöstl., in schrägem Anstieg und zuletzt waagrecht, bis in die Mitte eines breiten schüsselförmigen Kares. Dieses wird im W vom Rücken der Verborgenen Blais, im Hintergrund vom Stiereckkamm und im O von den Gipfeln des Pöderficks und der Wasserfallspitze eingerahmt. Nun immer in der Mitte des Karbodens bleibend (teilweise unübersichtliches Gelände) aufwärts auf den dieses begrenzenden Stiereckkamm, dann immer an der unschwierigen Schneide desselben in östlicher Richtung aufwärts zum Gipfel des Pöderficks (3140 m). In der gleichen Richtung mit wenig auf und ab weiter. Über eine kleine Erhebung hinweg und zuletzt etwas steiler zum Gipfel der Tschenglser Hochwand.

● **908   Westflanke**
Unschwierige Hänge aus dem Razoital, weglos, fast nie begangen.

● **909   Gratübergang vom Hinteren Schöneck zur Tschenglser Hochwand, „Schöneckschneide"**
Lütkemüller, P. Dangl, 30.7.1885
III+ (Schlüsselstelle), III (mehrere Stellen), II, I.
Bei der Begehung von S nach N einige Abseilstellen 20 m. Die schwierigen Stellen des Grates können auf beiden Seiten unschwierig aber unlohnend umgangen werden, zwischen den Grattürmen kurze Firn- bzw. Schutt- und Blockschneiden.
Höhenunterschied 248 m, Gratlänge etwa 2600 m, 5–7 Std.

Route: Vom Gipfel des Hinteren Schönecks (R 916) in Richtung NO dem Weg zur Düsseldorfer Hütte kurz folgen, dann über den Grat weiter. Am Grat über kleine Grathöcker, dann über Schutt und Blöcke auf den ersten Gratturm hinauf (bis hierher unschwierig, 20 Min. vom Hinteren Schöneck). Nun längs der Schneide auf den (höheren) Gipfel des folgenden Zwillingsturmes hinauf (III) und unschwierig zum niedrigeren Gipfel desselben. Von ihm 20 m abseilen (in Gegenrichtung: unterhalb der glatten Abseilwand bis in die Mitte der O-Wand queren, dort durch einen kurzen Kamin und einen stellenweise überhängenden Riß, III+, in die Scharte zwischen den beiden Gipfeln des Zwillingsturmes).

Nun über den Grat (mehrere kleine Türme) zum Gipfel des 3. Turmes. Von ihm (Blockgrat) zum Gipfel des 4. Turmes. Von diesem über eine in der Mitte überhängende Wand (im Aufstieg III) in die folgende kleine Scharte abseilen. Durch eine kurze brüchige Rinne (Schutt) auf den nächsten Gendarmen. Jenseits abseilen (im Aufstieg III) und am zunehmend leichter werdenden Grat in Kürze zum etwas höheren 5. Turm. Von ihm vermittels einer Schuttrinne und eines begrünten Bandes auf den 6. Turm.

Nun über Blöcke und leichten Fels in der O-Seite zu einem Absatz absteigen, dann, über eine kleine Terrasse hinweg, in die N-Seite schräg absteigen; über Bänder und Schutt dann eine Rinne zwischen dem Turm und seinem Vorgipfel queren und den genannten Vorgipfel auf der Zaytalseite bis in die folgende Scharte absteigend umgehen. Nun unschwierig auf den 7. Turm.

Jenseits (II) am Grat bis zum untersten Abbruch hinab. Von seinem oberen Rand nach links auf ein Band, dann gerade vom Band (Razoiseite) hinab, bis man wieder zum Grat queren kann. Weiter (Blöcke) auf den 8. Turm. Von ihm unschwierig zum SW-Grat (R 903) und auf ihm zum Gipfel.

- **910** frei für Ergänzungen.

- **911** **Pöderfick (Pederfick)**
(Deutsch-österr. Vermessung 3123 m bzw. 3140 m,
italien. Vermessung 3114 m)

Unschwieriger Gipfel im von der Tschenglser Hochwand nach W ziehenden Gratverlauf, wird bei der Begehung von R 907 betreten (Beschreibung s. dort).

- **912** frei für Ergänzungen.

- **913** **Wasserfallspitze**
(Deutsch-österr. Vermessung 2620 m, italien. Vermessung 2742 m)

Fast nie betretener Gipfel, dem Pöderfick nach N vorgelagert.

- **914** **Von Prad**
Teilweise rot bez., fast nie begangen, 4 Std.

Auf R 907 bis in das Kar westlich der Wasserfallspitze. Nun weglos über Gras und Schutt auf diese.

- **915** frei für Ergänzungen.

● **916** **Hinteres Schöneck,** 3128 m
Vorderes Schöneck, 2908 m

Hervorragender Aussichtspunkt, der unschwierigste Gipfel im Bereich der Düsseldorfer Hütte, sehr oft besucht. Die Rundtour Düsseldorfer Hütte – Hinteres Schöneck – Vorderes Schöneck ist der schönste Höhenspaziergang Suldens (von der Bergstation des Kanzelliftes bis zurück nach Sulden 5–6 Std.).

● **917** **Von Sulden**
Rot bez. Weg, $2^1/_2$ Std.

Auf Weg Nr. 18 oder 19 in einigen Kehren talauswärts die Hänge schräg ersteigen und zur bereits oberhalb der Baumgrenze gelegenen Stieralm. Nun am rechten (bergwärts führenden) bez. Weg Nr. 18 am freien Hang (einige Kehren) empor. Aus der Hangmitte langer schräg ansteigender Quergang zum Südrücken des Vorderen Schönecks. Über diesen unter den Gipfel des Vorderen Schönecks. Nun entweder unschwierig auf dieses oder dem bez. Weg, der den Gipfel umgeht, in Richtung Hinteres Schöneck folgen.

● **918** **Gratübergang Vorderes Schöneck – Hinteres Schöneck**
Rot bez. Weg Nr. 18, $^3/_4$ Std.

Man folgt immer der Gratschneide.

● **919** **Von der Düsseldorfer Hütte**
Rot und gelb bez. Weg. $1–1^1/_4$ Std. von der Hütte.

In westnordwestl. Richtung am rot bez. Weg Nr. 18 (Kehren) auf den Gipfel des Hinteren Schönecks. Einige Versicherungen.

● **920** frei für Ergänzungen.

6. Der Confinalekamm

Umgrenzung: Val Zebrù – Passi del Zebrù – Val di Cedec – Val del Forno – Valfurva.
Schutzhütten: Rif. Quinto Alpini (R 142), Rif. Cesare Branca (R 140), Rif. L. und E. Pizzini (R 120). Bivacco „Gianpaolo del Piero" (R 122), Bivacco Passo del Zebrù (R 125).
Übergänge: R 190.
Einsamer Kamm, bei dem alle Schutzhütten am Rand (bzw. Alpinihütte außerhalb) liegen.
Vorwiegend wenig schwierige Gipfelersteigungen.
Überschreitung des gesamten Kammes: Unschwierig, 8–10 Std. von Tal bis Tal.

● **921**   **Cime del Forno**

Von Jägern und Hirten über die S-Seite seit altersher erstiegen, erste bekannte Besteigung P. Pogliaghi 1883, erste bekannte Überschreitung aller vier Gipfel (im Zuge eines Gratüberganges bis zum Monte Confinale) durch A. v. Krafft, L. Friedmann, Th. Christomannos, Büchsner, 7.8.1893.
Mehrgipfeliger Felskamm, der vom südlichen Passo del Zebrù (R 190) gegen die Cima della Manzina und den Monte Confinale zieht; vorteilhaft ist einzig die Überschreitung der Gipfel. Da die Höhenangaben bei allen Karten voneinander abweichen, werden hier nur die Höhenangaben der Carta d'Italia 1 : 25000, Blatt Gran Zebrù (F 9/III/Nord ovest) angegeben, nämlich: Ostgipfel, 3247 m; Mittelgipfel, 3240 m; Westgipfel östliche Erhebung, 3232 m; Westgipfel westliche Erhebung, 3227 m. Die beiden Erhebungen des Westgipfels sind durch eine breite, allerdings sehr flache, Senke voneinander getrennt.

● **922**   **Ost-West-Überschreitung aller Gipfel**
Erste bekannte Überschreitung A. v. Krafft, L. Friedmann, Th. Christomannos, Büchsner, 7.8.1893
I. Wenig schwieriger Firngrat mit mehr oder weniger (je nach Ausaperung) felsigen Stellen, die den I. Grad nie überschreiten, unter Umständen Wächten auf die N-Seite; 3–4 Std. vom südl. Passo del Zebrù bis zum W-Gipfel.
Zugang: In den südl. Passo del Zebrù von beiden Seiten 2 Std., s. R 190.
Route: Die Gratschneide wird durchwegs begangen, zwischen den einzelnen Gipfeln geringfügige Höhenunterschiede.

● 923 Südseite

Bergsteigerisch von Bedeutung sind nur R 924 und R 925.
Alle Gipfel sind von S mit einem Zeitaufwand von 3–4 Std. weglos und unschwierig über die Hänge ersteigbar, einzig der Mittelgipfel weist eine (noch nicht erstiegene) SW-Wand auf.

● 924 Westgipfel von Süden

Unschwieriger Anstieg, z. T. unbez. Weg, z. T. weglos, zuletzt kurze Firnschneide.
4 Std. von der Straße im Val del Forno.

Zugang: Auf der Straße im Val del Forno zum Rif. Stella Alpina (Campec; Parkplatz).

Route: Auf gutem Almweg über die Alm Pradaccio di sotto zur Alm Pradaccio di sopra. Hier bergwärts (nicht auf den beidseitig waagrecht führenden Wegen) aufwärts, bis der rot bez. Almweg nach links fast waagrecht ins Valle della Manzina führt. Diesem **nicht** folgen, sondern in der gleichen Richtung (schlechterer Weg) an der orogr. linken Seite des Valle della Manzina empor. In Kehren über eine Steilstufe des Tales und oberhalb (Talstufe) zum Lago Prealda. Nun (der Weg führt nach rechts) weglos in der gleichen Richtung weiter; am großen Lago della Manzina vorbei und längs des Baches zum obersten See. Über Gras, Schutt und Schnee nach N aufwärts in die breite Scharte zwischen (im Sinne des Beschauers) Cima della Manzina links und Westgipfel der Cime del Forno rechts. Aus der Scharte über den bequemen felsdurchsetzten Firngrat zum W-Gipfel.

● 925 Westgipfel-Südgrat

Vorwiegend Gehgelände und bis weit hinauf unbez. Steig.
4½ Std.

Zugang: Wie auf R 924 zum Lago Prealda.

Route: Nun dem Weg im Halbbogen (erst nach S, dann nach N) folgen, wobei man immer in der W-Seite des Grates bleibt. Schließlich nach der zweiten Graterhebung in einen Gratsattel (der Weg führt nun in die orogr. linke Gratseite, um bald aufzuhören). Beliebig auf die nächste Graterhebung hinauf und jenseits in den Schuttsattel hinab. Nun über den eigentlichen (rückenartigen) S-Grat immer längs der Schneide (hauptsächlich Gehgelände) zum Gipfel.

● 926 Ostgipfel von Norden

Firnhang mit etwa 30 Grad Neigung.
3 Std. von der Alpinihütte.

Zugang: Auf R 190 zur unter den Passi del Zebrù gelegenen Vedretta dei Castelli.
Route: Links eines Felsrückens über den Firnhang zum Gipfel.

● 927 **Mittelgipfel-Nordwand**
II, im Firn 30–40 Grad
Eigentliche Wandhöhe etwa 250 m, 4–5 Std. von der Alpinihütte.

Zugang: Wie R 190 auf die Vedretta dei Castelli. Oberhalb des Eisbruches derselben sofort nach rechts (W) queren und schließlich **absteigend** auf den W-Ast des Gletschers. Auf ihm schräg unter die N-Wand des Mittelgipfels hinauf. E. unter einer vom Gipfel herabziehenden Felsrippe.
Route: Über den Bergschrund und einen Firnhang zum Beginn der ausgeprägten vom Gipfel herabziehenden Rippe. Auf ihr (II) zum Gipfel.

● 928 **Westgipfel, östliche Erhebung, Nordwand**
Im wesentlichen Bergtour und nicht Wandersteigung, da die Wandhöhe von etwa 100 m gegenüber dem Zustieg kaum ins Gewicht fällt. In der „Wand" 30–40 Grad Neigung (Firn).
4–5 Std. von der Alpinihütte.

Zugang: Wie bei R 190 auf den W-Ast der Vedretta dei Castelli und auf ihr schräg nach W zum Wandfuß empor.
Route: Über den unschwierigen Bergschrund und einen Firnhang zu den Felsen empor. Diese links umgehen und durch eine Rinne empor. Von ihr über Schutt in die Wandmitte zurück; ein weiterer Aufschwung wird links (unschwierig) umgangen und dann über brüchigen Fels und Schnee der Gipfel erreicht.

● 929 **Westgipfel, westliche Erhebung, Nordgrat**
I, mehr oder weniger felsdurchsetzter Firngrat.
Gratlänge etwa 200 m.
4–5 Std. von der Alpinihütte bzw. vom Val Zebrù.

Zugang: a) Von der Alpinihütte wie R 190 auf den W-Ast der Vedretta dei Castelli und diesen in sehr flach ansteigender Querung nach W zum N-Grat verfolgen.
b) Von der Baita del Pastore im Val Zebrù auf der **südlichen** Talseite zur Malga dei Castelli. Von ihr weglos erst im Tal, dann am orogr. rechten Talhang aufwärts zum Grat. Es wird kein Gletscher begangen.
Route: Am Grat (Schutt, brüchiger Fels, Schneefelder) zum Gipfel.

● **930**   frei für Ergänzungen.

● **931**   **Cima della Manzina**
(Deutsch-österr. Vermessung 3319 m, italien. Vermessung 3318 m)
Erste touristische Ersteigung P. Pogliaghi, 1883.
Breiter Gipfel zwischen Monte Confinale (im W) und Cime del Forno (im O), wird bei einer Begehung des gesamten Kammes überschritten. Westl. des Gipfels, in der Einsattelung vor dem Monte Confinale, das Bivacco „Gianpaolo del Piero" (R 122).

● **932**   **Ostgrat**
I (wenige Stellen), unschwieriger Fels- und Firnrücken, 4–4½ Std. von der Straße im Val del Forno.
Zugang: Wie R 924 in die Scharte zwischen Cima della Manzina und dem W-Gipfel der Cime del Forno.
Route: Der hier beginnende Grat wird durchwegs begangen (ein steileres Stück kann vorteilhaft auf der S-Seite umgangen werden).

● **933**   **Südgrat**
Unschwieriger Gratanstieg, mühsam.
4–4½ Std. von der Straße im Val del Forno.
Zugang: Wie R 924 am Lago della Manzina vorbei zum obersten See.
Route: Nun nach links (W) zum Grat und auf ihm (Schutt, Schnee) zum Gipfel.

● **934**   **Westgrat**
Unschwieriger Fels- und Schneegrat, nur in Verbindung mit einem Übergang zum Monte Confinale von Bedeutung.
4½–5 Std. von der Straße im Val del Forno.
Zugang: Wie bei R 924 zum Lago della Manzina. Nun links (nordwestlich) die Hänge zu jenem Tal hinauf, das zwischen Monte Confinale (im W) und Cima della Manzina (im O) herabzieht. Das Tal empor und zuletzt über Firnfelder in die Einsattelung zwischen den beiden Gipfeln.
Route: Nun am W-Grat zum Gipfel der Cima della Manzina.

● **935**   **Nordwand**
A. Bonacossa, 17.8.1913 im Auf- und Abstieg. Eis-/Firnwand, 300 m vom Gletscher, Neigung etwa 30 Grad, Gipfelhang gering steiler. 4–5 Std. von der Baita del Pastore.
Zugang: Von der Baita del Pastore auf der S-Seite des Val Zebrù ansteigend einwärts (Weg) zur Malga dei Castelli. Im erreichten Tal weglos

aufwärts zur Vedretta della Montagna Vecchia und über den Gletscher zum Wandfuß empor.
Route: Die Firnwand wird, immer links des N-Grates, bis zum Gipfel erstiegen.

● **936** **Nordgrat**
  A. Bonacossa, C. Prochownik, 16.8.1913
  Fels- und Firngrat, **I**, im Firn 30 Grad und weniger,
  300 m Höhenunterschied.
  4–5 Std. von der Baita del Pastore.

Übersicht: Der Anstieg verläuft über den orogr. linken Begrenzungsgrat der N-Wand.
Zugang: Wie R 935 auf die Vedretta della Montagna Vecchia. Den Gletscher etwas ansteigend nach W queren (Spalten) zum Gratbeginn.
Route: Der Grat wird durchwegs begangen.

● **937** frei für Ergänzungen.

● **938** **Monte Confinale,** 3370 m
Erste touristische Ersteigung F. F. Tuckett, H. E. Buxton, Chr. M. und F. Biner, 30.7.1864, über R 939.
Höchster Berg des Confinalekammes, hervorragende Aussicht auf die zentralen Ortlerberge: sehr lohnend, jedoch nicht häufig besucht. Im Spätwinter hochalpines Skiziel.
Östlich des Gipfels das Bivacco „Gianpaolo del Piero" (R 122).

● **939** **Südostgrat**
  Unschwieriger felsdurchsetzter Firngrat.
  $^1/_2$ Std. vom Sattel zwischen Cima della Manzina und Monte Confinale.
  $4^1/_2$–5 Std. von der Straße im Val del Forno.

a) Sommeraufstieg: Wie R 934 in den Sattel zwischen Cima della Manzina und Monte Confinale. Nun am unschwierigen Grat zum Gipfel.
b) Winteraufstieg (Abfahrt auf der Aufstiegsspur, nur bei absolut lawinensicheren Verhältnissen fahren): Vom Hotel Forno (Parkplatz) in nordwestl. Richtung gegen die Cime del Forno bis zu einer weitläufigen Hangstufe aufwärts. Nun in westlicher Richtung zum Sattel hinter dem Sasso della Manzina (Erhebung im S-Grat des Cime del Forno W-Gipfels) queren und jenseits in der gleichen Richtung, unter der Cima della Manzina durch, bis in die Mulde zwischen Cima della Manzina und Monte Confinale. Nun aufwärts in die Scharte zwischen den beiden

Gipfeln (vorteilhaft dort Skidepot) und am Grat zum Gipfel des Monte Confinale. 6 Std.

- **940** **Südsüdostgrat**
  Von untergeordneter Bedeutung.
  $4^1/_2$–5 Std.

Zugang: Wie R 934 in die Mulde zwischen Cima della Manzina und Monte Confinale.
Route: Von ihr nach W beliebig auf den SSO-Grat und längs dessen Schneide (vorwiegend unschwierig) zur Vereinigung mit dem SO-Grat. Auf ihm in $^1/_4$ Std. zum Gipfel.

- **941** **Südwestgrat**
  Erste bekannte Begehung J. J. Weilenmann, F. Pöll, August 1867
  Unschwieriger Gratanstieg.
  1–$1^1/_2$ Std. von der Cima delle Saline, 6 Std. von S. Gottardo Valfurva.

Zugang: Von S. Gottardo bei der ersten Kehre der ins Val Zebrù führenden Straße auf rot bez. Weg rechts abzweigen. Erst schräg taleinwärts (Richtung Gaviapaß) die Hänge aufwärts, dann in Kehren aufwärts ins Val Cavallaro (das man weiter unten bei der Hangquerung überschritten hat!).
An seinem N-Hang aufwärts in den Passo dello Forcellino.
Route: Nun nach SO auf unbez. Weg knapp westlich des Kammes unter dessen Erhebungen durchqueren und zuletzt (Schuttfeld) auf den Kamm selbst. Auf ihm weglos (Rücken) zum Gipfel der Cima delle Saline. In der gleichen Richtung jenseits weiter; der Kamm biegt schließlich im rechten Winkel nach NO um, und somit über den SW-Grat des Monte Confinale zum höchsten Punkt desselben.

- **942** **Nordgrat**
  A. Bonacossa, C. Prochownik, 16.8.1913
  Vorwiegend Felsgrat, **I**, mit kurzen Firnstücken unter 30 Grad.
  Höhenunterschied 350 m, Gratlänge etwa 1000 m,
  5 Std. von Baìta Campo.

Zugang: Abzweigung im Val Zebrù bei der Baìta Campo von der Straße. Wie R 124 an den Beginn der Vedretta di Fora und weglos zum Grat empor.
Route: Längs seiner Schneide zum Gipfel.

- **943** **Nordostwandrinne**
  B. De Lorenzi, W. Palfrader, L. Zen, 26.7.1974
  Firnrinne, etwa 40 Grad.
  250 m v. E.

Übersicht: Anstieg durch die markante Rinne der NO-Wand, die durchwegs erstiegen wird.
Zugang: Entweder über den unteren N-Grat oder (besser) absteigend vom Sattel zwischen Cima della Manzina und Monte Confinale (s. R 934) über Firn.
Route: Eine nähere Beschreibung erübrigt sich, da die Routenführung vorgegeben ist.

- **944** **Nordostwand**
  Die im Führer des CAI „Regione dell'Ortles" (1915) erwähnte Begehungsmöglichkeit **neben** der Nordostwandrinne wurde ohne Zweifel von Bonacossa nicht begangen, der Köll-Führer Ortlergruppe verlegte den Anstieg aufgrund eines Übersetzungsfehlers **in** die Rinne. Inwieweit nun die Rinne (R 943) bereits vor dem angeführten Datum begangen wurde und ob die die Rinne beidseitig begrenzenden Felsen bereits begangen wurden, ist nicht mehr feststellbar und auch aufgrund der geringen Bedeutung unerheblich.

- **945** frei für Ergänzungen.

- **946** **Cima delle Saline,** 3073 m

Unschwieriger Gipfel, wird bei R 941 überschritten, 4–5 Std. von S. Gottardo Valfurva.

- **947** **Monte Forcellino,** 2842 m

Allseits unschwieriger Gipfel; der NW-Ausläufer des Kammes.

- **948** **Von S. Gottardo,** 3 Std.

Wie R 941 in den Passo dello Forcellino. Nun weglos nach NO über den unschwierigen Kamm zum Gipfel.

- **949** frei für Ergänzungen.

7. Der Marteller Hauptkamm (Fürkelescharte – Zufrittspitze – Hasenöhrl)

Umgrenzung: Martell – Fürkelescharte – Moosferner (Vedretta di Careser) – Schwärzerjoch – Ultental – Etschtal.
Schutzhütten: Beherbergungsbetriebe im Bereich des Lärchbühels ober Meran (R 65), die Schutzhütten im hintersten Martell (R 94), Marteller Hütte (R 95), Grünseehütte (R 101), Rif. S. Dorigoni (R 106), Cevedalehütte (Rif. G. Larcher, R 110).
Übergänge: R 200–207, 215, 216.

● 950　　　　　　　　**Konzenspitze,** 2830 m

Unschwieriger Gipfel knapp südlich der Marteller Hütte (R 95) und von dort mit sehr geringem Zeitaufwand (Steig) erreichbar. Von der Zufállhütte zur Marteller Hütte und von dort nach S zum Gipfel aufsteigen. 1½ Std.

● 951　　　　　　　**Cima Marmotta (Köllkuppe)**

(Deutsch-österr. Vermessung 3327 m, italien. Vermessung 3330 m)
Erste Ersteigung J. Payer, J. Pinggera, 24.9.1867 anläßlich der Gratbegehung vom Hohenfernerjoch zur Cima Venezia.
Westlicher Vorgipfel der Veneziaspitzen, im Frühjahr oft besuchtes Skiziel (vorteilhaft Skidepot knapp unterhalb des Gipfels) mit hervorragender Abfahrt ins Martell.

● 952　　**Von der Zufállhütte und der Marteller Hütte**
　　　　3–4 Std. von der Zufállhütte, 2–3 Std. von der Marteller Hütte, der meistbegangene Anstieg, auch Skibergfahrt (Abfahrt auf der Aufstiegsspur). Unterwegs die Marteller Hütte.

Von der Zufállhütte in südwestlicher Richtung (rot bez. Weg Nr. 103) und hinab zum Plimabach. Über diesen und am jenseitigen Ufer noch taleinwärts. Schließlich links hinauf zur gut sichtbaren Marteller Hütte (1 Std.).
Von ihr taleinwärts die Hänge schräg empor, dann (bei Wegteilung am oberen Weg) gerade die Hänge aufwärts zum Hohen Ferner. In südlicher Richtung bis unter das Hohenfernerjoch. Nicht in dieses, sondern vorher nach links, dann hinauf zum W-Grat der Köllkuppe und auf ihm zum Gipfel (oder: weiter nach links, Osten, und gerade zum Gipfel hinauf).

- **953** **Westgrat (richtig Westnordwestgrat)**
  J. Payer, J. Pinggera, 24.9.1867
  Unschwieriger Firngrat.
  3–4 Std. von der Zufallhütte, etwas umständlicher als R 952, selten begangen.

Zugang: Wie bei R 952 unter das Hohenfernerjoch und in dieses hinauf.
Route: Längs der geschwungenen Gratschneide zum Gipfel.

- **954** **Gratübergang zum Cima-Venezia-Hauptgipfel** (Cima Venezia I)
  J. Payer, J. Pinggera, 24.9.1867
  Stark nach N überwächteter Firngrat, der durchwegs begangen wird, Neigung im Firn durchschnittlich 30 Grad mit (je nach Verhältnissen) wenigen steileren Stellen;
  $1/2$ Std. von der Köllkuppe.

Route: Man hält sich (wegen der großen Wächten) immer auf der S-Seite des Grates und zwar vorteilhaft (keine Experimente!) knapp oberhalb des oberen Randes der bisweilen in der S-Seite aufscheinenden Felsinseln.

- **955** **Übergang zum Cima Venezia-Hauptgipfel** (Cima Venezia I)
  Neigung im Firn etwa 30 Grad.
  Unter Vermeidung des Wächtengrates; etwas umständlicher jedoch objektiv sicher. $1/2$–$3/4$ Std.

Vom Gipfel der Köllkuppe nach SO (Firn, Schnee) auf den flachen Moosferner (Vedretta di Careser) hinab und auf seinem obersten Rand unter den Gipfel der Cima Venezia I. Nun über Firn (einige Felsinseln) zu ihm empor.

- **956** **Von der Cevedalehütte**
  Nicht so beliebt wie R 952. Rot bez. Weg (teilweise).
  $2^1/_2$ Std.

Von der Hütte am rot bez. Weg Nr. 104 in schräg ansteigender Hangquerung talauswärts. Bei einer Wegteilung den linken Weg (Nr. 104) benützen und nach Ersteigung einer Hangstufe zu den Laghi Le Pozze. Nun zwei Möglichkeiten: **a)** Von den Seen nach NW steil aufwärts zum Rand des Moosferners (Vedretta di Careser) und längs desselben zum Gipfel. **b)** Nach NW bei den Seen abzweigen und auf rot bez. Weg bis unter den Südwesthang der Köllkuppe. Über ihn zum Gipfel aufsteigen (selten begangen).

- **957** **Vom Rif. S. Dorigoni**
  Gletscherbegehung,
  3–4 Std. (von Rabbi 7–8 Std.).

Von der Hütte zur Wegteilung knapp dahinter. Nun am linken Weg (rot bez., Weg Nr. 104) in westlicher Richtung die Hänge empor, dann zwei Möglichkeiten: entweder am rechten Weg unter dem Bergkörper der Cima Mezzena ansteigend vorbei und über Schutt und Schnee (Firn) aufwärts in die nördlich der Cima Mezzena befindliche Scharte der Bocca di Saent (3202 m); **oder** am linken Weg den Südhang der Cima Mezzena ansteigend in die Südliche Bocca di Saent, 3121 m, hinauf (rot bez.). Man hat somit den Rand des großen beckenförmigen Moosferners (Vedretta di Careser) erreicht. Über den Gletscher (Achtung auf Spalten) möglichst ohne Höhenverlust unter den Cime Venezia durchqueren und gerade am Firnhang zur Köllkuppe empor.

- **958** **Cima Venezia**
  (Hauptgipfel, Cima Venezia I, 3386 m, Cima Venezia II, 3371 m,
  Cima Venezia III, 3356 m)

(Die Zählung der Gipfel erfolgt von W nach O.)
Lohnender dreigipfeliger Kamm mit schöner Aussicht nach allen Seiten; weniger oft besucht als die Cima Marmotta (Köllkuppe, R 951). Zwei empfehlenswerte Rundtouren: a) von der Cevedalehütte oder dem Rif. Dorigoni wie R 956, 957 auf den Moosferner und nach Überschreiten der Gipfel wieder auf ihn absteigen;
b) von der Zufallhütte zur Marteller Hütte und weiter zur Cima Marmotta (R 952), dann Überschreitung aller Veneziagipfel und auf der N-Seite wieder zur Marteller Hütte über die Gletscher zurückqueren.

- **959** **Gratübergang von der Cima Marmotta (Köllkuppe)**
  J. Payer, J. Pinggera, 24.9.1867. Siehe R 954.

- **960** **Südostflanke**
  S. Dorigoni, A. Petrolli, D. Veneri, 17.8.1877 zum Hauptgipfel, Cima Venezia I. Neigung unter 30 Grad, stellenweise etwa 30 Grad. Von der Cevedale-Hütte 2^1/$_2$ Std., vom Rif. Dorigoni 3–4 Std.

Zugang: Wie R 956 und 957 auf den Moosferner und unter die Cima Venezia I.
Route: Nun entweder rechts (östl.) der Gipfelfallinie über einen unschwierigen Firngrat oder links (westl.) der Gipfelfallinie über einen etwas felsdurchsetzten Firnhang zum Gipfel.

- **961** **Ost-West-Überschreitung der drei Veneziagipfel**
  Th. Christomannos, A. v. Krafft, R. H. Schmitt, 21.8.1891, dabei erste Ersteigung der Cima Venezia II und III.
  Firngrat mit wenigen felsdurchsetzten Stellen; meist ohne Wächten, wenn Wächten, dann nach N; Neigung 30 Grad und weniger.
  1³/₄–2 Std. vom Schranjoch.

Zugang: Wie R 956 und 957 auf den Moosferner und über ihn in das östlich der Gipfel eingeschnittene Schranjoch (2 Std.). Zugang von N besser im Abstieg, s. R 958b.
Route: Vom Schranjoch über Schutt und Firn auf einen namenlosen Gipfel und dann in westlicher Richtung unschwierig auf die Cima Venezia III.
Weiter durchwegs am Grat zur Cima Venezia II. Von ihr am Grat in eine schmale firnbedeckte Scharte hinab. Der folgende Gratteil wird vorteilhaft in der SO-Seite erstiegen und dann der Grat zum Gipfel der Cima Venezia I verfolgt.

- **962** **Nordwestflanken der drei Veneziagipfel**
  Beliebig ersteigbare felsdurchsetzte Firnflanken von 30 bis 40 Grad Neigung, nach Bonacossa (1915) bereits begangen. Näheres wurde nicht bekanntgegeben.

- **963–964** frei für Ergänzungen.

- **965** **Vordere Schranspitze, 2888 m**

Verhältnismäßig unbedeutender Berg und Ausweichziel im S der Zufallhütte, in der Kartographie auch oft nur als Schranspitze bezeichnet. Lage: Am nördlichen Endpunkt des Kammes, der, bei der Cima Venezia III beginnend, den Schranferner (im W) vom Ultenmarktferner (im O) trennt.

- **966** **Von Osten**
  Oster, J. Mazagg, 25.8.1874
  Unschwieriger Anstieg; jedoch Gletscherbegehung.
  2–3 Std. von der Zufallhütte.

Von der Zufallhütte auf bez. Weg hinab zur Plima und über diese. Noch ein kurzes Stück am bez. Weg Nr. 12 talauswärts, dann bergseitig weglos weiter.
Aufwärts zum Schranferner und nahe seinem unteren Ende über den O-Hang (Schutt, Schnee) zum Gipfel.

- **967 Südrücken**
    Oster, J. Mazagg, 25.8.1874, im Abstieg.
    Unschwieriger Anstieg; jedoch Gletscherbegehung.
    2–3 Std. von der Zufállhütte.

Von der Zufállhütte wie R 966 auf den Schranferner und diesen kurz aufwärts in den Sattel südlich des Gipfels (hierher auch, wenn man gleich nach Überqueren der Plima vom bez. Weg abzweigt und genau nach S zum Ultenmarktferner ansteigt. Auf ihm in den Sattel). Am Rücken in Kürze zum Gipfel.

- **968 Nordostkante**
    A. Kasseroler, 2.9.1918
    III und II, teilweise brüchig.
    Etwa 200 m, $^3/_4$ Std. v. E., $1^1/_2$ Std. von der Zufállhütte.

Zugang: Wie R 966 in das Schrankar, E. am Beginn der Kante.
Route: Direkt an der Kante (brüchig) empor zu einem unschwierigen Mittelstück und über dieses zur Gipfelkante. An ihr empor, an einem auffallenden Zacken vorbei und luftig zum Gipfel (Beschreibung Kasseroler).

- **969 Nordgrat**
    G. Dyhrenfurth, E. Merlet, 1916, im Abstieg.
    II, teilweise Gehgelände.
    250–300 m, 1 Std. v. E., 2 Std. von der Zufállhütte.
    Siehe Abb. Seite 323.

Übersicht: Anstieg über den deutlichen Grat, der im oberen Drittel ein unschwieriges waagrechtes Gratstück aufweist.
Zugang: Von der Zufállhütte am bez. Weg über die Plima, dann weglos aufwärts zum Gratbeginn. E. an seinem tiefsten Punkt.
Route: Am Grat (Stufen, Bänder, Zacken) aufwärts zur sich zurück legenden Schneide. Über diese auf die große Gras- und Schutterrasse des mittleren Drittels. Hier am unschwierigen Rücken zum Gipfelaufbau. Längs des runden Gratrückens (anregende Kletterei) beliebig zum Gipfel.

- **970 Westschlucht**
    Urmann, 1916
    II und I, viel Schutt und lose Blöcke, unschön.
    200 m, $^1/_2$ Std. v. E. Siehe Abb. Seite 323.

Übersicht: Anstieg durch die deutliche Schlucht, die am unschwierigen großen Absatz des N-Grates endet. Die Schlucht wird durchwegs begangen und anschließend der runde Gratrücken des N-Grates zum Gipfel verfolgt.

● **971** **Westwand**
G. Dyhrenfurth, E. Merlet, 1916
II und I,
Wandhöhe 200 m, Kletterstrecke etwa 300 m, 1 Std. v. E.
Siehe Abb. Seite 323.

Route: E. rechts des Auslaufes der W-Schlucht und unterhalb von ihr bei einer deutlich nach rechts aufwärts in die Wand ziehenden Schrofenrampe. Die Rampe aufwärts bis an ihr Ende bei der WSW-Rippe des Berges. An und knapp rechts von ihr aufwärts, bis der immer steiler werdende Pfeiler ungangbar wird. Nun auf einem Gemswechsel nach links (N) durch die W-Wand bis zu einer Gratrippe. Diese aufwärts zum Gipfelgrat und über den scharfen aber unschwierigen Grat zum höchsten Punkt.

● **972** frei für Ergänzungen.

● **973** **Hintere Schranspitze (Punta Martello)**
(Deutsch-österr. Vermessung 3355 m, italien. Vermessung 3357 m)
Erste Ersteigung Th. Christomannos, A. v. Krafft, R. H. Schmitt, 21.8.1892, über R 974. Im Hauptkamm gelegener Gipfel östlich der Cime Venezia, von der Cima Venezia III durch das Schranjoch getrennt. Zugang in das Schranjoch wie Zugang zu R 961.

● **974** **Südwestgrat**
Unschwieriger Firn-, Schutt- und Blockgrat.
$^1/_2$ Std. vom Schranjoch.

Route: Vom Schranjoch durchwegs am Grat zum Gipfel.

● **975** **Südhang**
Unschwieriger Hang. $^1/_2$ Std. vom Moosferner.

Zugang: Wie zu R 961.

● **976** **Ostsüdostgrat**
Th. Christomannos, A. v. Krafft, R. H. Schmitt, 21.8.1892, im Abstieg.

Unschwieriger Grat; wird hauptsächlich bei einem Gratübergang zur Hinteren Rotspitze begangen,
$^1/_2$ Std. von der Hinteren Rotspitze.

Vord. Schranspitze

Vordere Schranspitze von Norden
969 Nordgrat
970 Westschlucht
971 Westwand

Von der Hinteren Rotspitze über ihren unschwierigen W-Grat hinab in den breiten Firnsattel am Beginn des OSO-Grates (hierher auch über den Moosferner [s. R 961]). Am unschwierigen Grat zur Hinteren Schranspitze.

- **977** **Nordgrat**
  I, im Firn unter 30 Grad, lohnend. Höhenunterschied 350 m, Gratlänge etwa 1½ km. 4–5 Std. von der Zufállhütte.

Zugang: Von der Zufállhütte am rot bez. Weg über die Plima und jenseits kurz am bez. Weg Nr. 12 talaus, dann bergseitig weglos weiter. Un-

ter der Vorderen Schranspitze ansteigend durch und aufwärts zum Schranferner, den man wenig ansteigend zum Beginn des langen Grates nach O quert.
Route: Durchwegs auf der Gratschneide zum Gipfel.

● 978 **Vordere Rotspitze (Cima Rossa di Martello)**
(Deutsch-österr. Vermessung 3031 m, italien. Vermessung 3033 m)

Seit altersher erstiegen, erste touristische Ersteigung J. Payer, J. Pinggera, 27.7.1868 von W, erste bekannte Begehung des SO-Grates J. Kipper, M. Eberhöfer, 30.7.1890. Gegen das Martell vorgeschobene stumpfe Erhebung am talseitigen Endpunkt von R 977.

● 979 **Westflanke**
I (kurze Stellen im letzten Teil der Flanke), vorwiegend Gehgelände.
2½–3 Std. von der Zufallhütte.

Zugang: Von der Zufallhütte über die Plima, dann talauswärts am rot bez. Weg Nr. 12 bis zum Fuß des NW-Spornes der Vorderen Rotspitze. Unmittelbar neben ihm ein enges Schuttal steil aufwärts zu einem Kessel (kleiner See). Von dort über Schutt und Schnee zum Fuß der W-Flanke.
Route: Über leichten Fels und Schrofen in ihr zum Gipfel.

● 980 **Nordwestgrat**
Unschwieriger Schutt- und Schneegrat.
2½–3 Std. von der Zufallhütte.

Zugang: Von der Zufallhütte wie R 979 am Weg Nr. 12 unter die Vordere Rotspitze. Vom Moränenrücken unter der N-Seite westlich über einen Schrofenhang zum NW-Grat.
Route: Über den Grat zum Gipfel.

● 981 **Nordflanke**
I, schuttbedeckter Fels.
2½–3 Std. von der Zufallhütte.

Zugang: Wie bei R 980 zum Moränenrücken. Diesen zur Gänze empor.
Route: Über eine flache Einsenkung der N-Flanke zum Gipfel.

● 982 **Nordostgrat**
II und **I** (stellenweise), vorwiegend Gehgelände.
3–4 Std. von der Zufallhütte.

Zugang: Wie bei R 980 zum Moränenrücken. Weiter an der O-Seite desselben mühsam über Schutt zum Gratbeginn.

Route: Am ersten Steilaufschwung gerade empor (I, II), dann am schuttbedeckten Gratrücken bis in etwa halbe Grathöhe. Der nächste Steilaufschwung wird durch eine Felsrinne erstiegen, dann am unschwierigen Grat zum Gipfel.

● 983 **Südgrat**
I (wenige Stellen), vorwiegend Gehgelände.
3–3$^1/_2$ Std. von der Zufallhütte.

Zugang: Wie R 977 auf den Schranferner und diesen nach O wenig ansteigend zum Sattel am Beginn des Grates queren.
Route: Nun am Schutt- und Schneegrat (wenige Felsstellen I) in 20 Min. zum Gipfel.

● 984 **Hintere Rotspitze (Cima Rossa di Saent), 3347 m**

Erste Ersteigung F. F. Tuckett, Melchior Anderegg, Juni 1866, über R 985.
Unschwieriger Gipfel mit besonders lohnender Aussicht, vorteilhaft mit einer Ersteigung der Hinteren Schranspitze und der Cime Venezia zu verbinden.

● 985 **Nordostgrat**
F. F. Tuckett, Melchior Anderegg, Juni 1866.
Unschwieriger Fels- und Firngrat.
1–1$^1/_4$ Std. vom Sällentjoch.
3–3$^1/_2$ Std. vom Rif. Dorigoni, etwas länger von der Zufallhütte und vom Zufritt.

Zugang: Wie R 203 ins Sällentjoch.
Route: Nun am unschwierigen Grat zum Gipfel.

● 986 **Von Norden**
J. Kipper, M. Eberhöfer, 30.7.1890
Unschwieriger Anstieg. Umständlicher als R 985 und fast nur mehr von historischer Bedeutung.
4 Std. von der Zufallhütte oder von Zufritt.

Von der Zufallhütte oder von Zufritt auf R 203 zum Sällentferner. Hier nach SW über den Gletscher in den breiten Gletschersattel südlich der Gramsenspitze hinauf.
Nun am Gletscher wenig steil nach S zum NO-Grat (R 985), den man nach seinem ersten Drittel erreicht. Über den Grat schließlich zum Gipfel.

- **987** **Westgrat**
   J. Payer, J. Pinggera, A. Chiesa, 1.9.1867
   Unschwieriger Grat; wird hauptsächlich bei einem Gratübergang zur Hinteren Schranspitze begangen,
   ½ Std. von dieser, von der Zufallhütte 4 Std., vom Rif. Dorigoni und der Cevedalehütte 3½ Std.

Zugang: Wie R 956 und R 957 auf den Moosferner (Vedretta di Careser) oder: von der Zufallhütte über die Plima und dann am rot bez. Weg Nr. 12 talaus; noch bevor man sich ober dem Zufritt-Stausee befindet, weglos empor zum Gramsenferner und über ihn in den Sattel westlich der Hinteren Rotspitze.
Route: Durchwegs am unschwierigen Grat zum Gipfel.

- **988** **Südostgrat**
   Vorwiegend Firn, wenige Felsstellen.
   Vom Rif. Dorigoni 2¾ Std., von der Cevedalehütte 3½ Std.

Zugang: Wie R 216 in die Bocca di Saent.
Route: Nun durchwegs am unschwierigen Grat zum Gipfel.

- **989** frei für Ergänzungen.

- **990**   **Innere Gramsenspitze**
   (Deutsch-österr. Vermessung 3158 m, italien. Vermessung 3159 m)

Teilt den Gramsenferner in zwei Äste, selten betreten, oft nur Gramsenspitze genannt.

- **991** **Nordgrat**
   I, fast nie begangen.
   4 Std. von der Zufallhütte oder von Zufritt.

Zugang: Wie R 203 am rot bez. Weg bis unter die Hangstufe, über die man den Sällentferner erreicht. Nun nach rechts (W) unter der Äußeren Gramsenspitze durchqueren zum N-Grat der Inneren Gramsenspitze.
Route: Über den Grat längs der Schneide zum Gipfel.

- **992** **Vom Sällentjoch**
   Unschwieriger Anstieg.
   1 Std. vom Sällentjoch, 3½–4 Std. von der Zufallhütte.

Route: Vom Sällentjoch nach W auf den Gramsenferner und über ihn in die breite Einsattelung südl. des Gipfels. Nun über den kurzen unschwierigen Grat auf ihn.

● **993** frei für Ergänzungen.

● **994**   **Äußere Gramsenspitze**
(Deutsch-österr. Vermessung 2917 m, italien. Vermessung 2914 m)
Unschwierige, den Sällentferner vom Gramsenferner trennende Erhebung nördl. des Hauptkammes und östl. der Inneren Gramsenspitze, auf allen Anstiegen etwa 3–3½ Std. von der Zufállhütte.

● **995**   **Südgrat**
         J. Feuerstein, 1855. Unschwieriger Firngrat. ¾ Std. vom Sällentjoch.

Zugang: Vom Sällentjoch (oder schon nördlich unter ihm abzweigen) über einen Firnhang zum kurzen SO-Grat queren.
Route: Längs der unschwierigen Firnschneide zum Gipfel.

● **996**   **Westflanke**
         I, Firn- und Felsflanke, fast nie begangen.

Route: Vom Gramsenferner beliebig über den unteren Felsgürtel und oberhalb auf Firn. Weiter über Fels direkt zum Gipfel.

● **997**   **Nordgrat**
         I.

Zugang: Von der Zufállhütte oder von Zufritt am Weg zum Sällentjoch (R 203) bis zu der Hangstufe, oberhalb welcher der Sällentferner beginnt. Nun nach W zum N-Grat.
Route: Längs dessen Schneide zum Gipfel.

● **998** frei für Ergänzungen.

● **999**   **Sällentspitze (Cima di Saent)**
(Deutsch-österr. Vermessung 3212 m, italien. Vermessung 3215 m)
1. Ersteigung J. Payer, J. Pinggera, 30. 7. 1868, auf R 1004.
Lohnender Gipfel nordöstl. des Sällentjoches.

● **1000**   **Südwestgrat**
         A. W. Andrews, O. K. Williamson, J. Lochmatter, J. Maitre, 13.7.1902
         I. Fels- und Firngrat. ½ Std.

Route: Vom Joch (R 203) über den Felsgrat zu einer Firnschneide. Längs ihr und über den teilweise felsigen Grat auf einen Vorgipfel (3159 m) und weiter zum Gipfel.

- **1001 Nordwestgrat**
  Unschwieriger Grat.
  4 Std. von der Zufallhütte bzw. von Zufritt.

Zugang: Wie R 203 auf den Sällentferner. Auf dem Rücken seiner Stirnmoräne nach O und über Schutt und Firn zum NW-Grat.
Route: Über diesen unschwierig zum Gipfel.

- **1002 Westflanke**
  J. Payer, J. Pinggera, 30.7.1868, im Abstieg.
  I, fast nie begangen, Felsflanke.

Übersicht: Die felsige vom Sällentferner aufsteilende Flanke wird beliebig begangen.

- **1003 Südostflanke**
  I (kurz vor dem Gipfel), sonst leichter.
  2½ Std. vom Rif. S. Dorigoni.

Von der Hütte (Steig) zum unteren Lago di Sternai. Weiter längs des Baches zum oberen See.
Nun über einen Moränenrücken. Die darauf folgenden Hänge und zuletzt über unschwierigen Fels zum oberen NO- Grat empor. Über ihn zum Gipfel.

- **1004 Gratübergang zur Hinteren Nonnenspitze**
  J. Payer, J. Pinggera, 30.7.1868. Unschwierige Fels- und Firngrat, **I** (einige Stellen).
  40 Min.

Vom Gipfel über den felsdurchsetzten Grat hinab in die Einsattelung vor der Hinteren Nonnenspitze. Nun am Firngrat auf diese.

- **1005** frei für Ergänzungen.

- **1006   Hintere Nonnenspitze**

W-Gipfel (Cima di Rabbi), deutsch-österr. Vermessung 3254 m, italien. Vermessung 3256 m; O-Gipfel deutsch-österr. Vermessung 3273 m, italien. Vermessung 3269 m.
Erste Ersteigung J. Payer, J. Pinggera, 30.7.1868 auf R 1009.
Unschwieriger Doppelgipfel, wird in der Regel nur anläßlich einer Kammbegehung betreten.

- **1007 Gratübergang von der Sällentspitze**
  S. R 1004.

- **1008** **Von Norden**
  Th. Christomannos, A. v. Krafft, R. H. Schmitt, 21.8.1891
  Fast nie begangen. 4 Std. von Zufritt.

Zugang: Auf R 204 zum Kleinen Grünsee.
Route: Nun nach SW unterhalb des Zufrittferners zum Nonnenferner und über ihn zum Gipfel.

- **1009** **Gratübergang von der Lorchenspitze**
  J. Payer, J. Pinggera, 30.7.1868
  Unschwierig, $1/4$ Std.

- **1010** **Südgrat**
  I (wenige Stellen), sonst unschwieriger Felsgrat, zuletzt Firn, $2^{1}/_{2}$ Std. vom Rif. S. Dorigoni.

Zugang: Von der Hütte zum unteren Lago di Sternai (Steig) und längs des Baches zum obersten See. Nun über den Hang zum Gratfuß.
Route: Längs der Gratschneide auf einen Vorgipfel (3246 m). Kurzer Abstieg in den dahinter befindlichen Firnsattel und fast ohne Steigung zum O-Gipfel.

- **1011** **Südostwand des Ostgipfels**
  A. Kasseroler, E. Meletzki, 5.9.1918
  II (wenige Stellen), sonst I; kurze Eispassage, etwa 45 Grad. Wandhöhe etwa 150 m, $3/4$ Std. v. E.; $2^{1}/_{2}$ Std. vom Rif. Dorigoni.

Zugang: Wie bei R 1010 zum obersten Lago di Sternai und unter den S-Grat. Hier nach rechts bis in Fallinie des Vorgipfels (3246 m).
Route: Gerade hin wenig schwierigem Fels bis in die Wandmitte empor, dann nach links über eine Eisrinne hinweg auf die jenseitige Rippe. Auf ihr zum Vorgipfel und nach Überschreiten einer flachen Gratsenke (wie R 1010) in Kürze zum O-Gipfel.

- **1012** frei für Ergänzungen.

- **1013** **Vordere Nonnenspitze,** 2782 m

Nördlich des Nonnenferners gegen den Zufritt-Stausee vorgeschobene Erhebung, selten betreten.

- **1014** **Von Zufritt**
  Unschwierige Hänge. $2^{1}/_{2}$ Std.

Auf R 204 zum Kleinen Grünsee. Nun mühsam, im allgemeinen waagrecht die Hänge nach W queren und zuletzt kurzer Anstieg in die kleine

Scharte südl. des Gipfels. Von dort am kurzen Grat zum höchsten Punkt.

- **1015** frei für Ergänzungen.

- **1016**   **Lorchenspitze (Cima Lorchen)**
(Deutsch-österr. Vermessung 3343 m, italien. Vermessung 3347 m)
Erste Ersteigung J. Payer, J. Pinggera, 30.7.1868, über R 1019.
Nordwestlich des Grünsee aufragender Gipfel, bei dem der Eggenspitzkamm nach SO abzweigt; besonders in Verbindung mit einer Besteigung der Hinteren Eggenspitze lohnend.

- **1017**   **Nordostgrat**
Unschwieriger Fels- und Firngrat,
30–40 Min. vom Weißbrunnerjoch, 4 Std. vom Zufritt-Stausee,
2½ Std. von der Grünseehütte.

Zugang: Wie R 204 ins Weißbrunnerjoch.
Route: Immer längs der Gratschneide zum Gipfel.

- **1018**   **Gratübergang von der Hinteren Nonnenspitze**
S. R 1009.

- **1019**   **Südgrat**
J. Payer, J. Pinggera, 30.7.1868
Unschwieriger Firngrat, zuletzt felsdurchsetzt,
¾ Std. von der Hinteren Eggenspitze.

Von der Hinteren Eggenspitze in den trennenden flachen Sattel hinab (hierher auch von der Grünseehütte über den Weißbrunnferner am gewöhnlichen Anstieg zur Hinteren Eggenspitze, R 1022).
Nun immer längs der Gratschneide zum Gipfel der Lorchenspitze aufsteigen.

- **1020**   frei für Ergänzungen.

- **1021**   **Hintere Eggenspitze (Cima Sternai)**, 3443 m
Erste Ersteigung J. Payer, J. Pinggera, 30.7.1868, über R 1027.
Westlich oberhalb des Grünsee aufragende Fels- und Eispyramide, im Sommer viel besucht, im Winter nur für sehr gute Skitourenfahrer. Hervorragende Aussicht vom Ortler bis zu den Dolomiten.

- **1022 Von der Grünseehütte**
  Unschwieriger Firngrat, teilweise rot bez. Wege.
  3–4 Std.
  Siehe Abb. Seite 333.

Von der Hütte zum N-Ende des Stausees. Danach Wegteilung. Am linken rot bez. Weg einen kurzen Steilhang hinauf, dann (Steigspuren) weit nach links (S) halten und nördlich eines markanten Felsspornes zum Weißbrunnferner hinauf. Über ihn (fast keine Spalten) in die Einsattelung des Verbindungsgrates von der Hinteren Eggenspitze (im S) zur Lorchenspitze (im N). Nun über den zum Großteil firnbedeckten Grat zum Gipfel.

- **1023 Nordostgrat**
  Unschwieriger Firngrat, Neigung 30 Grad, sehr oft weniger.
  Höhenunterschied 500 m von Gratbeginn, Gratlänge etwa
  1200 m. 3–4 Std. von der Grünseehütte.
  Siehe Abb. Seite 333.

Übersicht: Anstieg über den runden Gratrücken, der den Weißbrunnferner nach S begrenzt und seitlich nahtlos in diesen übergeht, hingegen auf der S-Seite mit Wandbildungen abfällt.
Zugang: Von der Hütte um den Stausee und über einen Moränenrücken zum Gratbeginn.
Route: Den unteren (und einzigen) Gratabbruch rechts (Weißbrunnferner-Seite) über Schutt, Firn und unschwierigen Fels umgehen, dann zur Schneide zurück. Dieser durchwegs zum Gipfel folgen.

- **1024 Gratübergang von der Vorderen Eggenspitze (SO-Grat)**
  Theodor Dietrich, Stauder, Gamper, 4.8.1902
  Felsgrat mit einzelnen Firnstellen,
  II (wenige Stellen), vorwiegend I; im Firn etwa 30 Grad,
  Gratlänge etwa 800 m, 1–2 Std.
  Siehe Abb. Seite 333.

Vom Gipfel der Vorderen Eggenspitze am unschwierigen Grat abwärts, zuletzt auf der Rabbi-Seite (W) in die zwischen beiden Gipfeln eingeschnittene Scharte. Weiter immer längs der Schneide zum Gipfel der Hinteren Eggenspitze.

- **1025 Westrinne. Zur Scharte zwischen den beiden Eggenspitzen**
  A. Kasseroler, E. Meletzki, 4.9.1918, im Abstieg
  II (bei Ausaperung auch schwieriger), im Firn etwa 40 Grad.
  200 m v. E., 3½ Std. vom Rif. Dorigoni bis zum Gipfel.

Zugang: Vom Rif. S. Dorigoni am Steig zum unteren Lago di Sternai. Weiter weglos (Schutt, Schnee) nach NO bis unter die Fallinie der breiten Scharte zwischen den beiden Eggenspitzen.
Route: Durchwegs in der seichten Rinne in die Scharte empor. Weiter wie R 1024.

● **1026 Südwestgrat**
Firn- und Felsgrat (bei guten Verhältnissen mehrheitlich Firn, bei Ausaperung viel Schutt und lockere Blöcke).
II; im Firn etwa 30 Grad Neigung.
270 m Höhenunterschied, Gratlänge etwa 600 m.
3½ Std. vom Rif. Dorigoni.

Zugang: Wie bei R 1025 unter die SW-Seite der Hinteren Eggenspitze und nach links (NW) zum Gratbeginn.
Route: Der Grat wird immer längs seiner Schneide begangen.

● **1027 Westwand**
J. Payer, J. Pinggera, 30.7.1868
II und I; im Firn etwa 30 Grad (je nach Wegwahl auch etwas steiler). Gleichförmige, aus Blöcken und Firnstreifen bestehende Wand ohne besondere Orientierungspunkte. Bei Ausaperung brüchig und vor allem steinschlaggefährlich.
Wandhöhe etwa 250 m, 3½ Std. von der Dorigonihütte.

Zugang: Vom Rif. Dorigoni am Weg zum unteren Lago di Sternai und dann längs des Baches zum obersten See. Nun nach O über Schutt und Firn zum Wandfuß. E. in Gipfelfallinie.
Route: Eine Schneerinne und die darauf folgenden leichten Felsen zu einem Firngrat empor. Den Grat empor, dann (unter den Felsen des Gipfels) über ein Firnband schräg rechts aufwärts auf einen kurzen Grat. Auf ihm zum Gipfel.

Eggenspitzen vom Grünsee
Hint. Eggenspitze
1022 Normalweg von der Grünseehütte
1023 Nordostgrat
1024 Gratübergang von der Vord. Eggenspitze
Vord. Eggenspitze
1031 Normalweg von der Grünseehütte über den Ostgrat
1033 Nordwandrinne

Vord. Eggenspitze Hint.

1022
1023
1024
1033
1031

- **1028 Direkte Westwand**
  R. Albertini, 6. 10. 1942
  IV (eine Passage), III, II (laut Erstbegeher).

Es wurden keine Einzelheiten bekanntgegeben; kaum lohnend.

- **1029** frei für Ergänzungen.

- **1030 Vordere Eggenspitze
  (Cima Sternai Meridionale)**, 3385 m

Erste Ersteigung bei der Militärtriangulierung 1854, über R 1035.
Selten betretener Gipfel zwischen Hinterer Eggenspitze und Schwärzerjoch.

- **1031 Von der Grünseehütte**
  I (stellenweise) am Gipfelgrat, vorwiegend leichter, weglos.
  3–4 Std.
  Siehe Abb. Seite 333.

Von der Hütte um den Grünsee und in das Kar zwischen den beiden Eggenspitzen. Nun entweder sofort auf den das Kar links (im Sinne des Beschauers) begrenzenden Grat oder das Kar einwärts und dann links über Schutt und Schnee zur Gratschneide empor. Am vorwiegend felsigen Grat zum Gipfel.

- **1032 Vom Schwärzerjoch (R 215)**
  Unschwierig, fast nie begangen, 2 Std.

Durchwegs längs der langen Schneide des SSO-Grates zum Gipfel.

- **1033 Nordwandrinne**
  L. Pogliaghi, F. Veclani, 22. 7. 1969; Skibefahrung H. Holzer 6. 6. 1975.
  Firn- bzw. Eisrinne, Neigung etwa 45 Grad.
  350 m, 1½–2 Std. vom Kar.
  Siehe Abb. Seite 333.

Übersicht: Anstieg in der deutlichen zwischen den beiden Gipfelpunkten der Vorderen Eggenspitze herabziehenden Rinne.
Zugang: Von der Grünseehütte um den See und durch das zwischen den beiden Eggenspitzen gelegene Kar zum Rinnenauslauf (1–1½ Std.).
Route: Die Rinne wird durchwegs begangen.

- **1034 Gratübergang zur Hinteren Eggenspitze**
  Siehe R 1024.

- **1035 Südgrat**
    1. Begehung anläßlich der Militärtriangulierung 1854. Unschwieriger Firngrat, bei Ausaperung Blöcke und Schutt, 3 Std. vom Rif. S. Dorigoni.

Zugang: Von der Hütte zum untersten Lago di Sternai (Steig). Nun über Schutt und Schnee zum rückenartigen S-Grat des Berges.
Route: Über diesen zum Gipfel.

- **1036 Westflanke**
    Firn- und Schuttflanke.
    I (einige Stellen); im Firn etwa 30 Grad.
    3 Std. vom Rif. S. Dorigoni.

Zugang: Wie bei R 1035 unter den S-Grat und unterhalb von ihm nach N (Firnfeld) zur W-Flanke empor.
Route: In der Flanke über Schutt und Firn aufwärts zu breiten Rinnen, denen man zum Gipfel folgt.

- **1037** frei für Ergänzungen.

- **1038   Weißbrunnerspitze,** 3253 m

Erste Ersteigung Th. Dietrich, 19.8.1904, über R 1041
Gipfel zwischen Weißbrunnerjoch (R 204) in SW und Zufrittjoch (R 205) im NO. Von beiden Jöchern in $^1/_2$ Std. erreichbar. Vorteilhaft entweder mit einer Überschreitung vom Weißbrunnerjoch zur Zufrittspitze zu ersteigen, oder: von der Grünseehütte bzw. dem Zufritt-Stausee in eines der beiden Jöcher (s. R 204, 205) und nach Überschreitung des Berges vom jeweils anderen Joch zum gleichen Ausgangspunkt zurück. Vom Zufritt-Stausee bis zum Gipfel $3^1/_2$ Std., von der Grünseehütte bis zum Gipfel $2^1/_2$ Std.

- **1039 Südwestgrat**
    Th. Dietrich, 19.8.1904, im Abstieg. **I**, je nach Wegführung kurze Stellen **II**. $^1/_2$ Std. vom Weißbrunnerjoch.

Route: Vom Joch durchwegs am Grat zum Gipfel, wobei auch beliebig in die beiden unschwierigen Flanken ausgewichen werden kann.

- **1040 Westgrat**
    G. Buscaini, 18.8.1982
    III, II, stellenweiser leichter. 300 m, 1 Std.

Übersicht: Anstieg über den am Unteren Zufrittferner beginnenden Grat.

Route: Der unterste brüchige Grataufschwung wird links (nördl.) über Schrofen und Schnee umgangen und danach die Gratschneide erreicht. Im Folgenden durchwegs längs der Schneide, zuletzt Blockgrat, zum Gipfel.

- **1041 Ostgrat**
   Th. Dietrich, 19.8.1904
   II (kurze Stellen), I. ½ Std. vom Zufrittjoch.

Route: Vom Joch am Grat nach Süden auf einen unbenannten Gipfel hinauf. Jenseits Abstieg in die trennende Gratscharte, dann längs der Schneide zum Gipfel.

- **1042** frei für Ergänzungen.

- **1043 Zufrittspitze (Gioveretto)**
   (Deutsch-österr. Vermessung 3438 m, italien. Vermessung 3439 m)

Erste Ersteigung J. Payer, J. Pinggera mit zwei Trägern, 9.8.1886, über R 1044.

Formschöner und lohnender Gipfel im N des Zufrittjoches, beliebtes Ziel, im Frühjahr (mühsam auch im Spätwinter) Skiziel, jedoch Vorsicht auf den Gletschern und unter der Soyalm.

- **1044 Südwest- und Südgrat**
   J. Payer, J. Pinggera und zwei Träger, 9.8.1886
   Vorwiegend unschwieriger Schutt-, Block- und Firngrat.
   II (kurz) und I. Oft begangen.
   5–6 Std. vom Zufritt-Stausee.

Zugang: Wie bei R 204 und R 205 zum Kleinen Grünsee und weiter zu der Wegteilung, bei der sich die Wege zum Weißbrunnerjoch und Zufrittjoch trennen. Nun nach links (N) zu jenem vom S-Grat nach WSW ziehenden Gratast, der den Oberen Zufrittferner (im N) vom Zufrittferner (im S) trennt.

Route: Über Schutt und unschwierigen Fels auf den breiten Gratrücken und diesen aufwärts zur Firnschneide des S-Grates. Auf ihr zum Gipfelaufbau. Nun gerade längs der Gratschneide (II, I) zum Gipfel.

- **1045 Variante zu R 1044**
   II und I
   Bez.

Route: Am Beginn des Gipfelaufbaues in die Felsen der SW-Seite. Diese empor und erst auf die Gratschneide, wo sie unschwierig ist.

● **1046　Winteraufstieg**

Vom **Kleinen Grünsee** (R 204) zum Oberen Zufrittferner und über diesen (in etwa der Hälfte des Gletschers große bergschrundartige Spalte) zur Firnschneide des S-Grates (Skidepot). Weiter wie R 1044.

● **1047　Ganzer Südgrat**

A.W. Andrews, O. K. Williamson, J. Lochmatter, J. Maitre, 13.7.1907, anläßlich der Gratbegehung vom Hohenfernerjoch (westlich der Cima Marmotta), bis zur Zufrittspitze.

II und I, teilweise Gehgelände, sehr reizvoll,
2–3 Std. vom Zufrittjoch.

Route: Vom Zufrittjoch (R 205) am wenig ansteigenden Grat bis in eine kleine Scharte. Nun links der Kante (rechts eine große glatte Platte) über den Aufschwung hinauf. Der folgende Gratturm wird entweder direkt überklettert oder (leichter) auf der Martellerseite umgangen. Weiter am unschwierigen Grat zur Firnschneide, der man zum Gipfelaufbau folgt (bereits gemeinsam mit R 1044). Nun längs der Gratschneide zum Gipfel.

● **1048　Westwand**

A. Balabio, A. und C. Calegari, F. Cortese, G. Fumagalli, 17.8.1922, wahrscheinlich bereits vorher begangen.

II, I, etwa 100 m.

Zugang: Wie R 1044, 1046 oder 1047 zum Gipfelaufbau. Am oberen Gletscherrand kurz nach links (N) zu einer steilen, schuttgefüllten Rinne.

Route: Die Rinne aufwärts zu einer steilen gutgriffigen Platte. Diese empor und von ihrem oberen Ende auf schmalen Bändern zu einer engen Rinne queren. Die Rinne empor, dann über steilen gebänderten Fels weiter. Nun in einer Rinne an ihr oberes Ende, dann rechts haltend in weniger steiles Gelände und über einen Grat zum Gipfel (Wegbeschreibung aufgrund RM 1924/151).

● **1049　Westrinne**

Der leichteste Anstieg vom Kleinen Grünsee, Gletscherbegehung. Unschwierig. Neigung im Firn (Rinne und Gipfelhang) 30 Grad und weniger. 5–6 Std. vom Zufritt-Stausee.

Zugang: Wie bei R 204 und R 205 zum Kleinen Grünsee. Über Schutt zum Oberen Zufrittferner. Diesen nun nicht gerade zur Firnschneide des S-Grates empor, sondern schräg ansteigend nach N zu jener breiten Firnrinne, die die W-Wand links (nördl.) begrenzt.

Route: Die Firnrinne empor bis an ihr Ende am oberen N-Grat. Nun über einen Firnhang zum Gipfel.

● **1050 Nordgrat**
August Kleeberg, J. Weithaler, 3.7.1907
Firn- und Felsgrat. **I**, im Firn 30 Grad und weniger.
Höhenunterschied 312 m, Gratlänge etwa 900 m, 1½ bis 2 Std. von der Altplittscharte, 6–7 Std. vom Zufritt-Stausee.

Zugang: Vom Kleinen Grünsee (R 204, R 205) über Schutt zum Oberen Zufrittferner und dessen unteres Fünftel nach O gegen die tiefste Scharte des N-Grates queren. Über eine Firn- bzw. Schuttrinne in sie hinauf (Altplittscharte).

Route: Durchwegs längs der Gratschneide, zuletzt über einen Firnhang zum Gipfel.

● **1051 Über den Soyferner**
Gletscherbegehung, unschwierig. Auch als Skibergfahrt geeignet (beste Zeit: ab März, Skidepot vorteilhaft etwa 100 m unterhalb des Gipfels).
6–7 Std. von der Marteller Talstraße.

Von Gand auf der Straße taleinwärts nach Unterhölderle. Nun Abzweigung nach S. Auf gutem rot bez. Weg (Nr. 4) die Hänge (Kehren) aufwärts zur Baumgrenze und bald danach zur Soyalm (2073 m). Weiter taleinwärts zur Kälberalm, dann weglos die Hänge nach S empor zum Soyferner. Den Soyferner empor zum obersten N-Grat (R 1050) und über seinen Firnhang zum Gipfel.

● **1052 Nordostgrat „Winteretschneide"**
Paul Mayr, Theodor Dietrich, Sommer 1903
II (kurze Stellen), unschwieriger Schrofen- und Firngrat.
2½–3 Std. von der Soyscharte, 7–8 Std. sowohl aus dem Martell wie auch aus dem Ultental.

Route: Von der Soyscharte (R 206) nach SW längs des Grates auf den unschwierigen Gipfel des Soyjoches. Weiter längs des Grates (bald z. T. Firnschneide) zum O-Gipfel und über die trennende Einsenkung hinweg zum Hauptgipfel der Zufrittspitze.

● **1053 Ostflanke und Südgrat**
G. Merzbacher mit zwei Führern, 10.8.1886
II und **I** (kurz) am Gipfelaufbau, sonst Gehgelände, bez. Weg. 3½–4 Std. von der Grünseehütte.

Route: Von der Grünseehütte längs des Stausees taleinwärts, bald danach Wegteilung. Nun am rechten der beiden bez. Wege (führt zum Zufrittjoch) aufwärts. Vor dem endgültigen Anstieg zur Jochhöhe abbiegen und weglos zum Firnfeld unter der S-Seite des Berges hinauf. Links (nordwestl.) haltend zu einem vom S-Grat herabziehenden Schutt-, Firn- und Felsrücken.
Auf ihm zum Beginn der Firnschneide des S-Grates. Auf ihr zum Gipfelaufbau. Nun links der Gratschneide die Felsen empor (gemeinsam mit R 1045) und zuletzt am Grat zum Gipfel.

- **1054–1055** frei für Ergänzungen.

- **1056**   **Altplittschneide**
(Deutsch-österr. Vermessung 3231 m, italien. Vermessung 3232 m)

- **1056 a**   **Zehnerspitze,** 2804 m

- **1056 b**   **Zwölferspitze**
(Deutsch-österr. Vermessung 2679 m, italien. Vermessung 2680 m)

Gipfel in der Fortsetzung des Zufrittspitze N-Grates (R 1050), fast nie betreten.

- **1057**   **Südgrat der Altplittschneide**
Erste bekannte Begehung A. Kleeberg, J. Weithaler, 3.7.1907, im Abstieg anläßlich des Überganges bis zur Zufrittspitze.
Unschwierig, 4½ Std. vom Zufritt-Stausee.

Zugang: Wie R 1050 in die Altplittscharte.
Route: Immer am Grat zum Gipfel.

- **1058**   **Gratüberschreitung der Gipfel**
A. Kleeberg, J. Weithaler, 3.7.1907
III, II (Stellen), sonst unschwieriger Block-, Schutt- und Schneegrat.
6 Std. von der Straße im Martell.

Zugang: Wie bei R 1051 zur Kälberalm. Nun vom bez. Weg abbiegen und auf einem Steig über eine Steilstufe (Kehren) nach W in das weite Altplittkar hinauf.
Route: Aus seinem unteren Teil beliebig (weglos) zum Gipfel der Zwölferspitze, dann am Grat über die Zehnerspitze zum Gipfel der Altplittschneide. Schwierigkeiten werden links umgangen.

- **1059 Nordostgrat der Zehnerspitze (Verbindungsgrat zur Zwölferspitze)**
  Unschwieriger Gratanstieg.

Wie R 1058 in das Altplittkar, dann jedoch nicht rechts weglos zur Zwölferspitze, sondern den Steig bis zu seinem Ende unter der Zehnerspitze verfolgen. Weglos zum obersten NO-Grat (Verbindungsgrat zur Zwölferspitze) empor und über ihn unschwierig zum Gipfel.

- **1060 Westgrat vom Ebenen Jöchl (R 1061)**
  Unschwieriger Schutt- und Schneegrat.
  $1^{1}/_{4}$ Std.

Begehung längs der Schneide.

- **1061**   **Ebenes Jöchl**
  (Deutsch-österr. Vermessung 2794 m, italien. Vermessung 2786 m)

- **1061 a**   **St. Johann-Spitze**
  (Deutsch-österr. Vermessung 2647 m,
  italien. Vermessung 2657 m)

Das Ebene Jöchl ist ein hervorragender Aussichtspunkt mit Tiefblick ins Martell, empfehlenswertes Ausflugsziel; die St. Johann-Spitze ist der Endpunkt des vom Ebenen Jöchl nach SW ziehenden Rückens, bergsteigerisch bedeutungslos, über Schutt und Gras beliebig ersteigbar und überschreitbar.

- **1062 Von Zufritt (Ghf. „Zum See" am SW-Ende des Stausees)**
  3 Std., rot bez. Wege.

Am Südrand des Sees auf rot bez. Weg (Nr. 17) entlang und dann im Wald steiler empor zum Zufritt-Tal (Aufstieg zum Weißbrunnerjoch bzw. Zufrittjoch). Erst im Tal aufwärts, dann an der N-Seite des Tales (Wiesen) weiter, bis links (nördl.) der rot bez. Weg Nr. 30 abzweigt. Diesem folgen und zum Schwarzen Loch (See). Weiter am nächsten See (Großes Loch) vorbei und dann aus dem Karhintergrund steiler (Kehren) aufwärts in die sehr flache Grateinsenkung östlich des Ebenen Jöchls. Nun mit sehr geringer Steigung zum Gipfelzeichen.

- **1063**   **Soyspitze (Soyjoch)**
  (Deutsch-österr. Vermessung 3025 m,
  italien. Vermessung 3030 m)

Unschwieriger Gipfel im SW der Soyscharte, von ihr in $^{1}/_{2}$ Std. ersteigbar; wird bei einer Begehung von R 1052 überschritten. Zugang zur Soyscharte s. R 206; weiter längs des Grates zum Gipfel. 4 Std. sowohl aus dem Martell wie auch aus dem Ultental.

● **1064**   **Flimspitze,** 3113 m
Unschwieriger Gipfel des Kammes nördlich der Soyscharte.

● **1065**   **Südgrat**
            Unschwieriger Gratrücken.
            $^3/_4$ Std. von der Soyscharte, R 206. $4^1/_4$ Std. vom Martell bzw. $4-4^1/_2$ Std. aus dem Ultental.

Von St. Gertraud im Ulten auf der Straße zum Weißbrunner-Stausee bis zum Gehöft Jochmeier am oberen Ende der Straßenkehren. Nun auf gutem Weg nach W ins Tal des Tuferbaches und in ihm zur Jochner Alm (bis hierher rot bez.). Weiter (Weg) längs des Baches taleinwärts und aus dem Karhintergrund (Steig) auf den S-Grat des Berges. Längs des Gratrückens zum Gipfel.

● **1066**   **Gratübergang zur Tuferspitze**
            Unschwieriger Schuttgrat, 20 Min.

● **1067**   **Tuferspitze**
            (Deutsch-österr. Vermessung 3092 m,
                 italien. Vermessung 3097 m)
Unschwierige Erhebung südwestlich des Flimjoches (R 207).

● **1068**   **Gratübergang von der Flimspitze**
            s. R 1066

● **1069**   **Nordostrücken**
            Unschwieriger Anstieg.
            20 Min. vom Flimjoch, $3^1/_2$–4 Std. vom Martell und dem Ultental.
Zugang: Wie R 207 aus einem der beiden Täler ins Flimjoch.
Route: Weiter am unschwierigen Rücken zum Gipfel.

● **1070**   **Hasenöhrl**
(Deutsch-österr. Vermessung 3256 m, italien. Vermessung 3257 m).
Hervorragender Aussichtsberg mit Sicht von den Ötztaler Alpen über die Dolomiten bis zu den Bergen der zentralen Ortleralpen. Mehrere bez. Wege, z. Teil unschwierige Gletscherbegehung; aus dem Martell etwas langwierig, kürzer aus dem Ultental über den Arzker Stausee (die-

ser Anstieg kommt im Spätwinter und Frühling auch als Skibergfahrt in Frage).

- **1071** **Westsüdwestgrat**
  Alexander Burckhardt, 17.8.1895, zugleich erste touristische Gipfelersteigung.
  Unschwieriger Schutt- und Grasgrat.
  1 Std. vom Flimjoch, 4–5 Std. vom Martell bzw. Ultental.

Zugang: Wie R 207 aus einem der beiden Täler ins Flimjoch.
Route: Nun nach NO längs der Gratschneide zum Gipfel der Gasse (3014 m italien. Vermessung, 3046 m deutsch-österr. Vermessung). Jenseits in eine flache Gratsenke hinab und aufwärts zum Gipfel des Hasenöhrls.

- **1072** **Von St. Gertraud im Ultental**
  Rot bez., mühsam. 4–5 Std.

Am Weg zum Flimjoch (R 207) bis auf die oberste Talstufe unter dem Joch. Von ihrem unteren Ende rechts (nordöstl.) vom Weg zum Joch abzweigen und ansteigend um einen Rücken herum in das weite Flatschbergkar. Dieses durchqueren und über den SW-Hang (Steigspuren) zum obersten WSW-Grat. Auf ihm zum Gipfel.

- **1073** **Südgrat**
  Alexander Burckhardt, 13.7.1899
  Unschwieriger Anstieg; teilweise rot bez.
  6 Std.

Von St. Gertraud im Ultental am rot bez. Weg in Kürze (Kehren) zu Flatscher Höfen. Nun nicht dem bez. Weg folgen, sondern gerade am breiten Wiesenrücken (Steig) aufwärts. Man gelangt so auf den rot bez. von St. Nikolaus zur Flatschbergalm führenden Weg (Nr. 12). Diesem kurz nach W folgen, dann bergseitig abzweigen. Weiter (Steig) über den Rücken zum kleinen Gipfel des Kaserberges (2554 m) und zum Getristeten Stein (2929 m deutsch-österr. Vermessung, 2960 m italien. Vermessung). Knapp vorher führt von O der rot bez. Weg Nr. 14 zur Gratschneide. Auf dem Weg längs der Gratschneide zum Gipfel.

- **1074** **Von St. Gertraud oder St. Nikolaus im Ultental**
  Rot bez., 6 Std.

a) Von St. Gertraud zu den Flatscher Höfen (Kehren) und schräg talauswärts aufwärts, bis man auf den rot bez. Weg Nr. 12 trifft. Auf ihm kurz talauswärts zum Steinbergrücken.

Hasenöhrl von der Blauen Schneid
1075 Anstieg vom Arzker Stausee über die Ostseite
1079 Nordgrat

b) Von St. Nikolaus rot bez. (mehrere Wege) in Kehren den Hang hinauf und schließlich taleinwärts ansteigend zum Steinbergrücken.
Gemeinsamer Weiterweg: Längs des Rückens (rot bez., Weg Nr. 14) zum Getristeten Stein und weiter wie R 1073 zum Gipfel.

- **1075   Vom Arzker-Stausee**
    Der kürzeste Anstieg, als Winter- (Frühjahrs-) Bergfahrt nur bei absolut lawinensicheren Verhältnissen anzuraten.
    Im Sommer 2½–3 Std., im Winter 3–4 Std.
    Autozufahrt bis ½ Std. vor den Arzker-Stausee möglich (zu Fuß 3 Std.).
    Siehe Abb. Seite 343.

Vom Zoggler Stausee im Ultental auf der nach NW abzweigenden Straße (Tal des Schmiedhofer Baches) aufwärts bis zum Arzker-Stausee (zuletzt Kehren). Vom rechten Ufer des Sees in westl. Richtung durch eine lange, nach oben breiter werdende Rinne aufwärts. Man erreicht eine Hangmulde und über ein darauf folgendes kurzes Steilstück (Rinne) ein weites flaches Karbecken. Dieses durchqueren und steil aufwärts zum unteren Rand des Kuppelwieser Ferners (bis hierher rot bez.). Den Gletscher etwa zur Hälfte empor, dann auf den linken Begrenzungsgrat hinaus und über diesen zum Gipfel.

- **1076 Über das Tarscher Joch**
  Selten begangen, teilweise rot bez., 4 Std.
  Das Tarscher Joch heißt in einigen Karten Tarscher Paß und in diesen wird die nächste, östlich befindliche Senke als Tarscher Joch bezeichnet!

a) Zugänge: Wie R 1075 bis etwa 1½ km **vor** den Arzker-Stausee. Nun nördlich abzweigen und auf gutem Weg (anfangs Kehren) ins Tarscher Joch hinauf (rot bez. Weg, Nr. 11).
b) Von der Tarscher Alm (Bergstation des Sesselliftes) aufwärts zur Zirmraunhütte. Von dort nach S in das Tarscher Joch.
Gemeinsamer Weiterweg: Längs des Kammes nach W in wenigen Minuten auf den Gipfel der Hohen Marchegg (2551 m). Jenseits am rückenartigen Kamm (Steigspuren) in die breite Einsattelung der Hochalm hinab. Ein kurzes Stück am Kamm weiter. Nun zwei Möglichkeiten: entweder durchwegs am Grat nach SW und W zum Gipfel des Hasenöhrls, oder an geeigneter Stelle vom Kamm nach S zum Kuppelwieser Ferner abbiegen, den Gletscherboden zur Hälfte empor und dann auf einem der beiden Begrenzungskämme des Gletschers zum Gipfel.

- **1077 Von Latsch bzw. Tarsch**
  Teilweise rot bez. Weg, 6–7 Std., Sessellift zur Tarscher Alm spart 2½–3 Std.

Auf der Straße mit 1½ km zum Dorf Tarsch und im Tarscher Tal einwärts zur Talstation des Sesselliftes (Parkplatz). Nun am Hang des Latscher Waldes auf einer Almstraße weiter; entweder diese zur Gänze verfolgen (bei einer Teilung den linken Ast benützen) oder schon vorher links abzweigen und auf rot bez. Weg steil im Wald empor, die Almstraße zweimal überqueren und zuletzt auf der Straße zur Tarscher Alm (2½–3 Std.). Empor zur Baumgrenze und zur Wegteilung bei der Zirmraunhütte. Nun über wenig steile Wiesenhänge am rechten Weg (rot bez.) zum Gipfel der Hohen Marchegg (1–1½ Std.). Weiter wie R 1076.

- **1078 Von Latsch**
    5–6 Std.

Auf der Straße (etwa 1½ km) nach Tarsch. Nun am Hang des Latscher Waldes **durchwegs** auf der Almstraße empor bis zu einer Wegteilung. Auf rot bez. Weg östl. eines Baches aufwärts zur Latscher Alm (1715 m), 2½ Std. Von ihr in südlicher Richtung, zuletzt über Wiesen und Schutt, in die breite Einsattelung der Hochalm. Weiter wie R 1076.

- **1079 Nordgrat**
    Alexander Burckhardt, 17.8.1895, im Abstieg.
    Unschwieriger Gratanstieg; drei Wegmöglichkeiten, die in der Folge beschrieben werden. Siehe Abb. Seite 343.

- **1079 a Von Latsch über die Morter Alm**
    Selten begangen, teilweise rot bez., 7 Std.

Auf der Straße zum am Talrand gelegenen Latscher Hof. Von ihm (rot bez. Weg) nach W gegen einen am Hang hinaufziehenden Graben und neben ihm im Wald steil aufwärts. Man gelangt zur Jausenstation Töbrunn (bis hierher mehrere rot bez. Möglichkeiten). Nun, zuerst Almstraße, in westl. Richtung den ganzen Rücken mäßig steil umrunden und zur Morter Alm (1908 m). Erst schräg, dann gerade aufwärts gegen ein Schuttal (Weg Nr. 14). In ihm aufwärts, zuletzt zum Hasenohrferner und sofort auf den linken Begrenzungsrücken. Auf ihm (N-Grat) zum Gipfel des Hasenöhrls.

- **1079 b Von Latsch über das Zwölferkreuz**
    Selten begangen, teilweise bez., 6–7 Std.

Wie R 1079 a zur Jausenstation Töbrunn. Nun am Hang (guter Weg) etwa 600 m ansteigend nach Osten, dann bergseitige Abzweigung (rot bez. Weg, Nr. 10). In weiten Kehren zur Baumgrenze und oberhalb zum vom Hasenöhrl nach N ziehenden Rücken (Murmentenblais, 2627 m). Steiler aufwärts zum Zwölferkreuz (2800 m), dann oberhalb den Gipfel der Blauen Schneid vorteilhaft rechts (westlich) umgehen und in schrägem Anstieg – am Rand des Hasenohrferners – empor. Wieder auf den Rücken hinauf und über ihn zum Gipfel des Hasenöhrls.

- **1079 c Von Bad Salt im Martell**
    (6 km taleinwärts von Goldrain)
    Teilweise rot bez. Weg, selten begangen, 6 Std.

Auf rot bez. Weg oberhalb der eben von der Straße überwundenen Talstufe in Richtung Vinschgau über Wiesen ansteigend zum Ausgang des

Brandnerbachtales. In ihm (Weg Nr. 14) bergwärts. Zuletzt Einmündung des unmittelbar von Bad Salt heraufführenden rot bez. Weges Nr. 13. Gemeinsamer Weiterweg (Nr. 14) in Kehren zur Baumgrenze und der Morter Alm (1908 m). Nun wie R 1079 a zum Gipfel.

● **1080–1083** frei für Ergänzungen.

● **1084**   **Hohe Marchegg**, 2551 m

Als selbständiges Ziel nur von untergeordneter Bedeutung, zwischen Hasenöhrl (im SW) und Tarscher Joch (im O) gelegen. Wird bei R 1076 und R 1077 betreten.

● **1085**   **Hoher Dieb**

(Deutsch-österr. Vermessung 2728 m, italien. Vermessung 2730 m)

Unschwierige Erhebung zwischen Tarscher Joch (im W) und Rontscher Joch (im O), selten betreten.

● **1086**   **Westsüdwestrücken**
          Unschwieriger Gras- und Schuttrücken.
          1–1½ Std. vom Tarscher Joch, 2–2½ Std. vom Arzker-Stausee.

Zugang: Wie bei R 1075 bis etwa 1½ km vor den Stausee. Nun nördlich von der Straße abzweigen und auf gutem rot bez. Weg (Nr. 11), anfangs in Kehren, ins Tarscher Joch hinauf (2517 m, hierher von Latsch wie R 1077 und oberhalb am linken, östl., rot bez. Weg ins Tarscher Joch, 3½–4 Std.
Route: Vom Joch am Grat nach O (mehrere Gratkuppen werden überschritten) zum Gipfel.

● **1087**   **Vom Rontscher Joch über den Nordrücken**
          Unschwieriger Gras- und Schuttrücken.
          Zugang zum Rontscher Joch rot bez., Gipfelanstieg weglos.
          3–5 Std. aus dem Martell bzw. Vinschgau.

Zugang ins Rontscher Joch: a) Vom Zoggler Stausee im Ulten auf der Straße zum Arzker-Stausee bis zur Steinrastalm (etwa 8 km). Nun am N-Hang des Tales (rot bez. Weg) fast waagrecht bis zur Larcher Säge talauswärts queren (hierher auch auf rot bez. Weg vom Martbühel nahe dem Zoggler Stausee, 2½ Std.). Im erreichten Tal einwärts zur Kofelraster Alm (hierher auch aus dem Ulten oberhalb des Zoggler Stausees in 4 Std.). Das nun eher karartige Tal mit einem Knick nach W, an den beiden Kofelraster Seen vorbei, aufwärts ins Rontscher Joch.

b) Von Kastelbell im Vinschgau (mehrere rot bez. Wege) nach S ins Schlumsbachtal; dieses empor zu seinem hinteren Abschluß und über die Hänge aufwärts ins Rontscher Joch.

Gemeinsamer Weiterweg: Vom Joch nach W auf den von N nach S ziehenden Rücken. Auf ihm über einen kleinen Zwischengipfel hinweg zum höchsten Punkt des Hohen Diebes.

● **1088**   **Muteggrub**
(Deutsch-österr. Vermessung 2734 m, italien. Vermessung 2736 m)

● **1088 a**   **Rontscher Berg,** 2711 m

● **1088 b**   **Peilstein,** 2542 m

● **1088 c**   **Moarkuck,** 2616 m

Unschwierige Gras- und Schutterhebungen des Kammes (der Peilstein liegt in einem gegen das Martell vorgeschobenen Seitenkamm). Besonders wegen der zahlreichen Seen landschaftlich sehr schön, alle Wege können beliebig miteinander verbunden werden und sind rot bez.

● **1089**   **Aus dem Rontscher Joch**
           Je nach Ausgangspunkt 4–5 Std.

Wie R 1087 ins Rontscher Joch und in östl. Richtung auf und neben dem Kamm zum Gipfel des Muteggrub.

● **1090**   **Von Kastelbell oder Tschars**
           Mehrere rot bez. Wege. 5 Std.

Die bewaldeten Hänge empor und schließlich in gemeinsamer Wegführung am rot bez. Weg Nr. 6 zur Oberen Marzonalm. Nun entweder nach SW ins Rontscher Joch ansteigen (rot bez.) und von dort nach O zum Gipfel des Muteggrub, oder oberhalb der Alm gerade längs eines Rückens nach S und zum Gipfel des Muteggrub.

● **1091**   **Vom Bahnhof Tschars**
           Rot bez., 7 Std.

Auf der Straße über den Kleinen Etschkanal zum Waldhang. Nun auf rot bez. Weg (Nr. 9) in weiten Kehren – vorwiegend durch Wald – den Abhang des Tomberges hinauf; unter seiner Gipfelkuppe über eine Wiese nach links zur von Tabland heraufführenden Almstraße. Weiter (rot bez., Weg Nr. 4) immer längs der Straße aufwärts bis zur Tablander Alm (1758 m). Über die Almwiesen, einen bewachsenen Gürtel und aber-

malige Wiesen in Kehren aufwärts bis unter das Jöchl (Wegteilung).
Nun entweder am rechten Weg unter dem Gipfel des Moarkuck vorbei oder am linken Weg in das Jöchl (2428 m). Von dort auf den Gipfel des Moarkuck (2616 m) und jenseits in der gleichen Richtung weiter (beide Wege rot bez.). Man gelangt in beiden Fällen auf den Plomboden mit den Drei Seen. In einigem Auf und Ab weiter und auf den Rontscher Berg (2711 m). Von ihm, über eine kleine Einsenkung hinweg, mit geringer Steigung auf den Muteggrub (2734 m).

- **1092   Peilstein – Rontscher Berg – Muteggrub**
    Rundtour mit schönen Tiefblicken auf kleine Karseen sowie den Stausee im Tal.
    Gehzeiten: Tal – Peilstein 3–4 Std., Peilstein – Rontscher Berg ¾ Std., Rontscher Berg – Muteggrub ½ Std.
    Abstieg ins Tal 3–4 Std.

Von St. Walpurg durch Wald und über einige Wiesenflecken (mehrere bez. Wege) schräg ansteigend in das tief eingeschnittene Tal des Marschnellbaches. Man erreicht dessen Grund knapp unterhalb der Baumgrenze und folgt diesem auf gutem Almweg (Nr. 10) zur Breitenberger Alm. Knapp dahinter den Talboden überqueren und schräg zur Marschnellalm (2213 m). Nun (Wegzeichen P) oberhalb der überwundenen Stufe in den obersten breiten kesselartigen Teil des Tales (zahlreiche Karseen). In der gleichen Richtung im Bogen weiterqueren, dann steiler aufwärts zum Gipfelzeichen des Peilsteines. Nun (Weg Nr. 9) am Kamm über zwei kleine Erhebungen nach NW zum Gipfel des Rontscher Berges. Von ihm mit wenig Auf und Ab am geschwungenen Rücken zum Gipfel des Muteggrub. Am Kamm weiter, dann nach S hinab, bis ein bez. Weg links (östl.) um den S-Rücken des Muteggrub herumführt. Über Schutt und Wiesen schräg abwärts in den schon im Aufstieg weiter unten berührten Kessel mit den Karseen (Obere Marschnellalm, verfallen). Auf deutlichem Weg hinab zur Unteren Marschnellalm, womit der Aufstiegsweg erreicht ist. Man kann auch (rot bez.) ohne Berühren der Oberen Marschnellalm über den S-Rücken des Muteggrub zur Unteren Marschnellalm absteigen. Am Aufstiegsweg ins Tal.

- **1093   Von Süden und über den Ostrücken**
    Rot bez.
    4½ Std. von der Straße Ulten – Arzker-Stausee.

Wie bei R 1087 zur Kofelraster Alm (Marschnellhütte). Von hier entweder erst schräg talauswärts den Hang empor, dann am S-Rücken des

Muteggrub zu seinem Gipfel, oder in das Rontscher Joch und über den Ostrücken zum Gipfel.

- **1094** frei für Ergänzungen.

- **1095** **Von der Inneren Falkomaialm (R 1096)**
  Rot bez. Weg. 4–5 Std. von St. Pankraz, 2–3 Std. vom Ende der Fahrstraße.

Auf rot bez. Weg zum NO-Rücken des Peilsteines und zu seinem Gipfel aufsteigen.

- **1096** **Von St. Pankraz über die Mariolbergalm**
  Rot bez. Weg. 4–5 Std.

Das Kirchenbachtal einwärts (Straße bis etwa 1100 m, Autozufahrt spart 1 Std. Wegzeit) und, immer im Talgrund (rot bez. Weg, Nr. 3) bis hinter die Mariolbergalm (Wegteilung).
Nun zwei Möglichkeiten:
a) Im Talboden weiter (Weg Nr. 7), bei einer Wegteilung können beide Wege begangen werden, und zur Inneren Falkomaialm (2051 m). Nun das Tal nach W überqueren und nach Überschreiten des Kirchenbaches Abzweigung vom bisherigen Weg, der in das Jöchl östl. des Moarkucks führt. Gerade über eine Steilstufe empor auf die Fläche des Plombodens mit seinen Seen. Hier trifft man auf einen Weg, dem man in annähernd östl. Richtung zum Gipfel des Moarkuck aufwärts folgt (2–3 Std. von der Mariolbergalm, 4–5 Std. von St. Pankraz).
b) Steil am Hang in Kehren bis ober die Baumgrenze, dann in schrägem Anstieg nach W zur Äußeren Falkomaialm (2163 m). Nun am linken (weniger ansteigenden) der beiden rot bez. Wege zum Falkomaisee weiter und von ihm über Schutt aufwärts in das Jöchl (2428 m). Vom Jöchl am NO-Rücken des Moarkuck zu seinem Gipfel. 2½–3 Std. von der Mariolbergalm.

- **1097** frei für Ergänzungen.

- **1098**   **Viehhirtenspitze**, 2540 m

- **1098 a**   **Naturnser Hochwart**, 2608 m

- **1098 b**   **Monte Scaglioni**, 2443 m

- **1098 c**   **Naturnser Hochjoch**, 2470 m

- **1098 d**   **Rauher Bühel**
(Deutsch-österr. Vermessung 2026 m, italien. Vermessung 2027 m)

- **1098 e**   **Lärchbühel,** 1837 m

Die letzten Gipfel des Marteller Hauptkammes in Richtung Meran. Wenn auch unschwierig, so doch hochalpines Gelände; zahlreiche bez. Wege in den Flanken. Lohnende Überschreitung des Kammes in Richtung Meran (vom Tal bis zum Tal 12–14 Std.), die beliebig abgekürzt werden kann. Im Bereich des Lärchbühels Hotelsiedlung. Folgende Hilfen, die die An- und Abstiege wesentlich verkürzen, stehen zur Verfügung:

Von Naturns führt eine Almstraße in zahlreichen Kehren am Hang des Naturnser Waldes empor. Diese teilt sich dann in zwei Äste: der rechte Ast führt zur Altalm (1747 m), der linke Ast zur Naturnser Kuhalm (1922 m).

Auf der Partschins gegenüberliegenden Talseite führt eine Seilbahn auf Aschbach (1326 m), von Ober-Lana führt die Vigiljochbahn (Seilschwebebahn) und in der Fortsetzung ein Sessellift bis auf den Lärchbühel. Eine hochalpine Skitour ist die Besteigung des Naturnser Hochjoches über den Kamm vom Lärchbühel her.

- **1099**   **Kammüberschreitung Jöchl –**
          Viehhirtenspitze – Naturnser Hochwart
          Rot bez. Weg (Nr. 9), 1 Std. vom Jöchl.

Zugang: Ins Jöchl s. R 1091, R 1096 b.
Route: Vom Jöchl, durchwegs am Grat, über die Viehhirtenspitze hinweg zum Gipfel des Naturnser Hochwart.

- **1100**   **Naturnser Hochwart von Süden**
          Rot bez. Wege.
          4 Std. von der Mariolbergalm, 5–6 Std. von St. Pankraz.

Zugang: Wie R 1096 b zur Äußeren Falkomaialm.
Route: Bei der Alm am rechten (bergseitig aufwärts führenden) Weg (Nr. 3) auf einen Rücken hinauf; am Hang in das Kar nördl. davon queren und aus seinem Hintergrund auf den Kamm westl. des Naturnser Hochwartes hinauf, den man darauf in Kürze erreicht.

- **1101**   **Naturnser Hochwart von Norden**
          Rot bez. Wege, 6–7 Std. Zustiegshilfe s. R 1098.

Von Naturns über die Etsch, dann nicht nach rechts zum Bahnhof, sondern in der gleichen Richtung weiter zum Talrand. Die bei R 1098 erwähnte Almstraße links lassen und (ab nun rot bez. Weg, Nr. 5) in Kehren zum Waldrand. Weiter, immer in Kehren, im Wald aufwärts bis zur Baumgrenze (hier zweigt links ein Weg zur Altalm ab, Autozufahrt bis dorthin möglich, 3–4 Std. Zeitersparnis aber nicht im Sinne des Weges, s. R 1102). Über Wiesen bis unter den Gipfelaufbau des Hochwartes (Wegteilung). Nun entweder links haltend (rot bez. Weg, Nr. 5) mit einer Kehre auf den Nörderberg (2388 m) und von dort über den Rücken zum Gipfel des Hochwartes oder rechts (unbez. Weg) schräg ansteigend zum vom Hochwart nach SW ziehenden Kamm und über diesen (nun rot bez. Weg, Nr. 9) zum Gipfel.

- **1102** **Von der Altalm**
  Rot bez. Weg. $1^1/_2$ Std.
  Siehe R 1098 bei den Aufstiegshilfen.

Auf rot bez. Weg (Nr. 5) in einigen Kehren auf den Nörderberg (2388 m) und weiter am Rücken (bez.) zum Gipfel des Hochwartes.

- **1103** **Kammwanderung Naturnser Hochwart – Lärchbühel**
  2–3 Std., nicht durchgehend rot bez., Abstieg vom Lärchbühel nach Partschins, Meran oder Lana etwa 3 Std. Abstiegshilfen s. R 1098.

Vom Gipfel des Hochwart am rot bez. Weg den Kamm abwärts bis die beiden bez. Wege den Kamm verlassen. In der gleichen Richtung (Gratrücken) auf den Monte Scaglioni (2443 m) und jenseits, nach einer Einsenkung, weglos aufwärts zum Gipfel des Naturnser Hochjoches (2470 m). Nun (stellenweise Steig) jenseits abwärts und über Almböden den sanften Gipfel des Rauhen Bühel (2060 m) überschreiten. Über Wiesen hinab zur Baumgrenze, wo man wieder auf einen rot bez. Weg trifft. Auf ihm durch den Siebenbrunner Wald hinab zum Lärchbühel. Von dort (mechanische Hilfen s. R 1098) entweder links (zwei rot bez. Wege) nach Aschbach hinab, oder gerade nach Meran absteigen (nach dem obersten Drittel mehrere Wege, alle rot bez.) bzw. rechts (südöstl.) hinab nach Lana.
Weiterer Abstieg vom Lärchbühel (wichtig für die Rundtour R 1099, R 1103 mit Rückkehr nach St. Pankraz).
Vom Lärchbühel auf der Straße zum Vigiljoch (Talstation des Sesselliftes), dann nach SW (rot bez. Weg, Nr. 34) den Hang zu den Häusern von Pawigl hinab (1164 m). Weiter die Hänge queren bis man entweder 2 km talauswärts von St. Pankraz die Straße erreicht (Weg Nr. 10, dann Nr. 2) oder fast unmittelbar nach St. Pankraz absteigen kann (Weg Nr. 10, dann Weg Nr. 3).

- **1104 A Abstiegsmöglichkeiten von R 1103 bzw. 1105 nach St. Pankraz**
  Wegverkürzungen, alle Wege rot bez.

a) Vom Gipfel des Monte Scaglioni nach SW bzw. SO hinab (beide Wege bez.), R 1105 überqueren und über die Staffelsalm (1875 m) zur Straße im vorderen Kirchenbachgraben. Auf ihr nach St. Pankraz. $2^1/_2$–3 Std. im Abstieg, 4 Std. im Aufstieg.

b) Vom Naturnser Hochjoch in weitem Bogen hinab zur Staffelshütte (2241 m). Nun schräg östl. hinab zum ebenen Weg von R 1105. Dieser kann in beiden Richtungen verfolgt werden; jeweils bei der ersten talabführenden bez. Wegabzweigung wird diese abwärts verfolgt. In beiden Fällen wird zuletzt die Straße im vorderen Kirchenbachgraben erreicht. Auf ihr nach St. Pankraz. 4 Std. im Abstieg, 5 Std. im Aufstieg.

- **1105   Von der Mariolbergalm**
  3–4 Std. von der Äußeren Falkomaialm zum Lärchbühel.

Wie R 1096 b am rechten Weg aufwärts (Kehren) in Richtung der Äußeren Falkomaialm. Abzweigung etwa in halber Wegstrecke zwischen Baumgrenze und Äußerer Falkomaialm (hierher auch von der Inneren Falkomaialm, R 1096 a, mit langer auf- und absteigender Hangquerung; landschaftlich schön, aber umständlich). Nun rechts (Richtung Meran) auf gutem rot bez. Weg (erst Nr. 1, dann Nr. 9) mit wenig Höhenunterschied alle Hänge des Kammes queren, bis man knapp ober dem Lärchbühel auf den Kamm gelangt. Durch den Siebenbrunner Wald abwärts zum Lärchbühel.

- **1106   Von der Naturnser Kuhalm (R 1098, Vorbemerkungen)**
  Rot bez. Weg, mühelos. $^3/_4$ Std.

Von der Alm führt ein fast waagrechter Weg (Nr. 30) entlang der Baumgrenze in Richtung Lärchbühel, welcher dann durch den Siebenbrunner Wald absteigend erreicht wird.

8. Der Cevedale – Viozkamm (Monte Cevedale – Gaviapaß) mit seinen Nebenästen

Großartiges Gletschergebiet mit hervorragenden Zielen, von denen auf den gewöhnlichen Anstiegen Monte Cevedale, Palòn de la Mare, Monte Vioz, Punta San Matteo und Pizzo Tresero die beliebtesten sind; sehr beliebt auch die ganze oder teilweise Begehung der Fornokessel-Umrahmung. Bedeutende Eiswände: Pizzo Tresero N-Wand, Punta San Matteo Nordwand.
Umgrenzung: Langenfernerjoch (Casatihütte) – Val di Cedec – Valle del Forno – Valle di Gavia – Gaviapaß – Ponte di Legno – Tonalepaß – Fucine – Valle di Peio – Fürkelescharte – Langenfernerjoch.
Schutzhütten: Zufallhütte (R 94), Casatihütte (R 97), Viozhütte (R 108), Cevedalehütte (R 110), Schutzhütten am Gaviapaß (R 119), Pizzinihütte (R 120), Bivacco Colombo (R 127), Bivacco F. Meneghello (R 129), Bivacco Seveso (R 132), Bivacco „Battaglione Ortles" (R 135), Rif. N. Bozzi (R 137), Brancahütte (R 140).
Übergänge: R 197–201, 234, 237, 239–241.

● **1107** **Monte Cevedale** (Deutsch-österr. Vermessung 3778 m, italien. Vermessung 3769 m), **Südliche Zufallspitze (Cima Cevedale, Cevedale II,** 3757 m), **Nördliche Zufallspitze** (Deutsch-österr. Vermessung 3687 m, italien. Vermessung 3700 m).

Mächtiger Firndom, der mit den beiden Zufallspitzen insofern eine Einheit bildet, als diese fast ausschließlich anläßlich einer Cevedaleersteigung von O betreten werden.
Großartige Rundsicht, besonders auf die Gletscherwelt des Fornokessels. 1. Ersteigung der Südlichen Zufallspitze über den SW-Grat E. v. Mojsisovics, S. Janiger, 13.8.1864; 1. Ersteigung des Monte Cevedale am heutigen Normalweg von der Casatihütte J. Payer, J. Pinggera, J. Reinstadler, 7.9.1865; 1. Übergang Monte Cevedale – Punta San Matteo Th. Christomannos, A. v. Krafft, R. H. Schmitt, 18.8.1891; 1. Übergang Pizzo Tresero – Monte Cevedale Th. Christomannos, A. v. Krafft, L. Friedmann, 9.8.1893; 1. Überschreitung Hochjoch – Zebrù – Königspitze – Suldenspitze – Monte Cevedale F. Langsteiner, E. Stumme, 9.8.1903.
Der kürzeste und am meisten begangene Anstieg ist der von der Casatihütte (ohne Betreten der Zufallspitzen), zugleich auch großartige Skiabfahrt über Casatihütte-Eiseepaß nach Sulden (wobei der Gipfel in der

Regel nicht mit Ski betreten wird (Skidepot unter dem Sattel zwischen Cevedale und Südlicher Zufallspitze, oberhalb oft Blankeis). Des Weiteren bildet der Monte Cevedale den Ausgangspunkt für den Gratübergang zum Monte Vioz und in der weiteren Folge zum Pizzo Tresero (gesamte Fornokesselumrahmung).

Auf den Gletschern bei unsichtigem oder zweifelhaftem Wetter immer Bussole und genaue Karte (am besten Carta d'Italia 1:25000, Blatt Monte Cevedale, F 9/III NE) mitnehmen, da man sich dort sehr leicht verirren kann.

- **1108 Nordflanke und Nordostgrat**
  J. Payer, J. Pinggera, J. Reinstadler, 7.9.1865
  In der Regel gespurt, Neigung im Firn/Eis 30 Grad und weniger, zuletzt etwas ausgesetzter Firngrat, Gipfelbereich unter Umständen Blankeis (Skidepot unterhalb).
  Der übliche und am meisten begangene Anstieg, $1^1/_2$ Std. von der Casatihütte, 4–6 Std. von der Zufallhütte (über die Casatihütte). Siehe Abb. Seite 257 und 355.

Route: Von der Casatihütte über den weiten Langenferner nach S in Richtung zwischen Südl. Zufallspitze (links) und Monte Cevedale (rechts). Unterhalb des Verbindungsgrates über die N-Flanke empor und über einen kurzen Grat nach rechts zum Gipfel des Cevedale.

- **1108 A Abstieg über die Nordflanke zur Casatihütte**
  Siehe Vorbemerkungen R 1108.
  1 Std. Siehe Abb. Seite 355.

Vom Gipfel am nach NO abfallenden Firngrat bis **vor** die tiefste Einsattelung zwischen Monte Cevedale und Südl. Zufallspitze. An geeigneter Stelle den Grat nach W verlassen und in der N-Seite des Grates steiler hinab zum Langenferner. Nun am wenig steilen aber weitläufigen Gletscher nach NW zur Casatihütte absteigen.

- **1109 Nördliche Zufallspitze Nordwestgrat –**
  Südliche Zufallspitze – Monte Cevedale
  Erste bekannte Begehung O. Schuster, J. Reinstadler, F. Zischg, September 1889
  I (Stellen), im Firn/Eis am NW-Grat der Nördl. Zufallspitze fast durchwegs 30 Grad, Achtung auf die Wächten nach Norden. Sehr lohnend, jedoch länger und schwieriger als R 1108.
  3–$3^1/_2$ Std. von der Casatihütte. Siehe Abb. Seite 257 und 355.

Monte Cevedale von der Südl. Zufállspitze
1108 Normalweg über die Nordflanke
1109, 1112 Nordostgrat von der Südl. Zufállspitze
1114, 1120 Südgrat und Gratübergang zum Monte Rosole

Zugang: Von der Casatihütte über den Langenferner nach SO an den Fuß des NW-Grates der Nördlichen Zufállspitze.
Route: Am Grat (Achtung auf die Wächten nach N!) zum Gipfel derselben. Jenseits über eine kleine Einsattelung hinweg zum Gipfel der Südl. Zufállspitze. Von ihr nach SW umbiegend hinab (Firngrat) in die breite Einsattelung vor dem Monte Cevedale und gemeinsam mit dem gewöhnlichen Anstieg (R 1108) längs der Firnschneide auf diesen.

- **1110** **Nordseite Südliche Zufallspitze,**
  Westseite Nördliche Zufallspitze
  Beliebig über die Firnhänge (etwa 30 Grad) ersteigbar. Fast nie begangen, von untergeordneter Bedeutung.

- **1111** **Südliche Zufallspitze Ostwand**
  E. Bozzi, E. Confortola, 14.8.1929
  Lohnender Eisanstieg.
  Neigung durchschnittlich 40 Grad, wenige Stellen gering steiler.
  250 m, ³/₄–1 Std., von der Casatihütte etwa 2 Std., von der Zufallhütte etwa 4 Std.

Zugang: Von der Casatihütte über den Langenferner waagrecht und etwas absteigend um den NW-Grat der Nördl. Zufallspitze herum zum E. in Gipfelfallinie.
Von der Zufallhütte am Weg zur Casatihütte bis knapp vor den Langenferner. Nun links (südl.) abzweigen und über Schutt, Firn und unschwierigen Fels beliebig zum Gletscherrand empor. Weiter (Spalten) unter die Südliche Zufallspitze.
Route: Gerade über die Eis- bzw. Firnwand zum Gipfel.

- **1112** **Ostgrat mit Überschreitung der Südl. Zufallspitze**
  Südl. Zufallspitze SO-Grat, Monte Cevedale NO-Grat
  Erste Begehung des SO-Grates der Südl. Zufallspitze
  J. Payer, J. Pinggera und zwei Träger, 26.7.1868
  Im Fels ohne Schwierigkeit (Gehgelände), im Firn/Eis (selten) 30 Grad, meist unter 30 Grad, vorwiegend Firngrat; neben R 1108 der am meisten begangene Anstieg.
  4–5 Std. von der Cevedalehütte bzw. von der Zufallhütte.
  3–4 Std. von der Murteller Hütte.
  Siehe Abb. Seite 355.

Zugang: a) Zur Fürkelescharte wie R 201.
b) Von der Cevedalehütte taleinwärts zu einer Steilstufe. Über diese in schrägem Anstieg (Steigspuren) nach SO, bis man unter dem ersten Drittel des von der Südl. Zufallspitze nach O streichenden Grates steht. Nun (Steigspuren) zu ihm hinauf.
Route: Den Grat durchwegs begehen. Dort wo er sich aufsteilt, nach links in die Flanke und nach W zum Gipfel der Südl. Zufallspitze. Nun am teils felsigen, teils überfirnten Grat nach W abwärts. Über ein waagrechtes Gratstück zum Gipfelaufbau des Monte Cevedale und mit geringem Anstieg auf diesen.

● **1113** **Südosthang**
1. bekannte Begehung Hans Arthur von Kemnitz, F. v. Falkenhausen, B. Veneri, 31.8.1892
Durchwegs Gletscherfahrt, zuletzt kurz etwa 30 Grad.
4½ Std. von der Cevedalehütte.

Zugang: Von der Cevedalehütte am Weg kurz taleinwärts, dann (Steig) links (westl.) abzweigen und über den Bach. Jenseits über die großen Altmoränen der Vedretta de la Mare aufwärts (mühsam) zum Gletscher.
Route: Am Gletscher (Spalten) ziemlich weit nördl. halten, zuletzt über einen Steilhang zum Gipfelgrat, der zwischen Südl. Zufallspitze und Monte Cevedale erreicht wird. Am Firngrat zum Gipfel des letzteren hinauf.

● **1114** **Südgrat**
F. F. Tuckett, F. A. Y. Brown, Chr. Almer, F. Andermatten, 18.6.1866
Firn- und Eisgrat, als selbständiger Anstieg von nebensächlicher Bedeutung, wird in der Regel nur anläßlich des Überganges vom Monte Cevedale zum Monte Vioz begangen.
Siehe Abb. Seite 355.

Zugang: a) Von der Brancahütte längs der nördl. Randmoräne zur Vedretta di Rosole und am linken Teil des Gletschers bis unter den südl. des Monte Cevedale gelegenen Passo Rosole. Mühsam in den Paß hinauf. 3 Std., zuletzt etwa 35 Grad.
b) Von der Cevedalehütte wie R 1113 auf die Vedretta de la Mare und über den Gletscher nach W (Spalten) in den Passo Rosole; 4 Std.
Route: Durchwegs längs der unschwierigen Gratschneide in ³/₄ Std. zum Gipfel des Monte Cevedale.

● **1115** **Südwestwand**
A. Riva, G. B. Confortola, 23.8.1901, im Abstieg; C. Prochownik, A. Bonacossa auf möglicherweise etwas abweichender Wegführung, 13.7.1914, im Aufstieg.
Firnflanke mit wenigen Felsstellen (die vermieden werden können).
I, im Firn/Eis 35–40 Grad, teilweise auch geringer.
Wandhöhe etwa 500 m, 2½ Std. vom Wandfuß, 4 Std. von der Brancahütte.

Zugang: Wie bei R 1114 von der Brancahütte auf die Vedretta di Rosole. Von ihrem oberen Teil nicht gerade in den Passo Rosole hinauf, sondern nach links (N) an den Fuß der Wand.

Route: Rechts einer Felsrippe über die Randkluft und (Firnhang) zum oberen Ende dieser Rippe hinauf. Nun schräg links (Firn) zu einem sekundären Schneegrat, der sich bereits oberhalb der Seracs befindet. Weiter durch eine Firn- bzw. Eisrinne bis zu den obersten Felsen. Über diese, bzw. über die Rinnen dazwischen zum Gipfel.

● **1116** **Westgrat (Gratübergang vom Monte Pasquale)**
G. Cavaleri, G. B. Confortola, F. Cola, 26.7.1887
Firn- und Eisgrat mit bis zu 30 Grad Neigung, 1–1½ Std.
Siehe Abb. Seite 257.

Zugang von der Casatihütte mühelos über die Gletscherterrasse unter dem Monte Cevedale, jedoch für eine Westgratbegehung unrationell, wie der W-Grat überhaupt nur anläßlich des Überganges vom Monte Pasquale her sinnvoll ist.
Vom Gipfel des Monte Pasquale am unschwierigen Grat nach O in den trennenden Sattel (Col Pasquale) hinab. Jenseits über Firnhänge aufwärts auf eine breite Gletscherterrasse und diese gerade zum eigentlichen Gratbeginn überschreiten.
Route: Längs der Gratschneide zum Gipfel.

● **1117** **Westflanke**
1. Begehung des unteren Teiles mit Weiterweg über den NO-Grat des Monte Cevedale J. G. und R. J. Ritchie, D. W. Freshfield, F. Devouassoud, 22.8.1873; 1. Begehung der direkten Wegführung (Gipfelaufbau) E. Bozzi, E. Confortola, 14.8.1929, im Abstieg.
Gletscheranstieg über die vom Südarm des Cedec-Ferners (Vedretta del Pasquale) zum Gipfel führende Flanke. Beliebige Wegführung, reine Gletscherfahrt (im nördl. Teil Spalten), am Gipfelaufbau etwa 30–35 Grad.
Von der Pizzinihütte 3–3½ Std., von der Casatihütte (mit Einqueren über die Gletscherterrasse des Langenferners) 1½–2 Std.
Siehe Abb. Seite 257.

Zugang: Von der Pizzinihütte am Weg zur Casatihütte bis dorthin, wo der Weg (auf Höhe der etwas abseits befindlichen Talstation der Materialseilbahn) den Bach überquert hat. Nun zum Nordast der Vedretta del Pasquale (in manchen Karten auch Vedretta di Cedec genannt) hinüber und zum aufsteilenden Gletscher der W-Flanke.
Route: Diesen an seiner (im Sinne des Aufstieges) rechten Hälfte empor, wobei steilere Stellen mit flacheren abwechseln. Man gelangt so zu der

fast ebenen Gletscherterrasse, die vom Langenferner her in die W-Seite führt (Ausquerungsmöglichkeit zur Casatihütte bzw. zum Normalweg). Gerade über die Terrasse in Richtung Gipfelfallinie hinweg. Von ihrem oberen Rand über den Bergschrund und die darauf folgende 150 m hohe Eiswand (30–35 Grad) zum Gipfel.

- **1118–1119** frei für Ergänzungen.

- **1120** **Gratübergang Monte Cevedale – Monte Rosole – Palòn de la Mare – Monte Vioz**
  Hervorragend schöne Gratüberschreitung von geringer Schwierigkeit, die auch mit Ski durchgeführt werden kann (dann Umgehung des Monte Rosole); Firn- und Gletschergrate, zum Teil weite Gletscherflächen, die bei Nebel (Kompaß!) sehr problematisch werden können. An der S-Seite des Monte Rosole steht das Bivacco Colombo (R 127).
  Möglichkeiten zu einem vorzeitigen Abbruch der Gratbegehung: am Palòn de la Mare auf die Forno-Seite, im Col de la Mare **nur** auf die Peio-Seite (schwierig, zerrissener Gletscher, große Wegfindungsschwierigkeiten).
  Zeitaufwand: von der Casatihütte bis zum Rif. Mantova al Vioz (wegen der Bewirtschaftung des letzteren vorher erkundigen!) in beiden Richtungen 6 Std.
  Siehe Abb. Seite 355.

Route: Von der Casatihütte wie R 1108 auf den Monte Cevedale. Von seinem Gipfel längs der Gratschneide (oder daneben) hinab in den Passo Rosole. Nun auf den doppelgipfeligen Monte Rosole (3513 m, 3529 m) und jenseits am S-Kamm (Bivacco Colombo, 3485 m) in den Col de la Mare hinab (Überschreitung des Monte Rosole z. T. scharfer Firngrat mit je nach Jahreszeit mehr oder weniger zahlreichen Felsstellen. Mit Ski unschwierige Umgehung des Berges am Gletscher (Vedretta de la Mare) bis zum Col de la Mare empfehlenswert). Vom Col de la Mare über Firnhänge zum Gipfel des Palòn de la Mare hinauf (3703 m), 2 Std. Gehzeit vom Gipfel des Monte Cevedale, 3$^{1}/_{2}$ Std. von der Casatihütte.

Über den SO-Grat hinab in den Passo della Vedretta Rossa (3405 m). In der bisherigen Richtung den Gletscher auf eine Kuppe (3582 m) hinauf, dann kurzer Abstieg jenseits in eine Mulde des Kammes. Aus ihr zum O-Gipfel des Monte Vioz hinauf (3645 m). Von ihm mit 15 Min. Abstieg nach SO zum Rif. Mantova al Vioz (2$^{1}/_{4}$ Std. vom Palòn de la Mare).

● **1121**   **Monte Pasquale,** 3553 m

Erste Ersteigung G. Cavaleri, G. B. Confortola, F. Cola, 26.7.1887 über R 1124.

Von der Pizzinihütte bzw. Casatihütte aus gesehen (N- und NW-Seite) ein ebenmäßiger Firndom, der allerdings im Schatten des Monte Cevedale steht. Lohnender Aussichtsberg mit Überblick über die Ortler S-Seite vom Ortler (im NW) bis zum Pizzo Tresero (im S). Im Winter hochalpines Skiziel mit Anstieg über den Col Pasquale. Der Col Pasquale trennt den Monte Pasquale vom Monte Cevedale (im Osten).

● **1122**   **Ostgrat**
G. Cavaleri, G. B. Confortola, F. Cola, 26.7.1887, im Abstieg. Unschwieriger Firngrat, der leichteste Anstieg.
¼ Std. vom Col Pasquale, 1¼–1¾ Std. von der Casatihütte, 2½–3 Std. von der Branca- bzw. Pizzinihütte.

Zugang in den Col Pasquale: a) Von der Casatihütte am Langenferner dem gewöhnlichen Anstieg zum Cevedale bis dorthin folgen, wo dieser nach SO in Richtung der breiten Sattels Cevedale – Südl. Zufallspitze abzubiegen beginnt (man steht nun vor dem Gipfelaufbau des Monte Cevedale).

Nun, an der NW-Seite des Monte Cevedale, einer Gletscherterrasse ziemlich waagrecht nach S folgen, bis man sich oberhalb des Col befindet. Hier oben den Firnrücken kurz in den Col absteigen (1–1½ Std. von der Hütte, günstigster Zugang).

b) Von der Pizzinihütte am Weg zur Casatihütte bis oberhalb der Talstation der zur Casatihütte führenden Materialseilbahn. Beliebig nach SO auf den Nordast der Vedretta del Pasquale (in manchen Karten Vedretta di Cedec genannt; möglichst hoch vom Weg zur Casatihütte abzweigen) und über den Gletscher in gewundener Wegführung, zwischen den Spaltenzonen, nach S. Zuletzt über Firnhang in den Col, 2–2¼ Std.

c) Von der Brancahütte an der nördl. (orogr. rechten) Seitenmoräne der Vedretta del Rosole bis an deren Ende. Am gleichen Rand des Gletschers bis unter den Col weiter und über Firn und Schutt in diesen hinauf (2½ Std., mühsam, der am wenigsten interessante Zustieg).

Route: Vom Col Pasquale am bald breiter werdenden Firngrat in ¼ Std. zum Gipfel.

● **1123**   **Südrippe**
II (wenige Stellen) und I, vorwiegend brüchiger Fels, im Firn unter 30 Grad.
Etwa 300 m vom Wandfuß, 3 Std. von der Brancahütte.

Zugang: Wie R 1122 c auf die Vedretta del Rosole und über den Gletscher bis vor die Fallinie des Col Pasquale. Der Anstieg benützt jene Rippe, die die eher felsige Südwand von jenem Firnhang trennt, der sich zwischen Gipfelfallinie und Col Pasquale befindet.
Route: E. am Fuß der Rippe. Diese wird durchwegs bis zum Gipfel verfolgt.

● 1124   Südwestgrat
         1. bekannte Begehung und zugleich 1. bekannte Gipfelersteigung G. Cavaleri, G. B. Confortola, F. Cola, 26.7.1887

Unschwieriger Schutt- und Firngrat mit einigen Felsstellen, die den I. Schwierigkeitsgrad nicht überschreiten.
Unter Berücksichtigung der Gletscherbegehung beim O-Gratzustieg (R 1122), die hier entfällt, der unschwierigste Anstieg.
Gratlänge etwa 2500 m, 4–4½ Std. von der Brancahütte.
Zugang: Von der Brancahütte auf der nördlichen Seitenmoräne der Vedretta del Rosole (Steig) bis etwa 25 Min. von der Hütte. Nun beliebig über den begrünten Steilhang des Ausläufers des SW-Grates empor und zuletzt über Schutt zur Gratschneide.
Route: Am Grat über Schutt und unschwierige Felsstufen zu einer Firnschulter. Weiter über Firn, eine unschwierige Felsstufe und den darauf folgenden Firngrat zum Gipfel.

● 1125   Nordwestgrat
         Fels- und Firngrat, bei dem der Felsteil überwiegt; lohnend, II und I, etwas brüchig; im Firn etwa 30–35 Grad.
         3–4 Std. von der Pizzinihütte.

Übersicht: Anstieg über den die NW-Wand links (östl.) begrenzenden Grat.
Zugang: Von der Pizzinihütte wie R 1117, 1122 auf den untersten Nordast der Vedretta del Pasonale. Nun (nicht zu tief halten, Gletscherbäche!) zum Südast des Gletschers und zum Gratbeginn.
Route: Längs der Gratschneide durchwegs bis zum Firngrat empor. Auf ihm zum Gipfel.

● 1126   Einstiegsvariante zu R 1125
         II (stellenweise bei Ausaperung), sonst vorwiegend I; Firn etwa 35 Grad. Bei völliger Ausaperung des unteren Gratteiles vorzuziehen, da man die dort dann auftretenden schuttbedeckten Felspassagen vermeidet. Zeitaufwand etwa 3 Std. von der Pizzinihütte bis zum Gipfel.

Zugang: Vom Zugang zum Col Pasquale auf den Nordast der Vedretta del Pasquale (R 1122 b). Auf ihr ein kurzes Stück empor, dann rechtshaltend zu den Felsen des NW-Grates.
Route: Gerade zur Gratschneide empor, die man etwa am Beginn des obersten Drittels des Felsgrates erreicht.

● **1127   Nordwestwand**
G. Pirovano, L. Gandolfi, 5.9.1945; Skibefahrung H. Holzer, 17.10.1970. Firn- und Eiswand, Neigung 40–50 Grad, lohnend. 500 m, 3–5 Std. von der Pizzinihütte.
Übersicht: Anstieg durch die prächtig aussehende zur Pizzinihütte gerichtete Wand.
Zugang: Von der Pizzinihütte wie R 1125 unter den NW-Grat. Weiter nach S queren und über Schutt zu einem Felsrücken. An und neben ihm in die unter der Wand gelegene Gletschermulde. E. in Gipfelfallinie.
Route: Über den meist überraschend leichten Bergschrund hinweg und links der markanten Felsinseln des unteren Wanddrittels aufwärts. Weiter die ebenmäßige Firnwand (bei Ausaperung im letzten Teil eisdurchsetzter Fels) je nach Verhältnissen entweder gerade zum Gipfel empor oder zuletzt etwas rechtshaltend zum Ausstieg am obersten SW-Grat.

● **1128   Nordnordostwand**
L. Zen, E. Pasquinoli, 23.8.1981. Kombinierte Bergfahrt; 50 Grad im Eis, im Fels bis **IV+**. 350 m, 3 Std.
Übersicht: Anstieg in der linken Wand des NW-Grates durch die schräg von rechts nach links aufwärts führende Rinne. Die senkrechten Seracs unter dem Gipfel werden rechts umgangen.
Zugang: Wie R 1225 auf die Vedretta del Pasquale (Südast) und dort in die in halber Gletscherhöhe befindliche Gletschermulde.
Route: E. unter dem Rinnenbeginn. Über den Bergschrund und jenseits (kombiniertes Gelände, IV+) mit 10 m in die Rinne. In ihr (zum Teil Eisrinne, zum Teil kombiniertes Gelände, IV, IV+) aufwärts zum Ausstieg am obersten Ostgrat, wobei die Seracs rechts umgangen werden. Am Grat zum nahen Gipfel.

● **1129–1130**   frei für Ergänzungen.

● **1131   Monte Rosole,** 3513 m
Unbedeutende zweigipfelige Erhebung am Beginn des Monte Cevedale S-Grates, als selbständiges Tourenziel kaum aufgesucht, wird nur im Zusammenhang mit dem Gratübergang Monte Cevedale – Monte Vioz

(R 1120) überschritten. Auf seinem S-Rücken befindet sich das Bivacco Colombo (R 127).
Beschreibung der Gratüberschreitung s. R 1120, Zugang zum Col de la Mare s. R 128, Zugänge zum Passo Rosole s. R 1114.

● **1132 Westgrat**

R. Aureggi, P. Pogliaghi, P. Porro, L. Bonetti, G. B. Confortola, 1881
Reizvolle, kombinierte Fahrt, deren Bedeutung allerdings der Bedeutung des Gipfels entspricht.
II, etwas brüchig; im Firn/Eis Neigung bis etwa 50 Grad. 400 m, 2½ Std.

Zugang: Von der Brancahütte wie R 1114 über die Vedretta del Rosole bis zum Fuß des zum nördl. des Gipfels eingeschnittenen Passo Rosole hinaufführenden Hanges. Nun über Firn nach rechts (S) zum Beginn der Gratschneide.
Route: Durchwegs längs der ziemlich steilen Gratschneide über Firn und Felsstufen empor. Ausstieg am S-Gipfel.

● **1133 Nordwestwand**

A. Airoldi, G. Valsecchi, 4. 7. 1983. Firn/Eis bis 55 Grad. 350 m, 2 Std.

Übersicht: Anstieg über die Firn- bzw. Eisschicht links (nördl.) des Westgrates. Der Ausstieg erfolgt rechts des Gipfels.

● **1134** frei für Ergänzungen.

● **1135 Catena Rossa, 3546 m, 3270 m**
Der die Vedretta de la Mare nach S begrenzende und vom Hauptkamm nach O ziehende Seitenkamm; an der N-Seite durchwegs vergletschert. Zwischen den beiden Gipfelpunkten Abstiegsmöglichkeit nach Peio (unschwierig, jedoch nie benützt).

● **1136 Vom Col de la Mare (R 128, 241),** ½ Std.
Etwas östlich des Hauptkammes bleibend über den Gletscher zum breiten Firnsattel im W des Gipfels und (Firn) auf diesem selbst.

● **1137 Von der Cevedalehütte,** 4 Std.
Wie R 128 bis unter den Col de la Mare. Nun nach Süden zum Gipfel. Spaltenreicher Gletscher.

- **1138** Überschreitung des gesamten Grates von P. 3546 bis P. 3270
  Unschwieriger Firngrat, jedoch in den letzten 50 Jahren kaum begangen.

Abstieg von P. 3270 über die Vedretta de la Mare sichtlich sehr spaltenreich und zeitraubend, Abstieg von P. 3270 nach S (Schutt- und Schneehänge) ohne Zweifel unschwierig.

- **1139–1140** frei für Ergänzungen.

- **1141** Palòn de la Mare
  (Deutsch-österr. Vermessung 3708 m, italien. Vermessung 3703 m)

1. Ersteigung J. Payer, J. Pinggera, A. Chiesa, 10.9.1867, über R 1146.
Mächtiger vorwiegend firnbesetzter Gipfel, schließt den Hintergrund des Fornoferners im N ab, im Frühjahr beliebtes Skiziel von geringer Schwierigkeit (bei Skibesteigung zeitiger Aufbruch von der Brancahütte wegen der S-Lage des Anstieges); ebenfalls sehr beliebt ist eine Ersteigung des Palòn de la Mare in Verbindung mit einem Übergang zum Monte Cevedale.
Auf allen Anstiegen weite Gletscherflächen, die bei unsichtigem Wetter (ohne Bussole) problematisch sein können. Siehe Abb. S. 63.

- **1142 Von der Brancahütte**
  J. Payer, J. Pinggera, A. Chiesa, 10.9.1867, im Abstieg.
  Unschwierige Gletscherfahrt, Spaltengefahr, der beste Anstieg mit Ski.
  4–5 Std.

Route: Von der Brancahütte an bzw. neben der Seitenmoräne des Gletschers aufwärts, bis von links oberhalb der Mare-Gletscher (nicht zu verwechseln mit der Vedretta de la Mare an der O-Seite) gegen den Fornogletscher herabzieht. Die Verbindung zwischen den beiden Gletschern bildet eine breite muldenartige Firn (Schnee-) rinne, die durch eine markante längliche Felsinsel im oberen Teil in zwei Äste gespalten ist. Im (im Sinne des Aufstieges) linken Teil der rinnenartigen Mulde aufwärts und dann durch den linken (nördl.) Teil der beiden erwähnten Rinnenäste zur unteren Steilstufe des Gletschers. Über diese (nicht die südl. Gletscherhälfte benützen!) ziemlich gerade (Achtung auf Spalten) zum flacheren Gletscherteil oberhalb aufwärts. Auf ihm nach NO. Die folgende steilere Stufe wird links (Spalten) im Bogen erstiegen und das oberste Gletscherbecken erreicht. Dieses gegen den SW-Grat zu durchqueren. Nun am Grat weiter; der breite unschwierige Grat biegt sehr bald zum S-Rücken um, dem man zum Gipfel folgt.

- **1142 A Abstieg zur Brancahütte**
  Unschwierige Gletscherfahrt, spaltenreich.
  3½ Std.

Vom Gipfel am Rücken nach S bis der SW-Grat des Berges abzweigt. Nun auf diesem (breiter unschwieriger Grat) kurz abwärts, bis man unschwierig in das nordwestl. des Grates gelegene Gletscherbecken absteigen kann. Das Gletscherbecken in nordwestl. Richtung durchqueren, dann über die Steilstufe unterhalb (Spalten) rechts (orogr.!) im Bogen hinab. Auf dem erreichten flachen Gletscherteil nach SW bis vor die Steilstufe unterhalb. Diese (Achtung auf Spalten) in ihrer nördlichen Hälfte hinab. Unterhalb durch eine zunehmend breiter werdende Firnrinne abwärts zur Randmoräne des Fornogletschers. Auf dieser (Steig) nach NW zur Hütte.

- **1143 Südwestgrat**
  P. Pogliaghi, L. Bonetti, 1881
  Vorwiegend unschwieriger Firngrat. Reizvoller Anstieg.
  I (einige Stellen) im untersten Teil. Neigung im Firn etwa 30 Grad (kurz), dann wesentlich weniger.
  Etwas schwieriger als R 1142 und R 1144.
  Höhenunterschied (vom Gratfuß) 700 m, Gratlänge etwa 2800 m.
  5 Std. von der Brancahütte.

Zugang: Von der Brancahütte auf der Seitenmoräne des Fornogletschers (Steig) bis zum Ende der Moräne (R 1142 biegt vorher bergseitig ab). Über den Gletscher erst rechtshaltend, dann gerade zum Gratfuß.
Route: Nun in der N-Seite des Grates (gestufter Fels) schräg rechts zur Gratschneide. Nun immer längs der langen Schneide (bei Ausaperung im untersten Teil unschwierige Felsen) zum Gipfel.

- **1143 A Abstieg über den Südwestgrat**
  Bei unsicherem Wetter und Neuschnee R 1142 A vorzuziehen. Nicht mit Ski befahrbar.
  Siehe Vorbemerkungen unter R 1143.
  3 Std. vom Gipfel zur Hütte.

Vom Gipfel am Rücken nach S bis der SW-Grat des Berges abzweigt. Nun durchwegs längs seiner Schneide abwärts (breiter unschwieriger Grat, bei Ausaperung im untersten Teil unschwierige Felsen). Man gelangt so zum untersten Gratabbruch; in gleicher Höhe befindet sich hier der obere Rand des großen Eisbruches des Fornoferners (südl. des Grates). Hier in die N-Seite des Grates. Schräg rechts (nördl.) über gestuften

Fels hinab zum Gletscher. Auf ihm ein kurzes Stück gerade talauswärts, dann schräg rechts (westl.) zu seiner Randmoräne. Auf der Moräne (Steig) talauswärts zur Brancahütte.

● **1144 Südflanke**
Unschwieriger Anstieg. Neben dem Südwestgrat von nebensächlicher Bedeutung.
5½ Std. von der Brancahütte.

Wie R 1143 bis dorthin, wo man die Schneide des SW-Grates erreicht. Nun nach rechts (O) auf den Fornogletscher, den man oberhalb seines Eisbruches betritt. Auf dem Gletscher (im Sinne des Aufstieges links) soweit empor, bis man zwischen zwei breiten unschwierigen Felsrücken zum obersten SW-Grat ansteigen kann. Über diesen zum Gipfel.

● **1145 Gratübergang zum Monte Vioz bzw. zum Cevedale**
2¼ Std. zum Monte Vioz; zum Monte Cevedale 3½ Std. Siehe R 1120.

● **1146 Ostgrat (Catena Rossa)**
J. Payer, J. Pinggera, A. Chiesa, 10.9.1867. Kaum begangen.

Begehung von R 1138 und dann über den Gletscherrücken nach Süden zum Gipfel.

● **1147 Nordgrat**
V. Hecht, M. v. Dechy, J. Pinggera, S. Janiger, 4.7.1873, anläßlich der ersten Überschreitung Monte Cevedale – Palòn de la Mare.
Unschwieriger Gletscher- und Firnrücken.
¾ Std. vom Col de la Mare, 4 Std. von der Cevedalehütte.

Zugang: Wie R 128 in den Col de la Mare.
Route: Vom Col über einen weiten die Wasserscheide bildenden Firnhang und einen Rücken auf den Vorgipfel. Nun etwas eintönig (Firnhang) weiter und zuletzt über einen kurzen wenig steilen Firngrat zum Gipfel.

● **1148 Nordwestpfeiler**
F. Veclani, L. Pogliaghi, G. Valsecci, V. Martinelli, 24.7.1975.
III, II, im Eis 40–45 Grad. Lohnender kombinierter Anstieg. Pfeilerhöhe 700 m, davon 400 m Fels; 5 Std. v. E., 6½ Std. von der Brancahütte.

Zugang: Von der Brancahütte auf der Seitenmoräne des Rosoleferners zu diesem und über ihn zum E. bei P. 2959. 1½ Std.
Route: Über den Bergschrund und schräg rechts (Firn, steinschlaggefährlich) zum Felspfeiler. Der Pfeiler wird direkt bis zu seinem oberen Ende begangen. Von dort über den Eishang zum **nordwestlichen** Vorgipfel und über den unschwierigen Verbindungsgrat zum Hauptgipfel.

- **1149 Nordwestwand**
  F. Veclani, G. Valsecchi, 26.6.1979
  Vorwiegend Eisfahrt, im unteren Teil kombiniertes oder (je nach Verhältnissen) überwiegendes Felsgelände.
  III (eine Passage) und II; im Eis unterschiedliche Neigung mit einer äußerst schwierigen Stelle im Gletscherbruch (nach Angaben der Erstbegeher). 800 m. Zeit der Erstbegeher von der Brancahütte bis zum Gipfel 10 Std.

Zugang: Von der Brancahütte nach N in das Val delle Rosole. Am Kamm der orogr. rechten Seitenmoräne des Gletschers zu diesem und über den Gletscher zum Zentralsporn der NW-Wand (2891 m). 1½ Std.
Route: Über ein Band zur Kante des Spornes. Am Sporn (**III**, II, teilweise brüchig) unter die überhängenden Seracs rechts des Gletscherendes. Nachdem man die letzte Felsstufe (glatt) überwunden hat, gewinnt man den ersten Absatz durch eine Lücke in den Seracs. Nun (Spalten, Eisblöcke) aufwärts (3 Seillängen) zu einer trichterförmigen Einengung. Diese (lt. Erstbegeher äußerst schwierig) empor und hinauf und heikel nach links zum obersten Firnfeld. Auf ihm (von Engstellen und Spalten unterbrochene Rinne) bei abnehmender Neigung zum Vorgipfel (3661 m). Nun über den unschwierigen Verbindungsgrat zum Hauptgipfel.

- **1150 Nordwestrinne zu P. 3350 westnordwestl. des Gipfels**
  A. und M. Prestini, 30.1.1983. Eisrinne; je nach Verhältnissen können senkrechte Passagen im Eis und Felsstellen bis **IV–** auftreten. Eisschlaggefahr. 450 m, 3 Std. (Erstbegeher).

Übersicht: Anstieg durch die zur Vedretta delle Rosole herabziehende Rinne.
Route (Beschreibung der Erstbegeher): E. am Rinnenauslauf. In der Rinne 150 m (45–50 Grad) unter den ersten Aufschwung. Über diesen hinweg (etwa 25 m, bis 70 Grad). Mit weiteren 150 m zu einem nochmaligen Steilstück der Rinne. Dieses 100 m (60–85 Grad) und nach links aufwärts unter die oberhalb befindlichen Seracs. Man erreicht diese

durch eine 20 m hohe Verschneidung (IV–). Unter den Seracs nach rechts queren und auf den Rücken rechts der Rinne hinauf. Über diesen unschwierig zu P. 3350 und jenseits zum nahen gewöhnlichen Anstieg von der Brancahütte (R 1142).

● **1151–1152**   frei für Ergänzungen.

● **1153**   **Monte Vioz,** 3645 m
Hervorragender Aussichtsberg mit Blick vom Adamello bis zum Ortler, wurde vermutlich bereits 1854 anläßlich der österr. Vermessung erstiegen. 1. gesicherte Ersteigung J. Payer, J. Pinggera, A. Chiesa, 4.9.1867 von Süden (heutiger Anstieg über die Viozhütte). Die Viozhütte (Rif. Mantova al Vioz) liegt etwa $^1/_2$ Std. südlich des Gipfels und ist eine der höchstgelegenen Hütten der Ostalpen (Die in Peio Fonti beginnende Seilbahn verkürzt den Normalweg bedeutend; s. R 108).

● **1154**   **Von der Viozhütte**
            20–30 Min.
Über den Südostrücken zum Gipfel (Firn/Eis, Steigeisen je nach Können und Verhältnissen anzuraten).

● **1155**   **Südflanke**
            Schutt- und Schneeflanke, zuletzt Gletscher; mühsam. Heute nicht mehr begangen.
            3 Std. von der Bergstation des Sesselliftes.
Zugang: Von der Bergstation des Sesselliftes (Plan di Laret, s. R 109) im breiten Schuttal einwärts.
Übersicht: Beliebig über die Flanke zum Gipfel.

Östlicher Fornokessel
Monte Vioz
1157 Westflanke
1158 Normalweg von der Brancahütte
Punta Taviela
1179 Gratübergang auf die Punta Taviela
1184 Westflanke
Cima di Peio
1179, 1185 Gratübergang von der Punta Taviela
1192 Nordwestgrat
1179, 1193 Gratübergang zur Rocca S. Caterina

Monte Vioz — Punta Taviela — C. di Peio

1158 · 1157 · 1184 · 1179 · 1192 · 1179, 1185 · 1179, 1793

- **1156** **Südwestgrat**
  I, ansonsten unschwieriger Gletscher.
  Wird nur anläßlich einer Gratüberschreitung vom Monte Vioz zur Punta San Matteo begangen.
  1 Std. vom Colle Vioz (R 237).

Zugang, Route: s. R 1179.

- **1157** **Westflanke**
  P. Poghiaghi, L. Bonetti, um 1881
  Gletscherflanke von geringer Steilheit, ungebräuchlich.
  5 Std. von der Brancahütte. Siehe Abb. Seite 369.

Zugang: Wie bei R 1143 bis dorthin, wo man die Schneide des Palòn de la Mare SW-Grates betritt. Nun nach rechts (O) auf den Fornoferner, den man oberhalb seines Eisbruches erreicht. Auf ihm in schrägem Anstieg nach S bis unter die W-Flanke des Monte Vioz W-Gipfels.
Route: Über diese, durchwegs im Eis, aufwärts und kurzer Übergang zum Hauptgipfel (fast eben).

- **1158** **Von der Brancahütte über den Nordwestgrat**
  Unschwierige Gletscherbegehung.
  4–5 Std. Siehe Abb. Seite 369.

Route: Wie R 1143 bis dorthin, wo man die Schneide des Palòn de la Mare SW-Grates betritt. Nun jenseits auf den oberen Fornoferner (oberhalb des Eisbruches). Am Gletscher (mehr auf der Seite des Palòn de la Mare halten) aufwärts in den Passo della Vedretta Rossa zwischen Palòn de la Mare und Monte Vioz. Nun über den NW-Grat unschwierig zum Hauptgipfel (O-Gipfel) des Monte Vioz.

- **1159** **Gratübergang vom Monte Cevedale bzw. Palòn de la Mare**
  Unschwierige Firn- und Gletschergrate; zum Teil Gletscherflächen, die bei Nebel sehr problematisch werden können.

Route: S. R 1120.

- **1160** **Nordostwand**
  Von mehreren Felsrippen durchzogene Eiswand, Wandhöhe etwa 250 m, Neigung bis 50 Grad.

Zugang: Von Peio über die Vedretta Rossa spaltenreich und langwierig. Günstiger **von der Viozhütte** auf den Gipfel des Monte Vioz und jenseits in den Passo della Vedretta Rossa absteigen. Entweder schon vor ihm oder von ihm unter die NO-Wand absteigen. 1–1½ Std. von der Viozhütte.

- **1161　Nordostwand des P. 3555 der Carta d'Italia**
  R. M. Croaz, S. Croaz, 10.7.1951. Nur von sportlicher Bedeutung, sonstige Vorbemerkungen R 1160.

Zugang: Bis ganz in den Passo della Vedretta Rossa und dann nach O über Gletscherhänge unter die Wand absteigen.
Route: Die Wand wird gerade (durchwegs Eisflanke) erstiegen. Ausstieg am Kamm etwas östl. des Passes.

- **1162　Direkte Nordostwand**
  Erstbegeher unbekannt, vor 1928.
  Vorbemerkungen R 1160.

Zugang: Am Gratrücken, der vom Monte Vioz zum Passo della Vedretta Rossa zieht, bis etwa zur halben Wegstrecke. Nun östlich unter die Wand absteigen.
Route: In Gipfelfallinie die Wand zum höchsten Punkt empor.

- **1163　Nordostwand, neuer Weg**
  R. M. Croaz, M. Quadri, 29.8.1953
  Einzelheiten wurden nicht bekanntgegeben, Hinweis bei „Lo Scarpone" 1953/23. Zeit der Erstbegeher 4 Std.

- **1164　Ostflanke**
  J. Payer, J. Pinggera, A. Chiesa, 4.9.1867 im Abstieg.
  Firnflanke, etwa 30 Grad, 300 m.

Zugang: Von der Viozhütte am O-Grat (Rocca Marcia, nicht am Aufstiegsweg zur Hütte) soweit absteigen, bis man in die Flanke nach N einqueren kann (20 Min., der Zustieg durch das Val Piana ist wegen der Länge nicht zu empfehlen).
Route: Die Flanke gerade bis zum Gipfel empor.

- **1165　Ostgrat**
  W. Hammer, 23. 8. 1902.

Übersicht: Die Gratschneide wird durchwegs begangen.

- **1166**　frei für Ergänzungen.

- **1167　　　　　　　Dente del Vioz**
  (Deutsch-österr. Vermessung 2906 m, italien. Vermessung 2905 m)

1. Ersteigung H. Helversen, A. Veneri, 31.8.1889, über R 1168. Felsgipfel, der am gewöhnlichen Anstieg zur Viozhütte (R 109) östlich umgangen wird. Zugang von der Bergstation des Sesselliftes 20 Min.

- **1168** **Nordostflanke**
  H. Helversen, A. Veneri, 31.8.1889
  II, I, 20 Min.

Zugang s. R 1167.
Route: Vom Weg zur Viozhütte (R 109) beliebig über die Felsstufen der NO-Seite zum Gipfel.

- **1169** **Südwestwand**
  G. Biasin, G. Censi, F. Baschera, 14.6.1964. **VI** und V (100 m), IV+, IV mit leichteren Zwischenstücken, Schlüsselstelle ist die Gipfelwand. 300 m, 6 Std., 12 H (davon 5 belassen).

Übersicht: Etwas über der halben Höhe der SW-Wand befindet sich eine große Schulter in der Wand. Der Anstieg führt auf diese Schulter und von dort durch die Gipfelwand.
Zugang: Vom gewöhnlichen Anstieg zur Viozhütte (R 109) die Hänge unter der Wand zu jener Rinne queren, die rechts des gratartigen Vorbaues, welcher die felsige Verlängerung der Wand (die Wandschulter befindet sich oberhalb!) im Kar bildet, emporzieht. 1 Std. von der Bergstation des Sesselliftes Plan di Laret.
Route: E. am Beginn der kaminartigen Rinne. Diese empor bis an das obere Ende eines etwa 130 m hohen Kamines, den man – in der Rinne eingeschnitten – durchsteigt (stellenweise IV, IV+). Nun rechts in der Wand in Richtung Schulter weiter. Zuerst eine kurze Verschneidung hinauf und nach 40 m Rechtsquergang auf leichte Platten. Von dort immer rechtshaltend auf die Wandschulter. Von der Schulter weiter in Richtung eines Kamines, der die Gipfelwand durchreißt. Von seinem Beginn auf einen abgespaltenen Felsblock hinauf, Übertritt an die gegenüberliegende Wand und über sie (VI–) in den Kamin hinein. Nun dem Kamin 60 m (VI, V) zum Ausstieg in der Scharte zwischen den beiden Gipfeln folgen. Nun durch eine Rinne und über gegliederten Fels zum Gipfel.

- **1170** **Direkte Südwand**
  G. Stella, A. Peverato, S. Brescianini, 4.–6.7.1971
  VI– (2 Stellen), V+ und V; 1 Stelle A3, sonst A2 und A1; Ae. 250 m.
  Teilweise brüchig, Schlüsselstelle in den letzten zwei Seillängen. Es wurden 74 H, 4 BH und 8 HK geschlagen, davon 30 H, 4 BH und 6 HK belassen. Beschreibung nach dem Bericht der Erstbegeher.

Zugang: s. R 1167.

Route: E. bei einer gut sichtbaren Rinne. Dieser bis an ihr oberstes Ende folgen (II). Nun nach rechts an das Ende der benachbarten Rinne und über eine Viermeterwand auf einen kleinen begrünten Absatz (HK). Die oberhalb befindliche Stufe (3 m V) schräg rechts empor und in der gleichen Richtung bis in eine brüchige Rinne weiter (25 m, III+, IV). Die Rinne (brüchig, III) 15 m aufwärts auf einen kleinen Absatz. Nun links eines Risses über eine graue Wand aufwärts auf einen Absatz (35 m, V+, A1). Vom Absatz schräg links absteigen (10, m V) zu einem brüchigen Kamin. Diesen und den Überhang oberhalb aufwärts (20 m, V, A1), dann Rechtsquergang und durch einen Riß auf kleinen Stand (VI–, A1). Nun über die graue geneigte Wand, immer an der Pfeilerkante bleibend, aufwärts in eine Nische (15 m, V+). Aus der Nische nach links hinaus und schräg aufwärts bis an den rechten Rand eines breiten Bandes (10 m, A2, 2. Biwakplatz der Erstbegeher). Auf dem Band an sein linkes Ende. Durch einen schrägen brüchigen Riß auf die Pfeilerkante ober dem Band (25 m, A1), dann nach rechts in eine schwarze überhängende Verschneidung, die bald nach links umbiegt und auf begrünte Bänder bringt (25 m, A2, V; oberhalb der Bänder große Verschneidung).
Über eine Wand aufwärts in eine geneigte Verschneidung, die sich bald mit der großen Verschneidung vereinigt (20 m, A2). In der Verschneidung weiter, über einen sehr brüchigen Überhang hinweg und links hinaus auf ein schmales Band (20 m, VI–, A1, A2; 40 m von den begrünten Bändern). Weiter in der Verschneidung zur Rechten, dann über Platten zum Ausstieg (20 m, A3, III).

● **1171–1175** frei für Ergänzungen.

● **1176**   **Cima Vioz,** 2504 m
Erste Ersteigung J. Payer, 30.8.1867.
Unbedeutende zum Großteil begrünte Erhebung, die der bez. Weg zur Viozhütte (R 109) knapp unter dem Gipfel umgeht. Unschwierige Hänge.

● **1177–1178** frei für Ergänzungen.

● **1179**   **Gratüberschreitung Monte Vioz –
Punta San Matteo – Pizzo Tresero**
Der zweite (schwierigere) Teil der Fornokessel-Umrahmung. In der Hauptsache Firngrat, ab der Punta San Matteo weit ausladende Wächten auf die Forno-Seite. II (eine Stelle), kurze Felsstellen I, eventuell 5 m abseilen.

Ausquerungsmöglichkeiten: im Bärenpaß (s. R 130, 131), von der Punta San Matteo nach W über den Dosegu-Gletscher.
Biwakschachteln: Bivacco F. Meneghello (R 129), Bivacco Seveso (R 132).
8–10 Std. vom Monte Vioz bis zum Pizzo Tresero.
Siehe Abb. Seite 369.

Vom Monte Vioz O-Gipfel (Hauptgipfel) über den Firnrücken zum W-Gipfel. Von diesem über den SW-Grat zum Gletscher abklettern (I), dann am Gletscherkamm zu einer Erhebung, 130 m oberhalb des Colle Vioz. Am Grat (I) in den Col hinab (Umgehung am Gletscher wegen der Spalten abzuraten). Große Umgehung (günstiger, jedoch ebenfalls Achtung auf Spalten): Vom Monte Vioz bis fast zum Passo della Vedretta Rossa, dann die Gletscherböden in südlicher Richtung bis in den Colle Vioz queren. Vom Colle Vioz (3330 m) entweder über den NO-Grat (Felsteil I, II, Ski müssen getragen werden) auf die Punta Taviela oder: Unter dem Bergkörper der Punta Taviela am Gletscher nach W. Links eines großen Eisbruches am Gipfelaufbau schräg links zum obersten (flachen) Teil des NO-Grates hinauf und über diesen (sanfter Firnrücken) zum Gipfel der Punta Taviela (3612 m). Jenseits ohne Schwierigkeiten einen Firnsattel überqueren und zum Gipfel der Cima di Peio (3549 m, 3 Std. vom Monte Vioz). Nun in südlicher Richtung über den scharfen felsigen Grat (I) zur **Rocca San Caterina** (3529 m). Weiter am nach S ziehenden Grat (II, Schlüsselstelle, immer am Grat bleiben!), wobei man eine kurze Wandstufe (5 m) entweder abseilt oder mit Hilfe von Versicherungen abklettert. Der Grat biegt schließlich (bereits Firngrat) nach W um und führt zum **Colle Cadini** (3409 m) hinab. Am Firnrücken wenig steil zur **Punta Cadini** (3524 m) hinauf und jenseits (Firnrücken) in den **Bärenpaß** hinab (Colle degli Orsi, Bivacco F. Meneghello, bezügl. der Höhenangaben s. R 129; 2–3 Std. von der Cima di Peio). Am wenig steilen Firnrücken aufwärts, knapp unter dem Gipfel des Monte Giumella an der N-Seite durchqueren und auf das ebenmäßig ansteigende Giumellaplateau. Auf ihm zum Gipfel der **Punta San Matteo** (3678 m, 1 Std. vom Bärenpaß). Vom Gipfel am NW-Grat hinab; man hält sich dabei in den oberen zwei Dritteln immer südlich der Gratschneide (bei Skiabfahrt Achtung auf die Felszone unterhalb) und gelangt zum obersten Rand des hier bis zum Grat reichenden Dosegu-Gletschers. Nun zwei Möglichkeiten.

a) Leichter und sicherer: An der SW-Seite des Grates am hier flachen Dosegu-Gletscher unterhalb der Gipfel queren und erst zwischen Punta Pedranzini und Pizzo Tresero auf den Grat hinauf. Günstig mit Ski.

b) Achtung auf weit hinaushängende Wächten, mit Ski abzuraten: Man folgt immer dem von der Punta San Matteo nach NW ziehenden nur geringfügig felsdurchsetzten Firngrat, überschreitet die Cima Dosegu (3560 m) und die Punta Pedranzini (3599 m) bis in die Einsattelung vor dem Pizzo Tresero.

Gemeinsamer Weiterweg: Am unschwierigen O-Grat zum Gipfel des Pizzo Tresero (3594 m, 1½–2 Std. von der Punta San Matteo).

● **1180** frei für Ergänzungen.

● **1181** **Punta Taviela,** 3612 m
1. Ersteigung Tuckett, Brown, Almer, Andermatten, Veneri, 18.6. 1866, über R 1182.
Als selbständiges Ziel wenig besuchter Gipfel, vom Monte Vioz durch den Colle Vioz getrennt; wird in der Regel nur bei einer Überschreitung des Kammes Monte Vioz – Punta San Matteo betreten (R 1179).

● **1182** **Von der Viozhütte über den Nordostgrat**
F. F. Tuckett, F. A. Y. Brown, Chr. Almer, F. Andermatten. D. Veneri, 16.6.1866
Unterer Teil des Grates Fels mit Stellen **II,** sonst I; im oberen Teil unschwieriger Firnrücken.
1½–2 Std.

Zugang und Route: Siehe R 1179.

● **1183** **Nordflanke des nördlichen Vorgipfels**
Gletscherflanke von geringer Steilheit, als Umgehungsmöglichkeit des unteren NO-Grates bei R 1179 beschrieben.

● **1184** **Westflanke**
P. Pogliaghi, L. Bonetti, 1882
Gletschertour, viele Spalten, gute Sichtverhältnisse nötig.
5 Std. von der Brancahütte.
Siehe Abb. Seite 369.

Zugang: Von der Brancahütte wie beim Anstieg über den Palòn de la Mare SW-Grat (R 1143) bis dorthin, wo man die Gratschneide erreicht (Umgehung des großen Eisbruches am Fornogletscher). Nun knapp oberhalb des Eisbruches auf den Gletscher. Auf ihm erst in östl. dann bald südl. Richtung ins obere Gletscherbecken und in die zwischen Cima di Peio und dem nördl. Vorgipfel der Punta Taviela gelegene Gletschermulde.

Route: Im Mittelteil der Mulde empor und dann über den steiler werdenden Gletscher gerade zum Hauptgipfel hinauf.

- **1185 Gratübergang zur Cima di Peio**
   Th. Christomannos, A. v. Krafft, R. H. Schmitt, 18.8.1891
   Unschwieriger Firngrat. ½ Std.

Beschreibung s. R 1179.

- **1186 Südflanke**
   Unschwierige Schutt-, Schnee- und Firnflanke von 30 Grad Neigung.
   5 Std. von Plan di Laret.

Zugang: Von Peio mit der Seilbahn und anschließend dem Sessellift zur Bergstation des letzteren (Plan di Laret). Zu Fuß 3 Std. Nun am Weg nach NW das Valle della Mite einwärts und aus seiner Mitte über Schutt nach links (SW, Steig) aufwärts auf den begrenzenden Kamm. Man erreicht ihn (bergseitig gesehen) nach dem Felsrücken Crozzi Taviela (Rif. Toni Turri, Ruine des alten Rif. Mantova). Von der Hütte in schrägem Anstieg auf die harmlosen Ausläufer der Vedretta Taviela.
Route: Zum Beginn der Flanke umbiegen und über diese beliebig zum Gipfel empor.

- **1187 Südostgrat**
   J. Payer, J. Pinggera, A. Chiesa, 14.9.1867
   I (wenige Stellen), unschwieriger Schutt- und Schneegrat.
   4 Std. von Plan di Laret.

Zugang: Wie R 1186 zum Rif. Toni Turri.
Route: Nun beliebig (weglos) zum breiten Gratrücken empor und durchwegs auf ihm zum Gipfel.

- **1188 Südostgrat des nördlichen Vorgipfels**
   I, Höhenunterschied 400 m, Gratlänge 700 m, Steigeisen sind nützlich. Teils wenig schwieriger Felsgrat, teils Firnschneide.
   4½ Std. von Plan di Laret bis zum Hauptgipfel.

Zugang: Wie R 1186 zum Rif. Toni Turri. Von der Hütte – erst etwas nach N absteigend – die Vedretta Saline zum Grat hin überqueren (hierher auch mit geradem Anstieg, wenn man schon vor der Hütte den Weg verläßt).
Route: Weiter durchwegs längs der Gratschneide (Felsgrat) zum nördlichen Vorgipfel und über den sanften Firngrat zum Hauptgipfel.

- **1189** Cima di Peio (Punta di Peio), 3549 m

Gipfel südwestl. der Punta Taviela, wird in der Regel nur anläßlich der Kammbegehung Monte Vioz – Punta San Matteo betreten.

- **1190** **Gratübergang von der Punta Taviela**
  Th. Christomannos, A. v. Krafft, R. H. Schmitt, 18.8.1891.
  Unschwieriger Firngrat, Beschreibung s. R 1179. $^{1}/_{2}$ Std.

- **1191** **Nordwestflanke**
  Gletschertour, viele Spalten, gute Sicht nötig.
  $5^{1}/_{2}$–6 Std. von der Brancahütte. Siehe Abb. Seite 369.

Wie bei R 1184 in das flache Gletscherbecken zwischen Punta Taviela und Cima di Peio. Nun nach S aufwärts zum Grat Punta Taviela – Cima di Peio, der im Firnsattel zwischen den beiden Gipfeln erreicht wird.

- **1192** **Nordwestgrat**
  Vorwiegend Firngrat mit geringer Neigung, zuletzt einige unschwierige Felsstellen. Viele Gletscherspalten!
  Höhenunterschied 300 m, Gratlänge 900 m, $5^{1}/_{2}$–6 Std. von der Brancahütte. Siehe Abb. Seite 369.

Wie bei R 1184 in das flache Gletscherbecken zwischen Punta Taviela und Cima di Peio. Aus ihm nach SW zum NW-Grat und immer längs seiner Schneide zum Gipfel.

- **1193** **Gratübergang zur Rocca S. Caterina**
  Th. Christomannos, A. v. Krafft, R. H. Schmitt, 18.8.1891
  I, 20–30 Min. Beschreibung s. R 1179.

- **1194** **Südostflanke**
  Firnhang unter 30 Grad.
  5–$5^{1}/_{2}$ Std. von Plan di Laret.

Zugang: Wie bei R 1186 zum Rif. Toni Turri.
Route: Von der Hütte in schrägem Anstieg nach W auf die Vedretta Taviela. Den Gletscher schräg aufwärts in der bisherigen Richtung empor und über den Firnhang zum Gipfel.

- **1195** Rocca S. Caterina, 3529 m

Doppelgipfel, bei welchem der Hauptgipfel (N-Gipfel) ein Felshorn und der Vorgipfel (S-Gipfel) ein Firngipfel ist. Die Überschreitung des Berges bildet die Schlüsselstelle des Grates Monte Vioz – Punta San Matteo – Pizzo Tresero (R 1179).

- **1196 Südwestgrat und Südgrat**
  J. Payer, J. Pinggera, A. Chiesa, 12.9.1867 bis zum Vorgipfel; Th. Christomannos, A. v. Krafft, R. H. Schmitt, 18.8.1891 im Abstieg.
  Bis zum Vorgipfel unschwieriger Firngrat, dann Felsgrat.
  II an der Schlüsselstelle, dort Versicherungen, wird im Abstieg oft abgeseilt (5 m). ¾ Std. vom Colle Cadini.

Zugang zum Colle Cadini: a) Wie 130 in den Bärenpaß und die Punta Cadini überschreiten in den Col (1 Std. vom Bärenpaß).
b) Wie R 130 am Weg zum Bärenpaß bis oberhalb des zweiten Eisbruches am Fornogletscher. Nun nach SO über den Gletscher und (sehr spaltenreich) in den Col. 4–5 Std. von der Brancahütte.
c) Von Peio durch das Val Cadini, weglos, eintönig, unschwierig; 6 Std.
Route: Vom Colle Cadini am unschwierigen Firngrat zum südlichen Vorgipfel. Von dort über den scharfen Firngrat zum Felsaufbau des Hauptgipfels. Am Grat zu einer etwa 5 m hohen von einem Riß durchzogenen Platte (Schlüsselstelle, Versicherung). Diese empor und über den Grat zum Gipfel. ¼ Std.

- **1196 A Abstieg nach Süden zum Colle Cadini**
  Zuerst Felsgrat II (Schlüsselstelle), I, dann unschwieriger Firngrat.

Vom Gipfel entlang des Felsgrates nach Süden zum Vorgipfel (immer am Grat bleiben!), wobei man eine kurze Wandstufe (5 m) entweder abseilt oder mit Hilfe einer Versicherung abklettert.
Der Grat biegt schließlich nach W um (bereits Firngrat) und führt zum Colle Cadini (3409 m) hinab.

- **1197 Variante zur Südgratführe R 1196**
  (Umgehung der Platte)
  Ed. Hahn, A. Gumpold, G. Compagnoni, 28.7.1894
  Wesentlich leichter, aber auch umständlicher als die Ersteigung der Platte. I, im Firn 30 Grad und weniger.

Vom Firngrat, der vom Vorgipfel zum Felsteil des Grates führt, in die SO-Flanke queren und dort (Rinnen, Rippen) gerade zum Hauptgipfel hinauf.

- **1198 Südostgrat bzw. Ostflanke**
  J. Payer, J. Pinggera, A. Chiesa, 12.9.1867, die vom südl. Vorgipfel schräg nach N in die Flanke einquerten und durch diese abstiegen.

Unschwierige Flanke, von zahlreichen Rinnen und Rippen durchzogen; beliebige Wegführung.
II (einige Stellen); im Firn kaum über 30 Grad.
5–5½ Std. von Plan di Laret.

Zugang: Wie bei R 1186 zum Rif. Toni Turri. Von der Hütte in schrägem Anstieg nach W auf die Vedretta Taviela und diese schräg aufwärts unter die O-Seite des Berges überqueren.

Route: Nun entweder gerade die Flanke zum Haupt(N-)Gipfel hinauf oder weiter südl. über den SO-Grat (Firn, unschwieriger brüchiger Fels) zum südl. Vorgipfel und längs des Grates (R 1196) zum Hauptgipfel.

● 1199 Nördlicher Vorgipfel Südwand „Via Pasoi"
U. und T. Dell'Eva, September 1983 (RM 1983/551). V+, 650 m.

Es wurden keine Einzelheiten bekanntgegeben.

● 1200 Gratübergang zur Cima di Peio
Th. Christomannos, A. v. Krafft, R. H. Schmitt, 18.8.1891.
I, 20–30 Min.

Beschreibung siehe R 1179.

● 1201–1202 frei für Ergänzungen.

● 1203 **Punta Cadini,** 3524 m

Erste Ersteigung J. Payer, J. Pinggera, A. Chiesa, 12.9.1867, über R 1206. Der erste Gipfel östl. des Bärenpasses (R 129, 234). Fällt nach Norden mit schöner Eiswand ab.

● 1204 Nordostgrat
J. Payer, J. Pinggera, A. Chiesa, 12.9.1867, im Abstieg.
Unschwieriger Firngrat. 15 Min. vom Colle Cadini.

Zugang zum Colle Cadini s. R 1196.
Route: Vom Col durchwegs am unschwierigen Firngrat zum Gipfel.

● 1205 Nordwand
Erstbegeher unbekannt, vor 1928
Skibefahrung H. Holzer, H. Vitroler, Sieglinde Walzl, Augusta Longariva, E. Moser, 27.7.1975.
Eiswand mit 40–48 Grad Neigung. 350 m vom Bergschrund.
4–5 Std. von der Brancahütte.

Zugang: Von der Brancahütte wie R 130 bis unter den Bärenpaß, dann nach O unter die Wand.
Route: In Gipfelfallinie über den Bergschrund und die Eiswand gerade zum Gipfel hinauf.

- **1206   Westgrat**
    J. Payer, J. Pinggera, A. Chiesa, 12.9.1867
    Unschwieriger Firngrat (Wächten), Neigung unter 30 Grad.
    30 Min. vom Bärenpaß.

Zugang zum Bärenpaß s. R 130.
Route: Vom Paß am Firngrat (oft Wächten nach S) über einen Vorgipfel zum Gipfel.

- **1207   Südwestwand**
    Erstbegeher unbekannt, vor 1928
    II, etwas brüchig, 290 m, 1 Std.

Zugang: a) **Von Peio** auf R 131 bis knapp unter den Bärenpaß und zum Wandfuß, 6 Std.
b) **Vom Bärenpaß** (R 129, 234) mit wenigen Minuten absteigend zum Wandfuß, 3½ Std. von der Brancahütte; schon aufgrund der Biwakschachtel im Bärenpaß vorteilhaft.
Route: E. am Beginn einer langen bis zum W-Grat hinaufführenden Rinne (je nach Verhältnissen Felsrinne oder Firnrinne). In der Rinne empor bis auf ein die ganze Wand durchziehendes Band. Auf diesem kurz nach rechts, dann (brüchig) neben der Rinne aufwärts. Schließlich etwas rechts haltend zum Ausstieg am Gipfel.

- **1208   Südostgrat**
    W. Hammer, 23.7.1903
    Unschwieriger Schutt- (vorwiegend) und Firngrat.
    6–7 Std. von Peio.

Zugang: Von Peio wie R 131 ins Valle degli Orsi. Aus ihm nach O auf die unterste Erhebung des SO-Grates (Cima Frattasecca, hierher auch von Peio durch das Val Cadini; beide Möglichkeiten unschwierig, weglos, Schutt- und Grashänge).
Route: Nun am breiten Gratrücken in eine Einsenkung. Aus ihr über Schutt und Gras zu einem Felsaufbau (Cima Castello), den man rechtshaltend unschwierig ersteigt. Weiter über den breiten Schuttrücken zu einem Schneegrat, dem man zu einem Felsabbruch folgt. Diesen rechts über Schnee umgehen, dann durchwegs längs der unschwierigen Schneide (Schutt, Schnee, wenige unschwierige kurze Felsstufen) zum Gipfel.

- **1209–1210** frei für Ergänzungen.

- **1211**   **Cima Frattasecca,** 2736 m
   Cima Castello, 3162 m

Erste touristische Ersteigung der Cima Frattasecca J. Payer, J. Pinggera, A. Chiesa, 7.9.1867. Unschwierig, werden auf R 1208 überschritten.

- **1212** frei für Ergänzungen

- **1213**   **Monte Giumella**
   (Deutsch-österr. Vermessung 3596 m, italien. Vermessung 3584 m)

Vom Kamm Bärenpaß – Punta San Matteo etwas nach S vorgeschobener Gipfel, der bei der Ersteigung der Punta San Matteo (vom Bärenpaß aus) in der Regel knapp unter dem höchsten Punkt umgangen wird.

- **1214 Von Nordosten**
   J. Payer, J. Pinggera, 21.9.1867
   Gletscherfahrt, zuletzt kurz unschwieriger Fels
   $^1/_2$ Std. vom Bärenpaß, $3^1/_2$ Std. von der Brancahütte.

Route: Vom Bärenpaß (R 129, 234) über den die Wasserscheide bildenden Firnrücken aufwärts und zuletzt über eine kurze unschwierige Felsstelle zum Gipfel.

- **1215 Nordflanke**
   G. Borgonovo, E. Martina, 22.7.1953, im Abstieg.
   Reine Gletscherfahrt, eine kurze schwierige Spaltenzone, Neigung dort je nach Verhältnissen 30–45 Grad.
   $3^1/_2$ Std. von der Brancahütte.
   Siehe Abb. Seite 383.

Zugang: Über den Fornogletscher wie beim Aufstieg zur Punta San Matteo (R 1230) bis etwa in die Fallinie des Monte Giumella.
In der N-Flanke des Monte Giumella sieht man zwei schräg rechts aufwärts ziehende Gletscherterrassen, die voneinander durch einen gewaltigen Eisbruch getrennt sind. Der Weiterweg (Spur) zur Punta San Matteo führt in der Regel über die untere Gletscherterrasse, es kann aber auch die obere Terrasse als Anstieg zur Punta San Matteo gespurt sein.
Route: Die obere Terrasse bis etwa zur Hälfte empor, dann unterhalb eines nordwestl. Vorgipfels des Monte Giumella links in den Gletscherbruch. Diesen empor und in den breiten Sattel zwischen Monte Giumella und dem unbedeutenden nordwestl. Vorgipfel. Über den sanften Firnhang und zuletzt einige unschwierige Felsen zum Gipfel.

- **1216 Übergang zur Punta San Matteo**
    J. Payer, J. Pinggera, 21.9.1867
    Unschwieriger Firngrat; ½ Std.
    Siehe Abb. Seite 383.

Vom Gipfel am kurzen Grat hinab zum Giumellaplateau und über die Firnhänge zur Punta San Matteo hinauf.

- **1217 Südwestwand**
    F. Becker, M. Ruhland, G. Salzgeber, 28.8.1907
    III (stellenweise), sonst II und I.
    500 m, $2^{1}/_{2}$–$3^{1}/_{2}$ Std. v. E., 6–7 Std. von Peio; bei der Malga Paludei eine Biwakschachtel (R 117).

Zugang: Von Peio wie R 118 zur Malga Paludei. Nun (Weg) ins Val Piana. In ihm bald weglos aufwärts bis zur Vedretta Val Piana. Rechts abbiegen zur SW-Wand.
E. unter der der obersten Scharte des SO-Grates am Beginn der zu ihr hinaufziehenden Schneerinne.
Route: Die Rinne zur Hälfte empor, dann über eine rote Platte (III) zu einer Sekundärrinne links davon (Felsrinne). Diese Rinne 20 m empor, dann an einem Überhang links vorbei (III), und über Schrofen linkshaltend zu einer steilen schwach gebänderten Wand. Diese im Zickzack zu einer vom Vorgipfel herabziehenden Gratrippe hinauf. Auf der Rippe ein kurzes Stück empor, dann rechts haltend zum obersten SO-Grat und über diesen zum Gipfel.

- **1218 Südostgrat**
    W. Hammer, M. Croaz, 17.7.1903
    Fels- und Firngrat.
    II (wenige Stellen), sonst stellenweise I, oft Gehgelände; im Firn unter 30 Grad.
    7–8 Std. von Peio.

Zugang: Von Peio am Weg zum Bärenpaß (R 131) bis zum Gletscher. Nun nach links (W) abbiegen und in Richtung der zahlreichen von der Cresta dei Mughi herabziehenden Rinnen. Die deutlichste der Rinnen wird über Schutt, Schnee und unschwierigen Fels (zu beiden Seiten Türme der vom Grat herabziehenden Sekundärgrate) bis zum SO-Grat erstiegen.
Route: Nun über einige Zacken (I, II) zu einer Gratschulter, dann am unschwierigen Schneegrat zum obersten, felsigen, Teil des Grates.
Über ihn (stellenweise I) zum obersten Firngrat, dem man zum Gipfel folgt.

**Berge des westl. Fornokessels
von der Westflanke des Monte Cevedale**

Monte Giumella
1215 Nordflanke
1216 Übergang zur Punta San Matteo

Punta San Matteo
1226 Nordwestgrat
1227 Gratübergang zur Cima Dosegu
1228 Nordwand
1230 Normalweg von der Brancahütte

Cima Dosegu
1243 Nordwand, östl. Weg
1244 Nordwand, westl. Weg

● **1219　Ostwand**
　　　　Erstbegeher unbekannt, vor 1915
　　　　Eis- und Firnwand, etwa 200 m, Neigung 30 bis 40 Grad
　　　　(kurze Stellen), Gletscherspalten. ½ Std.

Zugang: Von der Brancahütte über den Bärenpaß 3½ Std. (R 129, 130), vom Bivacco F. Meneghello im Bärenpaß (R 129) ½ Std., von Peio auf R 131 unrationell. Vom Bärenpaß nach S hinab in das oberste

Gletscherbecken der Vedretta degli Orsi und dort zum Beginn der Flanke.
Route: Die Wand (wobei die Spalten einmal rechts und einmal links umgangen werden) zum Gipfel empor. Bei Ausaperung zuletzt einige Stellen II (beliebige Wegführung).

● **1220**   frei für Ergänzungen.

● **1221**   **Le Mandriole,** 2930 m
  I Mughi (Corni di Morto), 3011 m, 3118 m, 3251 m, 3355 m

Felszähne in der untersten Fortsetzung des Monte Giumella SO-Grates (R 1218), die bei der gewöhnlichen SO-Gratbegehung nicht überschritten werden, Überschreitung sportlich reizvoll, jedoch bergsteigerisch von untergeordneter Bedeutung.

● **1222**   **Hauptgipfel von Osten**
           4–5 Std. von Peio.

Zugang: Wie R 131 zur Vedretta degli Orsi.
Route: Nun durch eine Rinne, die sich etwas südlich der Zustiegsrinne zum Monte Giumella SO-Grat (R 1218) befindet auf den Grat. Von der erreichten Scharte über den kurzen Grat nach S zum Gipfel.

● **1223**   **Überschreitung der Türme von SO nach NW**
           Erstbegeher unbekannt, vor 1915
           II (wenige Stellen), vorwiegend I, 3–4 Abseilstellen mit etwa 20 m Höhe.
           5–6 Std. von Peio.

Zugang: Von Peio auf der Straße ins Valle del Monte, bis rechts (nördl.) die Straße zur Malga Paludei auf den Hang hinauf abzweigt. Auf ihr bis über die Kehren, dann, etwa 1½ km danach, bergseitig am rot bez. Weg (Nr. 122) in Richtung Bärenpaß abzweigen (hierher etwas kürzer vom Parkplatz am Lago di Pian Palu mit Kehren und Hangquerung). Man folgt diesem bis er das Tal erreicht. An geeigneter Stelle über den Bach und jenseits, vorwiegend über Schutt, aufwärts zum Gipfel Le Mandriole (unterster Gipfel des Grates).
Route: Am Grat unschwierig zu P. 3011. Weiter am Grat (Schwierigkeiten werden auf der W-Seite umgangen) zu P. 3118. Nun über den von Felszähnen besetzten Grat, über zwei Firnsättel hinweg, zum Fuß des P. 3251, eines scharfen Felshornes. Längs der Gratkante auf dieses. Jenseits am Grat über mehrere Abbrüche (abseilen) in die nächste Scharte. Nun über den wenig schwierigen Grat zum Hauptgipfel. Von ihm am

unschwierigen Grat in eine kleine Einschartung hinab, dann über einen Felskopf hinweg zum Sattel am Beginn des Monte Giumella SO-Grates (R 1218).

- **1224** frei für Ergänzungen.

- **1225**   **Punta San Matteo,** 3678 m

Erste Ersteigung F. F. Tuckett, D. W. Freshfield, J. H. Backhouse, G. H. Fox, F. Devouassoud, P. Michel, 28.6.1865, über R 1233

Dominierender Gipfel in der Südumrahmung des Fornogletschers, mit und ohne Ski gerne erstiegen. Beliebt ist der Anstieg von der Brancahütte (vorteilhaft unter Vermeidung des Bärenpasses!), von der Gaviapaß-Straße (Rif. Berni) über den Dosegugletscher, sowie der Gratübergang zum Pizzo Tresero (s. R 1179); klassische, jedoch sehr selten begangene Nordwand (Eiswand), bei der die Hauptschwierigkeiten im Zustieg und im Überwinden der Gipfelwächte liegen. Auf allen Anstiegen Gletschererfahrung nötig.

- **1226**   **Nordwestgrat**
  J. Payer, J. Pinggera, 21.9.1867, im Abstieg.
  Firngrat mit stellenweise 30 Grad Neigung, Achtung auf die Wächten nach N; auch mit Ski durchführbarer Anstieg, dann Achtung auf die Felsabbrüche in der W-Seite.
  4–5 Std. vom Rif. Berni al Gavia.
  Siehe Abb. Seite 369 und 387.

Zugang: Vom Rif. Berni über den Bach zu den Resten des Rif. Gavia und am rechts abzweigenden Weg bis oberhalb der ersten Kehre. Nun links (nördl.) abzweigen und auf gutem Steig die Hänge schräg empor. Man gelangt so zum unteren Ende des Dosegugletschers, der in der Folge durchwegs begangen wird. Man hält sich dabei (bezogen auf die Breitenausdehnung des Gletschers) immer im rechten Viertel. Nach Überwinden des Gletscherbruches aufwärts in das oberste Gletscherbecken. Aus ihm nach N in den Sattel zwischen Cima Dosegu und Punta San Matteo.
Route: Nun am Grat (Achtung auf die Wächten zur N-Seite) zum Gipfel.

- **1226 A Abstieg über den Nordwestgrat zum Rif. Berni**
  Vorbemerkungen s. R 1226
  $3^1/_2$ Std.
  Siehe Abb. Seite 383 und 387.

Vom Gipfel nach NW in den Sattel vor die Cima Dosegu hinab (Achtung auf die weit nach N hinaushängenden Wächten!). Nun nach S in das oberste Gletscherbecken des Dosegu-Gletschers absteigen. Dieses schräg links (orogr.!) auswärts durchqueren. Der unterhalb befindliche Gletscherteil wird durchwegs in seinem (im Sinne des Abstieges) linken Viertel begangen (Spalten). Man gelangt so zum unteren Ende des Gletschers. Nun auf gutem Steig die Hänge schräg südl. abwärts. Man trifft so (knapp nach der Vereinigung mit einem weiteren Weg) auf die Reste des Rif. Gavia. Über den Bach zum Rif. Berni.

- **1227** **Gratübergang zum Pizzo Tresero**
  F. F. Tuckett, D. W. Freshfield, J. H. Backhouse, G. H. Fox, F. Devouassoud, P. Michel, 28.6.1865 ohne Überschreiten der dazwischenliegenden Gipfel; G. Cavaleri, G. B. Confortola, B. Pedranzini, Juli 1881, mit Überschreiten der dazwischenliegenden Gipfel.
  $1^1/_2$ Std.
  Siehe Abb. Seite 383.

Route: s. R 1179.

- **1228** **Nordwand**
  Pinggera, Richter, Mazagg, 1937; „direkte Nordwand" G. Borgonovo, E. Martina, 22.7.1953
  Lohnende, jedoch selten begangene Eiswand, Neigung etwa 55 Grad, unter Umständen (oberer Wandteil) bis 60 Grad, Überwinden der Gipfelwächte gelegentlich problematisch (vorheriges Wandstudium angeraten).
  400 m, Zeitaufwand je nach Verhältnissen, jedoch kaum unter 6 Std. von der Brancahütte.
  Siehe Abb. Seite 383.

Punta San Matteo und Monte Mantello von Westen
Punta San Matteo
1179, 1227 Gratübergang zum Pizzo Tresero
1226 Nordwestgrat
1233 Südwestgrat
Monte Mantello
1236 Nordostgrat
1238 Südwestgrat
1239 Nordwestflanke

Pta.
S.Matteo
M.Mantello
1226
1179
1227
1226
1236
1233
1239
1238
Dosegugletscher

Zugang: Von der Brancahütte am Weg zum Bärenpaß bis ober den zweiten Eisbruch des Fornogletschers (s. R 130). Nun nach W abzweigen und über den Gletscher bis in Gipfelfallinie. Gerade aufwärts (Spalten) zum Bergschrund.

Route: Die Eiswand immer in Gipfelfallinie empor, Ausstieg in der Regel etwas rechts (westl.) des Gipfels.

● **1229 Nordwand, linker Weg**
L. Zen, E. Pasquinoli, 22. 8. 1982. Neigung 70–80 Grad im steilen Bereich, sonst etwa 50 Grad.
Im Mittelteil eine Passage kombiniertes Gelände. Etwa 300 m, 3½ Std. (Zeit der Erstbegeher).

Übersicht: Anstieg links von R 1228, Ausstieg knapp östl. des Gipfels.
Route: Links von R 1228 über den Bergschrung und 80 m über Firn (45 Grad) bis unter die Felsen empor. Nun 1 SL (kombiniertes Gelände, Rinne mit senkrechtem Ausstieg) schräg nach links, dann 2 SL (50 Grad) bis unter den überhängenden Eiswulst empor. 25 m nach rechts queren (75–80 Grad), dann 30 Meter (70 Grad) gerade aufwärts in eine geneigtere Eisrinne, der man (2 SL) bis zum Gipfelgrat folgt.

● **1230 Von der Brancahütte**
Th. Harpprecht, P. Dangl, 15. 8. 1873, im Abstieg.
Gletscherfahrt, auch mit Ski beliebt, nur bei sichtigem Wetter anzuraten.
4–5 Std.
Siehe Abb. Seite 383.

Von der Brancahütte wie beim Anstieg zum Palòn de la Mare auf der Randmoräne des Fornogletschers (im Winter: Im von der Moräne gebildeten Tal, bis man waagrecht zur Moränenschneide queren kann) so weit empor, bis man nach etwa ⅔ der Moräne unschwierig zum Gletscher absteigen kann. Nun in südl. Richtung über den Fornogletscher. Über welliges Gelände zum zweiten Eisbruch des Gletschers (der unterste Eisbruch wird vom Anstiegsweg nicht berührt). Durch ihn im Zickzack durch. In der weniger steilen Gletscherzone oberhalb Wegteilung. Nun zwei Möglichkeiten: a) In südl. Richtung durch einen weiteren Gletscherbruch linkshaltend und oberhalb mit schrägem Anstieg nach rechts (W) in den Bärenpaß (s. auch R 129, 130). Aus ihm nach W, später SW, über den Firnrücken zum Monte Giumella hinauf. Diesen knapp unterhalb des Gipfels nördl. umgehen, dann kurzer Abstieg in den folgenden Sattel. Über die Firnhänge weiter zum Gipfel der Punta San Matteo.

b) **Mit Ski empfehlenswert.** Vor dem Anstieg zum Bärenpaß aus der flachen Gletscherzone scharf rechts (westl.) über eine wenig steile rampenartig ansteigende Hangstufe des Gletschers gegen einen in den Gletscher eingelagerten runden Felsbuckel aufwärts.

Von seiner Höhe noch ein Stück in der gleichen Richtung weiter, dann über die Steilstufe des Gletschers oberhalb (oft Blankeis). Auf der somit erreichten schrägen Fläche des Giumellaplateaus nach O ohne Hindernisse zum Gipfel.

(Anmerkung: Das Erreichen des Felsbuckels von rechts, W, aus dem flachen Mittelteil des Fornogletschers ist schwieriger und ungebräuchlich!)

- **1231** **Gratübergang vom Monte Giumella**
  J. Payer, J. Pinggera, 21.9.1867
  Bedeutungslose Wegänderung von R 1230 a mit Überschreiten des Monte Giumella (R 1213). S. auch R 1214, 1216.
  Unschwierig, geringer Mehraufwand an Zeit.

- **1232** **Südflanke**
  Gletscherflanke von geringer Schwierigkeit.
  7 Std. von Peio, ungebräuchlich; auf der Malga Paludei die Biwakschachtel R 117.

Von Peio wie R 118 zur Malga Paludei. Von ihr (Weg) ins Val Piana, dann weglos in den Talhintergrund und über Gletscherhänge zur Punta San Matteo aufwärts.

Auf ihnen bald etwas nach rechts halten, über Schutt und Fels auf den oberhalb eingelagerten Gletscher, und in den Firnsattel zwischen Monte Giumella und Punta San Matteo. Weiter über die Firnhänge des Giumellaplatts zum Gipfel der letzteren.

- **1233** **Südwestgrat**
  F. F. Tuckett, D, W. Freshfield, J. H. Backhouse, G. H. Fox, F. Devouassoud, P. Michel, 28.6.1865
  I, selten begangen.
  5 Std. vom Rif. Berni al Gavia.
  Siehe Abb. Seite 387.

Zugang: Wie bei R 1226 in das oberste Gletscherbecken.
Route: Aus dem Gletscherbecken zum SW-Grat und durchwegs längs der Gratschneide (vorwiegend Blockgrat) zum Gipfel.

- **1234** frei für Ergänzungen.

- **1235** **Monte Mantello,** 3517 m

Der erste Gipfel im von der Punta San Matteo nach SW streichenden Grat. Erste bekannte Besteigung durch O. Schumann, A. Gstirner, A. Veneri, 27.7.1894, anläßlich einer Begehung des Grates von der Punta San Matteo bis zum Pizzo di Val Ombrina.

- **1236** **Nordostgrat**
  I, Blockgrat mit unschwierigen Firnstellen.
  1 Std. von der Punta San Matteo mit Abstieg über ihren SW-Grat, 5 Std. vom Rif. Berni al Gavia.
  Siehe Abb. Seite 387.

Zugang: Wie R 1226 in das oberste Gletscherbecken und aus ihm in die tiefste Einschartung zwischen Punta San Matteo und Monte Mantello.
Route: Am Grat zum Gipfel des letzteren.

- **1237** **Südostgrat**
  Unschwieriger Schutt-, Schnee- und Felsgrat.
  7 Std. von Peio.

Wie bei R 1232 bis zu den zur Punta San Matteo hinaufführenden Gletscherhängen (Vedretta Val Piana). Am Gletscher ein kurzes Stück empor, dann nach W und über Schutt und Schnee zur Gratschneide, die man oberhalb ihrer Verästelungen (des untersten Gratteiles) erreicht. Nun immer längs der Gratschneide zum Gipfel.

- **1238** **Südwestgrat**
  I, wenige Stellen.
  5 Std. vom Rif. Berni al Cavia, 8 Std. von Peio.
  Siehe Abb. Seite 387.

Zugang: Wie bei R 1226 in das oberste Gletscherbecken und dann nach S über den Gletscher zur tiefsten Gratscharte (hierher von Peio wie R 1232 ins Val Piana; in ihm unter den SO-Grat des Monte Mantello und unter diesem in das den Grat westl. begrenzende Tal. In ihm, zuletzt kleiner Gletscher – Vedretta Villacorna –, zur tiefsten Gratscharte hinauf).
Route: Nun durchwegs längs der Gratschneide mit 25 Min. zum Gipfel.

- **1239** **Nordwestflanke**
  Firn- und Eisflanke mit etwa 30–35 Grad Neigung, oft schwieriger Bergschrund,
  150 m, 5 Std. vom Rif. Berni. Siehe Abb. Seite 387.

Zugang: Wie R 1226 in das oberste Becken des Dosegu-Gletschers und über diesen (im Sinne des Aufstieges) rechts haltend zum in der Regel großen Bergschrund.
Route: Den Bergschrund mehr links überwinden, dann immer in der Mitte der Firn- und Eisflanke empor. Eine weitere Spalte wird vorteilhaft links umgangen, dann gerade über die Flanke zum Ausstieg am obersten SW-Grat angestiegen.

- **1240** frei für Ergänzungen.

- **1241** **Cima Dosegu,** 3560 m

Unbedeutende Erhebung, die bei der Überschreitung Punta San Matteo – Pizzo Tresero (R 1179) entweder überschritten oder südlich umgangen wird.
Erste Ersteigung erfolgte durch G. Cavaleri, G. B. Confortola, B. Pedranzini, Juli 1881, anläßlich des Gratüberganges Punta San Matteo – Pizzo Tresero.

- **1242** **Südost- und Nordwestgrat**
  werden in der Regel nur bei der Überschreitung, R 1179, begangen.
  Große Wächtenbildungen auf die N-Seite!
  4–5 Std. vom Rif. Berni al Gavia.

Zugang: Falls als selbständige Bergfahrt (ungebräuchlich) geplant: Wie R 1226 ins oberste Becken des Dosegu-Gletschers und über den Gletscher in die Sättel am Beginn der Grate.

- **1243** **Nordwand, östlicher Weg**
  O. Coggi, R. Maculotti, E. Tosana, L. Ziliani, 2. 9. 1938
  Eiswand bis 50 Grad, am Ausstieg oft große Wächte, die die Schlüsselstelle bildet. Die Wächte kann unbegehbar sein, war 1974 aber überhaupt nicht vorhanden.
  Wandhöhe 400 m, 6–7 Std. von der Brancahütte.
  Siehe Abb. Seite 383.

Zugang: Von der Brancahütte am Weg zum Bärenpaß bis ober den zweiten Eisbruch des Fornogletschers (s. R 130). Nun nach W abzweigen und über den Gletscher, unter der N-Wand der Punta San Matteo durch, zuletzt (sehr spaltenreich) zur N-Wand der Cima Dosegu.
Route: Der Anstieg erfolgt links (östl.) der Felszone, die sich, etwa in Gipfelfallinie, in der Wand befindet. Ausstieg über schwierige vereiste Felsen.

- **1244 Nordwand, westlicher Weg**
    M. Zappa, R. Coatti, R. Zocchi, 14.2.1965, im Abstieg.
    Eiswand bis etwa 50 Grad. 5 Std. bis zur Brancahütte.
    Siehe Abb. Seite 383.

Vorbemerkungen und **Zugang** s. R 1243.
Route: (Beschreibung der Erstbegeher), **Beschreibung für den Abstieg:**
Man folgt dem NW-Grat vom Gipfel aus bis zum Beginn seines felsigen Teiles. Nun in östlicher Richtung über den Firnhang in die Wandmitte hinab. Diese wird unterhalb des Felsteiles erreicht. Gerade abwärts zum Gletscher.

- **1245** frei für Ergänzungen.

- **1246 Punta Pedranzini**, 3599 m

Erste Ersteigung G. Cavaleri, G. B. Confortola, B. Pedranzini, Juli 1881. Südöstlich des Pizzo Tresero gelegener Gipfel, Überschreitung (Achtung auf die Wächten nach N!) s. R 1179, Südhang: Unschwieriger Schneehang zum Dosegu-Gletscher.

- **1247 Nordostwand**
    J. Canali, V. Meroni, 19.3.1949
    Felsdurchsetzte Eiswand mit 45–50 Grad Neigung. 200 m, 2 Std.

Übersicht: Anstieg über die im Fornogletscher ansetzende Flanke, der Zugang erfolgt über den Anstieg zum Pizzo Tresero (R 1251).

- **1248–1249** frei für Ergänzungen.

- **1250 Pizzo Tresero**
    (Deutsch-österr. Vermessung 3602 m, italien. Vermessung 3594 m)

Westlicher Eckpfeiler des von der Punta San Matteo nach NW ziehenden Firngrates und vorteilhaft mit einer Ersteigung der letzteren zu verbinden. Beliebtes Ziel (auch Skiziel) mit zahlreichen lohnenden Anstiegen. 1. Ersteigung (gesichert!) durch Kartographen anläßlich der Aufnahme der Carta della Lombardia/Instituto Geografico Milanese (Brusoni, Guida della Valtellina, S 330), 1. tourist. Ersteigung F. F. Tuckett, D. W. Freshfield, J. H. Backhouse, G. H. Fox, F. Devouassoud, P. Michel, 28.6.1865 mit Aufstieg über die S-Seite oder den SO-Grat und Abstieg über den SW-Grat. Südlich des Gipfels steht das Bivacco Seveso (R 132), südwestlich des Gipfels und unterhalb der Punta Segnale das Rif. I. Bernasconi (R 132, verwahrlost).

Pizzo Tresero von Nordosten

1179 Gratübergang von der Punta San Matteo
1251 Normalweg von der Brancahütte
1252 Nordostgrat
1257 Nordwestgrat
1259 Nordwand des NO-Grates
1260 Dir. Nordwand
1261 Nordwand mit Austieg zum Nordwestgrat

● **1251   Von der Brancahütte**
J. Payer, J. Pinggera, 21.9.1867
Gletscherfahrt, zuletzt Hang von etwa 30 Grad (unterhalb vorteilhaft Skidepot).
5 Std. Siehe Abb. Seite 393.

Von der Hütte wie beim Anstieg zum Palòn de la Mare, Bärenpaß und Punta San Matteo auf die Seitenmoräne des Fornogletschers (im Winter: Im von der Moräne und vom Hang gebildeten Tal, bis man waagrecht zur Moränenschneide queren kann) soweit empor, bis man nach etwa zwei Drittel der Moräne unschwierig zum Gletscher absteigen kann. Nun in südlicher Richtung (welliges Gelände) bis **vor** den zweiten

Eisbruch des Gletschers (der unterste Eisbruch wird vom Anstiegsweg nicht berührt). Hier scharf nach SW abbiegen. Über eine Steilstufe (Spalten) in das hinterste Gletscherbecken. In ihm erst nach W, dann nach NW drehen und aufwärts in den Sattel zwischen Pizzo Tresero und Cima S. Giacomo. Hierher auch von der Brancahütte längs des Bergkörpers der Cima S. Giacomo (Spalten); etwas kürzer. Nun schräg in die NO-Seite des Pizzo Tresero ansteigen; dort auf rampenartiger Hangstufe links aufwärts in die Fallinie der zwischen Pizzo Tresero (im W) und Punta Pedranzini (im O) befindlichen Einsattelung. Hier üblicherweise Skidepot. Über einen Steilhang (Bergschrund) in die Einsattelung hinauf, dann über den unschwierigen SO-Grat zum Gipfel.

- **1251 A Abstieg zur Brancahütte**

    Unschwieriger, jedoch spaltenreicher Gletscher. Neigung etwa 30 Grad (ein Hang), Gletscherspalten.
    4 Std. Siehe Abb. Seite 393.

Vom Gipfel über den unschwierigen SO-Grat bis in die Einsattelung vor der Punta Pedranzini hinab. Nun nach NO über einen Steilhang (etwa 30 Grad, unterhalb Bergschrund) auf eine rampenartige Hangstufe hinab. Dieser nach N abwärts folgen. Von ihrem unteren Ende mit einigen weiten Kehren, die fallweise durch große Spalten erzwungen werden, bis in den Sattel vor der Cima S. Giacomo hinab. Nun, an der S-Seite des Gipfelkörpers der Cima S. Giacomo, über den Gletscher nach O (zuletzt mit schwacher Richtungsänderung gegen N) hinab. Als Regel gilt, daß man sich immer in der Nähe des Hanges der Cima S. Giacomo hält. Zuletzt in fast nördl. Richtung entweder durch eine Rinne oder links (orogr.) von ihr abwärts zu den unterhalb befindlichen Schutt- und Firnhängen. Auf ihnen zur Zunge des Fornoferners hinab, diese nach N überqueren und mit kurzer Gegensteigung zur Brancahütte (oder: Immer orogr. links der Gletscherzunge auf einem Steig talauswärts zur Straße mit dem Albergo Forni und dem Parkplatz).

- **1252 Nordostgrat**

    G. Cavaleri, C. B. Confortola, Juli 1881
    Firn- bzw. Eisgrat, lohnende Wegänderung zu R 1251, Neigung bis 45 Grad. 200 m.
    Etwa 5 Std. von der Brancahütte.
    Siehe Abb. Seite 393.

Zugang: Wie R 1251 in den Sattel zwischen Cima S. Giacomo und Pizzo Tresero.
Route: Nun durchwegs am scharfen Firngrat zum Gipfel.

- **1253 Ostwand**
    Eiswand bis 45 Grad Neigung, selten begangen und von untergeordneter Bedeutung. 200 m.

Übersicht: Anstieg über die Firn- und Eiswand zwischen R 1251 und 1252.

- **1254 Gratübergang zur Punta San Matteo**
    $1^1/_2$ Std., s. R 1179.

- **1255 Südwestgrat**
    Ersteigungsgeschichte s. R 1250.
    Unschwieriger Fels- und Firngrat. Mit Ski ganz oder fast ganz befahrbar.
    4–6 Std. vom Rif. Berni al Gavia, am SW-Grat das Bivacco Seveso.

Route: Drei Möglichkeiten:
a) Wie bei R 1226 zum unteren Rand des oberen Gletscherbeckens im Dosegugletscher. Nun links (nördl.) abzweigen und zu einer Stufe des vom Pizzo Tresero herabziehenden Gletschers. Diese ganz rechts überwinden und aus dem Gletscherteil oberhalb entweder gerade (Südflanke) oder den SW-Grat (links) zum Gipfel.
b) Von der Ruine des Rif. Gavia nicht dem Weg zum Dosegugletscher, sondern dem nächsten nach N führenden Weg folgen. Dieser führt in die O-Seite des SW-Grates und knapp unter seine Schneide (z. T. am Gletscher) zum Bivacco Seveso. Von dort am Grat oder in der rechten Flanke zum Gipfel.
c) Vom Rif. Berni zum Rif. Gavia, dann oberhalb des Torrente Gavia talauswärts, wobei man sich immer mehr vom Talgrund entfernt (rot bez. Weg). Nach etwa $^1/_2$ Std. rechts abzweigen. Auf rot bez. Weg (Kehren) aufwärts zum linken (westlichen) Rand des kleinen Treserogletschers. Ihn aufwärts und zuletzt links verlassen. In die Scharte zwischen Pizzo Tresero und Punta Segnale. Nun erst am Rücken des Pizzo Tresero aufwärts, dann nach rechts auf den Gletscher und diesen schräg in südlicher bzw. südöstl. Richtung bis zum SW-Grat überqueren. Längs seines Rückens am Bivacco Seveso vorbei zum Gipfel.

- **1255 A Abstieg über den Südwestgrat**
    Unschwieriger Fels- und Firngrat.
    $3^1/_2$–4 Std.

Vom Gipfel am SW-Grat so weit hinab, bis rechts (Richtung W) ein breites spaltenfreies Gletscherfeld zum WSW-Grat des Berges hinüberreicht.

Dieses schräg abwärts zum WSW-Grat überqueren und längs seiner Schneide in die Scharte vor der Punta Segnale absteigen. Nun nach S zum Tresero- Gletscher hinab. Auf ihm zu seinem nahen westl. Rand abwärts. Nun am rot bez. Weg schräg taleinwärts hinab und schließlich ansteigend zu den Resten des Rif. Gavia und über den Bach zum Rif. Berni.

● 1256 **Westsüdwestgrat**
   I (wenige Stellen), etwas steiler als der obere Teil von R 1255 c, jedoch (Firn) nicht über 30 Grad. Kurzweilig.
   5 Std. vom Rif. Berni.

Zugang: Wie R 1255 c bis dorthin, wo man am Gletscher (Firnfeld) nach rechts zum SW-Grat quert.

Route: Nun nicht diesen Quergang ausführen, sondern gerade längs der Gratschneide zum Gipfel.

● 1257 **Nordwestgrat**
   C. Blezinger, P. Dangl, 11.9.1878
   Vorwiegend Firngrat, sehr lohnend und reizvoll.
   II (kurze Stellen) und I, Neigung bis 45 Grad.
   Der Anstieg wird jedoch nur den befriedigen, der lange und einsame Routen schätzt; die Firnschneide kann begeistern, prächtiger Blick in die N-Wand.
   Höhenunterschied (vom Sasso Cerena) nicht ganz 600 m, vom Tal (kein Hüttenstützpunkt, es sei denn, man quert vom Rif. Bernasconi in den Grat ein!) 1800 m.
   7–8 Std. vom Tal zum Gipfel.
   Siehe Abb. Seite 393.

Zugang: a) Von S. Caterina Valfurva auf der Straße in Richtung Fornokessel bis zu den Häusern von Miravalle (etwa 3 km). Nun über den Bach und zu den Häusern von Cerena.
In Kehren nach S am Hang (Weg) aufwärts in das Tal des Rio di Close. Dort bis zum Ende des Weges und dann unschwierig aber mühsam aufwärts zum Sasso Cerena (3037 m, unterster Gratgipfel, weniger ein Gipfel als ein Rücken).
b) Man kann auch vom Rif. Bernasconi (R 132) ab- und ansteigend zur Firnscheide des Grates queren. $1^1/_2$–2 Std.

Route: Nun über einen Felsgrat, wobei die Zacken umgangen werden (I, wenige Stellen II), zum Beginn der Firnschneide.
Diese wird in wechselnder Neigung durchwegs bis zum Gipfel begangen.

- **1258 Nordwand**

Eindrucksvolle Eiswand, jedoch langwieriger Zugang.
Wandhöhe 600 m von der Vedretta di Cerena (Vedretta Chiarena). Einzelne Führen und Varianten siehe R 1259 bis R 1261.
Zugang: Entweder von der Branchahütte in den Sattel zwischen Cima S. Giacomo und Pizzo Tresero (R 1251) und von ihm durch eine breite wenig steile Firnrinne (30 Grad und weniger) auf die Vedretta di Cerena absteigen (4 Std.) oder wie R 1257 zu den Häusern von Cerena und (Weg) schräg ansteigend in das Val Cerena. In ihm (weglos) zum Gletscher hinauf (4 Std.).

- **1259 Nordwand des Nordostgrates**

  G. B. Confortola, P. Pietrogiovanna, F. Cola, 14.7.1889, wahrscheinlich auch B. Pedranzini allein vor 1890; von Spadacini und Gef. am 22. 7. 1978 irrtümlich „erstbegangen" („Der Bergsteiger" 1980/3/51).
  Im Durchschnitt 40–45 Grad, einzelne Passagen bis 60 Grad; 1978 wurden (laut Spadacini) 15 m 70 Grad angetroffen.
  Nur von historischer Bedeutung.
  2 Std. Siehe Abb. Seite 393.

Route: Von der Vedretta di Cerena nicht den schmalen Hängegletscher, der zur Gipfelwand aufwärtszieht, verfolgen, sondern vor seinem Beginn links (östl.) durch eine breite hängegletscherartige Eisrinne zum unteren Ansatz des NO-Grates. Auf ihm zum Gipfel.

- **1260 Direkte Nordwand**

  C. Negri, E. Prati, 4.7.1936
  Neigung bis etwa 55 Grad, am Hanggletscher oft steilere Passagen. Bedeutender und lohnender Anstieg.
  Etwa 4 Std. von der Vedretta di Cerena.
  Siehe Abb. Seite 393.

Route: Von der Vedretta di Cerena über den schmalen, langen Hängegletscher (zeitweise unbegehbar, dann rechts daneben im Fels ansteigen) in Richtung Gipfelwand aufwärts. An ihrem bergseitigen Rand über den Bergschrund und gerade die Eiswand zum Gipfel hinauf.

- **1261 Nordwand mit Ausstieg zum Nordwestgrat**

  N. Calvi, B. Compagnoni, 24.7.1917
  Bis etwa 50 Grad, am Hanggletscher oft steiler;
  3–4 Std. von der Vedretta di Cerena.
  Siehe Abb. Seite 393.

Route: Wie bei R 1260 (oder rechts davon im Fels) auf die flachere Gletscherterrasse unter der Gipfelwand.
Nun auf dieser rechts (westl.) aufwärts und dann über die Firn- bzw. Eishänge zum oberen Nordwestgrat, dem man zum Gipfel folgt.

- **1262** frei für Ergänzungen.

- **1263** **Punta Segnale,** 3132 m

Unbedeutende Erhebung im WSW-Grat des Pizzo Tresero; von R 1255 c mit wenig Zeitaufwand ersteigbar.

- **1264–1265** frei für Ergänzungen.

- **1266** **Cima San Giacomo,** 3281 m

Breiter, zum Großteil vergletscherter Gipfel, dem Pizzo Tresero im NO vorgelagert. 1. Ersteigung vermutlich G. Cavaleri, G. B. Confortola, Juli 1881 (unbekannter Weg).

- **1267** **Südwestgrat**

    Erste bekannte Begehung Edward T. Compton, Harris Compton, 6.9.1897, im Abstieg. Unschwieriger Firngrat.
    $3^1/_2$ Std. von der Brancahütte.

Zugang: Wie bei R 1251 in den breiten Firnsattel zwischen Pizzo Tresero und Cima S. Giacomo.
Route: Nun durchwegs längs der wenig steilen Firnschneide zum höchsten Punkt.

- **1268** **Nordostgrat**

    A. und T. Calegari, V. Fiorelli, 15.8.1940. Ein zweites Mal irrtümlich von E. Martina, A. Russo, am 9.8.1957 „erstbegangen".
    Fels- und Firngrat.
    II und I, teilweise brüchig, im Firn 30 Grad und weniger. Höhenunterschied (vom Gratbeginn) 340 m, Gratlänge etwa 1500 m.
    4 Std. vom Albergo Forni.

Zugang: Vom Albergo Forni (Parkplatz) über den Bach und jenseits (Steig) die Hänge in Richtung taleinwärts schräg aufwärts. Zuletzt (Schutt, Schnee) weglos aufwärts zum rückenartigen Ausläufer des Grates. Hierher auch von der Brancahütte mit Querung der Zunge des Fornogletschers.

Route: Unschwierig am Grat zu den Türmen desselben. Diese durchwegs (I) überklettern und vom letzten Turm über blockigen Fels zum Ausläufer der Vedretta S. Giacomo hinab. Den Gletscher zur Gratfortsetzung überqueren. Nun über Felstrümmer zu einer mit Blöcken gefüllten Rinne und dieser unter eine 30 m hohe Wand folgen. Mit Rissen (II) die Wand hinauf, dann weiter durch einen schuttgefüllten Kamin und über Felsstufen zum Gipfel des Gratturmes. Jenseits mittels eines in der NW-Seite befindlichen schrägen Bandes und der unterhalb folgenden Felsstufen in eine Scharte hinab. Nun an der linken Gratseite mittels eines schmalen Bandes weiter, dann über einen kurzen Felsrücken und Absätze zur Gratschneide zurück. Die folgenden Türme werden teils rechts, teils links umgangen und eine schneebedeckte Scharte erreicht. Von ihr (zuerst Platten, dann blockiger Fels) auf den Gipfel des nächsten Gratturmes. In der NW-Seite hinab, mittels eines Spaltes auf kleinen Absatz absteigen. Weiter hinab in großen Schutt- und Schneesattel. Von ihm (brüchig) auf ein Band empor und diesem zur Gratschneide folgen. Nun am Grat weiter; zuletzt über Schutt zu einem Schneehang, dem man zum Gipfel der Cima S. Giacomo folgt.

● **1269** **Von Nordosten**
Erste Begehung des Canalone dell'Isola vermutlich erst 1941 durch Mitglieder der Scuola Parravicini di Milano.
Gletscherfahrt (Spalten), auch als Skifahrt benützt.
$3^{1}/_{2}$–4 Std. von der Brancahütte.

Route: Von der Brancahütte über die Zunge des Fornogletschers und auf die jenseitige Seitenmoräne. Dieser bergwärts folgen, dann entweder durch die Rinne (Canalone dell'Isola, als Skiabfahrt beliebt) oder rechts (westl.) der Rinne über Schutt auf den Fornogletscher hinauf. Auf ihm (Spalten), immer am Fuß des Bergkörpers der Cima S. Giacomo bleibend, zum SO-Sporn des Berges. Über diesen (Schutt, Schnee, unschwieriger Fels) zum Gipfel.

● **1270** **Von Norden**
Erste bekannte Begehung Edward T. Compton, Harris Compton, 6.9.1897. Gletscherfahrt, zuletzt kurz unschwieriger Fels. $3^{1}/_{2}$–4 Std. von der Brancahütte.

Route: Von der Brancahütte über die Zunge des Fornogletschers hinüber und weiter (Schutt, Schnee) zum Ausgang des Val di S. Giacomo (hierher auch vom Albergo Forni [Parkplatz] auf einem Steig). Im Tal aufwärts zur Vedretta di S. Giacomo und beliebig über einen ihrer beiden Äste (Spalten) zum Gipfel.

- **1271 Westflanke**
    Gletscherfahrt, in der Regel unter 30 Grad.
    5 Std., selten begangen.

Abzweigung von der Straße im Val del Forno beim Rif. Stella Alpina (etwa 1 km talauswärts vom Albergo Forni). Nun am zum Gaviapaß führenden Weg bis zum Val Cerena.
Nach Überschreiten des Talgrundes auf einem Weg in Richtung taleinwärts abzweigen und diesem bis an sein Ende folgen. Weiter im Tal zur Vedretta di Cerena.
Die Eisbrüche des Gletschers werden unschwierig, aber mühsam westl. (im Sinne des Aufstieges rechts) über Moränenschutt umgangen.
Oberhalb des zerrissenen Gletscherteiles auf den nun flachen Gletscher. Auf ihm nach O, schließlich über eine Firn- bzw. Eisflanke zum Gipfel aufsteigen.

- **1272** frei für Ergänzungen.

- **1273**   **Cima Villacorna**
    (Deutsch-österr. Vermessung 3452 m, italien. Vermessung 3447 m)

Erste Ersteigung Oscar Schumann, A. Gstirner, A. Veneri, 27.7.1894, über R 1274.
Unschwieriger Gipfel, als selbständiges Ziel bedeutungslos, wird in der Regel nur beim Gratübergang Punta San Matteo – Monte Mantello – Cima Villacorna – Pizzo di Val Ombrina betreten.

- **1274 Nordostgrat**
    Oscar Schumann, A. Gstirner, A. Veneri, 27.7.1894
    Unschwieriger wenig steiler Firngrat.
    1 Std. vom Gipfel des Monte Mantello mit Abstieg über dessen SW-Grat (R 1238). 5 Std. vom Rif. Berni al Gavia, 8 Std. von Peio.

Zugänge: Wie R 1238.
Route: Vom Sattel zwischen Monte Mantello und Cima Villacorna am unschwierigen, aber scharfen Schneegrat in 35 Min. zum Gipfel.

- **1275 Nordwesthang**
    Unschwierig, mühsam,
    etwa 4 Std. vom Rif. Berni al Gavia.

Wie R 1226 in das oberste Becken des Dosegu-Gletschers. Hier im Bogen nach S bis unter den NW-Hang queren. Über diesen (Schutt, Schnee) zum Gipfel.

- **1276** **Gratübergang Pizzo di Val Ombrina –
Cima Villacorna**
Oscar Schumann, A. Gstirner, A. Veneri, 27.7.1894. Unschwieriger Schutt-/Schneegrat. **I** (eine Stelle). ¼ Std.

Route: Die Gratschneide wird durchwegs begangen.

- **1277** **Südgrat**
Unschwieriger Schutt- und Schneegrat. 6½ Std. von Peio.

Von Peio wie R 1232 ins Val Piana. Aus ihm zur Schneide des S-Grates, den man oberhalb seines Felsteiles erreicht. Nun immer längs der Schneide zum Gipfel.

- **1278** **Pizzo di Val Ombrina**
(Deutsch-österr. Vermessung 3224 m, italien. Vermessung 3225 m)

- **1279** **Cima Val Ombrina, 3222 m**

Leicht zugängliche Graterhebungen von geringer Bedeutung im Kammverlauf Punta San Matteo – Corno dei Tre Signori; 1. tourist. Ersteigung des Pizzo di Val Ombrina O. Schumann, A. Gstirner, A. Veneri, 27.7.1894 anläßlich der Überschreitung vom Monte Mantello her. Nördl. des Passo Dosegu ist das Bivacco „Battaglione Ortles" (R 135).

- **1280** **Südgrat**
Unschwieriger Block- und Geröllgrat.
¾ Std. vom Passo Dosegu, 3 Std. vom Rif. Berni al Gavia.

Zugang: Wie R 136 in den Passo Dosegu.
Route: Nun am Schutt- und Blockgrat nach N zur Cima Val Ombrina.

- **1281** **Gratübergang Cima Val Ombrina –
Pizzo di Val Ombrina**
I (wenige Stellen), ½ Std.
Man folgt durchwegs der Gratschneide.

- **1282** **Gratübergang Cima Villacorna –
Pizzo di Val Ombrina**
S. R 1276.

- **1283** **Pizzo di Val Ombrina Nordwestflanke**
O. Schumann, A. Gstirner, A. Veneri, 27.7.1894, im Abstieg. Schutt und Schrofen, mühsam, 3½ Std. vom Rif. Berni al Gavia.

Vom Rif. Berni wie R 1226 zum Dosegugletscher. Nun an der orogr. linken Seitenmoräne und über Firnflächen zum Bergkörper. Über den Hang beliebig zum Gipfel.

- **1284** **Pizzo di Val Ombrina Südwestgrat**
    I (stellenweise).
    3½ Std. vom Rif. Berni al Gavia.

Zugang: Wie R 1226 zum Dosegugletscher. Nun an der orogr. linken Seitenmoräne bis an deren oberes Ende und weiter zum herabziehenden Gratrücken.
Route: Über den Grat (stellenweise I) zum Gipfel.

- **1285** frei für Ergänzungen.

- **1286** **Punta della Sforzellina,** 3100 m
Erste Ersteigung J. Ittlinger, 22.7.1912, über R 1291
Zwischen Passo Dosegu und Passo della Sforzellina gelegener Gipfel, selten betreten. Nördlich des Passo Dosegu befindet sich das Bivacco „Battaglione Ortles" (R 135).

- **1287** **Ostgrat**
    I (stellenweise).
    ½ Std. vom Passo Dosegu, 3½ Std. vom Rif. Berni al Gavia.

Zugang: Wie bei R 136 in den Passo Dosegu.
Route: Nun durchwegs längs der Gratschneide nach W zum Gipfel.

- **1288** **Nordwand**
    Breiter Firnhang von etwa 40 Grad Neigung.
    300 m, 3 Std. vom Rif. Berni bis zum Gipfel.

Zugang: Vom Rif. Berni wie R 136 aufwärts, bis man vom Weg nach rechts in Fallinie der Nordwand abzweigt. Gerade zu ihr hinauf. 2 Std.
Route: Die Wand wird gerade erstiegen.

- **1289** **Nordwestgrat**
    II und I. 3 Std. vom Rif. Berni al Gavia.

Zugang: Vom Rif. Berni nach O über den Bach (Weg) und bald danach Wegteilung. Kurz am rechten (südl.) Weg (Nr. 110) aufwärts, dann über bequeme Grashänge (zum Teil schrofig) aufwärts zum Beginn des NW-Grates (zuletzt Schneefelder).
Route: Weiter durchwegs auf der Gratschneide zum Gipfel.

- **1290 Westwand**
  C. Bettoni, 11.8.1953
  III+, brüchig, steinschlaggefährlich.
  250 m, 3½ Std. vom Rif. Berni al Gavia.

Zugang: Vom Rif. Berni über den Bach nach O, dann am rot bez. Weg bis zu einer bald folgenden Wegteilung. Nun am rechten (südl.) Weg (Nr. 110) aufwärts. Gerade zur Wand empor, 1½ Std.
Route: E. etwas links der Wandmitte am Beginn einer steilen breiten Rinne (rechts davon fester Fels). Die Rinne 60 m empor, dann sehr brüchig 40 m nach rechts queren. Nun 30 m gerade zu einer sehr brüchigen roten Wandzone empor. Unter ihr Quergang 10–12 m nach links auf eine Rippe (sehr brüchig). Die Rippe 100 m hinauf und dann über Blöcke zum Gipfel.

- **1291 Südgrat**
  J. Ittlinger, 22.7.1912
  II, ½ Std. vom Passo della Sforzellina, 2 Std. vom Rif. Berni al Gavia.

Zugang: Wie R 1290 und auf die Vedretta della Sforzellina, dann über den Gletscher in den Passo della Sforzellina am Beginn des Grates (1½ Std.).
Route: Von der Scharte am Gratbeginn in die W-Seite des Grates und in ihr über lockere Blöcke zum Grat empor, den man oberhalb seines ersten Steilaufschwunges erreicht. Nun längs der Gratschneide weiter; auf dieser nach einem kurzen Reitgrat über einen kleinen Überhang in eine Scharte hinab. Jenseits über eine Platte und den Grat zum Gipfel.

- **1292** frei für Ergänzungen.

- **1293 Corno dei Tre Signori,** 3360 m
Erste Ersteigung P. Damiani, F. Gamba, G. Duina, 11.8.1876, über R 1294.
Formenschöner kühner Gipfel unmittelbar östlich des Gaviapasses, jedoch – im Kammverlauf – zum Gaviapaß durch den Monte Gaviola getrennt. Lohnend.

- **1294 Südgrat**
  P. Damiani, F. Gamba, G. Duina, 11.8.1876
  I, oft firndurchsetzt, im oberen Teil unter Umständen Wächten; teilweise rot bez. (Weg Nr. 17).
  220 m Höhenunterschied (vom Gratbeginn), Gratlänge 600 m. 3½ Std. vom Gaviapaß.

Zugang: Abzweigung des Weges (rot bez.) an der Gaviapaß-Straße beim Lago Bianco (zwischen Paßhöhe und Rif. Berni al Gavia). Erst gerade, dann in vielen Kehren den rückenartigen Hang des Monte Gaviola bis knapp unter dessen Gipfel empor. Unter dem Gipfel an der N-Seite durch und in schrägem Anstieg zum vom Monte Gaviola in Richtung Corno dei Tre Signori verlaufenden gebogenen Grat. Längs der unschwierigen Schneide bis etwa dorthin, wo sie in S-N-Richtung umbiegt. Nun entweder längs der Schneide (oder am Firnfeld nordwestl. davon und erst später wieder am Grat) zum allmählich aufsteilenden S-Grat des Berges (Firnschulter).

Route: Am gleichmäßig ansteigenden Grat bis zu einem Abbruch empor. Von seinem Fuß in die SW-Seite queren und dann (gebänderter Fels) wieder zur Schneide, oberhalb des Abbruches, zurück. Nun durchwegs am Grat, über eine Schulter hinweg, zum Gipfel.

- **1295 Südostflanke**

    E. Lobstein, Czerny, Simon, I. Lorenz, B. Walter, 15.8.1896, im Abstieg.

    Etwas felsdurchsetzte Firn- und Schneeflanke, Neigung etwa 30 Grad, Gipfelgrat unter Umständen überwächtet und 60 m II. $3^1/_2$ Std. vom Gaviapaß.

Zugang: a) Wie bei R 1294 zur Firnschulter am Beginn des S-Grates und von dort nach NO auf ein Schutt- bzw. Firnfeld queren, 2 Std., rot bez. Weg.

b) Von Pezzo an der Straße Ponte di Legno – Gaviapaß nach O in das Valle di Viso und dort zu den Case di Viso (Straße!). Weiter noch etwa $1^1/_2$ km auf der Straße, dann auf einem rot bez. Weg (Nr. 14) in nördlicher Richtung die Hänge schräg empor. Man gelangt so zum Lago di Ercavallo. Nun den Weg über gleichförmige weite Hänge und Böden zum Firnfeld unter der SO-Seite des Corno dei Tre Signori. 4–5 Std., umständlich.

Route: Am Schutt- bzw. Firnfeld zu einer Rinne, die etwa 100 m östlich des Gipfels am Grat ausmündet. Die Rinne zum Grat empor und über die firndurchsetzte Gratschneide (unter Umständen Wächten!) zum Gipfel.

- **1296 Ostgrat**

    Firndurchsetzter Felsgrat, unter Umständen Wächtenbildungen.

    II und I, Neigung im Firn bis etwa 30 Grad, sehr abgelegener Anstieg. Höhenunterschied etwa 360 m, Gratlänge (bei Begehung des gesamten Grates) etwa 1500 m.

Zugang: Die Gratschneide kann östlich des P. 2981 von beiden Seiten beliebig über Schutt und Schnee erreicht werden. Bester Zugang: Vom Gaviapaß wie R 1294 bis zum Beginn des S-Grates, dann unter der SO-Seite des Berges über die weitläufigen Hänge zum O-Grat weiterqueren.
Route: Man folgt durchwegs der Gratschneide, die nach oben zu zunehmend firndurchsetzt wird.

● 1297   **Nordostwand**
Erstbegeher unbekannt, vor 1915
Vorwiegend Eiswand, sehr lohnend.
II, im Eis bis etwa 50 Grad.
Wandhöhe etwa 300 m, 1–2 Std. vom Wandfuß.

Zugang: a) Vom Rif. Berni über den Bach nach O, dann am rot bez. Weg bis zu einer bald folgenden Wegteilung. Nun am rechten (südl.) Weg (Nr. 110) aufwärts zur Vedretta della Sforzellina. Über den Gletscher aufwärts in den am Beginn des N-Grates gelegenen Passo della Sforzellina. Jenseits (Steig) die Hänge abwärts, bis man unter die NO-Wand queren kann. Über den kleinen Gletscher in Gipfelfallinie aufwärts zum Bergschrund. 2½ Std. vom Rif. Berni.
b) Von Peio durch das Valle del Monte (Straße) zum Lago di Pian Palu (Parkplatz). Nun am rot bez. Weg (Nr. 110) das Tal weiter einwärts und zuletzt weglos auf den kleinen unter der NO-Wand eingelagerten Gletscher. Auf ihm in Gipfelfallinie zum Bergschrund. 4½–5 Std.
Route: Über den Bergschrund, dann auf dem Firnfeld in der Mitte bis zu den oberhalb befindlichen Felsen empor. Hier auf einem Firnband nach rechts zu einer vom obersten N-Grat herabziehenden Rinne (unschwierige Ausquerungsmöglichkeit zum N-Grat). In der Firnrinne mehrere Seillängen empor. Zuletzt nach rechts auf den obersten N-Grat und über diesen zum Gipfel.

● 1298   **Nordgrat**
G. Cavaleri, vermutlich mit G. B. Confortola und P. Pietrogiovanna, Juli 1887
Firndurchsetzter Felsgrat (Achtung auf Wächten).
II, im Firn bis etwa 30 Grad.
Höhenunterschied 280 m, Gratlänge etwa 800 m, 1½ Std. vom Passo della Sforzellina, 3 Std. vom Rif. Berni al Gavia. Siehe Abb. Seite 407.
Zugang: Wie R 1297 in den Passo della Sforzellina.
Route: Vom Passo della Sforzellina entweder über den waagrechten türmereichen Gratteil direkt hinweg oder diesen an der O-Seite un-

schwierig über Schutt, Schnee und Firn umgehen. Direkt längs der aufsteilenden Gratschneide (mehr oder weniger firndurchsetzt) zum Gipfel.

● **1299   Nordwestwand**
G. Piatta, B. Testorelli, 24.9.1967
Firnrinne, die in manchen Jahren in der oberen Hälfte gänzlich ausgeapert ist (dann II und brüchig). Im Firn/Eis bis 45 Grad.
Objektive Gefahren: Im rechten Rinnenteil (im Sinne des Aufstieges) verhältnismäßig gering, im linken Rinnenteil große Steinschlag- und Lawinengefahr.
Wandhöhe etwa 320 m; 1½–2 Std. v. E.
Siehe Abb. Seite 407.

Übersicht: Anstieg durch die zur Schulter am obersten W-Grat emporziehende Rinne.
Zugang: Wie R 1297 a zur Vedretta della Sforzellina und am Gletscher zum Rinnenbeginn. 1½ Std.
Route: Die Rinne wird (möglichst im rechten Teil halten) durchwegs bis zur Schulter am obersten W-Grat begangen. Über diesen zum Gipfel.

● **1300   Westgrat**
G. Cavaleri, G. B. Confortola, P. Pietrogiovanna, 19.7.1892
III (wenige Stellen), sonst oft II und I, vorwiegend Felsgrat, lohnend, im Firn bis etwa 30 Grad.
Höhenunterschied etwa 350 m, Gratlänge etwa 600 m.
2 Std. v. Gratbeginn, 3–3½ Std. vom Rif. Berni.
Siehe Abb. Seite 407.

Zugang: Wie R 1297 a zur Vedretta della Sforzellina. Den Gletscher in Richtung des Grates überqueren.
Nun entweder über einen allmählich steiler werdenden Firnhang zu einer Firnschneide des unteren Grates empor, die talseitig von einem Turm begrenzt wird, oder den Grat von seinem Beginn (Umgehung des Turmes unschwierig auf der N-Seite) unschwierig bis zu der Firnschneide begehen (hierher auch vom Gletscher unter der SW-Seite des Berges über Schutt- und Schneehänge).
Route: Längs der fast waagrechten Firnschneide zum Steilaufbau des Grates. Unmittelbar an der Schneide zu einem Abbruch, den man an der N-Seite umgeht. Oberhalb zu einer Firnschulter des Grates. Nun immer längs der steilen Gratkante auf eine markante Firnschulter unterhalb des Gipfels und dann über den obersten Gratteil zum Gipfel.

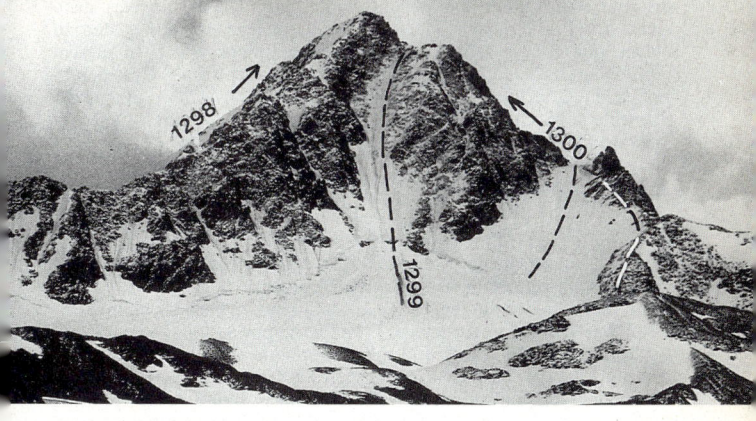

Corno dei Tre Signori vom Gaviapaß
1298 Nordgrat
1299 Nordwestwand
1300 Westgrat

● **1301**   **Südwestwand**

Je nach Verhältnissen mehr oder weniger stark firn- und eisdurchsetzte Felswand, Gestein brüchig, objektive Gefahren unter Umständen groß. Wandhöhe etwa 300 m.

Zeitaufwand je nach Wegführung 1½–3 Std. vom Wandfuß.

Zwei Möglichkeiten, siehe R 1302, R 1303.

Zugang: Vom Lago Bianco knapp nördlich des Gaviapasses erst auf einem (zunehmend schlechter werdenden) Steig, dann weglos, zum kleinen Gletscher unter der Wand. Auf ihm gegen die markante die SW- Wand durchziehende und sich nach oben zu verästelnde Fels- und Firnrinne.

● **1302**   **Südwestwand, Zickzackweg**
   F. Becker, H. v. Haller, L. Husler, 24.7.1909
   III und II, im Firn/Eis bis 45 Grad, der objektiv sicherste Anstieg, Gestein brüchig.

Route: E. am Beginn der Rinne. Die Rinne ein kurzes Stück empor (bis sie sich aufsteilt), dann links aus ihr heraus. Gerade (teilweise brüchig) bis etwa 100 m unter den W-Grat empor, dann (Bänder) wieder nach rechts zur Rinne queren. Über die Rinne nach rechts hinweg und zu einem vom S-Grat schräg herabziehenden Rinnensystem. In diesem (kombiniertes Gelände) schräg rechts bis zu einer vom S-Grat herabziehenden Gratrippe (man befindet sich nun etwa 70 m unter der Schneide des S-Grates). Über die Rippe (sehr brüchig) zum S-Grat hinauf und längs dessen Schneide zum Gipfel.

● **1303** **Südwestwandrinne**
R. L. Kusdas, Sommer 1899
II, im Firn/Eis bis 45 Grad, Gestein brüchig.

Route: E. am Beginn der Rinne. Die Rinne durchwegs empor, bis sie sich fächerförmig zerteilt. Nun zwei Möglichkeiten:
a) Im linken steilen und engen Rinnenast (teilweise Fels) bis an sein Ende aufwärts. Von dort (brüchiger Fels, Eis) empor zur markanten Schulter des obersten W-Grates und mit diesem zum Gipfel.
b) Man folgt dem rechten Rinnenast (felsdurchsetzt). Bei einer Teilung desselben in der äußerst rechten und sehr engen Rinne weiter. In ihr an ihr Ende und dann gerade (brüchig) auf den obersten S-Grat empor. Längs seiner Schneide zum Gipfel.

● **1304–1305** frei für Ergänzungen.

● **1306** **Monte Gaviola,** 3025 m
Von Gemsjägern seit altersher bestiegen, erste touristische Ersteigung A. Gnecchi, B. Cresseri, 4.9.1904.
Lohnender Aussichtsgipfel im SO des Gaviapasses, prächtiger Blick auf Ortler und Adamello-Presanellagruppe sowie schöner Nahblick auf den Corno dei Tre Signori. Der Zustieg zum Corno dei Tre Signori S- Grat führt knapp unter dem Gipfel des Monte Gaviola vorbei.

● **1307** **Vom Gaviapaß**
Rot bez., $^3/_4$ Std. im Aufstieg, $^1/_2$ Std. im Abstieg.
Abzweigung des Weges an der Paßstraße zwischen Paßhöhe und Rif. Berni beim Lago Bianco. Erst gerade, dann in vielen Kehren den rückenartigen Hang des Monte Gaviola bis knapp unter den Gipfel desselben empor. Hier an der N-Seite durch und in schrägem Anstieg zum kurzen O-Grat des Berges. Am Grat (bez. Weg) in wenigen Minuten nach W zum höchsten Punkt.

● **1308**   **Torre dei Camosci,** 3164

Kleiner Felsturm im vom Monte Gaviola zum Corno dei Tre Signori ziehenden Grat. Seine beiden Grate können mit etwa 2 SL Kletterei im II. Schwierigkeitsgrat erstiegen werden, wobei man sich immer an den Schneiden hält.

● **1309**   frei für Ergänzungen.

● **1310**   **Cima di Caione,** 3140 m
   Cima delle Graole, 2861 m

Erste Ersteigung beider Gipfel durch C. Clerici, August 1895.
Gipfel von geringer bergsteigerischer Bedeutung im vom Monte Gaviola nach S streichenden Kamm; beliebige Ersteigung über Schutt und Schnee.

● **1311**   **Vom Gipfel des Monte Gaviola (R 1052)**
   II (stellenweise). ³/₄ Std. bis Cima delle di Caione, weitere 40 Min. bis Cima delle Graole.

Am zum Corno dei Tre Signori führenden Grat und den Torre dei Camosci (R 1308) überschreitend bis dorthin, wo dieser nach N umzubiegen beginnt. Nun auf den nach S abzweigenden Kamm und längs dessen Schneide (mit geringen Höhenunterschieden) zum Gipfel der Cima di Caione (³/₄ Std.). Vom Gipfel derselben am S-Rücken hinab bis oberhalb einer steilen Wand. Vor ihr nach links (orogr.!) in das begleitende Schuttkar. Dieses kurz abwärts und dann wieder auf den Kamm. Auf ihm wenig steil in den Sattel vor der Cima delle Graole hinab und jenseits mit geringem Anstieg auf diese selbst (40 Min.).

● **1312**   **Von Pezzo an der Straße**
   zwischen Ponte di Legno und Gaviapaß
   Unschwieriger Anstieg. 3–4 Std.

Im Aufstieg eintönig, nur für den Abstieg nach R 1311 zu empfehlen, dann 2½ Std. Der Straße nach O in das Valle di Viso etwa einen ³/₄ km (bis zu den Case Pirili) folgen. Nun am nördlichen Talhang in spitzem Winkel talauswärts schräg empor (guter Weg), dann waagrecht taleinwärts (oberhalb der Case Pirili vorbei) queren (Weg), bis ein Weg gerade den Hang hinauf abzweigt. Auf diesem (steil, zahlreiche kurze Kehren) empor und schließlich eben nach W zum Baitello delle Graole (2316 m). Von der Hütte, teilweise in Kehren, bis unter den Gipfelaufbau der Cima delle Graole. Hier, entlang der oberhalb befindlichen Abbrüche (Weg) in schrägem Anstieg nach NW bis in den Sattel zwischen

Cima Graole und Cima di Caione (hierher auch über R 1311, sowie – völlig ungebräuchlich, da wesentlich länger – vom Lago di Ercavallo auf Steigspuren). Nun am kurzen Grätrücken mit wenig Steigung zum Gipfel der Cima delle Graole.

- **1313–1314** frei für Ergänzungen.

- **1315** **Punta di Ercavallo,** 3068 m

(Die in der deutschen Kartenliteratur zu findende Höhenangabe 3011 m bezieht sich auf den Vorgipfel.)
Seit altersher bestiegen; erste touristische Ersteigung C. Clerici, August 1895.
Selten besuchter Gipfel im SO des Passo di Ercavallo und nördlich der Punta di Montozzo. Es ist nur der Zugang vom Rif. N. Bozzi (R 137) von Sinn.

- **1316** **Von Pezzo**
  (an der Gaviapaßstraße zwischen Ponte di Legno und der Paßhöhe)
  Unschwieriger Anstieg. 3½–4 Std. von den Case di Viso.

Nach O in das Valle di Viso und bis zu den Case di Viso (Autozufahrt). Nun weiter der taleinwärts führenden Straße über zwei weite Kehren folgen, dann rechts (östl.) abzweigen. Schräg am Hang (rot bez. Weg) aufwärts und nach Überwinden einer Steilstufe (Kehren) rechts (östl.) abzweigen. Nun am rot bez. Weg in das weite Kar unter der SW-Seite des Berges. Aus ihm (Kehren) auf den obersten NW-Grat. Längs seiner Schneide auf den Vorgipfel (3011 m).

- **1317** **Vom Rif. N. Bozzi**
  Unschwieriger Anstieg. 2½ Std.

Auf allmählich schlechter werdendem Weg die bald steilen vom Kamm nach W abfallenden Hänge queren, bis man auf den rot bez. Weg trifft. Weiter gemeinsam mit R 1316 zum Vorgipfel.

- **1318** **Nordflanke**
  W. Hammer, 20.7.1903
  Beliebig ersteigbare Flanke. Näheres unbekannt.
  Etwa 3 Std. vom Lago di Pian Palu.

Von Peio durch das Valle del Monte zum Lago di Pian Palu (Straße). An seinem Ufer zur Malga Pian Palu. Weiter weglos zur Flanke empor und über sie zum Gipfel.

- **1319 Von Süden**
    Unschwieriger Anstieg, Trittsicherheit nötig.
    2–2½ Std. vom Rif. Bozzi.

Vom Rif. Bozzi am bez. Weg in die Forcella di Montozzo und jenseits kurz absteigen. Nun nach N abzweigen und über die Böden unter den Bergkörper der Punta di Ercavallo. Von den dort befindlichen Seen (Laghetti di Montozzo) über Schutt in eine tiefe Scharte des Südgrates südlich welcher ein kühner Turm aufragt. Nun über den Grat (Kriegsreste), wobei Schwierigkeiten links umgangen werden, zum Gipfel. (Der Grat kann auch nördlich oberhalb der Scharte aus dem Kar erreicht werden – weniger schön.)

- **1320 Südostgrat**
    Unschwieriger Anstieg, Trittsicherheit nötig.
    2–2½ Std. vom Rif. Bozzi.

Wie R 1319 zu den Laghi di Montozzo. Nun aufwärts zur Gratschneide, die man westlich der kleinen Felstürme erreicht, und längs der Schneide zum Gipfel.

- **1321–1322** frei für Ergänzungen.

- **1323   Punta di Montozzo, 2863 m**

Unschwieriger Hüttenberg des Rif. N. Bozzi (R 137), im N der Hütte.

- **1324 Vom Rif. N. Bozzi**
    Unschwieriger Anstieg. ¾ Std.

Am bez. Weg aufwärts in die Forcellina di Montozzo (2613 m). Nun am nach NW ziehenden Grat weiter (Steig). Über einen kleinen Grathöcker hinweg in die Bocchetta di Montozzo und dann am gleichmäßig ansteigenden Gratrücken zum Gipfel.

- **1325** frei für Ergänzungen.

- **1326   Punta di Albiolo, 2969 m**

Erste Ersteigung P. Arici, B. Cavaleri, Torri, 1897, aus dem Valle d'Albiolo.

Hervorragender Aussichtsgipfel mit herrlichen Tiefblicken in die begrenzenden Täler, gute Aussicht auf die Ortler- sowie Adamello-Presanellagruppe. Vom Rif. N. Bozzi in 1½ Std., vom Tonalepaß in 3½ Std. (unter Benützung des Liftes 2 Std.) erreichbar. Südwestl. des Berges befindet sich der Passo dei Contrabbandieri (R 226).

- **1327 Vom Rif. N. Bozzi über den Südwestgrat**
  III am Gipfelblock, sonst I (Stellen).
  1¹/₂ Std.

Auf rot bez. Weg (Nr. 15) nach S in schräg ansteigender Hangquerung in den Passo dei Contrabbandieri (40 Min., hierher auch in etwa 1 Std. von der Malga Albiolo-Bergstation des vom Tonalepaß heraufführenden Sesselliftes – auf rot bez. Weg). Nun längs des SW-Grates (brüchig) zum Gipfel.

- **1328 Gratüberhang Punta d'Albiolo – Torrione d'Albiolo**
  II, I, zum Teil Gehgelände. 1 Std.

Route: Vom Gipfel der Punta d'Albiolo über den NO-Grat (II, unangenehm) absteigen und jenseits über den schrofigen Grat auf den Gipfel des Torrione d'Albiolo.

- **1329 Torrione d'Albiolo,** 2969 m

Turm nordöstlich der Punta d'Albiolo, von untergeordneter Bedeutung. Zahlreiche Kriegsreste. Der Grat zum Monte Redival weist (mit Ausnahme des kaum begehbaren obersten Teiles) zahlreiche Stellungsreste auf, ebenfalls befindet sich in der Ostwand ein aufgelassener Kriegsweg. Auf allen Anstiegen sehr brüchiger Fels.

- **1330 Von Norden**
  II (wenige Meter am Gipfelgrat). 2 Std. vom Rif. Bozzi.

Vom Rif. Bozzi am bez. Weg in die Forcellina di Montozzo und jenseits nach S in das Kar zwischen Punta und Torrione d'Albiolo. Über Schutt und Schnee mit einer Rinne in die Scharte des Verbindungsgrates beider Berge. Nun über den schrofigen Westgrat des Turmes auf seinen Gipfel.

- **1331 Südsüdostgrat**
  II (stellenweise), sehr brüchig.

Die Gratschneide kann an mehreren Stellen (möglichst hoch) weglos aus den begleitenden Tälern erreicht werden. An und neben ihr (Kriegsreste) zum Gipfel.

- **1332 Monte Tonale Orientale,** 2696 m

Begrünte Kuppe, Ausläufer des Torrione d'Albiolo SSO-Grates. Es führen von allen Seiten unbez. Steige auf ihn. Bergsteigerisch kaum betreten. 3 Std. vom Tonalepaß.

- **1333** frei für Ergänzungen.

● **1334**   **Cima Casaiole,** 2779 m

Hüttenberg des Rif. N. Bozzi, im SSW des Passo dei Contrabbandieri gelegen. Hervorragende Aussicht auf Ortler- sowie Adamello-Presanellagruppe. 1¼ Std. vom Rif. N. Bozzi (R 137), vom Tonalepaß 3 Std. (unter Benützung der Liftanlagen 1½ Std.).

● **1335**   **Vom Rif. N. Bozzi über den Passo dei Contrabbandieri**
               Unschwieriger Anstieg. 1¼ Std.

Wie R 1327 in den Passo dei Contrabbandieri. Nun am nach SW streichenden Kamm (Weg) bis dorthin, wo der kurze Rücken zur in Richtung Tonalepaß vorgeschobenen Cima Casaiole abzweigt. Über den Rücken zum Gipfel. ½ Std. vom Passo dei Contrabbandieri.

● **1336**   **Gratübergang zum Monte Tonale occidentale**
               Unschwieriger Gratrücken, Steig, der Kamm wird durchwegs begangen.
               40 Min.

● **1337**   frei für Ergänzungen.

● **1338**   **Monte Tonale occidentale,** 2694 m
               Cima di Cadi, 2606 m

Unschwierige Gipfel nördl. des Tonalepasses. Die Cima di Cadi befindet sich in einem vom Monte Tonale occidentale in Richtung Tonalepaß ziehenden Seitenkamm. An ihrem Hang zahlreiche Liftanlagen.

● **1339**   **Vom Tonalepaß**
               Unschwieriger Anstieg. 2–2½ Std.

Vom Hotel Vittoria, auf der kurzen Seitenstraße zur Malga Cadi. Nun am rechten (bergseitigen) der beiden rot bez. Wege (beide sind mit der Nr. 41 versehen und als Rundtour gedacht) über die Hänge aufwärts zum Gipfel der Cima di Cadi. Weiter am wenig steilen Gras- und Schuttrücken nach NW zum Gipfel des Monte Tonale occidentale.

● **1340**   **Gratübergang zur Cima Casaiole**
               S. R 1336.

● **1341**   **Gratübergang zur Cima Bleis**
               15–20 Min. Rot bez. (Weg Nr. 41).

Man folgt durchwegs dem Kamm in südwestlicher Richtung.

- **1342** frei für Ergänzungen.

- **1343** **Cima Bleis,** 2628 m

Unschwierige Erhebung im NW des Tonalepasses. Ersteigung vorteilhaft in Form einer Rundtour (in Verbindung mit R 1341 und R 1339).

- **1344** **Vom Tonalepaß**
  Unschwieriger Anstieg. Rot bez. Wege. 3 Std.

Vom Hotel Vittoria auf der kurzen Seitenstraße zur Malga Cadi. Nun am linken (mehr talseitigen) der beiden rot bez. Wege (beide sind mit der Nummer 41 versehen und als Rundtour, s. R 1343, gedacht) in langer auf- und absteigender Hangquerung zum von der Cima Bleis nach SW abstreichenden Rücken. Auf diesem – über die gering eingeschartete Erhebung der Cima Le Sorti hinweg – zum Gipfel der Cima Bleis.

- **1345** **Monte Redival,** 2973

1. Ersteigung vermutlich anläßlich der Militärtriangulierung 1854, 1. touristische Ersteigung durch Venturi, 25. 7. 1878. Unschwieriger Gipfel nördlich des Tonalepasses, allseits leicht über Gras und Schutt ersteigbar. Selten betreten, jedoch schöne Sicht sowohl auf die Ortler, als auch die Adamello-Presanellagruppe.

- **1346** **Nordwestgrat**
  I (Stellen), ¾ Std.

Übersicht: Der in der Bocchetta di Strino ansetzende Grat, der im Gesamten in eher W-O-Richtung verläuft, wird durchwegs begangen.

- **1347** **Vom Lago di Pian Palu**
  Unschwieriger Anstieg, Trittsicherheit erforderlich. Rot bez., 3½ Std. Autozufahrt von Peio durch das Valle del Monte zum Lago di Pian Palu.

Vom O-Ende des Sees auf rot bez. Weg (Nr. 137) talauswärts den Hang bis in ein Hochtal schräg ansteigen. Im Tal kurz einwärts an den Beginn seines kesselartigen Abschlusses. Nun rechts (westl.) auf einen Rücken und dahinter in das nächste Kar weiterqueren. Dieses einwärts und zuletzt auf den obersten NW-Grat. Dort zum Gipfel.

- **1348** **Gratübergang zum Monte Palu**
  Unschwieriger Grat, 1 Std.

Die Gratschneide wird durchwegs begangen.

- **1349** frei für Ergänzungen.

- **1350** **Südostgrat (Gratübergang vom Monte Mezzolo)**
  Unschwieriger Gratrücken, etwas felsdurchsetzt, 2 Std.

Man folgt durchwegs der geschwungenen Gratschneide.

- **1351** **Monte Mezzolo,** 2663 m

Unbedeutende Erhebung am Endpunkt des Monte Redival SO-Grates, kaum betreten. Allseits leicht ersteigbar.

- **1352** **Von Pizzano**
  Unschwieriger Anstieg. 3 Std.

Auf gutem Weg schräg in das Val Verniana ansteigen. In ihm empor bis der Talweg endet. Nun am orogr. rechten Talhang auf einem Weg (zahlreiche kurze Kehren) bis zu seinem Ende empor. Weglos weiter, wobei man am besten gegen die flache Einsenkung westl. des Monte Mezzolo ansteigt und dann aus ihr am kurzen Gratrücken wenig steil den Gipfel erreicht.

- **1353** **Monte Palu,** 2835 m

Unschwieriger und selten betretener Gipfel im Kammverlauf östlich des Monte Redival.

- **1054** **Gratübergang zum Monte Revidal**

R 1348 in Gegenrichtung.

- **1355** **Südostgrat**
  I (kurze Stelle) am Beginn.
  Unschwieriger Schutt- und Grasrücken.
  5 Std. von Pizzano.

Zugang: Von Pizzano entweder schräg westl. ansteigend in das Val Verniana oder sofort in das Val Saviana. In beiden Fällen folgt man dem zunehmend schlechter werdenden Talweg bis man sich unterhalb des SO-Grat-Beginnes befindet. Nun über Grashänge, Schutt und Schnee in die Scharte am Gratbeginn empor.
Route: Über kurze Felsstufen zum Schuttrücken des Grates und diesem zum Gipfel folgen.

- **1356** **Nordostgrat**
  Unschwieriger Gratrücken.
  3 Std. vom Lago di Pian Palu, 5 Std. von Pizzano.

Zugang: Von Peio auf der Straße durch das Valle del Monte zum Lago di Pian Palu (Autozufahrt). Ein kurzes Stück am O-Ufer entlang, dann (bei der Malga Celentino) sofort bergwärts, wobei der linke (bessere!) Weg benützt wird. Auf ihm schräg talauswärts über die Hangstufe empor bis in das weite oberhalb befindliche Kar (bis hierher gemeinsam mit R 1347; rot bez.). Seine Böden nach S überqueren und empor in die Scharte am Beginn des NO-Grates (zuletzt nur Steigspuren; hierher von Pizzano durch das Val Saviana auf zunehmend schlechter werdendem Weg).
Route: Nun immer längs des unschwierigen Grates zum Gipfel.

● **1357** frei für Ergänzungen.

● **1358**   **Cima Forzellina,** 2829 m
Unschwieriger, selten betretener Gipfel.

● **1359**   **Südwestgrat**
          Unschwieriger Gratanstieg.
          3 Std. vom Lago di Pian Palu, 5 Std. von Pizzano.
Zugang: Wie R 1356 in die Einsattelung zwischen Monte Palu und Cima Forzellina.
Route: Nun in 15–20 Min. über den SW-Grat des letzten Gipfels zu diesem empor (alle Schwierigkeiten werden über Schutt und Schrofen beliebig umgangen).

● **1360**   **Nordostgrat**
          Unschwieriger Gratrücken.
          $4^1/_2$ Std. von Peio.

Von Peio, Ortsteil Cogolo, etwa $1^1/_2$ km der Straße nach Peio Fonti folgen, dann Abzweigung des Weges nach links (S, ab hier rot bez. Weg, Nr. 126). Schräg am Waldhang zu einer Straße, dann erst gerade (einige Kehren, guter Weg) und schließlich in langer taleinwärts führenden Hangquerung aufwärts. Man erreicht so, zuletzt mit kurzen Wegkehren, den Grund des Val Comasine. In ihm auf Almstraße aufwärts, dann rechts über Wiesen zur Malga Comasine hinauf (2088 m). Schräg zum Talboden mit der Malga Mazom (2184 m) zurück. Nun den bez. Weg verlassen und an der orogr. linken Talseite auf gutem Almweg die Hänge schräg gegen den hier nach N führenden Ausläufer des O-Grates empor (Palon Val Comasine).
Weglos am Rücken nach S; dieser biegt bald zum O-Grat des Berges um und wird bis zum Gipfel verfolgt.

- **1361 Südostgrat**
  Unschwieriger Gratrücken, etwas langwierig.
  5 Std. von Peio oder Pizzano.

Zuänge: a) Von Peio wie R 1360 zur Malga Mazom. Weiter am bez. Weg über eine Talstufe links (östl.) hinweg und am Rand des gleichmäßig ansteigenden Talbodens zum Talschluß.
Über Schutt und Schnee in die Einschartung westlich der Cima Boai hinauf.
b) Von Pizzano entweder in das Val Saviana und aus seiner Mitte (guter jedoch unbez. Weg) steil in Kehren in die Einsattelung westlich der Cima Boai; oder (rot bez. Weg, Nr. 4) zum Ortsteil Fraviano und die Hänge, an der Malga Boai vorbei, in die Einschartung westlich der Cima Boai ansteigen.
Gemeinsamer Weiterweg: Über den langen unschwierigen Gratrücken weglos zum Gipfel.

- **1362   Cima Boai,** 2685 m

Allseits leicht ersteigbarer gegen das Valle di Peio vorgeschobener Gipfel. Lohnend, prächtige Aussicht sowohl zu den Ortlerbergen als auch auf die Presanellagruppe.

- **1363 Von Peio oder Pizzano**
  Rot bez. 4 Std.

Wie bei R 1361, bis zur Einschartung westlich der Cima Boai. Nun am teilweise grasbedeckten Grat (Steig) in 10 Min. zum Gipfel.

- **1364 Von Comasine**
  Unschwieriger Anstieg. Rot bez., $4^{1}/_{2}$–5 Std.

Von Comasine (Siedlung abseits der Hauptstraße zwischen Fucine und Cogolo) in westl. Richtung auf rot bez. Wg (Nr. 129) die Hänge aufwärts in das Val Gardene. Aus seinem Hintergrund Quergang nach N auf den Rücken und weiterqueren zum Talboden mit der Malga Mazom. Weiter wie R 1361 a.

- **1365** frei für Ergänzungen.

9. Der vom Moosferner (Vedretta di Careser) nach S ziehende Kamm

Sehr einsamer Kamm, der die Täler von Peio und Rabbi trennt. Für den nördlichsten Teil können die Cevedalehütte und das Rif. S. Dorigoni als Stützpunkte dienen, von Peio ist eine Seilbahn zum Passo Cercena geplant (!) – tatsächlich müssen also (mit Ausnahme des Bereiches um den Moosferner) alle Anstiege vom Tal aus begangen werden.

- **1366** **Cima Mezzena,** 3172 m,
Cima Careser
(Deutsch-österr. Vermessung 3188 m, italien. Vermessung 3189 m)

Unschwieriger Gipfel am Ostrand des Moosferners (Vedretta di Careser), vorteilhaft mit einer Ersteigung der anderen Gipfel in der Gletscherumrahmung (Cima Marmotta, Cima Venezia, Cima Campisol, Cima Lagolungo) zu verbinden.

- **1367** **Von der Cevedalehütte und vom Rif. S. Dorigoni**
Gletscherbegehung (kurz), aussichtsreiche unschwierige Bergfahrt, selten ausgeführt.
$2^{1}/_{4}-2^{1}/_{2}$ Std.

Wie R 956 und R 957 auf den Moosferner. Von ihm entweder über den flachen Gletscher im Bogen von N nach S zu den beiden Gipfeln, oder: Von der am nordöstl. Rand des Gletschers eingeschnittenen Bocca di Saent über den den Gletscher einfassenden Grat unschwierig zur Cima Mezzena und zur Cima Careser.

- **1368** **Gratübergang zur Cima Campisol**
Unschwieriger Grat. 20 Min.

Vom Gipfel der Cima Careser am nach SW verlaufenden flachen Grat, über eine kleine Einsenkung hinweg, zur Cima Campisol.

- **1369** frei für Ergänzungen.

- **1370** **Cima Campisol**
(Deutsch-österr. Vermessung 3162 m, italien. Vermessung 3159 m)

Unschwieriger Gipfel am SO-Rand des Moosferners, vorteilhaft mit einem der benachbarten Gipfel zu ersteigen.

- **1371 Vom Rif. Dorigoni bzw. der Cevedalehütte**
  Unschwierige Gletscherbegehung, selten ausgeführt.
  2½ Std., vom Rif. Dorigoni; von der Cevedalehütte 3 Std.

Wie R 956 und R 957 auf den Moosferner. Über den Gletscher in die breite Einsattelung zwischen Cima Careser und Cima Campisol. Von dort über den bequemen Grat nach SW zum Gipfel.

- **1372 Gratübergang von der Cima Careser**
  S. R 1368.

- **1373 Gratübergang zur Cima Ponte Vecchio**
  I (wenige Felsstellen), vielfach schuttbedeckter Felsgrat,
  1 Std.

Der von der Cima Campisol nach S verlaufende Grat wird durchwegs begangen.

- **1374** frei für Ergänzungen.

- **1375**   **Cima Lagolungo**
  (Deutsch-österr. Vermessung 3162 m, italien. Vermessung 3165 m)

Erste Ersteigung J. Payer, J. Pinggera, A. Chiesa 1.9.1897 vom Moosferner mit Abstieg über den NW-Grat.
Unschwieriger Gipfel am S-Rand des Moosferners, vorteilhaft in Zusammenhang mit anderen Gipfeln der Gletscherumrahmung zu besteigen.

- **1376 Von der Cevedalehütte**
  Unschwierige Gletscherbegehung, selten ausgeführt. 2 Std.

Wie R 956 auf den Moosferner. Nun am Gletscher unterhalb des Kammes nach S (Spalten) absteigend unter den Gipfelhang. Diesen (Schutt, Schnee, unschwierige Schrofen) zum höchsten Punkt empor.

- **1377 Nordwestgrat**
  I, Gletscherbegehung, zuletzt Felsgrat, lohnend aber selten ausgeführt.
  ¼ Std. vom Gratbeginn, 2 Std. von der Cevedalehütte.

Wie R 956 an den Rand des Moosferners. Nun am Grat, der den Gletscher hier begrenzt, zum Gipfel.

- **1378** frei für Ergänzungen.

- **1379**   **Cima Ponte Vecchio,** 3162 m

Selten betretene wenig schwierige Graterhebung, als Einzelziel von geringer Bedeutung.

- **1380**   **Gratübergang von der Cima Campisol**
              S. R 1373.

- **1381**   **Von der Cevedalehütte**
              Unschwieriger Anstieg, zum Teil mühsam. $2^{1}/_{2}$ Std.

Von der Hütte am orogr. linken Talhang am rot bez. Weg (Nr. 104) schräg ansteigen. Auf einer langen Hangstufe Wegteilung. Hier am rechten (talseitigen) rot bez. Weg (Nr. 123) oberhalb des Lago Lungo nach SO vorbei. In der gleichen Richtung weiter und zum Rand des Lago di Careser (Careser-Stausee, dieser kann auf zwei rot bez. Wegen auch unmittelbar aus dem Val Venezia, Abzweigung knapp nach dem Straßenende, in etwa 1 Std. erreicht werden). Am Ufer des Sees entlang, dann beliebig über Schutt und Schnee zum Grat Cima Campisol – Cima Ponte Vecchio. Auf ihm nach S zum Gipfel der letzteren.

- **1382**   **Gratübergang zur Cima Cavaion**
              Unschwieriger Grat. $^{1}/_{2}$ Std.

Man folgt durchwegs der nach S verlaufenden Gratschneide.

- **1383**   **Ostgrat, „La Carburida"**
              Unschwierige Gratschneide (Schutt und Schnee), weglos.
              6 Std. von Rabbi.

Zugang: Von Rabbi zum Ortsteil Coller (Autozufahrt). Nun im nach N zum Rif. S. Dorigoni führenden Tal etwa 2 km hinein (rot bez.), dann oberhalb der Wasserfälle auf den westlichen Talhang abzweigen. Auf rot bez. Weg (Nr. 128) steil und zum Teil in kurzen Kehren zum Rif. Campisol aufwärts. Dem Weg (unbez.) noch ins Val Campisol folgen und ihn dort verlassen, wo er sich vom Talboden entfernt. Nun, meist über Schutt, in südlicher Richtung weglos zur Schneide des O-Grates empor.
Route: Diesem über mehrere Grathöcker hinweg zum Gipfel folgen.

- **1384**   frei für Ergänzungen.

- **1385**   **Cima Cavaion**
     (Deutsch-österr. Vermessung 3113 m, italien. Vermessung 3120 m)

Unschwierige Erhebung, als Einzelziel von geringer Bedeutung; 1. Ersteigung um 1820.

- **1386** Gratübergang von der Cima Ponte Vecchio
  S. R 1382.

- **1387** Von der Cevedalehütte über den Nordostgrat
  Unschwieriger Gratanstieg. 3 Std.

Wie R 1381 zum Careser-Stausee und über Schutt und Schnee zur NW-Seite des Berges. Diese schräg über Firn (unschwierig) zum NO-Grat aufwärts queren und auf ihm in 5 Min. zum Gipfel.

- **1388** Südgrat
  Unschwierig, etwas langwierig, von Peio bzw. Rabbi 5 Std.

Übersicht: Der Gratrücken beginnt im breiten zwischen Cima Cavaion (im N) und Cima Verdignana (im S) befindlichen Colle Verdignana.
Zugang in den Col: a) Von Rabbi (Ortsteil Somrabbi) in anfangs nordwestlicher Richtung aufwärts zur Malga Stablaz (Almstraße). Nun im wesentlichen weglos aufwärts in den Col.
b) Von Peio der Straße ins Val de la Mare bis fast an ihr Ende folgen (Parkplatz), dann auf kurzer Straße am orogr. linken Talhang aufwärts zur Malga Ponte Vecchio. Nun (erst bez. Steig, dann weglos) über Schutt und Schnee aufwärts in den Col.
Gemeinsamer Weiterweg: Über den breiten unschwierigen Grat nach N zum Gipfel.

- **1389** frei für Ergänzungen.

- **1390** Cima Verdignana, 2938 m

Erste Ersteigung W. Hammer, 10.8.1902, über R 1392.
Südlich des gleichnamigen Col aufragender Gipfel.

- **1391** Nordwestgrat
  W. Hammer, 10.8.1902, im Abstieg.
  I, Blockkletterei.
  1 Std. vom Col, 5½ Std. von Rabbi bzw. von Peio (günstiger von Peio; Autozufahrt in Val de la Mare spart 1½ Std.).

Zugang in den Colle Verdignana s. R 1388.
Route: Vom Col über den verhältnismäßig langen Blockgrat zum Gipfel.

- **1392** Südgrat (Gratübergang von der Cima Ganani)
  W. Hammer, 10.8.1902, zugleich erste Gipfelersteigung.
  II und **I**, brüchig. 30–40 Min.

Von der Cima Ganani am Grat zum ersten Turm. Diesen (I) auf der O-Seite umgehen und in die folgende Scharte. Weiter am türmereichen Grat, wobei die Türme nach Möglichkeit immer längs der Gratschneide überklettert werden (II), zum Gipfel der Cima Verdignana.

- **1393–1394** frei für Ergänzungen.

- **1395**   **Cima Ganani,** 2889 m
                     Cima Vallon, 2892 m

Erste Ersteigung J. Payer, 31.8.1867 über die W-Seite.
Unschwieriger Doppelgipfel nördlich des Passo Cercena (R 221).

- **1396**   **Gratübergang von der Cima Verdignana**
              S. R 1392.

- **1397**   **Westflanke der Cima Ganani**
              J. Payer, 31.8.1867
              Unschwierige Flanke mit beliebiger Wegführung, nur von historischem Interesse.

- **1398**   **Südgrat der Cima Vallon mit Übergang zur Cima Ganani**
              W. Hammer, 10.8.1902
              2½ Std. von der Malga Cercena alta (Rabbi-Seite),
              4–5 Std. von Peio.

Wie R 222 und R 223 in den Passo Cercena. Von dort über den unschwierigen Schuttgrat zur Cima Vallon und in der gleichen Art weiter zur nahen Cima Ganani.

- **1399** frei für Ergänzungen.

- **1400**   **Cima Grande,** 2901 m

Südlich des Passo Cercena gelegener mächtiger Gipfel, seit altersher von Jägern erstiegen. Erste tourist. Ersteigung J. Payer, 28.8.1867

- **1401**   **Nordwestgrat**
              J. Payer, 28.8.1867
              I (stellenweise).
              2½ Std. von der Malga Cercena alta, 4–5 Std. von Peio.

Wie R 222 und R 223 in den Passo Cercena. Nun am bequemen Grat zu P. 2723, dann über den Felsgrat (I) zum Gipfel.

- **1402** **Nordostgrat**
    A. Balabio, A. und C. Calegari, 21.8.1922
    II und I. 300 m Höhenunterschied, Gratlänge etwa 600 m.
    2½ Std. von der Malga Cercena alta.

Zugang: Von der Malga Cercena alta (R 219) 15–20 Min. im Tal (Weg zum Passo Cercena, rot bez.) weiter, dann (rot bez.) nach S schräg die Hänge unter den Gratbeginn empor.
Route: Am Blockgrat aufwärts zu einem Steilaufschwung. Diesen in der SO-Seite umgehen, dann wieder längs der Gratschneide zu einem weiteren Aufschwung. Nun auf Bändern in die SO-Seite, dann über Wandstufen und Bänder bis **unter** die Gratschneide empor. Aus der Flanke, ohne die Schneide zu betreten, zum Gipfel der Cima Grande.

- **1403** **Südgrat (Gratübergang zur Cima Cadinel)**
    A. Balabio, A. und C. Calegari, 21.8.1922
    II (wenige Stellen), I. Gratlänge etwa 900 m, 1 Std.

Vom Gipfel der Cima Grande über Schutt zu einem Felskopf. Vor ihm auf einem Band in die O-Seite. Dem Band folgen, dann von ihm über Einrisse zur Gratschneide zurück. Nun längs der Schneide in die Scharte zwischen 2. und 3. Gratturm. Von dort zu einem Überhang empor, diesen links umgehen und wieder zur Gratschneide zurück. Nun durchwegs am Grat zum Gipfel der Cima Cadinel.

- **1404** frei für Ergänzungen.

- **1405** **Cima Cadinel,** 2864 m

Gipfel nordwestlich des Passo Cadinel (R 218) und von ihm in Kürze ersteigbar.

- **1406** **Südostgrat**
    15 Min. vom Passo Cadinel, aus dem Valle di Peio 4–5 Std., von der Malga Cercena alta 2 Std.

Zugang zum Passo Cadinel s. R 218.
Route: Nun längs des unschwierigen Schrofengrates zum Gipfel.

- **1407** **Südwestgrat**
    I (stellenweise). 5 Std. aus dem Valle di Peio.

Wie beim Anstieg zum Passo Cadinel zur Malga Sassa. Auf rot bez. Weg weiter, bis er sich nach O in das Hochtal wendet, dann beliebig nach links (N) zur Gratschneide und längs dieser zum Gipfel.

- **1408** Gratübergang zur Cima Grande
  S. R 1403 in Gegenrichtung.

- **1409–1410** frei für Ergänzungen.

- **1411** **Cima Vegaia,** 2890 m

Unschwieriger Gipfel im SO des Passo Cadinel (R 218), seit altersher von Gemsjägern erstiegen, 1. tourist. Ersteigung A. Gallina und Gef., September 1907.

- **1412** **Nordwestgrat**
  Unschwieriger Gratanstieg.
  20 Min. vom Passo Cadinel, 4–5 Std. aus dem Valle di Peio, 2 Std. von der Malga Cercena alta (R 219).

Wie R 219, 220 in den Passo Cadinel. Nun über den felsdurchsetzten unschwierigen Grat zum Gipfel.

- **1413** **Gratübergang zum Monte Le Pozze**
  Unschwierige Gratwanderung, der Grat wird durchwegs begangen.
  1 Std.

- **1414** **Westflanke und Südwestgrat**
  Unschwieriger Anstieg. Beliebige Wegführung, kein Weg.
  $4^{1}/_{2}$–$5^{1}/_{2}$ Std.

Vom Zugang zum Passo Cadinel (R 218) an beliebiger Stelle abzweigen und entweder über die Flanke oder den diese begrenzenden SW-Grat zum Gipfel.

- **1415** frei für Ergänzungen.

- **1416** **Monte Le Pozze,** 2773 m

Unschwieriger Gipfel, nur im Zug eines Gratüberganges betreten.

- **1417** **Gratübergang von der Cima Vegaia**
  S. R 1413.

- **1418** **Gratübergang zur Cima Bassetta**
  $^{1}/_{2}$ Std.

Der nach SO ziehende Grat wird durchwegs unschwierig begangen.

- **1419**   **Cima Bassetta,** 2770 m

Selten betretener Gipfel, im Zuge einer Überschreitung von Bedeutung.

- **1420**   **Gratübergang vom Monte Le Pozze**
  S. R 1418.

- **1421**   **Ostgrat**
  Unschwieriger Gratrücken mit mühsamem Zugang.
  1½ Std. von Malga Vallenaia (wenn bis dahin Autozufahrt möglich), sonst 4 Std. von Ortise.

Verschiedene **Zugänge: a)** Zwischen Pellizano und Mezzana von der Tönalepaß-Straße nach N abzweigen. Nun bei einer Seitenstraße über Termenago und Catello zu den Häusern von Ortise. Hier teilt sich die Straße. Dem westlichen Ast bis zum Straßenende bei der Malga Vallenia folgen (durchwegs rote Bez. längs der Straße, zu Fuß 2½ Std., Autozufahrt bis zur Malga Vallenaia grundsätzlich möglich, jedoch [Straßenzustand] unsicher). Von der Malga Vallenaia gerade (Weg) nach N in den Passo Bassetta, womit der O-Grat erreicht ist (1 Std.); günstigster Zustieg.
b) Wie bei a zu den Häusern von Ortise. Nun ins Val Malinaz. In ihm bis zum Ende des Weges und weiter immer im Talboden bleibend bis in den kesselartigen Hintergrund des Tales. Aus ihm gerade nach N in den Passo Tremenesca, womit der O-Grat erreicht ist (2 Std. von Ortise).
c) Von Bagni di Rabbi auf der Straße ins Val Cercena, bis nach S die kurze Straße zur Malga Tremenesca bassa abbiegt. Bis vor die Alm Autozufahrt, zu Fuß 1½ Std. Von der Alm nach S (Weg) taleinwärts und schließlich nach W über die Hänge zur Malga Tremenesca alta. Weiter auf einem der beiden nach S gegen den Kamm führenden Wege und beliebig (weglos) entweder in den Passo Bassetta oder weiter östlich in den Passo Tremenesca; 2 Std. Gehzeit von der Malga Tremenesca bassa.
Route: (Gemeinsamer Weg). Im O-Grat, der durchwegs längs seiner Schneide unschwierig begangen wird, befinden sich die beiden Einsattelungen des Passo Tremenesca, 2819 m, und weiter westlich des Passo Bassetta, 2770 m. Zwischen den beiden Pässen eine unschwierige Gratkuppe. Zeitaufwand: Vom Passo Bassetta ½ Std., vom Passo Tremenesca 1 Std. bis zum Gipfel.

- **1422**   **Cima Tremenesca,** 2726 m

Gegen das Valle di Rabbi vorgeschobener Gipfel der Gruppe. Erste Besteigung anläßlich der Vermessung 1854–55.

- **1423** **Westflanke**
    Unschwierige Flanke, jedoch Trittsicherheit erforderlich.
    4 Std. von Rabbi, 3½ Std. von der Malga Tremenesca bassa.

Wie R 1421 c auf die Schuttfläche unterhalb des Passo Tremenesca. Nun nach O zum Fuß der Flanke queren und über sie (Grashänge mit trennenden Felsstufen, unschwierig jedoch Trittsicherheit nötig) zum obersten S-Grat des Berges (R 1424).
Auf ihm zum Gipfel.

- **1424** **Südgrat**
    W. Hammer, 8.8.1902.
    I (kurze Stellen), sonst unschwieriger Gratanstieg.
    1–1½ Std. vom Passo Tremenesca.

Zugang: In den Passo Tremenesca s. R 1421.
Route: Vom Passo Tremenesca in nordöstlicher Richtung auf einen unbenannten Gipfel, wobei ein plattiger Gratteil in der S-Seite unschwierig über Schutt umgangen wird.
Nun am nach N streichenden Grat, über mehrere Grathöcker und die trennenden Scharten hinweg, zum Gipfel der Cima Tremenesca. Der Grat kann aus den begleitenden Karen jederzeit unschwierig erreicht werden.

- **1425** **Nordostgrat (Gratübergang vom Monte Polinar)**
    W. Hammer, 8.8.1902, mit Umgehung des Felsteiles.
    Der Felsteil des Grates kann über Schutt umgangen werden.
    ¾ Std.–1 Std.

Vom Monte Polinar längs der unschwierigen Schneide nach S hinab und somit in den breiten Sattel am Beginn des NO-Grates. Nun entweder den Felsteil zur Gänze umgehen oder am Felsgrat (II) bis zu einem überhängenden Abbruch.
Von dort abwärts auf die Schuttfelder unter der Gratschneide und diesen aufwärts folgen, bis man die Gratschneide knapp vor dem Gipfel wieder erreichen kann. Weiter unschwierig längs der Schneide zum Gipfel aufsteigen.

- **1426** frei für Ergänzungen.

- **1427** **Monte Polinar,** 2604 m

Unschwieriger Gipfel, nur in Verbindung mit R 1425 von Bedeutung. Erste Ersteigung anläßlich der Vermessung 1854.

- **1428 Von Rabbi über den Südostgrat**
  Unschwieriger Gratanstieg. $3^1/_2$–4 Std.

Zugang: Wie R 217 zur Malga Sopra Sasso alta. Dann noch ein kurzes Stück dem rot bez. Weg folgen und weiter (Steigspuren) nach NW in den breiten Sattel südlich des Monte Polinar.
Route: Nun am unschwierigen Grat nach N zum Gipfel.

- **1429** frei für Ergänzungen.

- **1430 Cima Valetta,** 2828 m

Unschwieriger Gipfel westlich des Passo Valetta, lohnend, landschaftlich sehr reizvoller Zugang von Rabbi.

- **1431 Von Rabbi bzw. von Mezzana**
  Unschwieriger Anstieg.
  $4^1/_2$–$5^1/_2$ Std. von Rabbi, von Mezzana $5^1/_2$–6 Std.

Wie R 217 in den Passo Valetta. Nun am nach W streichenden Grat unschwierig in $^1/_2$ Std. zum Gipfel oder oberhalb des Lago Alto bereits über die Hänge zum Gipfel.

- **1432 Nordostpfeiler**
  III, II; unlohnend.
  Näheres unbekannt.

- **1433** frei für Ergänzungen.

- **1434 Cima Mezzana,** 2845 m

Unschwieriger Gipfel östlich des Passo Valetta, lohnend, landschaftlich sehr reizvoller Zugang von Rabbi.

- **1435 Von Rabbi bzw. Mezzana über den Westgrat**
  $4^1/_2$–5 Std. von Rabbi; von Mezzana $5^1/_2$–6 Std.

Wie R 217 in den Passo Valetta. Nun am O streichenden Grat unschwierig in $^1/_2$ Std. zum Gipfel oder bereits oberhalb des Lago Alto zum Gipfel.

- **1436 Nordostgrat**
  Unschwieriger Gratanstieg. $5^1/_2$ Std. von Rabbi.

Zugang: Wie R 217 zur Malga Sopra Sasso alta. Nun in östlicher Richtung (Steig) die Hänge aufwärts in die breite Einsattelung am Beginn

des Grates (zwischen Monte Saleci im SW und Monte Gamberai im NO).
Route: Nun (weglos) durchwegs längs der Gratschneide, über den Monte Saleci hinweg, zum Gipfel der Cima Mezzana.

- **1437** **Nordostpfeiler des Vorgipfels**
  A. Dalla Valle, R. Pedergnana, C. Zanon, 24. 6. 1979 (RM 1980/219).
  III, II, brüchig, 250 m.
  Näheres unbekannt.

- **1438** **Südostgrat (Gratübergang zum Sass dell'Anel)**
  Unschwieriger Grat, teilweise rot bez. und Steigspuren.
  2 Std., fast nie begangen.

Vom Gipfel der Cima Mezzana am Grat abwärts in den Passo Saleci. Nun am nach O streichenden Gratrücken auf eine unbenannte Kuppe. Jenseits wenig steil **abwärts** zum Gipfelzeichen des Sass dell'Anel (dieser kann nicht als Gipfel sondern nur als Punkt des abfallenden Gratrückens bezeichnet werden, besitzt aber ein Gipfelkreuz).

- **1439** frei für Ergänzungen.

- **1440** **Monte Saleci,** 2680 m
  Monte Gamberai, 2423 m

Gipfel im NO-Grat der Cima Mezzana; der Monte Saleci wird auf R 1436 überschritten, der Monte Gamberai ist aus der Einsattelung zwischen den beiden Gipfeln unschwierig in $^1/_2$ Std. ersteigbar. Beide Gipfel etwa 4 Std. von Rabbi; Näheres s. R 1436.

- **1441** frei für Ergänzungen.

- **1442** **Camucina,** 2636 m
  Sass dell'Anel, 2368 m
  Monte Camucina, 2287 m

Die östlichsten Gipfel des Kammes. Unschwierige hochalpine Wanderberge mit guter Aussicht in die Presanella- und Brentagruppe. Die beiden rot bez. Wege eignen sich gut als Rundtour und sind als solche beschrieben. Zeitaufwand 8–10 Std. vom Tal bis ins Tal, keine Schutzhütten, Wasser wird erst beim Abstieg auf der N-Seite angetroffen.

- **1443** **Gratübergang von der Cima Mezzana**
  S. R 1438.

- **1444　Von Malè**
  4 Std., unschwieriger Anstieg, rot bez. Wege.

Nahe dem östl. Ortsende von Malè (Ausgang des Valle di Rabbi) in südwestlicher Richtung auf der nach Bolentina/Montes führenden Seitenstraße etwa 2 km den Hang hinauf. Hier Abzweigung des rot bez. Weges (Nr. 119) im Scheitelpunkt einer großen Straßenkehre. Rechts über Wiesen und dann durch Wald (gute Wege, zweimal wird eine Almstraße überquert) ziemlich gerade bis zur Baumgrenze hinauf (Malga Bolentina alta, 1822 m). Nun gerade gegen den Gipfel des Monte Camucina und ab dem halben Weg entweder (weglos) gerade auf ihn oder am rot bez. Weg in weiter Rechtsschleife (nach N) auf ihn. Nun nach SO am Rücken hinab in einen breiten Sattel und längs des Kammes zum Gipfelzeichen des Sass dell'Anel. 4 Std.

- **1445 A　Abstieg vom Sass dell'Anel**
  5 Std., rot bez. Wege, als Rundtour mit R 1444 gut geeignet, im Aufstieg von geringem Interesse und mühsam.

Vom Gipfel des Sass dell'Anel am Rücken aufwärts zu einer höheren Erhebung (2401 m), dann am Kamm, erst nach SW, dann nach W, hinab in einen Sattel (2379 m, von hier – bedeutende Wegverkürzung – nach N erst weglos dann auf einem Weg hinab zur Malga Saleci alta!). Nach W über den Rücken auf einen unbenannten Gipfel (2527 m) und jenseits hinab in den Passo Saleci (2446 m). Steil auf den südöstlichsten Gipfel im Kamm der Camucina hinauf und am Kamm nach NW weiter; zuletzt sehr steil auf den höchsten Gipfel (2636 m). Kurzer Abstieg in die jenseitige Scharte (2625 m), wo man den Kamm nach N verläßt. Im Kar auf zunehmend besser werdendem Weg zum Lago di Saleci hinab, dann im Bogen (2 große Kehren) abwärts zur Malga Saleci alta (2039 m). Auf gutem Almweg zur Malga Saleci bassa hinab, dann entweder durchwegs im hier absinkenden steilen Tal zum Boden des Valle di Rabbi, das etwa in der Mitte zwischen Rabbi und Malè erreicht wird, oder (abwechslungsreicher) bald auf den rechten (östl.) Hang und diesen schräg abwärts in das äußerste Valle di Rabbi, das man etwa 1 km vor seinem Ende bei Malè erreicht.

- **1446　frei für Ergänzungen.**

10. Der das Ultental im Süden begrenzende Kamm (Schwärzerjoch – Laugenspitze)

Mit Ausnahme der Haselgruberhütte (Rif. L. Corvo, R 103) keine Schutzhütten; Übergänge s. R 208–215.
Der Kamm ist ein ganz vorzügliches Wandergebiet mit der Möglichkeit zu (beliebig) mehr oder weniger langen Gratüberschreitungen; im Winter hochalpines Skigebiet.

● **1447**   **Gleck (Collechio)**, 2957 m

Erste Ersteigung A. Burckhard 12.7.1899, über R 1451.
Beliebter unschwieriger Aussichtsberg südlich der Eggenspitzen, im Winter auch Skiziel. Von der Grünseehütte 3 Std., von der Haselgruberhütte (Rif. L. Corvo) in 1 Std. ersteigbar.
Zwei empfehlenswerte Rundtouren: Aufstieg von der Grünseehütte – Abstieg zur Haselgruberhütte (Talort St. Gertraud); Aufstieg von Rabbi über das Val Saent und Schwärzerjoch, Abstieg über Haselgruberhütte nach Rabbi (länger als die erste Rundtour).

● **1448**   **Von der Haselgruberhütte**
        Rot bez., Weg Nr. 145, 1 Std.

Von der Hütte nach W über den Bach und zum Lago Corvo. Danach über eine Steilstufe auf die nächste Karterrasse, die man nach W ansteigend durchquert. Über Schutt und Schnee auf eine Kuppe südlich des Gipfels und von ihr auf den S-Rücken des Gleck hinauf (Einsattelung). Nun zum nahen Gipfel.

● **1449**   **Nordwestgrat**
        A. Burckhardt, 12.7.1899, im Abstieg.
        Unschwieriger Anstieg, rot bez. Weg.
        $^1/_2$ Std. vom Schwärzerjoch, 3 Std. von der Grünseehütte oder vom Weißbrunn-Stausee sowie vom Rif. S. Dorigoni.

Mehrere Zugänge ins Schwärzerjoch (2833 m, die italien. Bezeichnung Giogo Nero erfolgte ohne Kenntnis der deutschen Sprache und kann als aufgepfropft bezeichnet werden. Schwärzer bedeutet Schmuggler).
a) Von der Grünseehütte über die Staumauer nach S (rot bez. Weg Nr. 12), dann erst waagrechte und zuletzt absteigende Hangquerung zum S-Ende des Langsees (von hier auf R 214 zur Haselgruberhütte). Nun das weite Kar wenig steil einwärts zum Schwarzsee; von ihm rechts

(nördlich) mit weiter Doppelkehre auf einen Karrücken hinauf und dann etwas steiler zum Schwärzerjoch am Beginn des NW-Grates (ab dem Langsee Weg Nr. 107).
b) Von St. Gertraud auf der Straße bis zum Weißbrunn-Stausee (5,5 km, Autozufahrt, Hotel Enzian, Untere Weißbrunneralm). Vom SW-Ende des Stausees (2 rot bez. Wege, die sich dann vereinigen, der östliche Weg Nr. 107) mit etwa 100 m Höhenunterschied in südlicher Richtung aufwärts zur Mittleren Weißbrunneralm. Die sich in ihrer Nähe abermals teilenden rot bez. Wege (2 Wegführungen) treffen nach Überwinden einer steilen Hangstufe bei der Oberen Weißbrunneralm wieder zusammen. Von ihr mit wenigen Minuten taleinwärts zum Langsee. Weiter wie a).
c) Vom Rif. Dorigoni rechts (östlich) in spitzem Winkel abzweigen (rot bez. Weg, Nr. 107) und teils waagrecht, teils ansteigend die Hänge talauswärts empor (man benützt immer den **obersten** der rot bez. Wege, alle anderen Wege führen in langer Hangquerung nach Rabbi hinaus!). Schließlich die Hänge gerade hinauf und steil (Kehren) ins Schwärzerjoch.
Gemeinsamer Weiterweg: Vom Joch (rot bez. Weg, Nr. 145) immer längs der Gratschneide zum Gipfel.

● **1450 Winterweg**
Im Sommer weglos, Abfahrt auf der gleichen Wegführung, 2 Std. vom Langsee, 4 Std. von der Grünseehütte oder dem Weißbrunn-Stausee (Zeitangabe bezieht sich auf durchschnittliche Schneeverhältnisse).

Wie R 1449 a oder b zum Langsee. Nun das Kar in Richtung des Berges bis zur NO-Flanke desselben hinein. Hier zieht eine deutlich sichtbare schräge Hangstufe von rechts unten nach links aufwärts bis zum NO-Grat des Berges. Auf dieser zum Grat und wenig steil längs der Schneide zum Gipfel.

● **1451 Nordostgrat**
A. Burckhardt, 12.7.1899
Unschwieriger Gratanstieg, nicht bez., Steigspuren, selten begangen.
$1^1/_2$ Std. von der Haselgruberhütte, $3^1/_2$–4 Std. von der Grünseehütte bzw. dem Weißbrunn-Stausee.

Zugang: Wie R 214 auf den Kirchbergkamm.
Route: Nun über den NO-Grat unschwierig (Trittsicherheit nötig) zum Gipfel.

- **1452** frei für Ergänzungen.

- **1453** **Gammerwand („In den Wänden"), 2763 m**
  Nagelstein, 2644 m,
  Klunke, 2287 m

Gipfel im Kamm, der das Kirchbergtal vom Weißbrunner Tal trennt und die Fortsetzung des Gleck-NO-Grates (R 1451) bildet. 1. tourist. Gratbegehung W. Hammer, Sommer 1902.

- **1454** **Von der Kirche in St. Gertraud**
  Bez. Weg. 2 Std. auf die Klunke, weitere ¾ Std. auf den Nagelstein.

Am Weg Richtung Kirchbergtal bis vor den Kirchbergbach. Nun rechts (bergseitig) abzweigen und (rot bez. Weg) durch Wald und über freie Hänge zum Gipfelzeichen der Klunke (2 Std.). Weiter an und knapp neben dem Gratrücken (bez. Weg) zum Gipfel des Nagelsteines (½–¾ Std.).

- **1455** **Von St. Gertraud**
  3 Std.

Der Straße in das Kirchbergtal etwa 3,5 km folgen, dann westl. aus dem Tal hinaus. Steil (zahlreiche Kehren) den Hang aufwärts. Schließlich in langer Hangquerung nach N, unter dem Gipfel des Nagelsteines vorbei, über seinen nach N abfallenden Rücken zum Gipfel.

- **1456** Vom Gipfel des Nagelsteins nach Südwesten auf die Gammerwand. Weiter am langen Gratrücken bis zu R 214 (2½ Std., am Kamm Steigspuren). Nun in 30–40 Min. zur Haselgruberhütte.

- **1457** frei für Ergänzungen.

- **1458** **Karspitze, 2752 m**
  Cima Tuatti, 2701 m
  Äußere Seefeldspitze

(Deutsch-österr. Vermessung 2610 m, italien. Vermessung 2615 m)

Allseits unschwierig ersteigbare Gipfel östlich der Haselgruberhütte; Überschreitung rot bez.
Zeiten: Kammüberschreitung beginnend bei der Haselgruberhütte mit Abstieg nach St. Gertraud 5–7 Std., Karspitze von der Haselgruberhütte 1¼ Std., Äußere Seefeldspitze von St. Gertraud 2½–3 Std.

- **1459** **Kammüberschreitung von Westen nach Osten mit Abstieg nach St. Gertraud**
  Lohnende Gratwanderung, schöner Blick auf den Marteller Hauptkamm. Rot bez., 5–7 Std.

Von der Haselgruberhütte ins nahe Rabbijoch. Steil nach O auf einen namenlosen Gipfel hinauf, dann am weitläufigen flachen Kamm weiter. Auf einen weiteren unbenannten Gipfel (2707 m) und jenseits in einen Sattel absteigen (2617 m). Aus ihm am Rücken zum Gipfel der Karspitze (2752 m). Jenseits (langgezogener flacher Rücken) in einen Sattel hinab, aus dem man die Cima Tuatti (2701 m) mit wenig Zeitaufwand ersteigt oder in der N-Seite umgeht. Am nach NO umbiegenden Kamm weiter: In einen Sattel hinab, dann die Äußere Seefeldspitze überschreiten und in den darauf folgenden Sattel (hier Teilung in drei rot bez. Wege; nach Norden Abstieg nach St. Gertraud, gerade am Kamm über die Cima Trenta ins Klapfbergjoch, nach S zum Beginn der Straße im Val di Bresimo). Vom Sattel, 2426 m, am nach N absteigenden Weg über Schutt wenig steil zum Karsee hinab, dann das Kar nach Norden durchqueren und längs eines Baches zur Hinteren Alplaneralm absteigen. Längs des Baches weiter zur Wegteilung. Entweder steil hinab ins Kirchbergtal und auf der Straße nach St. Gertraud (länger) am Hang schräg abwärts zur Vorderen Alplaneralm, dann schräg in längerer Hangquerung auf einen Rücken hinauf und von ihm steil nach St. Gertraud absteigen.

- **1460** frei für Ergänzungen.

- **1461** **Kachelstubspitze (Cima Trenta), 2636 m**

- **1462** Wie R 1459 in den Sattel zwischen Äußerer Seefeldspitze und Cima Trenta. Nun (rot bez.) am breiten Rücken erst nach NO, dann nach Norden in ³/₄ Std. zum Gipfel. 3–3¹/₂ Std. von St. Gertraud.

- **1463** Wie R 209 ins Klapfbergjoch. Nun am breiten Gratrücken in nordwestlicher Richtung (rot bez.) zum Gipfel. 4–4¹/₂ Std. von St. Gertraud bzw. St. Nikolaus im Ultental.

- **1464** **Nordgrat**
  Etwas kürzer als R 1462, jedoch Trittsicherheit erforderlich, kurze Felsstellen, die kaum den **I.** Schwierigkeitsgrad erreichen.
  3 Std. von St. Gertraud.

Zugang: Wie R 1459 (in Gegenrichtung) zur Hinteren Alplaneralm. Bald danach Abzweigung eines Weges nach O, der zum Sattel am Beginn des N-Grates führt.
Route: Vom Sattel weglos längs der Gratschneide zum Gipfel.

- **1465** frei für Ergänzungen.

- **1466**   **Klapfberger Kachelstube,** 2660 m
  Kachelstubschneid („Bei der Stange"), 2644 m
  Breitbühel, 2287 m

Gipfel im von der Cima Trenta nach N ziehenden Grat.

- **1467** Wie R 1464 zum Sattel am Beginn des N-Grates der Cima Trenta. Nun längs der Schneide des Klapfberger Kachelstube S-Grates (in der O-Seite Steigspuren) unschwierig zum Gipfel derselben. 3 Std. von St. Gertraud.

- **1468** **Gratübergang Klapfberger Kachelstube – Kachelstubschneid**
  I (einige Stellen). Die Gratschneide wird durchwegs begangen. 30–40 Min.

- **1469** **Von der Vorderen Alplaneralm**
  S. R 1459.

Auf einem Steig (zahlreiche Kehren) zum Gipfel der Kachelstubschneid, 1¹/₂ Std.

- **1470** **Gratübergang vom Breitbühel**
  Unschwieriger Gras- und Schuttrücken, Weg, ³/₄ Std.

- **1471** **Breitbühel von St. Gertraud**
  2 Std. Rot bez. Weg.

Auf der Talstraße etwas talauswärts, dann nach S abzweigen. Auf rot bez. Weg (Nr. 15) steil (erst im Wald, dann über freie Hänge) aufwärts bis dorthin, wo er zur Vorderen Alplaneralm abzusteigen beginnt (hierher auch auf R 1459 über die Vordere Alplaneralm, sehr umständlich). Nun in östlicher Richtung (rot bez.) zum Gipfel des Breitbühel.

- **1472** **Breitbühel von St. Gertraud oder St. Nikolaus**
  Durchgehend rot bez., vorteilhaft in Verbindung mit R 1471 zu begehen. 2¹/₂ Std.

Zum Ausgang des Klapfbergtales. Dieses etwa 1½ km einwärts, dann rechts (westlich) auf den Hang abzweigen. Auf rot bez. Weg (Nr. 16 a) erst in Richtung talauswärts, dann in Richtung taleinwärts zur Landeialm empor. Hier Wegteilung. Am bergwärts führenden Weg (Kehren) unter den Gipfel des Breitbühel, dann schräg ansteigend zum S-Rücken desselben und über ihn zum Gipfelzeichen.

● **1473   Castel Pagano,** 2609 m, **Cima Zoccolo,** 2561 m

Allseits leichte Gipfel im von der Cima Tuatti nach S ziehenden Kamm; die Flanken können in beliebiger Wegführung aus den begleitenden Tälern erstiegen werden. Längs der Gratschneide Steigspuren. Lohnende Gratwanderung zur Le Mandrie.

● **1474   Castel Pagano von der Haselgruber Hütte**
Unschwieriger Anstieg.
Rot bez., 1½ Std.

Von der Hütte am rot bez. Weg (Nr. 135A) in südöstl. Richtung den Hang schräg hinab zu einer nahen Wegteilung, dann am oberen Weg (der untere führt ins Tal) zuerst in schräg absteigender, dann waagrechter Hangquerung nach O in den Passo Palu, 2412 m. Von dort nach S zum nahen Gipfel des Castel Pagano.

● **1475   Castel Pagano von Rabbi**
Unschwieriger Anstieg.
Rot bez., 3–3½ Std.

Von Rabbi entweder im Val Pragambai oder am Waldrücken rechts daneben (beide Möglichkeiten rot bez.) in nordöstl. Richtung aufwärts zur Malga Palu, 2088 m. In der gleichen Richtung im weiten Talboden in mäßiger Steigung aufwärts (zuletzt Vereinigung mit R 1474) und in den Passo Palu. Von dort nach S zum nahen Gipfel.

● **1476   Gratüberschreitung Cima Tuatti –**
Castel Pagano – Cima Zoccolo – Le Mandrie
Unschwieriger Schuttkamm, teilw. rot bez. Der Kamm wird durchwegs (Steigspuren) begangen.
2–3 Std.

● **1477   Le Mandrie**
(Deutsch-österr. Vermessung 2582 m, italien. Vermessung 2583 m)
Cima Lainert
(Deutsch-österr. Vermessung 2457 m, italien. Vermessung 2462 m)

Cima Lac, 2439 m
Cima Vese, 2400 m
Cima Candei, 2190 m

Die letzten Gipfel im von der Cima Tuatti nach S ziehenden Kamm, allseits leicht ersteigbar, schöne Aussicht auf die Brentagruppe, mit Ausnahme von Le Mandrie und Cima Lainert fast nie betreten.

- **1478** **Gratübergang von der Cima Tuatti über Castel Pagano und Cima Zoccolo zu Le Mandrie**
  S. R 1476.

- **1479** **Von Malè**
  Rot bez. Weg, 4–6 Std. Autozufahrt spart 2 Std.

Am Ausgang des Valle di Rabbi und abseits der Hauptstraße zu den Häusern von Magras. Von dort mit ¾ km (schmale Straße) aufwärts nach Arnago. Weiter auf rot bez. Weg (Nr. 117). Nun (Almstraße) in westl. Richtung empor und zuletzt in vielen Kehren zur Malga Cortinga (bis hierher unter Umständen Autozufahrt möglich). Von dort gerade in einem Schuttal und in die südlich der Cima Lainert befindliche Einsattelung des Pass dell'Om (2331 m). Nun über den S-Rücken der Cima Lainert zum Gipfel derselben. Kurzer Abstieg in die jenseitige Einsattelung und am Kamm bei bald abnehmender Steilheit zum Gipfel von Le Mandrie.

- **1480** **Vom Val di Bresimo bis zum Gipfel von de Mandrie**
  Rot bez. Weg (Nr. 117). 3 Std.

Im Val di Bresimo bis etwa 1 km taleinwärts der Häuser von Fontana (Straße). Nun am orogr. linken Talhang (ab nun rot bez.) aufwärts zur Malga Larese. Nun (die waagrechten Almwege werden nicht berücksichtigt) aufwärts gegen den von der Cima Lainert herabstreichenden breiten Rücken. Meistens an seiner Südseite (knapp unterhalb der Schneide) zum Gipfelkörper der Cima Lainert und unter diesem schräg nach SW aufwärts in den Pass dell'Om. Weiter wie R 1479.

- **1481** **Aus dem Val di Bresimo über das Bivacco Pozze**
  Unschwieriger Anstieg. Zum Teil rot bez., 3½–4 Std., unterwegs die Biwakschachtel R 115.

Wie R 116 zum Bivacco Pozze. Nun längs des nach SW aufwärtsführenden Rückens zum Gipfelaufbau der Cima Lainert. In der Südseite des Grates in den Pass dell'Om ansteigend queren. Nun über den S-Rücken der Cima Lainert zu ihrem Gipfel. Kurzer Abstieg in die jenseitige Einsattelung und am Kamm bei bald abnehmender Steilheit zum Gipfel von Le Mandrie.

- **1482**   **Cima Lac von Malè bzw. aus dem Val di Bresimo**
   Je nach Ausgangspunkt 4–6 Std.

Wie R 1479 und 1480 in den Pass dell'Om. Nun weglos längs des unschwierigen Kammes nach SO zum Gipfel der Cima Lac.

- **1483**   **Kammüberschreitung Cima Candei – Cima Vese – Cima Lac**
   Unschwieriger Grasrücken, 40 Min.

- **1484**   **Cima Candei vom Val di Bresimo**
   Rot bez., 3 Std. vom Val di Bresimo.

Wie R 1480 zur Malga Larese. Nun nach O auf den von der Cima Candei abstreichenden Kamm und dort zum Gipfel.

- **1485**   **Cima Candei von Caldes (Ortsteil Samoclevo)**
   Bergsteigerisch von untergeordneter Bedeutung. $3^1/_2$ bis 4 Std.

Auf Almwegen zur Baumgrenze und dann weglos zum Gipfel der Cima Candei.

- **1486**   **Schrummspitze (Cima Binazia), 2645 m**

Erste touristische Ersteigung W. Hammer, 15.8.1900 über R 1489. Felsgipfel östlich des Klapfbergjoches.

- **1487**   **Südwestgrat**
   Erste touristische Begehung W. Hammer, 15.8.1900 über R 1489.
   I (zuletzt kurze Stellen), vorwiegend Gehgelände.
   1 Std. vom Klapfbergjoch.

Zugang: Wie R 209 ins Klapfbergjoch.
Route: Nun am erst nach O, dann nach NO umbiegenden Grat über einige unbenannte Gratgipfel hinweg zum felsigen Gipfelaufbau. Längs der Gratschneide zum Gipfel.

- **1488**   **Südgrat**
   G. Buscaini, 24.8.1982. **III**, II; 120 m.

Route: Von Osten durch eine Rinne in die Scharte am Beginn des Grates. Nun der stellenweise scharfen Gratschneide zum Gipfel folgen.

- **1489** **Nordgrat (Gratübergang vom Stübele)**
    Erste touristische Begehung und zugleich erste touristische Ersteigung der Schrummspitze W. Hammer, 15.8.1900
    II und I (kurze Stellen), vorwiegend Gehgelände. 40 Min.

Die Gratschneide wird durchwegs begangen, der zwischen den beiden Gipfeln befindliche Sattel kann weglos aus den begleitenden Tälern (R 209) erreicht werden. Schließlich über einen Vorgipfel vor den Gipfelaufbau. Rechts des Grates durch Rinnen empor und weiter zum nahen Gipfel.

- **1490** frei für Ergänzungen.

- **1491** **Monte Pin**
    (Deutsch-österr. Vermessung 2415 m, italien. Vermessung 2420 m)

Pyramide im von der Schrummspitze nach SO ziehenden Seitenkamm, selten betreten.

- **1492** **Gratübergang von der Schrummspitze**
    I kurz, vorwiegend Gehgelände. 1½ Std.

Vom Gipfel der Schrummspitze längs der langen Gratschneide nach SO abwärts in den Passo Binazia (hierher aus den begleitenden Tälern unschwierig auf Almsteigen) und in der gleichen Richtung zum Gipfel des Monte Pin weiter.

- **1493** **Von Bevia im Val Bresimo**
    Rot bez., 4 Std.

Vom Ostrand von Bevia auf gutem Weg schräg durch Wald in erst westl. dann nordwestl. Richtung bis vor ein Tal in der SW-Seite des Berges. Vor diesem rechts auf einem Weg in nordöstl. Richtung über Weideböden zum breiten S-Rücken des Berges. Auf ihm (Grashänge) zum Gipfel.

- **1494** **Von Norden über die Malga Stablei**
    Unschwieriger Anstieg. Rot bez., 4 Std.

Von Mocenigo der Straße ins Val Lavazze 1 km bis nach einer Brücke folgen (Parkplatz). Nun zuerst auf einer Straße am Hang empor, dann diese verlassen und auf einem steilen Weg im Wald zu einer weiteren Straße. Dieser folgt man nach rechts bis zur Malga Stablei. Ein kurzes Stück noch auf der Almstraße weiter. Nun nach W die Almböden überqueren und aufwärts in eine Scharte des vom Gipfel nach N herabziehenden Grates. Jenseits kurzer Abstieg in das dort befindliche Tal und diesem aufwärts folgen. Linkshaltend aus ihm über Grashänge auf den obersten Nordostgrat und in wenigen Minuten zum Gipfel.

- **1495**   **Von Norden über die Malga Lavazze**
  Unschwieriger Anstieg. Rot bez., 4 Std.

Von Mocenigo der Straße ins Val Lavazze bis zur im Talhintergrund befindlichen Malga Lavazze folgen. Nun nach S am Hang der Straße noch bis in den Scheitelpunkt der großen Kehre folgen und auf bez. Weg die Hänge empor. Schließlich in östlicher Richtung zur Malga Grumi. Von ihr bergwärts im Tal aufwärts (hier trifft man auf R 1494) und aus ihm linkshaltend über Grashänge auf den obersten NO-Grat. Auf ihm mit wenigen Minuten zum Gipfel.

- **1496**   **Vom Rif. della Forestale (R 112)**
  Unschwieriger Anstieg. Rot bez., 2–3 Std.

Vom Rif. della Forestale die Hänge in Richtung des Talhintergrundes waagrecht und etwas ansteigend queren. Bei der Malga Murada kommt vom unten ein rot bez. Weg aus dem Val Lavazze dazu. Nun in derselben Art die Hänge der Talsüdseite in Richtung talauswärts begehen (bald die Abzweigung bergwärts des Weges zum Passo Binazia), wobei man sich allmählich dem Gipfelkamm des Monte Pin annähert. Schließlich auf den obersten NO-Grat und dort zum nahen Gipfel.

- **1497**   **Stübele**
  (Deutsch-österr. Vermessung 2669 m, italien. Vermessung 2671 m)

Erste touristische Ersteigung W. Hammer, 15.8.1900, über R 1500. Nördlich der Schrummspitze im Hauptkamm gelegener Gipfel, selten betreten.

- **1498**   **Gratübergang von der Schrummspitze**
  S. R 1489 in Gegenrichtung.

- **1499**   **Von St. Nikolaus**
  Zum Großteil rot bez. $3^{1}/_{2}$–4 Std.

Von St. Nikolaus auf der Straße im Ultental einwärts zum Ausgang des Auerbergtales. In diesem einwärts, die abschließende Talstufe links (östl.) ersteigen und zur Seefeldalm. Knapp dahinter Wegteilung. Nicht dem Weg zur Ilmenspitze folgen, sondern aufwärts in den Sattel zwischen Seefeldspitze (im O) und Stübele (im W). Nun (Steigspuren) längs des Kammes zum Gipfel des Stübele.

- **1500**   **Nordgrat**
  Erste touristische Begehung W. Hammer, 15.8.1900
  I (wenige Stellen), vorwiegend Gehgelände.
  4 Std. von St. Nikolaus.

Zugang: Von St. Nikolaus auf der Straße im Ultental einwärts zum Ausgang des Auerbergtales. In ihm zur Auerbergalm. Nun nach W steil (rot bez. Weg) aus dem Tal heraus und auf den begleitenden Rücken. Am Weg kurz in Richtung Klapfbergtal weiter, dann Wegteilung. Hier am bergseitigen Weg zum Rücken zurück (oberhalb der Baumgrenze) und dem Weg so weit folgen, bis er sich nach O abwärts zur Seefeldalm wendet (Zugang auch von dieser auf jenem Weg). Nun weglos über Gras und Schutt auf den Gipfel des Büchelberges.
Route: Am unschwierigen Grasgrat nach S zu einem unbenannten Gipfel und diesen in die dahinter befindliche Einsenkung überschreiten. In der gleichen Richtung (wenige Felsstellen, I) zum Gipfel des Stübele.

● **1501** frei für Ergänzungen.

● **1502**   **Seefeldspitze**
(Deutsch-österr. Vermessung 2543 m, italien. Vermessung 2539 m)
Erste touristische Ersteigung W. Hammer, 18.8.1900
Breiter Gipfel im Hintergrund des Auerbergtales und südwestlich der Ilmenspitze; allseits unschwierig ersteigbar, im Winter Skiziel (Achtung auf Lawinengefahr), wobei hier in der Regel der im Sommer als Anstieg kaum benützte NW-Hang befahren wird.
Östl. des Berges am Karausgang befindet sich das unbew. Rif. Forestale (R 112).

● **1503**   **Westgrat** (besser WSW-Grat)
         Unschwieriger Gratanstieg, am Grat Steigspuren, zum Großteil rot bez.
         3$^{1}/_{2}$–4 Std. von St. Nikolaus.

Wie R 1499 in den Sattel zwischen Stübele und Seefeldspitze. Nun längs der Gratschneide in $^{1}/_{2}$ Std. zum Gipfel der letzteren.

● **1504**   **Nordostgrat**
         Unschwieriger Gratanstieg, am Grat Steigspuren, bis zum Gipfelaufbau rot bez.
         3$^{1}/_{2}$–4 Std. von St. Nikolaus.

Zugang: Wie R 1499 zur Seefeldalm. Bald dahinter Teilung der beiden bez. Wege. Nun am östl. der beiden Wege (er führt zur Ilmenspitze) so weit empor, bis sich dieser entschieden in den Gipfelhang der Ilmenspitze wendet. Gerade (weglos) aufwärts in den Sattel zwischen Ilmenspitze (im O) und Seefeldspitze (im W).
Route: Längs des Gratrückens zum Gipfel der letzteren.

- **1505** Die Sättel am Beginn des W- und des NO-Grates können von der S-Seite aus dem Val Lavazé (zuletzt weglos) ebenfalls erreicht werden. Jeweils etwa 4 Std. Gehzeit von Lanza bzw. Marcena.

- **1506**   **Ilmenspitze,** 2656 m

Lohnender Gipfel mit schöner Aussicht, unschwierig, Skibesteigung (auf R 1507) bei lawinensicheren Verhältnissen empfehlenswert und mit Ausnahme eines Steilhanges wenig schwierig; dort (Steilhang unter der Seefeldalm) bei Skibefahrung immer Vorsicht.

- **1507**   **Von St. Nikolaus**
           Rot bez. $3^{1}/_{2}$–4 Std.

Im Ultental zum nahen Ausgang des Auerbergtales. Dieses (Weg Nr. 18) auf einer Forststraße zur Auerbergalm hinein und weiter im Talboden zur felsigen Steilstufe im Hintergrund desselben. Diese wird links am Hang (Kehren, im Winter gefährlich) umgangen und darauf das oberste sehr flache und weite Talbecken mit der Seefeldalm erreicht.
Nun am linken der beiden bez. Wege im Tal in Richtung auf die Einsattelung westl. der Ilmenspitze zu. Nicht ganz zu dieser hinauf, sondern von der unterhalb befindlichen Hangstufe nach links (O) zum Gipfel aufsteigen.

- **1508**   **Nordgrat**
           Mit Überschreitung der Auerbergspitzen, 2622 m, 2642 m.
           I (wenige Stellen), vorwiegend Gehgelände.
           Gratlänge etwa 2 km, 5 Std. von St. Nikolaus.

Zugang: Wie R 1507 zur Seefeldalm. Nun weglos am orogr. rechten Talhang schräg talauswärts und schließlich durch eine Rinne zur Gratschneide, die man beim ersten Gratgipfel erreicht.
Route: Weiter durchwegs längs der Gratschneide nach S zum Gipfel der Ilmenspitze.

- **1509**   **Von St. Nikolaus über die Brizner Alm**
           Rot bez., 4–$4^{1}/_{2}$ Std.

Vom SW-Ende des Zoggler Stausees in südwestl. Richtung zum nahen Ausgang des Einertales (Schwarzbachtales). In ihm (Weg Nr. 19) bis zur oberhalb der Baumgrenze befindlichen Brizner Alm (1932 m). Nun in genau südl. Richtung gegen den hinteren Abschluß des Kares und zuletzt über den Rücken des Kammes, z.T. in der S-Flanke, zum höchsten Punkt.

- **1510 Gratübergang zum Seekopf**
  Unschwieriger Übergang, 40 Min.

Von der Ilmenspitz am Ostgrat (bez.) abwärts. Vor dem Felsteil des Grates nach N hinab (Weg) und in den Sattel zwischen Ilmenspitz und Seekopf. Jenseits am Rücken auf den Gipfel des Seekopfes.

- **1511 Direkter Ostgrat**
  III, II

Begehung jenes Gratteiles, der bei R 1510 im N umgangen wird. Von untergeordneter Bedeutung.

- **1512 Südostgrat**
  II und I, oft Gehgelände. Gratlänge 1500 m, 4 Std. von Lanza, 2 Std. vom Rif. della Forestale (R 112).

Zugang: Von Lanza längs des Rio di Valle im schluchtartigen Tal nach NW und schließlich zur Malga Valle. Nun weglos schräg die Hänge zum hier rückenartig abfallenden SO-Grat aufwärts (Gras und Schutt) und auf dem Grat zu einem fast waagrechten Gratteil (Monte Slavazzaie, 2282 m). Hierher vom Rif. della Forestale in geradem Anstieg.
Route: Nun längs des stellenweise zerrissenen Grates (stellenweise I und II, einige Steigspuren) zum Gipfel der Ilmenspitze.

- **1513 Südwestgrat**
  Unschwierig. $3^{1}/_{2}$–4 Std. von St. Nikolaus.

Wie R 1507 zum Gipfelkörper der Ilmenspitze, dann jedoch nicht den roten Wegzeichen folgen, sondern gerade in den Sattel zwischen Ilmenspitze (im NO) und Seefeldspitze (im SW) empor. Nun längs der unschwierigen Gratschneide zur Ilmenspitze hinauf.

- **1514 frei für Ergänzungen.**

- **1515 Seekopf (Seespitze, Goldlanspitze)**
  (Deutsch-österr. Vermessung 2417 m, italien. Vermessung 2415 m)

Zwischen Ilmenspitze (im W) und Samerjoch (im NO) aufragender felsiger Gipfel. Unschwierig.

- **1516 Von St. Nikolaus über die Brizner Alm und den NO-Grat**
  4–$4^{1}/_{2}$ Std., rot bez.

Zugang: Wie R 1509 zur Brizner Alm. Nun weiter auf gutem Weg in das Samerjoch.

Route: Weiter über den unschwierigen NO-Grat in ³/₄ Std. zum Gipfel. Zugang zum Samerjoch s. auch R 208.

● **1517 Ostflanke und Südgrat**
Unschwieriger Anstieg, jedoch völlige Trittsicherheit nötig, ausgesetzt;
2 Std. von der Stierbergalm, 3½ Std. von Proveis.

Zugang: Wie R 208 zur Stierbergalm. Von dort über Grashänge zu einem Band, welches die Ostabstürze nach links durchzieht und auf den S-Grat leitet.
Route: Auf dem Band zum Grat und über diesen zum Gipfel.

● **1518 Gesamter Südgrat**
Unschwieriger Gratanstieg. 4 Std. von Proveis.

Zugang: Wie R 208 zur Stierbergalm.
Route: Nun (Steig) wenig steil nach SO zum unteren Teil des langen Südgratrückens queren (Faidenberg). Am erreichten Rücken weglos zum Gipfel.

● **1519 Gratübergang zur Ilmenspitze**
S. R 1510.

● **1520 Samerberg**
(Deutsch-österr. Vermessung 2563 m, italien. Vermessung 2568 m)

Gipfel zwischen Ultener Hochwart (im NO) und Samerjoch (im S); vorteilhaft mit einer Ersteigung des Ultener Hochwartes zu verbinden.

● **1521 Südgrat**
Unschwieriger Gratanstieg, rot bez.
³/₄ Std. vom Samerjoch, 4 Std. von St. Nikolaus oder Proveis.
Siehe Abb. Seite 445 und 447.

Zugang ins Samerjoch s. R 208.
Route: Vom Joch über einen unbedeutenden namenlosen Zwischengipfel längs der Gratschneide zum Gipfel des Samerberges.

● **1522 Gratübergang zum Ultener Hochwart**
Unschwieriger Übergang, ½ Std.
Siehe Abb. Seite 445 und 447.

Man folgt, über den trennenden Sattel hinweg, durchwegs dem nach NO verlaufenden etwas felsdurchsetzten Grat.

- **1523 Übergang zur Manndlspitze**
  Unschwierig, teilweise bez., ³/₄ Std. Siehe Abb. Seite 445 und 447.

Vom Samerberg am nach NO verlaufenden Gratrücken bis in die breite Einsattelung vor dem Ultener Hochwart. Nun weglos nach S die Hänge hinab in die breite Einsattelung zwischen dem Hauptkamm und der davon nach S abgespaltenen Manndlspitze. Längs des Grates (Weg) auf diese.
Vorteilhaft mit einer weiteren Gratbegehung über den Korb und Abstieg nach Proveis zu verbinden.

- **1524** frei für Ergänzungen.

- **1525**   **Manndlspitze**
  (Deutsch-österr. Vermessung 2460 m, italien. Vermessung 2425 m)

Korb
(Deutsch-österr. Vermessung 2396 m, italien. Vermessung 2395 m)
Wenig schwierige Gipfel des zwischen Samerberg und Ultener Hochwart nach SO ziehenden Seitenkammes. Der Korb wird in der deutschsprachigen Kartenliteratur bereits seit 1920 irrtümlich als Manndlspitze bezeichnet, was von der italien. Kartographie (Monte Ometto) übernommen wurde.
Der Name der Manndlspitze kommt vom weithin sichtbaren Gipfelsteinmann; diesbezüglich siehe auch „Der Hochtourist in den Ostalpen", Band VI.

- **1526 Von Proveis**
  3 Std. auf den Korb.
  Gratübergang zur Manndlspitze unschwierig, ¹/₂ Std.
  Siehe Abb. Seite 445.

Abzweigung dort, wo die Straße den Gamper Bach (Kirchbach) überquert (rote Schrift „Korb" auf einem Stein). In Kehren (rot bez.) zu den Häusern von Tal hinauf. Nun in geradem Anstieg zum Gipfelaufbau des Korbs. Nach Erreichen der Baumgrenze die Hänge (immer etwas rechts der Gipfelfallinie) aufwärts und erst ganz oben auf den rechten Rücken (O-Rücken) hinaus. Auf ihm zum Gipfel des Korb. (3 Std.). Weiter in unschwieriger Gratwanderung (¹/₂ Std.) nach NW zum Gipfel der Manndlspitze.

- **1527 Gratübergang zum Samerberg bzw. Ultener Hochwart**
  S. R 1522 und 1523.

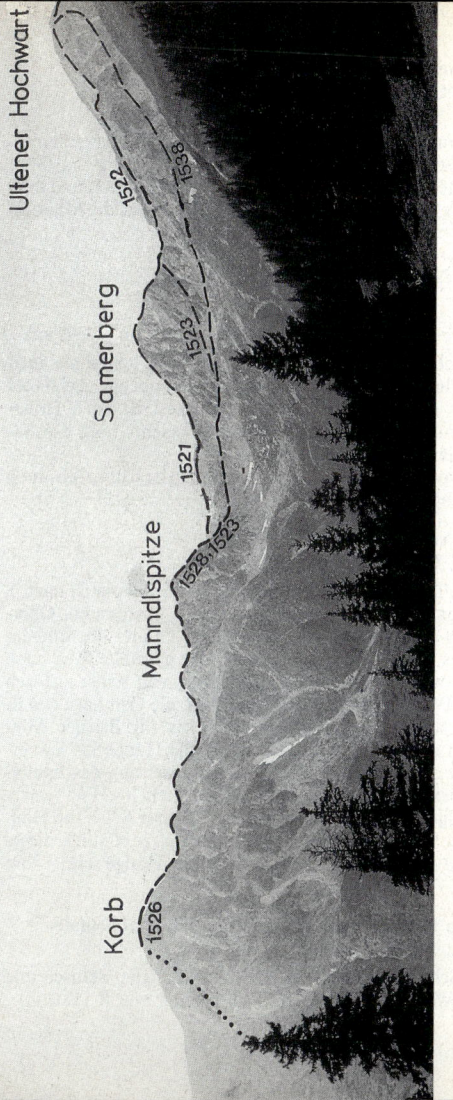

Proveiser Berge von der Alpe Cloz

Manndlspitze
1526 Anstieg von Proveis über den Korb
1528 Anstieg von Proveis über die Stierbergalm

Samerberg
1521 Südgrat
1523 Übergang von der Manndlspitze

Ultener Hochwart
1522 Gratübergang von Samerberg
1538 Anstieg von Proveis über die Stierbergalm

- **1528** **Von Proveis über die Stierbergalm**
  3 Std., rot bez.
  Siehe Abb. Seite 445.

Wie R 208 (in Gegenrichtung) zur Stierbergalm und weiter zur Samerbergalm. Nun am zum Hochwart führenden Weg (Wegzeichen „HW") nach N in die Einsattelung zwischen der Manndlspitze (im SO) und dem Hauptkamm (im NW). Längs der kurzen Gratschneide auf die Manndlspitze.

- **1529** frei für Ergänzungen.

- **1530** **Ultener Hochwart**
  (Deutsch-österr. Vermessung 2626 m, italien. Vermessung 2627 m)

Lohnender und beliebter Gipfel und sowohl aus dem Ultental als auch von Proveis empfehlenswert; auch Winterziel (Skidepot an geeigneter Stelle unterhalb des Gipfels). Der Ultener Hochwart ist auch Höhepunkt lohnender Rundtouren, die durch eine Überschreitung des Samerberges noch verlängert werden können.
Prächtige Aussicht sowohl auf die Gletscher der Ortlergruppe als auch ins Ulten- und Etschtal.

- **1531** **Von St. Nikolaus**
  Rot bez., 6 Std., umständlich.

Von der Straße im Ultental (Umfahrung Ortskern St. Nikolaus) nach S den Berghang empor und zweimal eine Forststraße überqueren. Oberhalb dieser befinden sich mehrere bez. Wege, die einander überqueren. Die Wahl des Weges ist beliebig, jedoch muß der gewählte Weg nach Osten (talauswärts) verfolgt werden. Man trifft so von selbst auf den mit dem Zeichen „HW" versehenen Weg. Auf ihm, die Osthänge des Ilmenspitz N-Grates schräg ansteigend querend, bis zur Brizner Alm. Weiter am östlichen der beiden bez. Wege über die Hänge ins Samerjoch. Nun entweder auf R 1521 und 1522 (Überschreitung des Samerberges) zum Hochwartgipfel, oder dem mit dem Zeichen „HW" versehenen Weg weiterfolgen. Dieser quert, auf der Proveiser Seite, die Hänge bis in den breiten Sattel nordwestl. der Manndlspitze. Östlich dieses Sattels das Schuttkar ansteigend queren und über die Hänge schräg zum Gipfel hinauf.

- **1532** **Aus dem Ultental vom Eingang des Schwarzbachtales**
  Rot bez., 5 Std.

Autozufahrt zum Schwarzbachtal, das zwischen Zoggler Stausee und St. Nikolaus liegt. Wie R 208 ins Samerjoch. Weiter wie R 1531.

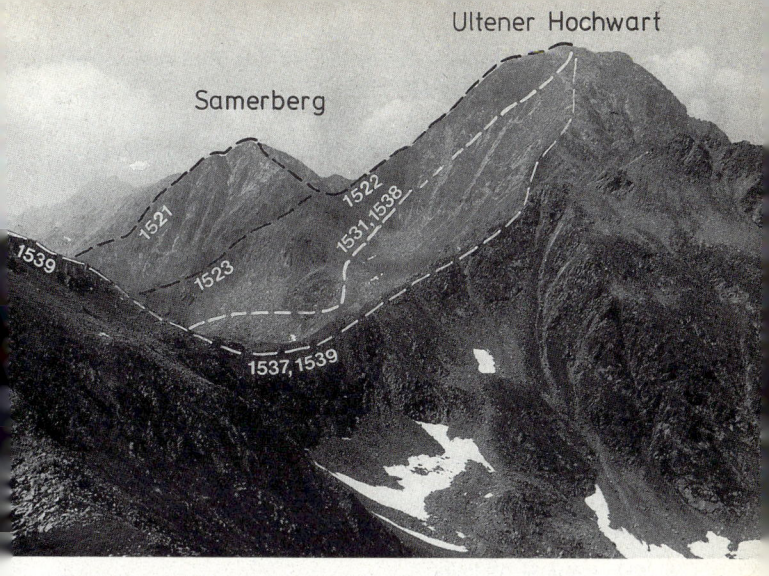

Samerberg und Ultener Hochwart vom Kornigl
Samerberg
1521 Südgrat
1523 Übergang von der Manndlspitze
Ultener Hochwart
1522 Gratübergang vom Samerberg
1531, 1538 Anstiege von St. Nikolaus und Proveis
1537 Anstieg von St. Walburg über den Ostgrat
1539 Gratübergang Hochwart — Kornigl

● **1533   Vom Zoggler Stausee über die Westseite**
Rot bez.; steiler aber kürzer als R 1531 und 1532.
4–5 Std.

Beim Zoggler Stausee nicht der Hauptverkehrsstraße, sondern der am S-Ufer entlang führenden Straße bis etwa zur Mitte des Stausees folgen. Hier zweigt nach S der rot bez. Weg (Nr. 20) ab. Auf ihm im Wald steil zur Seegrubenalm hinauf (Wegteilung). Nun am bergwärts führenden Weg, an einem kleinen See vorbei zu einer Steilstufe. Über diese in das unter dem Gipfelaufbau eingebettete Kar mit dem Hochwartsee. Von hier steil am Schutthang (Steig) zum Gipfel.

- **1534** **Nordwestgrat**
  Bereits begangen, angeblich **III** und II. Näheres konnte nicht ermittelt werden.

Zugang wie R 1533 zum Hochwartsee und dann nach N zum Grat queren.

- **1535** **Nordostwand**
  H. Kiene, A. Gruber-Wenzer, A. Kreil, 17.8.1930; ZDAV 1939/177,
  II, Einzelheiten wurden nicht bekanntgegeben.

- **1536** **Vom NO-Ende (Staumauer) des Zoggler Stausees**
  Rot bez., 4–5 Std., für den Abstieg empfehlenswerter.

Von der Krone der Staumauer auf rot bez. Weg erst im Wald schräg ansteigen, dann steil in Kehren aufwärts zur Pfandlalm (1838 m). Von ihr gerade nach S ansteigen zum Beginn des gleichmäßig steilen bis zum O-Grat des Berges hinaufreichenden Schuttkares. In ihm (Steigspuren) zum Grat. Längs der unschwierigen Gratschneide zum Gipfel.

- **1537** **Von St. Walburg**
  Rot bez., 5 Std.

Über das Tal nach S zu den Häusern von Überwasser (Straße). Nun am rot bez. Weg (zwei Wege, Nr. 21 und 22) den Hang aufwärts zu einer Forststraße. Dieser nach O (mehrere weite Kehren, die abgekürzt werden) bis an ihr Ende bei der Spitzneralm verfolgen. Dem rot bez. Weg Nr. 22 (Nr. 23 quert alle Hänge!) nach SW aufwärts in das Spitznerkar folgen, dann dieses bergwärts durchqueren und schräg nach W bzw. SW aufwärts auf den O-Grat des Hochwartes. Längs seiner Schneide unschwierig zum Gipfel.

- **1538** **Von Proveis über die Stierbergalm**
  Rot bez., 4 Std.
  Siehe Abb. Seite 445 und 447.

Von Proveis oberhalb des Gamperbaches zur Stierbergalm. In der gleichen Richtung weiter auf bald weniger steile Böden (Samerbergalm). Nun nicht den waagrecht die Hänge querenden rot bez. Weg (Wegzeichen „H") benützen, sondern oberhalb auf einem rot bez. Weg (Wegzeichen „HW") in fast nördlicher Richtung das Kar bis in die breite Einsattelung zwischen Manndlspitze (im SO) und dem Hauptkamm queren. Östlich der Einsattelung das Schuttkar ansteigend queren und über Hänge schräg zum Gipfel hinauf.

● **1539 A Gratübergang Hochwart – Schöngrubspitze – Kleiner Kornigl – Kornigl. Mit Abstieg nach Proveis**
Weitläufig und besser im Abstieg zu begehen und so beschrieben. Vorteilhafte Rundtour in Verbindung mit R 1537 bzw. 1526–1527. Teilweise rot bez., am Kamm teilweise nur Steigspuren; unschwierig.
3$^1/_2$–4 Std. im Abstieg, 4$^1/_2$–5 Std. im Aufstieg.
Siehe Abb. Seite 445.

Vom Gipfel des Hochwartes am ONO-Grat des Berges (rot bez., Weg Nr. 22) hinab. Man folgt diesem (zwei kurze Gegensteigungen), bis nach N ein langer Sekundärgrat abzweigt (der rot bez. Weg führt nun ebenfalls auf die Ultener Seite hinab). Weiter am geschwungenen fast ebenen Grat, über die kleine Kuppe der Schöngrubspitze hinweg, bis zum Gipfel des Kleinen Kornigl. Dieser bildet den nordöstl. Eckpunkt des Grates. Steiler über den SO-Rücken des Berges bis in den Sattel vor dem Kornigl hinab und mit geringem Anstieg zum Gipfel desselben. Nun zwei Möglichkeiten:
a) In den letzten Sattel zurück und nach SW (Schutthänge) hinab, bis man den nach O zur Proveiser Alm führenden Steig erreicht. Auf ihm zur Alm.
b) Vom Gipfel des Kornigls in östlicher Richtung die Hänge hinab, bis man nach etwa 400 Höhenmetern Abstieg einen waagrecht am Hang nach S zur Proveiser Alm führenden Weg erreicht. Auf ihm zur Alm.
Gemeinsamer Weiterweg. Von der Proveiser Alm gerade den Hang hinab zur Clozalm (1732 m). Hier trifft man auf den rot bez. Weg mit Wegzeichen „H", dem man nach NO folgt. Bald wird der von Proveis zur Castrinalm führende rot bez. Weg (Nr. 2) erreicht. Auf ihm abwärts nach Proveis.

● **1540** frei für Ergänzungen.

● **1541** **Schöngrubspitze**
(2459 m; die in der deutschsprachigen Literatur aufscheinende Höhenangabe 2500 m ist eindeutig falsch)

Kleiner Kornigl
(Deutsch-österr. Vermessung 2430 m, italien. Vermessung 2418 m)

Kornigl, 2311 m

Unschwierige Gipfel im vom Ultener Hochwart nach O ziehenden Kamm, die bei R 1539 überschritten werden. Namensgebung deshalb, weil der – höhere – Kleine Kornigl von Proveis aus niedriger als der Kornigl erscheint. Kleiner Kornigl und Schöngrubspitze sind auch Winterziele.

● **1542 Von Proveis auf den Kleinen Kornigl**
3 Std., teilweise bez.

Von Proveis auf der in Richtung Laurein führenden Straße, bis nach 1½ km der rot bez. Weg Nr. 2 in nördliche Richtung abzweigt. Diesem längs des Lederbaches taleinwärts folgen. Bei einer Wegteilung wird der linke (westl.) Weg benützt; knapp oberhalb der Baumgrenze zweigt nach W der rot bez., mit dem Wegzeichen „H" versehene Weg ab. Auf diesem zur Clozalm. Von dort gerade den Hang aufwärts zur Proveiser Alm. Nun entweder (Weg) waagrecht nach N zum O-Rücken und über ihn zum Gipfel des Kornigl; dann, nach dem Abstieg in den trennenden Sattel, auf den Kleinen Kornigl – oder: Von der Proveiser Alm an der W-Seite des Kornigls aufwärts in das Kar des Clozner Loches und aus ihm in den Sattel zwischen Kornigl und Kleinem Kornigl.

● **1543 Der Winteranstieg** auf die Schöngrubspitze bzw. den Kleinen Kornigl folgt R 1542 bis in das Clozner Loch und steigt von dort auf den Grat zwischen Kleinem Kornigl und Schöngrubspitze an. Abfahrt am Aufstiegsweg. 3 Std. von Proveis.

● **1544 Kleiner Kornigl Nordgrat**
I (stellenweise), bergsteigerisch von geringem Interesse, von St. Walburg 3½–4 Std.

Zugang: Wie R 1537 in das Spitznerkar. Von seinem talseitigen Rand nach O zum N-Grat queren.
Route: Immer längs seiner Schneide zum Gipfel.

● **1545** bis **1546** frei für Ergänzungen.

Anhang

- **1547**   **Laugenspitze,** 2434 m
  Kleine Laugenspitze, 2297 m

Südlich über dem Eingang ins Ultental sich erhebender freistehender Doppelgipfel mit lohnender Aussicht. Oft betreten, unschwierig, jedoch Trittsicherheit nötig. Vom Gampenjoch mit 1 Std. weniger Zeitaufwand als aus dem Ultental ersteigbar, im Ultental Autozufahrt bis Mitterbad. Die beiden Laugenspitzen gehören, nachdem sie östlich der „Hofmahd" liegen (über diese verläuft das Lineament der Periadriatischen Naht) bereits zu den Südlichen Kalkalpen, werden aber aus Gründen des Kammverlaufes hier angeführt.

- **1548**   **Von St. Pankraz**
  4–5 Std. (je nach Wegführung) ab Autoparkplatz.

Auf der Straße im Ultental etwa 2 km hinein, dann auf einer Seitenstraße nach S abzweigen und mit ihr nach Mitterbad (961 m), Schwefelquelle, bis hierher Autozufahrt. Von hier 4–5 Std. Nun am rot bez. Weg (Nr. 8) die Waldhänge aufwärts, bei einer Wegteilung den linken Weg (Nr. 8 A) benützen und zur Laugenalm. Weiter in südlicher Richtung den Hang schräg ersteigen, bis man den von der Laugenspitze nach SW streichenden Wiesen- und Schuttrücken erreicht. Auf ihm zum Gipfelkörper des Berges (3 Std. von Mitterbad). Nun zwei Möglichkeiten:
a) Über die steile W-Flanke (Steig) in Kehren zum Gipfel der Laugenspitze.
b) Nicht bis ganz unter den Gipfelkörper hinauf, sondern (Steigspuren) waagrecht und absteigend in das Kar unterhalb der S-Seite. Hier trifft man auf den von Unserer Lieben Frau im Walde heraufführenden Weg (R 1549). Nun entweder über den bez. SW-Grat zum Gipfel oder wenig steil aufwärts in die Einschartung zwischen Laugenspitze und Kleiner Laugenspitze. Knapp unterhalb der Schartenhöhe der Laugensee. Nun entweder (rot bez. Weg) mit $^1/_4$ Std. auf den Gipfel der Kleinen Laugenspitze, oder (ebenfalls rot bez.) vom See (Schuttsteiglein) in Kehren zum N-Grat der Laugenspitze aufwärts und über ihn zum höchsten Punkt.

- **1549**   **Von Unserer Lieben Frau im Walde**
  Rot bez., 3–4 Std.

Von der Wallfahrtskirche der Straße in Richtung Gasteigerhof folgen und auf rot bez. Weg (Nr. 10) über die Wiesen zum Waldrand. Im Wald steiler zur Baumgrenze mit der Laugenalm (1853 m) hinauf, dann die Hänge nach N schräg gegen den Bergkörper der Laugenspitze empor. Aus dem erreichten Schuttkar entweder über den (bez.) SW-Grat zum Gipfel der Laugenspitze oder wenig steil in die Einschartung zwischen Laugenspitze und Kleiner Laugenspitze hinauf. Knapp unterhalb der Schartenhöhe der Laugensee. 2½ Std. von Unserer Lieben Frau im Walde. Nun entweder (rot bez.) mit ¼ Std. auf den Gipfel der Kleinen Laugenspitze, oder (ebenfalls rot bez.) vom See auf einem Schuttsteig in Kehren zum N-Grat der Laugenspitze hinauf und über diesen zum höchsten Punkt (30–40 Min. vom See).

● **1550** **Vom Weiler Platzers** (hierher auf einer Straße, die bei km 17 von der Gampenpaßstraße abzweigt)
Rot bez., 4 Std.

Am rot bez. Weg Nr. 10 durch Wald auf den Rücken des Inneren Berges hinauf. Von ihm in ansteigender Hangquerung in den obersten Grund des westlich davon befindlichen Tales. Nun nicht dem waagrechten Weg weiter folgen, sondern gerade zum Schuttkar zwischen den beiden Laugenspitzen hinauf. In ihm zur Einschartung zwischen den beiden Gipfeln. Weiter wie R 1549.

● **1551** **Vom Gampenjoch**
Unschwieriger Anstieg, der kürzeste jedoch steilste Weg.
Rot bez., 3 Std.

Von der Straße beginnend in westl. Richtung in zahlreichen Kehren aufwärts zur Baumgrenze. Aufwärts zum von der Kleinen Laugenspitze nach S abstreichenden Rücken, ihn in das Kar dahinter umqueren und zum Laugensee, der sich knapp unterhalb der Scharte zwischen den beiden Laugenspitzen befindet. Weiter wie R 1548b und 1549.

Stichwortverzeichnis

Die Zahlen hinter den Namen beziehen sich auf die Randzahlen (●), nicht auf die Seitenzahlen.

Äußere Gramsenspitze 994
Äußere Pederspitze 804
Äußere Seefeldspitze 1458
Alpenrosehütte 175
Alpenseehof 65f.
Alpinihütte (Rif. Quinto Alpini) 142
Alp Mora 58
Alp Muraunza 54
Altplittschneide 1056
Angelusscharte 159
Angelusspitze, Hohe 862
Angelusspitze, Kleine 882

Bad Salt 22
Bärenkopf 604
Bärenpaß 234
Berglhütte 73
Bernasconi, Rif. N. I 132
Berni al Gavia, Rif. 119b
Bivacco Battaglione Ortles 135
Bivacco Carlo Locatelli 68
Bivacco Città di Cantù 86
Bivacco Colombo 127
Bivacco F. Meneghello 129
Bivacco Gianpaolo del Piero 122
Bivacco Lombardi 79
Bivacco Pelliccioli 70
Bivacco Seveso 132
Bocca di Saent 213
Bormio 49
Bozzi, Rif. N. 137
Brancahütte (Rif. Cesare Branca) 140
Breitbühel 1466
Brez 38

Briznerjoch 208
Butzenspitze 754

Calfawand 807
Camoscipaß 176
Camucina 1442
Casatihütte 97
Castelfondo 37
Castel Pagano 1473
Catena Rossa 1135
C. Branca, Rif. 140
Cevedalehütte 110
Cevedale, Monte 1107
Cima Bassetta 1419
Cima Binazia 1486
Cima Bleis 1343
Cima Boai 1362
Cima Cadinel 1405
Cima Campana 541
Cima Campisol 1370
Cima Careser 1366
Cima Casaiole 1334
Cima Castello 1211
Cima Cavaion 1385
Cima della Manzina 931
Cima della Miniera 706
Cima delle Graole 1310
Cima delle Saline 946
Cima di Cadi 1338
Cima di Caione 1310
Cima di Campo 526
Cima di Peio 1189
Cima di Rabbi 1006
Cima di Reit 463
Cima di Saent 999
Cima di Solda 744
Cima Dosegu 1241

Cima Forzellina 1358
Cima Frattasecca 1211
Cima Ganani 1395
Cima Grande 1400
Cima Lac 1477
Cima Lagolungo 1375
Cima Lainert 1477
Cima Lorchen 1016
Cima Marmotta 951
Cima Mezzana 1434
Cima Mezzena 1366
Cima Pale Rosse 714
Cima Ponte Vecchio 1379
Cima Rossa di Martello 978
Cima Rossa di Saent 984
Cima S. Giacomo 1266
Cima Sternai 1021
Cima Sternai Meridionale 1030
Cima Trenta 1461
Cima Tremenesca 1422
Cima Tuatti 1458
Cima Valetta 1430
Cima Vallon 1395
Cima Val Ombrina 1279
Cima Vegaia 1411
Cima Venezia 958
Cima Verdignana 1390
Cima Vertana 848
Cima Vese 1477
Cima Villacorna 1273
Cima Vioz 1176
Cima Zoccolo 1473
Cime del Forno 921
Cloz 38
Col de la Mare 241
Collechio 1447
Colle degli Orsi 234
Colle Pale Rosse 191, 192
Colle Vioz 237
Col Pasquale 198
Coni di Ghiaccio 581
Confinale, Monte 938

Corni di Morto 1221
Corno dei Tre Signori 1293
Corvo, Rif. L. 103
Cresta di Reit 470

Dente del Vioz 1167
Dieb, Hoher 1085
Dimaro 41
Dreisprachenspitz 304
Düsseldorfer Hütte 91

Ebenes Jöchl 1061
Eggenspitze, Hintere 1021
Eggenspitze, Vordere 1030
Eiskögel 581
Eiskogel, Großer 582
Eiskogel, Kleiner 588
Eisseepaß 193, 196
Eisseespitze 749
Enzianhütte 94c
Eyrs 5

Fallaschkopf 284
Flimjoch 207
Flimspitze 1064
Fondo 36
Forcella di Montozzo 225
Forcella di Solda 189
Fucine 42
Fürkelscharte 200, 201
Furkelhütte 51
Furkelspitze 287

Gammerwand 1453
Gamplhof 65d
Gand 28
Gaviapaß 46
Geisterspitze 490
Giogo Gioveretto 205
Gioveretto 1043
Giogo Nero 215
Giumella, Monte 1213

Madtrischspitze 759
Malè 39
Mals 1
Manndlspitze 1525
Marchegg, Hohe 1084
Marteller Hütte 95
Meran 12
Mezzana 214
Mittlere Pederspitze 797
Monte Braulio 347
Moarkuck 1088c
Monte Camucina 1442
Momte Cevedale 1107
Monte Confinale 938
Monte Cristallo 481
Monte Forcellino 947
Monte Gamberai 1440
Monte Gaviola 1306
Monte Giumella 1213
Monte Le Pozze 1416
Monte Mantello 1235
Monte Mezzolo 1351
Monte Palu 1353
Monte Pasquale 1121
Monte Pin 1491
Monte Polinar 1427
Monte Redival 1345
Monte Rosole 1131
Monte Saleci 1440
Monte Scaglioni 1098b
Monte Scorluzzo 476
Monte Tonale occidentale 1338
Monte Vioz 1153
Monte Zebrù 662
Morter 7
Münster/Müstair 18
Munt Buffalora 428
Munt la Schera 437
Muteggrub 1088

Nagelstein 1453
Naglerspitzen 480

Nals 14
Nashornspitzen 534
Nashornspitze, Südliche 53.
Nashornspitze, Nördliche 538
Naturns 10
Naturnser Hochjoch 1098c
Naturnser Hochwart 1098a
N. Bozzi, Rif. 137
Nino I. Bernasconi, Rif. 132
Nonnenspitze, Hintere 1006
Nonnenspitze, Vordere 1013

Oberhauser 65a
Ofenpaß 62
Orgelspitze 828
Ortler 620
Ortlerpaß (Passo dell'Ortles) 177

Paloòn de la Mare 1141
Partschins 11
Pasquale, Monte 1121
Passi del Zebrù 190
Passo dei Contrabbandieri 226
Passo della Sforzellina 227
Passo di Ables 484
Passo di Bottiglia 187
Passo di Cadinel 218
Passo di Cedec 188
Passo di Rabbi 213
Passo di Saent 203
Passo di Soi 206
Passo di Val Clapa 209
Passo Dosegu 231
Passo di Gavia 46
Passo Valetta 217
Passo Vedretta Alta 202
Passo Fontana Bianca 204
Payerspitze 495
Pederfick 911
Pederjoch 171
Pederspitze, Äußere 804

Gasthof SONNE ★ ★

Restaurant   Fam. Marseiler

Vinschgaustraße 24
I-39023 Laas (BZ)
Tel. (0473) 626523-626630
22 Betten

Ausstattungen:

Pederspitze, Innere 779
Pederspitze, Mittlere 797
Peilstein 1088b
Peio 43
Piz Chavalatsch 263
Piz Murtaröl 400
Piz Schumbraida 371
Piz Umbrail 314
Pizzinihütte 113
Pizzo di Val Ombrina 1279
Pizzo Pedranzini 463
Pizzo Tresero 1250
Plattenspitze 785
Pöderfick 911
Ponte di Legno 45
Prad 4
Proveis 37
Punta Alta 601
Punta della Sforzellina 1286
Punta di Albiolo 1326
Punta Cadini 1203
Punta di Ercavallo 1315
Punta Graglia 728
Punta Martello 973
Punta di Montozzo 1323
Punta di Peio 1189
Punta Pedranzini 1244
Punta di Rims 343
Punta San Matteo 1225
Punta Segnale 1263
Punta Taviela 1181

Quinto Alpini, Rif. 142

Rabbi 40
Rabbijoch 213
Rabland 11
Rauher Bühel 1098d
Rif. Bernasconi, Nino I. 132
Rif. Berni al Gavia 119b
Rif. Bonetta 119a
Rif. Borletti, A. 73

Rif. Bozzi, N. 137
Rif. Branca, Cesare 140
Rif. Casati, G. 97
Rif. Cevedale, del 110
Rif. Città di Milano 89
Rif. Corsi, Nino 94f.
Rif. Corvo, L. 103
Rif. Dorigoni, S. 106
Rif. Ganziani, Umberto 101
Rif. Gavia 119c
Rif. K 2 82
Rif. Larcher, G. 110
Rif. Mantova al Vioz 108
Rif. Monte Livrio 66b
Rif. Nagler 66a
Rif. Pirovano 66a
Rif. Pizzini, L. E. 120
Rif. Quinto Alpini 142
Rif. Saent 106
Rif. Serristori 91
Rocco S. Caterina 1195
Rontscher Berg 1088a
Rosimjoch 163
Rothböckturm 629
Rotspitze, Hintere 984
Rotspitze, Vordere 978

Saent, Rif. 106
Sällentjoch 203
Sällentspitze 999
Samerberg 1520
Samerjoch 208
S. Antonio 48
Sass dell'Anel 1442
Saugberg 835
Saurüssel 894b
S. Caterina Valfura 47
Schafberg 277, 888
Schafspitz 894a
Schaubachhütte 89
Schildjoch 168
Schildspitze 791

Südtirol für Bergwanderer

Südtirol 1 Gebietsführer für Vinschgau, Ultental und Mendelkamm, Best.-Nr. 3304

Südtirol 2 Gebietsführer für Südliche Stubaier Alpen, Texelgruppe und Sarntaler Alpen, Best.-Nr. 3305

Südtirol 3 Gebietsführer für die Berge nördlich des Pustertals, Best.-Nr. 3300

Südtirol 4 Gebietsführer für Rosengarten, Latemar, Schlern, Seiser Alm, Langkofel, Sella, Puez, Col di Lana, Peitlerkofel, Geisler und Plose, Best.-Nr. 3303

mit farbigen Übersichtskärtchen und plastifiziertem Einband
— je DM 34,80 —

Bergverlag Rudolf Rother
Landshuter Allee 49 · 8000 München 19

Schlanders 6
Schluderns 2
Schluderscharte 164
Schluderspitze 824
Schluderzahn 819
Schneeglocke 541
Schönblick, Ghf. 94d
Schöneck 916
Schöngrubspitze 1541
Schöntaufspitze 765, 772
Schranspitze, Hintere 973
Schranspitze, Vordere 965
Schrötterhorn 736
Schrummspitze 1486
Schwärzerjoch 215
S. Nicolo 48
Seefeldspitze 1502
Seefeldspitze, Äußere 1458
Seekopf 1515
Seespitz 65g
Senale 34
Sonnenwand 807
Soyscharte 206
Soyspitze 1063
Spondinig 3
St. Felix 35
St. Gertraud 33
St.-Johann-Spitze 1061a
St. Nikolaus 32
St. Pankraz 30
St. Walburg 31
Steinmannsgasseloch 830
Stilfs 23
Stilfserjoch 26, 174, 176
Stübele 1497
Sulden 27
Suldenjoch 184
Suldenspitze 744

Tabarettahütte 80
Tabrettaspitze 607
Tarsch 8

Tartscherkopf, Gr. 293
Taufers 17
Thurwieserspitze 565
Tibethütte 66c
Tisens 14
Töll 11
Tonalepaß 44
Trafoi 25
Trafoier Eiswand 598
Tresero, Pizzo 1250
Tschars 9
Tschengls 5
Tschenglser Hochwand 902
Tschenglser Scharte 153
Tschirfeck 617
Tuckettjoch 176
Tuckettspitze 506
Tuferspitze 1067

Ultener Hochwart 1530
Unsere Liebe Frau im
  Walde 34

Val di Sole 214
Vertainspitze 848
Viehhirtenspitze 1098
Vigiljoch, Hotel 65b
Viozhütte 108
Vioz, Monte 1153
Volontaripaß 176
Vordere Eggenspitze 1030
Vordere Madatschspitze 513
Vordere Nonnenspitze 1013
Vordere Rotspitze 978
Vordere Schöntaufspitze 772
Vordere Schranspitze 965

Waldkönigin, Hotel 65c
Wasserfalljoch 913
Weißbrunnerjoch 204
Weißbrunnerspitze 1038
Weißwand 838

Zayjoch 156
Zaytalhütte 91
Zebrù 662
Zehnerspitze 1056a
Zufállhütte 94e
Zufállspitzen 1107

Zufritthaus 94a
Zufrittjoch 205
Zufrittsee 22
Zufrittspitze 1043
Zum See, Ghf. 94b
Zwölferspitze 1056b

gegen Fieberblasen

Labisan

Himalaya- und tropenbewährt!

erhältlich nur in Fachgeschäften
Erzeugung: Maria-Schutz- Apotheke Wien 5

Der unentbehrliche Begleiter für Bergsteiger und Bergwanderer:

Die Alpenvereinshütten

Beschreibung sämtlicher Schutzhütten des DAV, OeAV und AVS; Kurzinformationen über mehr als 500 Hütten anderer Vereinigungen.
Mehr als 500 Fotos und Lageskizzen; übersichtliche, mehrfarbige Ostalpenkarte 1:500 000.

Erhältlich in allen Buchhandlungen

Bergverlag Rudolf Rother GmbH München

Kleines alpines Wörterbuch
italienisch/deutsch

A
abisso = Abgrund
accesso = Zugang
accidente = Unfall, Zufall
accorciatura = Abkürzung
acqua = Wasser
acuminare = zuspitzen
acuminato = spitzig
acuto = scharf, spitzig
acutàngolo = spitzwinklig
agèvole = leicht, angenehm
aggirare = umgehen
ago = Nadel
aguzzo = spitzig
aiuto! = Hilfe!
alpe = Alm, Alpe
alpi = Alpen
alpinismo = Alpinismus
alpinista = Alpinist
alquanto difficile = mäßig schwierig
altezza = Höhe
alto, alta = hoch
altocirco = Hochkar
altopiano = Hochfläche
amico = Freund
anello = Ring
anello di corda = Seilring
anello di ferro = Eisenring
anfiteatro = Kessel, Kar
angolo = Ecke, Winkel
anticima = Vorgipfel
antro = Höhle
appiglio = Griff
appoggio = Tritt
arco = Bogen
àrduo = schwierig
arrampicarsi = klettern
arrampicata = Kletterei, Klettertour
artificiale = künstlich
ascensione = Er-, Besteigung
aspro = rauh, schroff
assai difficile = ziemlich schwierig

assicurazione = Sicherung
attaccare = einsteigen, beginnen
attacco = Einstieg
attrito = Reibung
austriaci = Österreicher

B
bacino = Becken, Kessel, Kar
bagnato = naß
bàita = Unterstand, Hütte
balcòn = Loch, Fenster
balcone = Balkon
balza = Steilabhang
banca, bancòn = (Gras-) Band
barance = Krüppelholz, Latschen
base = Grund, Anfang
basso = niedrig
bianco = weiß
biforcarsi = sich gabeln
biforcazione = Gabelung, Abzweigung
bivacco fisso = Biwakschachtel
bivio = Abzweigung, Weggabelung
bloccato = abgesperrt, blockiert
blocco = Block
blocco incastrato = Klemmblock
boa = Mure
boràl = Geröllhalde
bosco = Wald
buca, buco = Loch
burrone = Schlucht, Klamm
bus = Loch, Hochkar

C
C.A.A.I. = Italien. Akademischer Alpenclub
C.A.I. = Italien. Alpenclub
caduta = Sturz
caduta di sassi = Steinschlag
calarsi con la corda = sich abseilen
calata a corda doppia = das Abseilen
camino = Kamin
camminamento = Laufgraben

camminare = gehen
cammino = Weg
camoscio = Gemse, auch Camòrz
campana = Glocke
campanile = Glockenturm, Turm
campo = Feld
campo di neve = Schneefeld
canale = Rinne
canalone = große Rinne, Schlucht
canalone ghiacciato = Eisrinne, Eisschlucht
capanna = Sennhütte, Hütte
capo = Haupt
capocordata = Seilerster
carrareccia = Karrenweg
carreggiabile = befahrbar
carta topografica militare = Landkarte, Militärkarte
casca = Helm
cascata = Wasserfall
casèl = Jagdhütte
casera = Almhütte, Kaserhütte
castello = Burg
catena = Kette
caverna = Kaverne, Höhle
cengia = Band
cengia interrotta = unterbrochenes Band
cengetta = Bändchen, Leiste
chiodo = Haken
chiodo fisso = fester, einzementierter Haken
chiodo anello = Ringhaken
chiodo a pressione = Bohrhaken
cima = Spitze, Gipfel
cimon = große Spitze, Gipfel
circo = Kar, Mulde, Kessel
cocùzzolo = Felsköpfl
col, colle = Hügel, Sattel, Paß
colatoio = Couloir, Rinne, Trichter
collare = Ringband
colonna = Säule
comune = gewöhnlich, normal
conca = Kar, Mulde
condizioni = Verhältnisse
confine = Grenze
cònico = kegelförmig
cono = Kegel
continuo = anhaltend

contrafforte = Ausläufer, Strebepfeiler
corda = Seil
corda doppia = Doppelseil
corda di ferro = Drahtseil
corde fisse = Fixseil
cordata = Seilschaft, Seillänge
cornice = Gesims, Leiste
corno = Horn
corto = kurz
costa, costone, costola = Rippe, Rücken
covòl = (Schutz-) Höhle
crep, crepa = Felsberg
crepàccio = Gletscherspalte
cresta = Grat, Schneide, Kamm
crestina = kleiner Grat
crinale = Kamm, Grat
croda = steiler Fels, Felswand
cùlmine = Gipfel
cùneo = Keil, Kegel
cùspide = Spitze

D
da = von
declive = abschüssig
declivio = Abhang
dente = Zahn
depressione = Einsattelung, Senke
destra = rechts
detriti = Geröll, Schutt
deviazione = Abzweigung, Umgehung
diedro = Verschneidung
difficile = schwierig
difficilissimo = sehr schwierig
diretto = gerade, direkt
direzione = Richtung
discesa = Abstieg
discesa a corda doppia = abseilen
dislivello = Höhenunterschied
dito = Finger
doccia = Brause, Dachrinne
dodo = Klemmkeil
Dolomiti = Dolomiten
domani = morgen
dorsale = rücken-
dorso = Rücken
dosso = Rücken, Buckel
dove = wo

465

E

eccezionale = außergewöhnlich
elevazione = Erhebung
elicottero = Hubschrauber
erboso = grasig
èsile = dünn, schmächtig
esposto = ausgesetzt
espostissimo = äußerst ausgesetzt
est = Osten
estremo = äußerst
estremità = äußerstes Ende
evitare = vermeiden
facile = leicht
fascia rocciosa = Felsgürtel
ferito = Verletzter
ferrato, a = Eisen-, versichert
fessura = Riß, Spalt
fessurina = kleiner Riß
fianco = Seite
filo di cresta = Gratschneide
filo di spigolo = Kantenschneide
fine = Ende
fino = bis
finestra = Fenster
fisura = Spalt
fondo = Boden, Grund
fonte, fontana = Quelle, Brunnen
fopa = Einsenkung
forca, forcia, forcella = Scharte
forcelletta = Schärtchen
foro = Loch
forra = Schlucht
frana = Bergsturz, Steinlawine
frastagliato = ausgezackt, zerrissen
friàbile = morsch, brüchig
funivia = Seilbahn

G

galleria = Tunnel
gendarme = Gratturm, Gratzacken
ghiacciare = gefrieren
ghiaccio = Eis
ghiaccioso = eisig
ghiaia = Kies, Geröll
ghiaioso = kiesig
ghiaccaio = Gletscher
giardino = Garten
giaron = großes Schuttfeld

giallo = gelb
giallastro = gelblich
giazzer = Gletscher
girare = umgehen
giungere = erreichen
gola = Schlucht
gradinare = Stufen schlagen
gradino, gradone = Stufe, Absatz
grado di difficoltà = Schwierigkeitsgrad
grande = groß
grava = Schuttreise
gravon = Geröllkessel
grigio = grau
gruppo = Gruppe, Stock
guglia = Turmspitze, Felsnadel
guida = Führer
gusèla = Nadel, Zacken

I

imbocco, imboccature = Mündung, Einmündung
impervio = ungangbar
impraticàbile = ungangbar, unausführbar
inclinato = geneigt
incastrato = eingeklemmt
insellatura = Einsattelung
inizio = Anfang, Beginn
insenatura = Einbuchtung, Senke
insolcatura = Einriß
intaglio di cresta = Grateinschnitt
interrotto = unterbrochen
inverno (invernale) = Winter (winterlich)
isola = Insel
itinerario = Führe, Route, Weg

L

laghetto = Teich
lago = See
landro = Höhle
largo = breit, weit
lasciato = belassen
lasta, lastra = Platte
lastrone = große Platte
laterale = Seiten-
lavina = Lawine
legarsi in cordata = anseilen
legno = Holz
letto (di torrente) = (Bach)bett

... ois
... o = Dach
...care = furchen
soccorso alpino = Bergrettung
sommità = Gipfel
sorgente = Quelle
sosta = Rast
sotto = unter
sottogruppo = Untergruppe
sovrastante = darüberliegend
spaccata = Spreizschritt
spaccatura = Riß, Spalt
spalla = Schulter
spiazzo = Fleck
sperone = Sporn, Vorsprung
spigol = Eckpfeiler
spigolo = Kante
spiz = Spitze
sporgente = vorspringend
spuntone = Gratturm Felszacken
staffa = Trittleiter
stella alpina = Edelweiß
strada = Straße
strampiombante = überhängend
strampiombo = Überhang
stretto = eng
strisciare = kriechen
striscio = Streifen
strozzatura = Verengung
su = hinauf
superare = überwinden
superficiale = oberflächlich, seicht
superiore = obere(r)

T

tabia = Heustadel
tagliare = schneiden
T.C.I. = Touring Club Italiano
telecabine = Kabinenbahn
teleferica = Seilschwebebahn
terminale = Schluß
terrazza = Terrasse, Plattform
terrazzino = Absatz
testa = Kopf
testone = großer Felskopf
tetto = Dach(überhang)
tetto spiovente = steile Gipfelabdachung
tira! = Zug! (Seilkommando)
tirare = ziehen
tiro di corda = Seillänge
tolto = weggenommen
torre = Turm
torrente = Bach, Strom
torrione = großer Turm
traccia = Spur
tratto = Abschnitt
traversata = Quergang
troi, triol = Steig, Pfad

U

ùltimo = letzte, letzter
uscita = Ausgang, Ausstieg

V

val, valle = Tal
vallone = großes Tal, Schlucht
valanga = Lawine
vàlico = Übergang, Joch
van, vant = Hochkar
variante = Variante
versante = Seite, Flanke
vetrato = mit Eis überzogen
vetta = Gipfel
via = Weg, Führe
via ferrata = Klettersteig
visibile = sichtbar

Z

zig-zag = Zickzack
zòccolo = Sockel, Vorbau

Bergverlag Rudolf Rother – Verlagsprogramm

Landshuter Allee 49, 8000 München 19

Alpenvereinsführer

Allgäuer Alpen
Ammergauer Alpen
Ankogel-, Goldberggruppe
Berchtesgadener Alpen
Brentagruppe
Chiemgauer Alpen
Civettagruppe
Cristallogruppe, Pomagagnonzug
Dachsteingebirge Ost und West
Eisenerzer Alpen
Geisler-, Steviagruppe
Gesäuseberge
Glockner-, Granatspitzgruppe
Heiligkreuzkofel
Hochkönig
Hochschwab
Kaisergebirge
Karawanken
Karnischer Hauptkamm
Karwendelgebirge
Kitzbüheler Alpen
Lechquellengebirge
Lechtaler Alpen
Lienzer Dolomiten
Loferer und Leoganger Steinberge
Marmolada
Mieminger Kette
Ortlergruppe
Ötztaler Alpen
Pelmo
Puezgruppe und Peitlerkofel
Rätikon
Rieserfernergruppe
Rofangebirge
Rosengartengruppe
Samnaungruppe
Schiara
Schobergruppe
Sellagruppe
Sextener Dolomiten
Silvretta
Stubaier Alpen
Tannheimer Berge
Tauern, Niedere
Tennengebirge
Totes Gebirge
Venedigergruppe
Verwallgruppe
Wetterstein
Zillertaler Alpen

Gebiets- und Auswahlführer

Adamello-, Presanella- und Baitonegruppe
Allgäuer Alpen
Allgäuer Bergland
Aostatal
Bayerisches Hochland Ost
Bayerisches Hochland West
Bayerische Voralpen (Kletterführer)
Berchtesgadener Alpen
Bergell
Bergamasker Alpen
Berner Alpen
Berninagruppe
Brandnertal
Bregenzerwald-, Lechquellengebirge
Brentagruppe
Dachsteingebirge
Dauphiné
Dolomiten Ost
Dolomiten West
Dolomiten mit Brentagruppe,
Mendelkamm und Gardaseebergen
(Klettersteige)
Dolomiten-Höhenwege 1–3, 4–7, 8–10
Nordöstliche Dolomiten
Südöstliche Dolomiten
Dolomiten, Mitterschwere Felsfahrten
Gailtaler Alpen
Gesäuse
Glockner-, Granatspitz- und
Venedigergruppe
Gran Paradiso
Graubünden
Heilbronner Weg
Hindelang
Julische Alpen
Julische Alpen, Westliche
Julische und Steiner Alpen
Kaisergebirge
Kalkalpen, Nördl., Höhenwege
Kalkalpen, Nördl., Ost (Klettersteige)

Kalkalpen, Nördl., West (Klettersteige)
Kalkalpen, Nördl., West, Mittelschwere Felsfahrten
Karwendelgebirge
Kreuzeck-, Reißeck- und Sadniggruppe
Lechquellengebirge
Lechtaler Alpen
Loferer und Leoganger Steinberge
Marmolada und Fassaner Dolomiten
Montafon
Montblancgruppe
Norwegen
Ortlergruppe
Ötztaler Alpen
Palagruppe
Paznaun
Peitlerkofel und Plosegebiet
Peru
Pyrenäen
Rätikon
Rosengarten
Sarntaler Alpen
Schwangau
Sextener Dolomiten
Silvrettagruppe
Stubaier Alpen
Südtirol 1, 2, 3 und 4
Totes Gebirge
Tuxer Voralpen
Walliser Alpen
Watzmann-Ostwand
Wettersteingebirge
Zillertaler Alpen
Zoldiner und Belluneser Dolomiten

Wanderführer

Appenzeller Land
Berchtesgadener Land
Bodensee bis Brandnertal
Bregenzerwald
Chiemgau
Dolomiten
Gardaseeberge
Rund um Innsbruck
Rund um Meran
Montafon
Oberallgäu und Kleinwalsertal
Ostallgäu und Lechtal
Osttirol
Salzkammergut
Stubaier Alpen
Tannheimer Tal
Vinschgau

Zillertaler Alpen
Rund um die Zugspitze

Skiführer

Allgäuer Alpen
Haute Route
Kitzbüheler Alpen
Ortler
Ostalpen 1, 2, 3, 4, 5, 6, 7
Ötztaler Alpen
Silvretta und Rätikon
Stubaier Alpen

Alpine Lehrbücher

Die Anwendung des Seiles
Bergrettungstechnik
Bergwandern – Bergsteigen
Sicher Eisklettern
Alpine Eistechnik
Alpine Felstechnik
Sicher Freiklettern
Grundschule zum Bergwandern
Lawinen
Mit Kindern in die Berge
Orientierung im Gebirge
Alpine Seiltechnik
Tourenskilauf
Wetter und Bergsteigen
Alpines Wildwasserfahren

Bildbände

Abstieg zum Erfolg
Augenblicke oben – Klettern in den Westalpen
Bergell
Bernina
Dolomiten-Höhenwege 1–10
Das Gesäuse
Die Göttin des Türkis
High Life – Sportklettern weltweit
Hohe Ziele – Hütten der Alpen
Das Buch der Klettersteige
Luft unter den Sohlen – Klettern in den Sextener Dolomiten
Nepal – Schritt für Schritt
Die großen Skihütten der Ostalpen
Die großen Skihütten der Westalpen
Spurensuche – Anstiege auf berühmte Gipfel der Ostalpen
Viertausender der Alpen
Wallis

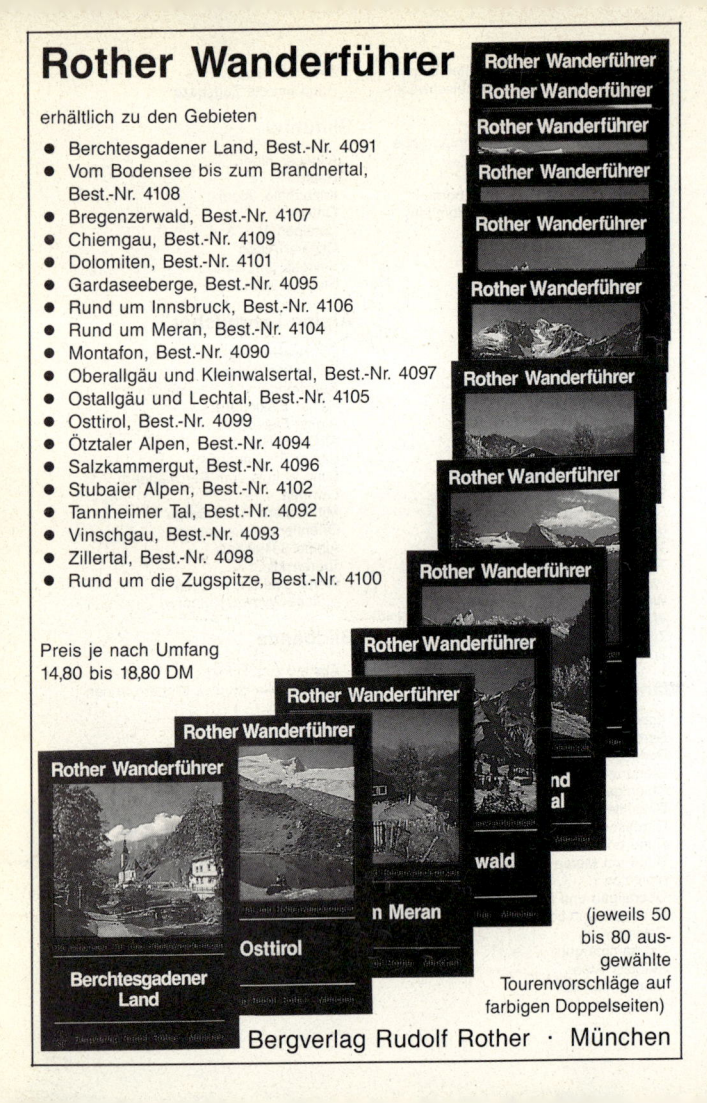

Rother Wanderführer

erhältlich zu den Gebieten

- Berchtesgadener Land, Best.-Nr. 4091
- Vom Bodensee bis zum Brandnertal, Best.-Nr. 4108
- Bregenzerwald, Best.-Nr. 4107
- Chiemgau, Best.-Nr. 4109
- Dolomiten, Best.-Nr. 4101
- Gardaseeberge, Best.-Nr. 4095
- Rund um Innsbruck, Best.-Nr. 4106
- Rund um Meran, Best.-Nr. 4104
- Montafon, Best.-Nr. 4090
- Oberallgäu und Kleinwalsertal, Best.-Nr. 4097
- Ostallgäu und Lechtal, Best.-Nr. 4105
- Osttirol, Best.-Nr. 4099
- Ötztaler Alpen, Best.-Nr. 4094
- Salzkammergut, Best.-Nr. 4096
- Stubaier Alpen, Best.-Nr. 4102
- Tannheimer Tal, Best.-Nr. 4092
- Vinschgau, Best.-Nr. 4093
- Zillertal, Best.-Nr. 4098
- Rund um die Zugspitze, Best.-Nr. 4100

Preis je nach Umfang
14,80 bis 18,80 DM

(jeweils 50 bis 80 ausgewählte Tourenvorschläge auf farbigen Doppelseiten)

Bergverlag Rudolf Rother · München